インターアクション能力を育てる
日本語の会話教育

シリーズ 言語学と言語教育

第11巻　コミュニケーション能力育成再考
　　　　　−ヘンリー・ウィドウソンと日本の応用言語学・言語教育
　　　　　村田久美子，原田哲男編著
第12巻　異文化間コミュニケーションからみた韓国高等学校の日本語教育
　　　　　金賢信著
第13巻　日本語eラーニング教材設計モデルの基礎的研究
　　　　　加藤由香里著
第14巻　第二言語としての日本語教室における「ピア内省」活動の研究
　　　　　金孝卿著
第15巻　非母語話者日本語教師再教育における聴解指導に関する実証的研究
　　　　　横山紀子著
第16巻　認知言語学から見た日本語格助詞の意味構造と習得
　　　　　−日本語教育に生かすために　森山新著
第17巻　第二言語の音韻習得と音声言語理解に関与する言語的・社会的要因
　　　　　山本富美子著
第18巻　日本語学習者の「から」にみる伝達能力の発達　木山三佳著
第19巻　日本語教育学研究への展望−柏崎雅世教授退職記念論集
　　　　　藤森弘子，花薗悟，楠本徹也，宮城徹，鈴木智美編
第20巻　日本語教育からの音声研究　土岐哲著
第21巻　海外短期英語研修と第2言語習得　吉村紀子，中山峰治著
第22巻　児童の英語音声知覚メカニズム−L2学習過程において　西尾由里著
第23巻　学習者オートノミー−日本語教育と外国語教育の未来のために
　　　　　青木直子，中田賀之編
第24巻　日本語教育のためのプログラム評価　札野寛子著
第25巻　インターアクション能力を育てる日本語の会話教育
　　　　　中井陽子著
第27巻　接触場面における三者会話の研究　大場美和子著
第28巻　現代日本語のとりたて助詞と習得　中西久実子著

シリーズ 言語学と言語教育 25

インターアクション能力を育てる
日本語の会話教育

中井陽子 著

ひつじ書房

はしがき

　国を越えて人と人の関わりが盛んになってきた現在、会話能力を伸ばして日本語で様々な人と交流をしたいと考える学習者は世界中にいることだろう。そういった学習者のニーズに答えるべく、会話教育に興味をもつ教師も多いと思う。しかし、実際にどのような会話教育をしたらよいのか、または、長年の教育から何か新しい試みができないかと、模索している教師もいるかもしれない。あるいは、会話教育のためにどのような研究を行ったらよいのか、または、自身の行っている研究をどのように会話の教育実践に活かすことができるのかについて、アイデアを様々なところから得たいと考える教師も多いのではないかと思う。

　本書は、そういった教育者・研究者の方々のために、筆者がこれまで行ってきた会話教育のための研究と実践の具体的な例と、そうした研究と実践の繋げ方の例をまとめ、分析・考察したものである。なるべく具体的な分析方法・分析結果や、教育実践の内容が分かるように、実際の会話データのほか、実際に使用した分析データや、授業で用いた教材なども詳しく取り上げてある。

　第1章では、会話教育を行うにあたって必要なことについて述べた。具体的には、会話参加者同士が共に協力し調整し合いながら会話に積極的に参加し、友好な関係を作っていく会話能力の育成が重要であることを主張した。そして、こうした会話教育のためには、教師と学習者による「会話データ分析―会話指導学習項目化―会話教育実践（会話実践）」といった「研究と実践の連携」が必要であることを提案した。

　第2、3、4章では、教師として筆者自身が取り組んだ「研究と実践の連携」の例について分析した。一方、第5章では、学習者による「研究と実践の連携」の例について分析した。そして、第6章では、教師による「研

究と実践の連携」が行える教師になるための教員養成コースの教育実践例について分析した。

第7章では、こうした筆者の総合的な「研究と実践の連携」のプロセスから導き出された結論として、「インターアクション能力育成を目指した会話教育のための「研究と実践の連携」のモデル」を提案した。これにより、本書の成果が様々な教育現場に活かされることを目的とした。

本書の特徴は、特に、以下の3点の「研究と実践の連携」の具体例と新たな提案にある。

(1) **会話データ分析** 「言語的アクティビティ(初対面の雑談)」と「実質的アクティビティ(キャンパス探検)」という異なった特徴をもつアクティビティに大別し、その中で行われる母語話者同士と母語話者と非母語話者の会話について比較分析した。会話データは、すべて録音・録画、文字化して、言語行動、非言語行動、話題展開、現場性の有無などの面から、インターアクションについて詳細に比較分析した。(第3章)

(2) **会話指導学習項目の提示** 「言語的アクティビティ」と「実質的アクティビティ」におけるインターアクション(言語行動、社会言語行動、社会文化行動)で必要とされる会話リソースを分類した。これによって、学習者の会話学習の指導項目だけでなく、教師の会話研究の分析項目のためのヒントも提供している。(第4章)

(3) **会話教育実践・教員養成の実践研究** 上記(1)(2)の研究をもとに筆者が実際に取り組んだ教育実践の具体的な例を5つ挙げて分析した。これによって、研究を活かした実践のあり方のアイデアを提供する。(第4、5、6章)

本書は、国内、海外の日本語教師や研究者、日本語教員養成コースや教師研修の担当者・受講生、日本語ボランティアなど、日本語教育現場に関わる様々な方々に読んでいただければと思う。さらに、日本語母語話者の日本語や外国語でのコミュニケーション、インターアクション教育・研究に関わる方々にも示唆を与えるものであるとありがたい。このように、本書は、会話教育や会話研究だけでなく、広く日本語教育、外国語教育、母語教育の分

野、そしてそれらの実践研究、あるいは、認知心理学、社会学など、様々な分野の方々に広く読んでいただけることを願う。そして、筆者が行ってきた会話教育のための「研究と実践の連携」の研究が、今後、他の教育者・研究者が行う「研究と実践の連携」に還元され、また新たな「研究と実践の連携」の循環に繋がっていくことが期待される。

なお、本書は、2010年7月に早稲田大学大学院日本語教育研究科に提出した博士学位申請論文『インターアクション能力育成を目指した会話教育―教師と学習者による研究と実践の連携の必要性―』をもとに加筆・修正したものである。この博士論文は、筆者がこれまで様々な論集や学会、研究会などで10年以上かけてこつこつと発表してきた「研究と実践の連携」を1つにまとめ上げたものである。本書を完成するにあたって、様々な方々にお世話になった。

まず、早稲田大学大学院日本語教育研究科の宮崎里司教授、細川英雄教授、舘岡洋子教授にご指導をいただいた。私の教育観がより豊かなものになるよう、いつも温かく見守りつつ、刺激的なご助言をくださり、私も教師として成長したように思う。また、同大学院の研究室の仲間にも、いつも温かい励ましの言葉と多くの有益なご助言をいただいた。さらに、昔から共同研究で切磋琢磨してきた仲間達や、研究会でお世話になった方々、および、学会などで本書の一部を発表した際に聞きにきてくださった方々からも、いつも大変貴重なコメントを得ることができた。心よりお礼申し上げる。

さらに、会話データや会話教育実践でのデータを快くご提供くださった調査協力者の方々はもちろん、私の会話授業で様々な経験を分かち合いインスピレーションを与えてくれた学習者の皆さんに、心より感謝申し上げる。また、本書の文字化資料作成、データ入力作業などに熱心にご協力くださった方々にも深く感謝申し上げる。

そして、本書を執筆中に、精神的にサポートしてくれた横浜と京都と千葉の家族、いつも温かく励ましてくれた友人なくしては、この研究は完成しなかっただろう。また、博士論文、および、本書執筆と大学専任の仕事の両立にご理解を示して、いつもご考慮と励ましのお言葉をくださった早稲田大学日本語教育研究センター、国際教養大学、そして東京外国語大学留学生日本

語教育センターの先生方にも感謝する。

　最後に、ひつじ書房の松本氏、海老澤氏、板東氏には、本書を出版するにあたって、細かいところまで親切にご助言いただいた。本書が広く多くの方々に読んでいただけるように、原稿を練り上げることの大切さを実感した。

　このような皆様との素晴らしい繋がりを未来に出会う新しい学習者や仲間達にも繋げていけるよう、研究と実践の両面で、今後も努力していきたい。

2012 年 7 月
中井陽子

本書の元になった初出論文・発表

著書・研究論文・報告書

- 2005「会話教育のための指導学習項目」『1　話しことば教育における学習項目（日本語教育ブックレット7）平成16年度国立国語研究所日本語教育短期研修・報告書』pp.10–33 国立国語研究所【第1章】
- 2005「コミュニケーション・会話教育の視点から」『平成16年度文化庁日本語教育研究委嘱　音声を媒体としたテスト問題によって測定される日本語教員の能力に関する基礎的調査研究』pp.35–52 研究代表者　小河原義朗　財団法人日本国際教育協会【第7章】
- 2008「会話教育のための会話分析と実践の連携」『日本語学　特集：話し言葉の日本語』第27巻第5号4月号臨時増刊号 pp.238–248 明治書院【第4章】
- 2008「日本語の会話分析活動クラスの実践の可能性―学習者のメタ認知能力育成とアカデミックな日本語の実際使用の試み―」細川英雄・ことばと文化の教育を考える会（編著）『ことばの教育を実践する・探究する―活動型日本語教育の広がり―』pp.98–122 凡人社【第5章】
- 2009「キャンパス探検に出かけよう！」伴紀子（監修）・宮崎里司（編）『タスクで伸ばす学習力―学習ストラテジーを活かした学びの設計―』pp.70–71 凡人社【第3章、第4章】
- 2009「会話を分析する視点の育成―コミュニケーション能力育成のための会話教育が行える日本語教員の養成―」『大養協論集2008』pp.55–60 大学日本語教員養成課程研究協議会【第6章、第7章】
- 2010「第2章作って使う　第4節会話授業のさまざまな可能性を考える」尾﨑明人・椿由紀子・中井陽子『日本語教育叢書「つくる」　会話教材を作る』pp.135–188 スリーエーネットワーク【第4章】

・2010「第3章作って使った後で　第1節研究と実践の連携の重要性」尾﨑明人・椿由紀子・中井陽子『日本語教育叢書「つくる」　会話教材を作る』pp.193–195 スリーエーネットワーク【第1章、第4章】

学会発表
・2007「日本語初級の会話授業の可能性―言語伝達の機能と会話のフロアーの分析を応用して―」『第28回日本語教育方法研究会誌』Vol.14 No.1 pp.36–37【第4章】
・2007「談話・会話分析的アプローチの観点を取り入れた初級の会話授業の可能性」『第16回小出記念日本語教育研究会予稿集』pp.41–45【第4章】
・2007「日本語会話の分析活動クラスの実践報告―中級〜上級対象の日本語クラスでの試み―」Association of Teachers of Japanese Seminar．配布資料【第5章】
・2008「実質的アクティビティの会話における話題展開と談話技能の分析―日本語の母語話者と非母語話者が参加するキャンパスツアーでの会話の分析をもとに―」『The Sixth International Conference on Practical Linguistics of Japanese (ICPLJ6) Conference Handbook』p.75【第3章】
・2008「言語的アクティビティと実質的アクティビティにおける会話の分析―日本語の母語話者が参加する室内と室外の会話における特徴―」『社会言語科学会第21回大会発表論文集』pp.324–327【第3章】
・2008「言語的アクティビティと実質的アクティビティの分析―日本語の母語話者と非母語話者の会話の特徴―」第3回談話コロキアム　配布資料【第3章】
・2008「会話能力育成のための会話分析・会話練習・ビデオ作品作成を融合した授業の可能性―教師と学習者による研究と実践の連携―」『第31回日本語教育方法研究会誌』Vol.15 No.2 pp.6–7【第5章】
・2008「コミュニケーションを重視した会話教育のための教員養成の可能性―談話・会話分析の視点の育成―」『第17回小出記念日本語教育研究

会予稿集』pp.66-71【第 6 章】
- 2009「接触場面における母語話者の配慮・調整の分析―教室内での会話練習とフィールドトリップでの会話―」『第 32 回日本語教育方法研究会誌』Vol.16 No.1 pp.20-21【第 3 章】
- 2009「発話の現場性の有無による話題展開の特徴―母語場面と接触場面における言語的・実質的アクティビティの会話の分析―」『第 24 回社会言語科学会大会発表論文集』pp.160-163【第 3 章】
- 2009「実質的アクティビティを扱った会話教育実践の分析―フィールドトリップでの会話―」『第 33 回日本語教育方法研究会誌』Vol.16 No.2 pp.20-21【第 4 章】
- 2010「言語的アクティビティと実質的アクティビティでの会話を扱った指導学習項目の提案―言語行動、社会言語行動、社会文化行動の枠組みから―」『第 25 回社会言語科学会研究大会発表論文集』pp.214-217【第 4 章】

講演・教師研修会
- 2004「話しことば教育における言語・非言語的項目」『話しことば教育における学習項目』平成 16 年度第 3 回日本語教育短期研修　国立国語研究所・名古屋大学留学生センター日本語教育研修会　配布資料【第 1 章】
- 2005「会話教育のための会話分析と実践の連携」『平成 17 年度　第 10 回日本語教育学会研究集会　中国地区研究集会予稿集』pp.1-6【第 1 章】
- 2008「会話の力を伸ばす教室活動―学習者自身による会話の分析―」『日本語教育学会　教員研修　教室活動のデザイン　読解・音声・会話』配布資料【第 5 章】
- 2009「日本語教育現場の今―国内の大学における私の研究と実践」『日本語教育現場の今―現場と研究とのズレはあるのか―』『早稲田大学日本語教育学会 2009 年秋季大会パネルディスカッション・研究発表会資料集』pp.8-9【第 1 章】

目　次

はしがき ……………………………………………………………………… v
本書の元になった初出論文・発表 ……………………………………… ix

第1章　会話教育で必要なこと ——————————————— 1
第1節　本書で目指す会話教育 ……………………………………… 2
　1.　コミュニケーションと会話とは何か ……………………… 3
　2.　会話で必要な能力とは何か ………………………………… 7
　　2.1　コミュニケーション能力とインターアクション能力 …… 7
　　2.2　会話能力 ……………………………………………… 11
　3.　メタメッセージ伝達・解読の重要性 ……………………… 12
　4.　学習者の社会参加場面の連携 ……………………………… 14
　5.　会話教育が必要な理由と目指すもの ……………………… 15
第2節　会話教育における「研究と実践の連携」の必要性 ……… 16
　1.　教師による「研究と実践の連携」の必要性 ……………… 17
　　1.1　教師の分析力と創造力 ……………………………… 17
　　1.2　教師の実践研究能力 ………………………………… 20
　　1.3　教師自身のインターアクション能力 ……………… 22
　2.　学習者による「研究と実践の連携」の必要性 …………… 22
　3.　教師と学習者による「研究と実践の連携」のモデル …… 23
第3節　母語話者と非母語話者の歩み寄りの必要性 ……………… 25
第4節　会話教育研究を行うにあたって …………………………… 26
　1.　会話教育研究をなぜ行うのか ……………………………… 26
　2.　会話教育研究について議論する内容の全体構成 ………… 26
　3.　会話教育研究としての本書の特徴 ………………………… 28

第2章　会話教育のためのコース・デザイン ― 37
　第1節　日本語教育におけるコース・デザイン ― 37
　第2節　会話分析と談話分析 ― 39
　第3節　接触場面研究 ― 42
　　1．接触場面の場面・領域 ― 43
　　2．接触場面のネットワーク ― 43
　　3．接触場面の会話研究 ― 44
　　4．インターアクション能力
　　　（言語能力・社会言語能力・社会文化能力） ― 46
　　5．規範の動態性 ― 49
　　6．言語的アクティビティと実質的アクティビティ ― 50
　第4節　授業活動デザイン ― 53
　　1．FACT と ACT ― 53
　　2．学習指導法の4類型 ― 54
　　3．協働と社会としての教室 ― 55
　第5節　コース・デザインの理論からみる本書の位置づけ ― 55

第3章　言語的・実質的アクティビティにおける会話データの分析 ― 67
　第1節　会話データ収集・分析方法 ― 68
　　1．会話データ分析の枠組み ― 68
　　　1.1　会話の単位と主導権 ― 68
　　　1.2　現場性と話題展開 ― 70
　　　1.3　言語的要素 ― 72
　　　1.4　非言語的要素 ― 75
　　　1.5　参加態度の表出 ― 76
　　　1.6　インターアクションの配慮と調整のプロセス ― 77
　　2．データ収集方法・会話参加者の背景 ― 78
　　3．フォローアップ・インタビューの方法 ― 81
　　4．文字化方法 ― 82
　第2節　会話データの分析 ― 84
　　1．実質的な発話・あいづち的発話と現場性の有無の比較分析 ― 84
　　2．言語的アクティビティの会話の分析（初対面の会話） ― 88
　　　2.1　母語場面の初対面の自由会話の分析 ― 88

        2.2　接触場面の初対面の自由会話の分析 ·· 93
        2.3　初対面の自由会話の特徴と非母語話者に必要とされる能力 ··· 99
    3.　実質的アクティビティの会話の分析（キャンパス探検中の会話）··· 99
        3.1　母語場面のキャンパス探検中の会話の分析 ································ 99
        3.2　接触場面のキャンパス探検中の会話の分析 ······························ 106
        3.3　母語場面と接触場面のキャンパス探検中の会話の聞き取りの
              分析 ·· 116
        3.4　キャンパス探検中の会話の特徴と非母語話者に必要とされる
              能力 ·· 118
    4.　初対面の自由会話とキャンパス探検中の会話の分析における
        考察 ·· 121
    5.　母語話者の配慮・調整行動の分析 ·· 122
        5.1　母語場面と接触場面の配慮・調整行動の違いの分析 ············ 123
        5.2　授業ボランティアに必要とされる能力 ······································ 127
        5.3　母語話者の歩み寄りの姿勢の訓練 ·· 130
  第3節　本章の会話データ分析のまとめ ·· 131

第4章　言語的・実質的アクティビティを活かした会話教育 ── 137
  第1節　会話教育実践のバリエーション ·· 138
    1.　実際使用のアクティビティを取り入れた
        イマーション・プログラム ·· 138
        1.1　ビジター・セッション ·· 138
        1.2　カンバセーション・パートナー・プログラム ························ 139
        1.3　フィールド・トリップ ·· 140
    2.　談話技能の習得を目指した会話教育実践 ·· 142
        2.1　初対面ビジター・セッション ·· 142
        2.2　演劇プロジェクト ·· 143
        2.3　ストーリーテリング ·· 144
    3.　会話教育実践のまとめと課題 ·· 144
        3.1　実際使用の種類 ·· 145
        3.2　今後の会話教育実践の課題 ·· 148
  第2節　会話教育の指導学習項目 ·· 154
    1.　会話教育の指導学習項目 ·· 158

2. 会話教育のためのインターアクションの新たな指導学習項目の提案 … 158
　　　　2.1 言語的アクティビティの会話指導学習項目 ………………… 159
　　　　2.2 実質的アクティビティの会話指導学習項目 ………………… 179
　　3. 会話指導学習項目の意義と活用方法 ……………………………… 186
　　4. 会話指導学習項目を扱う際の留意点 ……………………………… 195
　第 3 節　言語的アクティビティの会話を扱った教育実践例の分析 ……… 197
　　1. 授業の概要・学習者の背景 ………………………………………… 200
　　2. 授業の活動内容 ……………………………………………………… 201
　　3. 授業活動中の会話データの分析 …………………………………… 207
　　4. 学習者による授業の感想 …………………………………………… 211
　　5. 授業ボランティアによる授業の感想 ……………………………… 213
　　6. 言語的アクティビティの会話を扱った教育実践の利点と特徴 …… 215
　　7. 会話練習活動のフィードバック方法の提案 ……………………… 217
　　8. 会話教育実践例のまとめと今後の課題 …………………………… 220
　第 4 節　実質的アクティビティの会話を扱った教育実践例の分析 ……… 222
　　1. 授業の概要・学習者の背景 ………………………………………… 223
　　2. 授業の活動内容 ……………………………………………………… 224
　　3. 教室外の「キャンパス探検」における実際使用のアクティビティ
　　　 の分析 ………………………………………………………………… 227
　　　　3.1 言語行動の実際使用 …………………………………………… 228
　　　　3.2 社会言語行動の実際使用 ……………………………………… 230
　　　　3.3 社会文化行動の実際使用 ……………………………………… 234
　　4. 学習者と授業ボランティアによる授業の感想 …………………… 238
　　5. 実質的アクティビティの実際使用としてのフィールド・トリップ
　　　 の意義 ………………………………………………………………… 243
　　6. 授業目標の達成度と改善点 ………………………………………… 246
　　7. フィールド・トリップにおける授業ボランティアと教師の役割 … 249
　　8. 会話教育実践例のまとめと今後の課題 …………………………… 249
　第 5 節　言語的アクティビティと実質的アクティビティを活かした
　　　　　 会話教育実践の提案 ………………………………………………… 250
　　1. 室内外の環境の活用 ………………………………………………… 250
　　2. 実質的アクティビティの特徴を活かした会話教育実践 ………… 251
　　3. 会話教育実践の提案のまとめと今後の課題 ……………………… 254
　第 6 節　本章の会話教育のまとめと教師による「研究と実践の連携」の
　　　　　 提案 …………………………………………………………………… 255

第5章　学習者の会話を分析する視点の育成と実際使用の実践研究 ── 263

 第1節　学習ストラテジーとメタ認知 ……………………………… 264
 第2節　会話データ分析活動の教育実践例の分析 ………………… 267
  1.　授業の概要・学習者の背景 …………………………………… 268
  2.　学習者による会話データ分析活動の分析 …………………… 274
   2.1　会話データ分析①における学習者の分析例 ……………… 274
   2.2　会話データ分析②における学習者の分析例 ……………… 278
  3.　学習者と授業ボランティアによる授業の感想 ……………… 280
   3.1　学習者による感想 …………………………………………… 280
   3.2　授業ボランティアによる感想と参加の特徴・利点 ……… 285
  4.　教師の役割 ……………………………………………………… 288
  5.　教師にとっての利点 …………………………………………… 292
  6.　会話教育実践例のまとめと今後の課題 ……………………… 294
 第3節　会話データ分析活動と会話練習とビデオ作品作成プロジェクトの教育実践例の分析 ……… 297
  1.　授業の概要・学習者の背景 …………………………………… 297
  2.　会話データ分析活動の分析 …………………………………… 301
   2.1　会話データ分析活動の例：司会者の特徴（言語的アクティビティ） ……… 303
   2.2　会話データ分析活動の例：デートと旅行の時の会話の特徴（言語的・実質的アクティビティ） ……… 304
  3.　会話練習の分析：現場性の有るコメント発話の例 ………… 306
  4.　ビデオ作品作成プロジェクトの分析 ………………………… 308
   4.1　インタビュー番組の例 ……………………………………… 309
   4.2　旅行解説番組の例 …………………………………………… 313
   4.3　料理対決番組の例 …………………………………………… 316
  5.　学習者による授業の感想 ……………………………………… 318
  6.　教師と学習者による「研究と実践の連携」 ………………… 325
  7.　授業改善のための教師による実践研究の循環 ……………… 327
  8.　会話教育実践例のまとめと今後の課題 ……………………… 332
 第4節　本章の会話教育のまとめと自律性育成のための学習者による「研究と実践の連携」の提案 ……… 333

第 6 章　教師の会話を分析する視点の育成の実践研究 ── 339
　第 1 節　日本語教員養成 ……………………………………………………… 339
　　　1.　教師による「研究と実践の連携」の意義 ……………………… 340
　　　2.　教員養成の教育実践 ……………………………………………… 341
　第 2 節　会話教育のための日本語教員養成コースの教育実践例の分析 … 344
　　　1.　講義の概要・受講者の背景 ……………………………………… 345
　　　2.　講義の活動内容と受講者の会話データ分析例 ………………… 345
　　　3.　受講者による講義の感想の分析 ………………………………… 353
　　　4.　会話教育のための教員養成の提案 ……………………………… 358
　第 3 節　本章の日本語教員養成の教育実践例のまとめと今後の課題 …… 360

第 7 章　今後の会話教育への提案 ── 365
　第 1 節　各章で述べてきたこと …………………………………………… 365
　第 2 節　認知心理学的な授業活動デザインからみた本書の
　　　　　会話教育実践 ……………………………………………………… 368
　第 3 節　自律的に育成する会話能力と会話教育のための
　　　　　「研究と実践の連携」の意義 …………………………………… 371
　　　1.　学習者の場合 ……………………………………………………… 372
　　　2.　教師の場合 ………………………………………………………… 373
　第 4 節　会話教育における教師と学習者による「双方の学び」 ……… 375
　第 5 節　母語話者の歩み寄りのインターアクション能力育成の提言 … 377
　第 6 節　会話教育のための教員養成への提言 …………………………… 380
　第 7 節　本章のまとめと会話教育モデルの提案・今後の課題 ………… 383
　　　1.　本章のまとめ ……………………………………………………… 383
　　　2.　会話教育実践モデルの提案・今後の課題 ……………………… 385
　　　3.　インターアクション能力育成を目指した会話教育のための
　　　　　「研究と実践の連携」のモデルの提案 ………………………… 395

参考文献 ………………………………………………………………………… 403
巻末資料 ………………………………………………………………………… 417
あとがき ………………………………………………………………………… 441
索　　引 ………………………………………………………………………… 449

第1章
会話教育で必要なこと

　本書の目的は、学習者の日本語の会話における「インターアクション能力」を育てる会話教育について分析・考察を行い、新たな提案をすることである。インターアクション能力とは、語彙や文法を用いて文が作れるだけでなく（言語能力）、相手と協力しつつ談話レベルで会話を進めながら参加できる能力であり（社会言語能力）、さらに、状況に合わせながら言語を用いて何かの行動を行っていける能力である（社会文化能力）。こうしたインターアクション能力を育てていくためには、教師だけでなく、学習者も「研究と実践の連携」を意識的に行っていくことが重要であると考える。「研究と実践の連携」とは、撮影・録音した会話データを収集し、その会話の中で実際に何が起こっているのかを分析する研究を行い、その分析結果を会話指導学習項目や会話教育実践（会話実践）に活かすということである。本書では、このような「会話データ分析―会話指導学習項目化―会話教育実践（会話実践）」という「研究と実践の連携」の循環について議論する。特に、その例として、筆者が実際に試みた「研究と実践の連携」を取り上げる。
　具体的には、1）話すこと自体が目的の活動（言語的アクティビティ（村岡 2003a））の中で、親しみを表しつつお互いを知っていくようなインターアクション能力（ネウストプニー 1995a）を育てる会話教育の実践について述べる。それとともに、2）何かの行動をすることが主な目的の活動（実質的アクティビティ（村岡 2003a））の中で、それに付随してお互いに協力して会話しながら楽しく時間を共有していけるようなインターアクション能力の育成についても考察していく。
　そして、このような分析から、これからの会話教育のための新たな提案をする。また、学習者と日本語母語話者の歩み寄りのために必要な能力についても提言をする。さらに、こうした会話教育が主体的に行える日本語教師の

養成についても考察し、教師に必要とされる資質の提言を行う。最後に、本研究から導き出された結論の集大成として、「インターアクション能力育成を目指した会話教育のための「研究と実践の連携」のモデル」を提案する。

第 1 節　本書で目指す会話教育

　日本語教育において、語彙や文法などの言語的な知識・運用能力を学習者に習得させることに焦点が置かれることが多い。しかし、このような言語的知識を用いて、教室内では文レベルで正確に運用することができても、実際の会話の中で様々なことに配慮しながら、文以上の長い談話レベル[1]の単位で会話に参加していくことができない場合がある。その結果、本人の意思に反して相手に誤解を生じさせるような話し方をしてしまうという問題も指摘されている(Kato[Nakai] 1999、中井 2002、Nakai 2002)。
　このような会話の中の問題を防ぎ、学習者が日本語で会話に積極的に参加して会話相手と友好的な関係を作っていけるようにするためには、語彙や文レベルだけでなく、文を超えた談話レベルでの会話教育も行う必要がある。そこで、本書では、次のようなインターアクション能力(会話能力)の育成場面の連携が重要であると考える。まず、学習者は複数の様々な会話場面に参加しているが、教室という教育実践の場を通して、会話でのインターアクション能力を育成させる。教育実践の場では、教師と学習者による「研究と実践の連携」によって、会話の特徴やインターアクション行動について意識的に学ばれる。その内容としては、例えば、ささいな会話の受け答えの仕方で相手に関心がないように誤解されてしまうといった問題(メタメッセージの伝達・解読の問題)を取り上げたりする。こうした教育実践の場で会話指導学習項目を意識化し、インターアクション能力を育成させる。それと同時に、学習者は、日常の生活の中で様々な会話場面に参加し、その中でインターアクションを行いながら、メタメッセージを伝達・解読しつつ、インターアクション能力を向上させ続けていく。そして、このような教育実践の場と、それぞれの会話場面がネットワークで広がり、相互に連携し合うことで、学習者の会話でのインターアクション能力が育成されていくと考える。そして、

それぞれの会話場面で学習者の会話相手となる母語話者も学習者と会話する際に「歩み寄りの姿勢」を身に付けるべきであると考える。

そこで、第1節では、1.インターアクションを行う際の「コミュニケーション」や「会話」とは何かについて述べる。そして、2.会話で必要な能力とはどのようなものかについて述べる。さらに、3.会話をする際にメッセージ内容とともに伝わる「メタメッセージ」が会話の中でいかに重要かについても触れる。そして、4.学習者が参加する様々な場面の連携の必要性を主張する。その上で、5.会話教育が必要な理由と本書が目指す会話教育について述べる。さらに、第2節では、こうしたインターアクション能力育成を目指した会話教育を行うための方法として、「会話教育における研究と実践の連携」について主張する。そして、第3節で、「母語話者と非母語話者の歩み寄りの姿勢」の必要性について主張する。その上で、第4節において、こうした会話教育研究を行う理由と本書の特徴について述べる。

1. コミュニケーションと会話とは何か

ネウストプニー(1995a)が考えるインターアクションの中には、言語行動、社会言語行動、社会文化行動が含まれる。このうちの社会言語行動とは、言語を用いてやりとりする「コミュニケーション」のことを言う。会話というものを考える際、まず、このコミュニケーションとはどのような機能があり、どのように捉えることができるのかを考える必要がある。なぜならば、会話は、話し言葉によるコミュニケーションだからである。以下、コミュニケーションと会話の定義と機能についての主な先行研究をまとめ、次に、本書における会話の定義と、種類・機能について述べる。

Jakobson(1963; 川本ほか訳1973)は、コミュニケーションの基本的な機能として、①関説的機能(referential function)、②心情的機能(emotive function)、③動能的機能(conative function)、④交話的機能(phatic function)、⑤メタ言語的機能(metalingual function)、⑥詩的機能(poetic function)を挙げている[2]。そして、これら6つの機能は、相互に絡み合って用いられるという(Jakobson 1963)。これらの機能は、コミュニケーションというものを考える上で重要な概念であると考える。それぞれのコミュニケーションがどのよ

うな機能をより強くもつかで、コミュニケーションの特色も異なってくるからである。会話教育を行う際は、授業活動でどのようなコミュニケーションの機能を取り上げるかをより意識的に行う必要があるであろう[3]。

Brown and Yule (1983) は、言語の主な機能を「交渉 (transactional) 機能」と「交流 (interactional) 機能」の 2 つに分類している。「交渉機能」は、「事実や命題的な情報」を伝える処理を行う言語であり、話したり書いたりする「内容」を明確にすることに焦点が置かれるという[4]。一方、「交流機能」は、社会的関係や個人の態度を表すことに関わる機能であり、社会的関係を構築・維持するために用いられる言語であるという[5]。そして、人間の日常のインターアクションの大半は、交渉機能より交流機能の強い言語使用で特徴付けられるとしている (Brown and Yule 1983)。「交渉機能」と「交流機能」(Brown and Yule 1983) は、「関説的機能」と「交話的機能」(Jakobson 1963) の各概念に近いといえる。ただし、Brown and Yule (1983) は、コミュニケーションの機能を大きく二分していることから、会話全体や活動レベルなどのより大きなコミュニケーションの単位における機能について述べているといえる。一方、Jakobson (1963) の 6 つの機能は、発話レベルでのコミュニケーションの機能も含めているため、より小さい単位を指していると考えられる。

吉田 (1992) は、Lado (1988) をもとに、コミュニケーションの中でも、特に、会話を取り上げ、「挨拶」「日常交渉」「日常会話」「議論・討論」に分類している。そして、テーマが予め決められている「日常交渉」や「議論・討論」よりも、テーマがその場その場で自然に作られていく「日常会話」の方が、様々な社会・文化的な前提知識が要求されるため難しいとしている (吉田 1992)。この点からも、吉田 (1992) の言う「日常会話」は、コミュニケーションの中の「交話的機能」(Jakobson 1963) と「交流機能」(Brown and Yule 1983) を強くもつといえる。

谷口 (2001: 21) は、コミュニケーションについて、「人間同士が社会文化的な文脈の中で、言語・非言語媒体を通して、情報・感情・意見等を伝達しあう相互作用であり、話しことば、書きことば両方が使用され、表出・解釈・交渉という連続した過程を経るものである」と定義している。

以上から、「会話」とは、コミュニケーションの特徴と機能 (Jakobson 1963、Brown and Yule 1983) をもった話し言葉で行われるすべての行為の基盤となると考える。本書では、「会話」について、以下のように定義する。

> **「会話」**とは、音声言語やそれに付随する非言語を介して、二者以上の間で交わされるコミュニケーションの機能をもったやり取りである。会話は、人と人が会って別れるまでがひとまとまりとなり[6]、会話参加者同士の協力によって形成されるものである。

次の【図1-1】は、会話教育で扱う可能性のある「会話の種類と機能」をまとめたものである。まず、Brown and Yule (1983) の言語の主な機能によって、会話を大きく「交流会話」と「交渉会話」に分類した。「交流会話」とは、人間関係を構築・維持することを目的とする会話である。一方、「交渉会話」とは、事実や意見などの情報を交換したり、何かを決めたり要求したりすることを目的とする会話である。「交流会話」には会話の種類[7]として「挨拶」「雑談」「謝辞」などが含まれ、一方、「交渉会話」には「スピーチ[8]」「対話」「商談」などが含まれる。しかし、「交流会話」と「交渉会話」は、明確に二分されるものではない。例えば、「議論」や「物語」などは、事実関係や出来事、意見などの情報を伝えるため、より「交渉会話」に近いと考えられるが、こうした会話をする行為を通して交流したり、交流しながら交渉したりするともいえる。あるいは、人と人が会って別れるまでを1つの大きな会話と捉えれば、挨拶や雑談などのより交流的な機能をもつやりとりから始まって、商談に入り、次第に交渉的な機能をもつやりとりに移る場合もある。そのため、会話を捉える上で「交流会話」と「交渉会話」は、より交流的、または、交渉的な機能のどちらを帯びているかという連続体として考える。そして、これらの各会話の種類には、その特徴ごとに、Jakobson (1963) のコミュニケーションの基本的な6つの機能がそれぞれに含まれている。例えば、「挨拶」の会話であれば、「交話的機能」が多く用いられているであろうが、「雑談」の会話では、「交話的機能」のほかに、「関説的機能」や「メタ言語的機能」などが用いられているであろう。

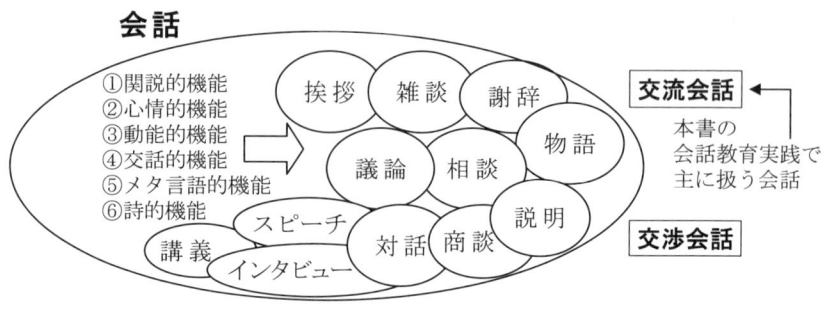

【図 1-1】 会話の種類と機能

　本書では、特に、【図 1-1】にまとめた「会話」の中でも、自分達のことや見たものについて楽しく話して交流を深めるための「雑談」といった「交流会話」に重点を置いた会話教育に焦点を当てる。それは、学習者が日本語を用いて新たな社会場面に参加して、新たに人間関係を築いていく際、「挨拶」を適切に行ったり、お互いを知り親しくなったりするための「雑談」などの「交流会話」が自然にできることが最も基本的、かつ、重要な能力であると考えるからである。これがうまく日本語でできず、日本語を話す友人ができなくて、日本語での生活を十分楽しめないという学習者は、現実に少なくない。つまり、Brown and Yule (1983) が指摘するように、「交流会話」とは、人間が社会の中で生きて他者と関わっていくために最低限必要とされる基本的な行為なのである。こうした「交流会話」をすることで、会話参加者同士が「連帯感 (solidarity)」や「親しみ (rapport)」(Tannen 1984) といった人間関係に重要な感覚がもてる会話の共有空間が形成できるのである。そして、吉田 (1992) が「交流会話」である「日常会話」が難しいと述べるように、会話教育において、「交流会話」を積極的に取り上げていく必要性があると考える。

　もちろん、「交流会話」は、コミュニケーションの中の「会話」という全体を考える上では、すべてではない。「交渉会話」を教育の中に取り入れ、どのような会話にも参加していけるようにする必要がある。しかし、筆者は、どのような「交渉会話」を行う場合も、「交流会話」が基盤になると考える。例えば、道を説明するような「交渉会話」でも、道順の情報を正確に

伝えるだけでなく、自分は相手の敵ではなく安心して会話ができるのだということを伝え、その場だけの人間関係でも形成できる「交流会話」能力が必要である。あるいは、細川（2002、2006）や矢部（2005、2007）などが日本語教育で目指すべきだとしている「対話」も、「交渉会話」として捉えると、その基盤は「交流会話」にあるといえる[9]。「対話[10]」を行うことによって、他者と深く関わり、批判的思考力を身につけて、自己成長していくにも、その基盤となる「交流会話」をする能力がないと、自己表現と意思疎通が十分にできないだけでなく、お互いに会話する場をもとうと思えるような初歩的な人間関係も作れないであろう。人はいつも真剣に「異なった価値観」を「ぶつけあう」ような「対話」的コミュニケーションが必要なわけではない。むしろ、日常生活の中、人間として生きていく上で人と関わり、人間関係を構築していくために必要なのは、「交話的機能」(Jakobson 1963)としての雑談などの「日常会話」（吉田 1992）、つまり、「交流会話」(Brown and Yule 1983)ができる能力であると考える。

このように、まず、他者と交流し人間関係を作るための「交流会話」でコミュニケーションが十分できれば、それを土台として、「交渉会話」もより円滑に行えるはずであると考える。それでは、こうした人と人が交流したりするには、どのような能力が必要なのかを次にみていく。

2. 会話で必要な能力とは何か

会話で必要な能力は、先述の【図1-1】にまとめたような様々な種類や機能をもつ「会話」に適切に参加できる能力である。そのような能力は、具体的には、どのようなものであるか、以下、「コミュニケーション能力」「インターアクション能力」「会話能力」に関する主な先行研究をまとめた上で、本書での会話能力の捉え方について述べる。

2.1 コミュニケーション能力とインターアクション能力

Hymes (1972a: 277–288; 筆者訳) は、「コミュニケーション能力（communicative competence）」とは、「文法的な文の正しさの知識だけでなく、いつ話していつ話さないかや、何について誰といつどこでどのように話すかといっ

た文の適切さの知識に関する能力である」としている。そして、Hymes (1972b: 58-65; 橋内訳 1999: 83-84) は、発話行為 (speech acts) の構成要素 (components) として、状況設定 (Settings)、参加者 (Participants)、目的 (Ends)、行為連鎖 (Act sequences)、表現特徴 (Keys)、媒介 (Instrumentalities)、規範 (Norms)、ジャンル (Genres) という8つを挙げ、これらの頭文字を取って「SPEAKING」と呼んでいる。このような Hymes (1972a, b) のコミュニケーション能力と発話行為の構成要素の概念は、特に、談話レベルで会話を進めていくための能力として考慮に入れるべき重要な観点である。

　さらに、ネウストプニー (1995a) は、Hymes (1972b) のコミュニケーション能力の8つの構成要素「SPEAKING」をさらに発展させ、それらを含むより包括的な能力として「インターアクション能力」という概念を提案している。ネウストプニー (1995a: 47) は、コミュニケーション行動すべては、社会・文化・経済などの「実質行動」が基盤になっているとし、この実質行動が行える「社会文化能力（インターアクション能力）」の育成が日本語教育で最も重要だと主張している。そして、この社会文化能力の中には、だれが、どこで、何を、どう言うかというルールが使える社会言語能力（コミュニケーション能力）と、文法・発音・語彙などの言語能力が含まれるとしている（ネウストプニー 1995a）。このうち社会言語能力（コミュニケーション能力）に関しては、「だれが、どこで、何を、どう言うか」に関する9つのルールを挙げている。これらのルールは、コミュニケーション能力の8つの構成要素「SPEAKING」(Hymes 1972b) の初期のモデル (Hymes 1962) を参考にしたという（ネウストプニー 1995a: 42）[11]。そして、ネウストプニー (1999a: 9) は、こうしたインターアクション能力は、様々な要因により流動的に再編成されるインターアクションの生成プロセスのためのリソースであると述べている。

　このような実質行動を基盤とするネウストプニー (1995a) の言語能力、社会言語能力、社会文化能力という3段階の能力の概念は、人間の言語行動を含めたすべての生活行動を最も広く捉えているという点で優れている。日本語の会話教育でも、学習者が伸ばすべき能力をこのように広く捉えて、目標とするのが理想である。そこで本書でも、ネウストプニー (1995a) と同様

に、社会文化能力（インターアクション能力）が社会言語能力と言語能力を含む基盤になると捉える。ただし、ネウストプニー（1995a）は、インターアクション能力という用語について、社会文化能力と同義の意味で用いるとともに、言語能力、社会言語能力、社会文化能力を含む総括的な意味でも用いている。そのため、言語能力、社会言語能力、社会文化能力を区別しつつ、これらを総括した能力について議論する際に、混乱が生じる恐れがある。そこで、本書では、言語能力、社会言語能力、社会文化能力の3つの能力の総称として、「インターアクション能力」という用語を使うことにする。本書が捉える「インターアクション能力」を【図1-2】にまとめた。

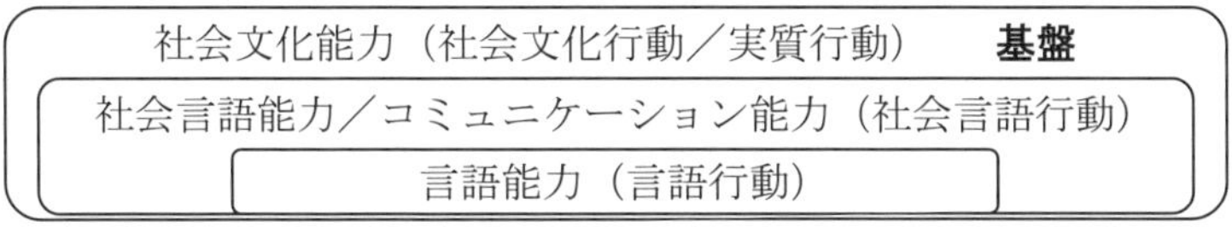

```
┌─────────────────────────────────────────────┐
│  社会文化能力（社会文化行動／実質行動）  **基盤**  │
│ ┌─────────────────────────────────────────┐ │
│ │ 社会言語能力／コミュニケーション能力（社会言語行動） │ │
│ │ ┌─────────────────────────────────────┐ │ │
│ │ │       言語能力（言語行動）              │ │ │
│ │ └─────────────────────────────────────┘ │ │
│ └─────────────────────────────────────────┘ │
└─────────────────────────────────────────────┘
```

【図1-2】 インターアクション能力（インターアクション）の3段階

そして、本書では、ネウストプニー（1999a）が「プロセスのためのリソース」と述べるように、瞬間瞬間に生成されるインターアクションを動態的に調整していく能力という点により焦点を当ててインターアクション能力を捉え直し、インターアクション能力について、以下のように新たに定義する。

> 「インターアクション能力」とは、状況や人間関係などの社会的な文脈の中で人と関わりをもつ際、相手と協力して、瞬間瞬間に生成されるインターアクションを動態的に調整しつつ、言語行動（語彙・文法・音声）、社会言語行動（コミュニケーション）、社会文化行動（実質行動）が適切に行える能力である。

次に、先行研究（ネウストプニー1995a、1999a、Hymes 1972a、b）で挙げられている各能力をネウストプニーのインターアクション能力の3段階で捉えると、【表1-1】の分類のようになると解釈される。先行研究として、コミュニケーション能力を4種に分類しているCanale（1983）と、コミュニケーション能力（言語能力、社会言語能力、言語運用能力）と一般的能力に分類しているCouncil of Europe（2002）も【表1-1】に入れた。

【表1-1】 インターアクション能力の3段階別分類
（ネウストプニー 1995a、1999a、Hymes 1972a、b、Canale 1983、Council of Europe 2002）

	言語能力	社会言語能力	社会文化能力
ネウストプニー (1995a、1999a)	音声 語彙 文法	点火・セッティング・参加者・バラエティー・内容・形・媒体・操作・運用のルールに関する能力	社会・文化・経済などの実質行動が行える能力 態度、帰属、パーソナリティー、対人魅力、追従、自己高揚などのインターアクション上の能力
Hymes (1972a、b)	―	コミュニケーション能力（状況設定、参加者、目的、行為連鎖、表現特徴、媒介、規範、ジャンル）	―
Canale (1983)	文法能力	社会言語能力 談話能力 ストラテジー能力	―
Council of Europe (2002; 吉島・大橋訳 2004)	言語能力 （語彙、文法、意味、音声）	社会言語能力（社会的関係を示す言語標識、礼儀上の慣習、金言・ことわざ、言語の使用域の違い） 言語運用能力（ディスコース能力、機械的能力）	一般的能力 ・叙述的知識（世界に関する知識、社会文化的知識、異文化に対する意識） ・技能とノウ・ハウ ・実存的能力（態度、動機、価値観、信条、認知スタイル、性格的な要因） ・学習能力（言語とコミュニケーションに関する意識、一般的な音声意識と技能、勉強技能、発見技能）

　以上、コミュニケーション能力に関する主な先行研究について、言語能力、社会言語能力、社会文化能力といったインターアクション能力の観点から捉え直した。従来の日本語教育では、どうしても文法や語彙などの言語能力の育成に重点を置くことが多いようである。しかし、インターアクション能力というより広い能力で捉え直すことにより、言語能力だけでなく、コミュニケーションが談話レベルで行えるような社会言語能力や、実質行動が行える社会文化能力の育成も意識的に教育の現場に取り入れていく必要があ

ることが分かる。このようなインターアクションの3段階の能力を学習者が習得することによって、日本語で会話相手と協力して会話に積極的に参加し、友好な関係をもてる可能性が広がるのではないかと考えられる。

2.2 会話能力

次に、話し言葉によってインターアクションをしていく能力である「会話能力」について検討する。日本語で主に実施されている口頭能力試験のOPI (Oral Proficiency Interview) や、大規模口頭能力試験開発（庄司ほか2004) をインターアクション能力の3段階に当てはめると、【表1-2】のようになると解釈される。

【表1-2】 OPI、大規模口頭能力試験開発(2004)における会話能力

	言語能力	社会言語能力	社会文化能力
OPI (牧野2001)	―	(1)総合的タスク／機能 (2)場面と話題	―
	(3)正確さ(流暢さ、文法、語用論的能力、発音、社会言語学的能力、語彙)、 (4)テキストの型(単語と句、文、段落、複段落)	
大規模口頭能力試験開発(庄司ほか2004)	(1)発話テクスト産出能力 (2)総合的な運用能力		(3)認知能力および社会・文化的知識

こうした口頭試験では、主に、学習者が話し手として会話に参加する際の口頭能力だけを評価し、聞き手として興味を示しながら話し手に協力して会話空間を作るために積極的に会話に参加していくような能力は測っていない。また、会話の中の話題のコントロールは主に試験官にゆだねられており、学習者が積極的に会話相手に興味を示しながら、会話の主導権を握って、話題を展開させて人間関係を作っていくような会話能力も測られていない。さらに、口頭試験は、学習者と試験官による二者会話であり、学習者がいつ話すのかといった会話のターンは、試験官から学習者に常に与えられる形式であり、学習者が主体的にターンを取って話していくという場面はほとんどみられない。しかし、実際の日常会話では、学習者が多人数による会話

に参加し、自らターンを取ったり、譲ったりするような能力も必要である[12]。あるいは、何かをしながら話すといった実質行動に伴った会話もほとんど取り上げられていない。ゆえに、学習者の参加する会話でOPIなどの会話試験で扱い切れていない特徴を分析することによって、教師が会話教育の実践をデザインする際の大いなる知見となると考えられる。

以上をもとに、本書では、「会話能力」について、以下のように定義する。

> 「**会話能力**」とは、音声言語や非言語をリソースとして動態的に調整して用いつつ、会話相手と協力して会話空間を作って参加していくためのインタラクションが適切に行えるようなインタラクション能力(言語能力、社会言語能力、社会文化能力)である。

こうした会話能力は具体的にどのようなものなのか、【表1-2】の口頭試験で測る口頭能力からだけではみえてこない。そこで、本書では、試験官にコントロールされていない実際の会話データの分析を行う。特に、1)お互いを知るために話すことで相手に積極的に関わっていくような会話(言語的アクティビティ、cf. 第4章第2節2.1、第3節)と、2)何かの行動をしながら楽しく話してお互いの時間を共有していくような会話(実質的アクティビティ、cf. 第4章第2節2.2、第4節)を分析し、そこで必要とされるインタラクション能力を向上させるための指導学習項目と会話教育実践を検討する。

次に、上記でみたインタラクション能力の3段階のいずれにも含まれ、かつ、人と会話をしていく上でお互いの関係性を伝えていく言語的・非言語的なシグナルである、メタメッセージについてみていく。

3. メタメッセージ伝達・解読の重要性

人類学者、社会学者、言語学者でもあるBateson (1972; 佐藤訳 2000: 231)は、「メッセージについてのメッセージ」として、「メタメッセージ」という概念について述べている。Bateson (1972; 佐藤訳 2000: 231、493–494)によると、メタメッセージとは、メッセージに付随して用いられる、声のふるえやトーンテンポ、息づかい、瞳のうるみなどの動作や表情(kinesics)、パラ言語などによるシグナルで伝達解釈されるものであるという。そして、この

メタメッセージは、話し手と聞き手のお互いの関係を伝え合うため、人は言葉によるメッセージよりも重きを置くとしている (Bateson 1972; 佐藤訳 2000: 211、493)。つまり、メタメッセージは、お互いの人間関係に焦点を当てて、その関係がどうであるかについて伝達・解釈する指標になるといえ、会話というものを考える上で、大変重要な概念になる。

Tannen (1986: 16) は、この「メタメッセージ」によって、会話参加者のお互いの関係のことや、自分達が話していることに対する態度について伝えられるとしている[13]。そして、Tannen (1986: 31、42) は、メタメッセージの意味は、話すスピードやポーズの取り方、声の大きさや高さなどのささいな言語的シグナルや要素によって解釈されるとし、これら会話のシグナルの使い方が会話参加者間で異なる場合、誤解が生じるとしている[14]。さらに、Tannen (1989) では、相手の発話を繰り返す発話の分析を行い、繰り返すこと自体が相手への興味・関心 (involvement, rapport) や連帯感 (solidarity) を示すメタメッセージを送る機能を担っているとしている。

Gumperz (1982) は、異文化間でリズム、声の大きさ、イントネーションなどの話し方のシグナルによる「コンテクスト化の合図 (contextualization cue)」が異なることで誤解が引き起こされる可能性があると指摘している。これは、メタメッセージ (Bateson 1972、Tannen 1986) のシグナルの伝達と解釈の仕方が異文化間で異なると誤解されやすいということにも繋がる。

以上のような言語・非言語によるメタメッセージの伝達・解釈の先行研究から、本書では、メタメッセージについて以下のように定義する。

> 「**メタメッセージ**」とは、発話のメッセージに付随して用いられるトーンやポーズ、動作、表情などの言語的・非言語的なシグナルや、発話自体で二次的に伝達・解釈されるもので[15]、会話参加者の態度やお互いの関係について付随的に伝えられるものである。メタメッセージは、言語行動、社会言語行動、社会文化行動のどの段階の行動にもメッセージ伝達とともに、付随的に伝達・解釈されるものである。

このように、会話する時の話し方に含まれるささいなシグナル（言語・非言語）や発話自体によって、会話の瞬間瞬間で自分が会話相手との関係をどう考え、どのような意図や気持ちを伝えたいのかというメタメッセージが同時に伝わる[16]。よって、メタメッセージを適切に解読・伝達するということ

は、会話の中でインターアクションを行いつつ、お互いの関係を確かめて関係を作っていくという点で重要な要素である。母語場面でもメタメッセージをいつも正確に解読・伝達することは困難であり、様々な誤解を引き起こし、人間関係に齟齬をきたしてしまうことがある。ましてや、言語、非言語で伝わるメタメッセージの意味付けが異なる異文化間では、誤解がより起きやすいのではないかといえる。よって、学習者が日本語の会話に参加する際に知っておくべきメタメッセージの知識と、その運用能力を身に付ける必要があるといえよう。会話の中でのメタメッセージを適切に解読し、自己表現の手段として豊かに使えるようになれば、会話が誤解のない円滑なものとなり、人間関係も作りやすくなるであろう[17]。もちろん円滑なコミュニケーションでなくても、友好な関係はできるかもしれない。その場合でも、自身が送りたいメタメッセージを日本語の会話の中で送り、また、相手がどのような気持ちでメタメッセージを送っているのかを理解することは、いずれの会話においても必要であろう。

　以上述べた、「会話」「インターアクション能力」「メタメッセージ」は、2人以上の人が互いの存在を意識して調整しながら参加する「会話」をミクロレベルの「社会」として捉える際の視点となる（cf. Goffman 1964、Gumperz 1982、第2章第3節、第5節）。つまり、1つ1つの発話の積み重なりや、それに付随する言語・非言語のシグナルから伝わるメタメッセージの積み重なりから構成される「社会」なのである。そうした会話がより広範な範囲で行われる際、それはマクロレベルの「社会」となる。次に、学習者が参加する日常生活の領域や場面といったマクロレベルでの「社会」とその連携の重要性について述べる。

4. 学習者の社会参加場面の連携

　学習者は、教室場面以外にも、家庭、職場、娯楽などの日常生活の様々な場面で会話に参加している。そして、教室で習得した会話能力を教室外の様々な場面に活かし、反対に、教室外の様々な場面で習得した会話能力を教室場面に活かしているであろう。このように、教室内外の会話の場面は、それぞれが相互に関係し合い、補完・連携し合っている。

さらに、学習者が日常の様々な場面に参加するためのネットワーク構築の能力も必要である。様々な場面に多角的に参加し、そこで出会う人達と共に行動し、会話することで、人間関係が作られ、それに応じて会話能力もまた向上するであろう。また、1つの場面で向上した会話能力がまた別の場面でも活かされ、連鎖的に会話能力が向上し、さらに日本語で社会参加しやすくなる。このように、学習者が参加する日常の各場面は、学習者を中心に連携し合い、学習者の会話能力向上に相乗効果をもたらすのである。

　なお、本書では、「会話」は、二者以上の間で協力して相互に形成されるミクロレベルの「社会的活動」であると捉える。一方、学習者が日常生活で参加する様々な場面や共同体（community）をマクロレベルの「社会的活動」であるとする[18]。そして、「会話」というミクロレベルの社会的活動への参加が困難であると、マクロレベルの共同体での社会的活動への参加の機会を逃してしまう場合もある[19]。こうした点からも、他者と会話を行うといったインターアクション能力は、共同体での社会的活動の前提であり[20]、そこに入るための1つの重要な入り口になると考える。

　このように、「会話」をきっかけとして、学習者が社会の共同体に参加しやすくなるということは、つまり、学習者が日常生活の様々な領域・場面（例：サークル、研究室、寮、ホームステイ、職場、家族、地域での付き合いなど）において、人間関係やネットワークが構築しやすくなるということを意味する。したがって、会話教育において会話でのインターアクション能力を育成することは、学習者が社会の中の共同体に参加し、自己実現する可能性を広げるという点で重要なのである[21]。

5. 会話教育が必要な理由と目指すもの

　以上、本書の会話教育で重要な概念となる、コミュニケーションと会話の定義、インターアクション能力からみるコミュニケーション能力と会話能力、メタメッセージ、学習者の社会参加場面の連携について述べた。学習者は、日常生活において日本語を用いて様々な場面や目的の会話に参加している。会話教育を行う際も、実際に学習者が日常生活で参加する様々な会話場面を考慮に入れて、その中で人と人がどのような目的のもと、どのようなイ

ンターアクションを行っているのかを分析していく必要がある。さらに、人と人がインターアクションをする際、最も基本的な手段は、表情やしぐさなどの非言語行動も含めた、音声を媒介とした会話であるという点からも、会話教育の必要性が指摘できる[22]。これらの観点を踏まえ、本書で議論する会話教育で目指すものは、以下のような理念からなる。

> **「本書での会話教育の目指すもの」**は、学習者が日本語を用いて様々な社会場面に参加し、その中で円滑なインターアクションが行える会話能力の育成である。特に、以下のような会話への参加の能力育成を目指す。
> * 会話のリソースを用いつつ、会話参加者同士が共に協力し合いながら会話に積極的に参加し、楽しい会話空間を共有することで、友好的な関係を作っていく会話能力の育成。
> * 言語・非言語行動を動態的に調整しながら、会話の中のメタメッセージを伝達・解読し、相手への親しみを示していく会話能力の育成。

　そのためには、様々な会話に参加していけるインターアクション能力に関する「宣言的知識(declarative knowledge)」とその知識を用いて適切に行動が行える「手続き的知識(procedural knowledge)」の両方を考慮した会話の授業活動デザインが必要である(cf. 第2章第4節1)。

　次に、こうしたインターアクション能力育成を目指した会話教育のためには、教師と学習者による「研究と実践の連携」が必要である点を主張する。

第2節　会話教育における「研究と実践の連携」の必要性

　学習者が日本語を学び、人と出会って会話をして交流しつつ、ネットワーク構築をしていくのを支援するために、日本語教師は、学習者の会話でのインターアクションのあり方を研究し、それを教育実践に活かしていく存在である。こうした「研究と実践の連携」は、教師だけでなく、学習者にとっても必要である。それは、学習者が自身の参加する会話を的確に分析し、どのようにメッセージやメタメッセージを伝達・解読していくのかを考えた上で、実際に会話に参加し、それを振り返って改善するというプロセスを経験するはずだからである。

　このように、「研究と実践の連携」を行って自律的に会話能力が伸ばせる

学習者と、それを支援するための授業活動デザインができる教師が必要である。以下、教師と学習者による「研究と実践の連携」についてそれぞれ述べる。

1. 教師による「研究と実践の連携」の必要性

　文化庁委嘱の日本語教員の養成に関する調査研究協力者会議(2000)から『日本語教育のための教員養成について』[23] の提案が出されている。具体的には、「日本語教員として望まれる資質・能力」として、「日本語教員自身が日本語を正確に理解し的確に運用できる能力を持っていること」と、言語に関する知識・能力や、授業や教材を分析する能力などをもち、学習者に応じた適切な教育が行えることを挙げている(pp.8–9)。このことから、1)「教師の分析力と創造力」、2)「教師の実践研究能力」、3)「教師自身のインターアクション能力」が必要であると考えられる。以下、これらの教師の能力について述べる。

1.1　教師の分析力と創造力

　「教師の分析力と創造力」とは、インターアクション教育を意識して、会話を分析し、それを活かした授業活動デザインを行い、また、学習者に的確なフィードバックが与えられる教師の能力のことである。日本語学習者は、日常生活において日本語を用いて様々な場面や目的の会話に参加している。お互いを知るためにじっくり話す雑談のような会話もあれば、旅行などで何かを見ながら楽しく話すような会話もある。このような様々な場面や目的で交わされる会話は、何についてどのように話すのか等、それぞれ異なった特徴があると考えられる。日本語の会話教育を行う際は、異なったそれぞれの会話の特徴を把握し、学習者がそれぞれの会話に参加していけるようになるための会話教育実践を創造していけることが理想である。

　そこで、中井(2005a、b、2008a)では、【図1-3】のような、会話教育のための「研究と実践の連携」の重要性について主張している。

　つまり、以下のような、教師による「会話データ分析―会話指導項目化―会話教育実践」という絶え間のない循環の必要性のことである。

```
┌──────────────┐     ┌──────────────────┐
│  会話データ分析  │←→│  会話指導学習項目化  │
└──────────────┘     └──────────────────┘
         ↖  会話教育  ↗
           ┌──────────┐
           │ 会話教育実践 │
           └──────────┘
```

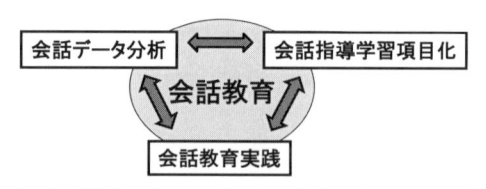

【図1-3】　会話教育のための「研究と実践の連携」のモデル

①母語話者と非母語話者が参加する会話の分析を行う。
②①の分析結果を参考に、会話指導項目をまとめる。
③②をもとに、会話教育実践を行う。
④③の会話教育実践を振り返りつつ、次なる会話教育実践のための会話指導項目の整理を行う。
⑤④の会話指導項目を充実させるために、会話データ分析と会話教育実践を行っていく。

　このように、教師が体系立って会話データ分析を行うことで、主体的にシラバス・デザインに関わっていくことを可能にする。分析する会話は、教師がよく担当する学習者の日本語レベルや背景をもつグループを対象とすることができる。また、初対面の会話やパーティーの会話、旅行中の会話など、学習者が日々遭遇する場面の会話を分析対象とすることもあるだろう。こうした様々な学習者の背景や会話の場面・種類を広く分析し、その成果を会話指導項目として可視化することで、教師自身の会話をみる視点が拡大する。そして、言語化して書き留めておいた指導学習項目は、教師が過去、現在の教育実践を振り返る材料となるとともに、次の教育実践を行う際の参考となる。つまり、指導学習項目の整理によって、教師の過去、現在、未来の教育実践を体系立てて理解し、改善点や不足点を見つけやすくする指標ともなる。そして、授業活動を行う際も、教師が意識的に指導学習項目を把握して必要な時に提示できるため、場あたり的なものにならず、学習者も今、会話のどのような特徴に着眼すればよいのかが意識的に掴みやすくなる。

　さらに、教育実践の経験が多く、経験的には分かっているという経験知はあるが、それを学習者やほかの教師に言語化して伝えにくいこともある。しかし、1人の教師が「研究と実践の連携」から得た指導学習項目を教師間で

共有し、積み上げていくことで、会話教育全体の中で、より広い会話指導学習項目化が可能となり、より広い学習者層のニーズに対応できるようになる。

　こうした「研究と実践の連携」によって、オリジナリティーのある会話教育実践を行い、一教師としての自己表現が実現できるであろう。そして、そのように各教師が専門的にデザインした実践をほかの教師に発信し、共有することによって、教師としての共同体が協働で成長していける。さらに、教師が会話データ分析という研究を行うことによって、学習者が参加する会話を瞬時に冷静に分析し、適切にフィードバックが与えられる分析者、教育者の視点も育成させることができるであろう。

　以上のような会話教育のための「研究と実践の連携」のイメージを【図1-4】に図示した。つまり、「研究」は、教師がなぜその教育実践を行うのかという理念を形成する広い土壌となる。その土壌から様々な実践が木のように生まれ、成長する。会話教育の場合は、様々な会話の特徴を分析する研究が、会話教育実践の広い土壌となる。よって、より豊かな土壌からより豊かな会話教育実践が生まれる（図中：上向きの矢印）。そして、研究の土壌から生まれた会話教育実践を行うことから教師が学び、次のよりよい実践のための研究の種を見つけ、さらなる研究を行うことで、研究という土壌もより豊かになっていく（図中：下向きの矢印）。こうした「研究と実践の連携」が絶え間なく循環することで、研究と実践の両方がより豊かになっていくと考えられる。

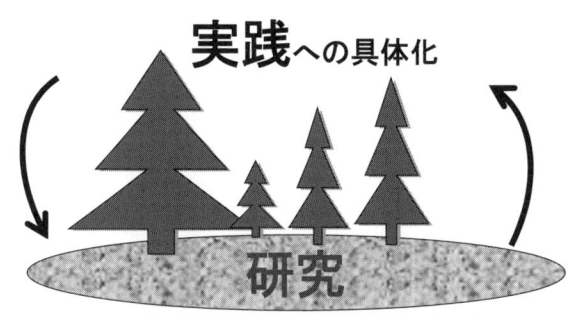

【図1-4】　会話教育のための「研究と実践の連携」のイメージ

1.2 教師の実践研究能力

「教師の実践研究能力」とは、教師が自身の教育実践を振り返り、客観的に分析・評価・改善していける能力のことである。細川(2005: 11)は、「実践」それ自体が「研究」であるという立場から、「実践研究」について、授業活動の設計、具体化、学習活動の支援のために、「教師自身が自分の実践を内省的に振り返りつつ、その意味を確認し、他者とのインターアクションを積極的に受け入れ、より高次の自己表現をめざそうとする活動」として、その重要性を主張している。そして、細川(2005)は、実践研究のためには、「計画・具体化・改善」という循環が重要であるとしている。また、舘岡(2008: 43)は、実践研究とは「教師が自らのめざすものに向けて、その時点で最良と考えられる学習環境をデザインし、よりよいと思われる実践を行い、それを実践場面のデータにもとづいて振り返ることによって、次の実践をさらによくしようとする一連のプロセスである」としている。そして、日々の実践とその振り返り・改善のサイクルの繰り返しの中から「実践から立ち上がる理論」(舘岡 2008)が生まれるという。

このように、会話教育の実践でも、「教育理念の形成―授業活動デザイン(計画)―実施―記述・分析・振り返り―改善」というプロセス自体を研究対象として、「実践から立ち上がる理論」を得つつ、さらなる教育実践の改善を検討していくべきである。【図1-5】に会話教育のための実践研究のイメージを図示した。実践研究とは、よりよい教育実践にしていくために実践自体とそのプロセスを研究対象とするものである(図中：縦に円で囲んである部分)。実践を研究する際には、教師としての自分がどのような教育理念(研究の土壌)のもと、なぜその実践を行い、どのようにデザインしたのかを分析する。また、実際に実践の中で何が起こっていて(学習者の学び、教師の役割など)、学習者がどう感じていたかも分析する。こうして、1つの教育実践の一連の流れと内容を記述・分析して振り返り、次なる実践の改善を検討する。つまり、実践研究を行うことで、教師としての自分を研究者としての自分が評価するという、自己モニターによる自己研鑽に繋がるのである。さらに、一教師の実践の成果や試行錯誤をほかの教師に発信して知見を共有し、積み上げることができるため、教師全体の研鑽も図れる。

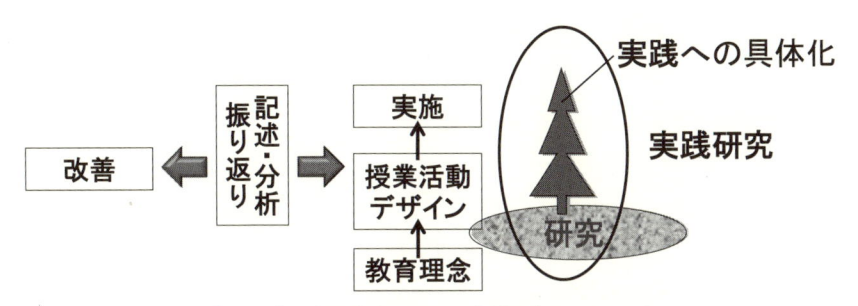

【図 1-5】 会話教育のための実践研究のイメージ

　こうした教師が自身の行った実践について振り返り改善を目指す実践研究は、よりよい会話教育実践のためには、欠かせない研究姿勢である。ただし、教室内で起こったことだけを振り返り、研究対象とするという、実践自体の研究のプロセスだけを循環しているのでは十分ではない。それだけでは、本当にその実践が改善されていっているのか、改善しようとしている方向が正しいのかを判断する基準が弱いからである。自身の実践と似た実践の先行研究を参照することも必要であろう。あるいは、自身の実践が実際の学習者にとって有益なのかを検討することも必要であろう。または、自身の実践が学習者の参加する会話の特徴を十分活かした授業デザインになっているか、授業で学習者の会話に対して十分なフィードバックが与えられているかを振り返るべきであろう。

　したがって、実践を改善する実践研究を十分行うためには、【図 1-5】に示したような、会話教育のための「研究と実践の連携」という、より広い土壌としての「研究」から捉える「実践」のあり方という視点が必要である。つまり、教育実践を良くしていくためには、学習者が参加する教室内外での実際の会話を分析して、会話教育実践のデザインを検討し直すというプロセスも重要なのである。よって、会話データ分析と会話指導項目の整理などの教師による基礎的研究が、実践研究における「教育理念の形成─授業活動デザイン─実施─記述・分析・振り返り─改善」のプロセスをより高次のものにするための強固な理論的、実証的な土壌となるのである。そして、これらの基礎的研究によって、教師は、会話をより客観的に観察・分析するための視野を広げることが可能となる。この結果、学習者の日本語の会話に対する

気づきも促進され、会話能力が育成されるのである。

1.3 教師自身のインターアクション能力

「教師自身のインターアクション能力」とは、教師が自身の日常生活や職場の中でインターアクションを動態的に調整しながら適切に行える能力のことである。そのためには、教師が自身の日々のインターアクションを客観的に振り返り、学習者や同僚の教師達とのインターアクションが円滑に行えるように意識的に調整していくための知識や経験が必要である。

このようなインターアクション能力を教師がもつことで、教師自身の知識や経験をもとに、学習者のインターアクション能力を育成することが可能になる。さらに、教師がインターアクション能力をもつことで、学習者やそれを取り巻く人々とのインターアクションが円滑になり、信頼を得て、よりよい教育実践が行える。また、教師間のチームティーチングなど、職場でのインターアクションも円滑になるであろう。こうした教師自身のインターアクション能力は、教師が、教師として、あるいは、一個人として、社会に参加していく上で必要な能力である。つまり、「教師自身のインターアクション能力」は、「教師の分析力と創造力」と「教師の実践研究能力」を根底から支える重要な能力なのである。

以上のような教師の能力育成のための実践については、第6章で述べる。

2. 学習者による「研究と実践の連携」の必要性

学習者が会話能力を向上させていくためには、常に研究者や教師の側だけが学習者の会話を分析して、フィードバックを与えていくのでは十分ではない。会話は動態的に形成されていくものであるため、それをパターン化してすべて教師が雛形的に教えられるものではない。ましてや、学習者も教師からすべて教えてもらおうという姿勢でいることは不可能である。その上、日本語学習者は、教師の管理のもと、教室の中だけで日本語の会話の特徴を学び、練習しているわけではない。教室での環境はごく限られた時間内で行われるが、特に、日本国内では、例えば、学校や職場などの場面やメディアなどにおける会話など、教師の管理下にない教室環境以外での場面の方が学習

者が様々な日本語での会話に触れる機会が多いといえる。

したがって、教室外での膨大な量の会話に学習者が参加したり傍聴したりする際、学習者自身が会話を客観的に分析してそこから学習すべきことを自律的に選んでいける能力、特にメタ認知力(cf. 第5章第1節)が重要であるといえる。学習者が会話を客観的に分析していく際、今まで気づかなかった自分の会話の特徴や、自分とは違う他者の会話の特徴などを意識化するであろう。それを自分自身の会話でのインターアクションを振り返る材料として、自身が表現したいような自己表現により近づけるための参考にすることができるのである。こうした会話の特徴に対する気づきを、学習者自身が自らの力で起こしていければ、教師がいないところでも、自律的に自分に必要なものを吸収して学んでいくことが可能になるであろう。つまり、そうした能力があれば、学習者が様々な場面の会話に参加したり、傍聴したりする機会を最大限に利用して、その会話を客観的に観察・分析し、より多くのことを自らの力で学んでいけるようになるのである。教室では、そうした学習者による自律的な学びを促進させるための授業活動デザインが重要になる。

よって、学習者による「研究と実践の連携」とは、学習者自身が会話を意識的に「研究」し、自身の会話でのインターアクションを「実践」していくということである。したがって、学習者が研究者になるというのではなく、自身の力で会話を分析する視点を身に付けて、自律的に取り入れていけるようになることである。そして、その際の教師の役割は、学習者が自律的に「研究と実践の連携」を行っていけるように、その方法を示唆したり、必要な時に専門の知識や自身の経験に基づいたフィードバックを与えたりして支援することである。こうした学習者による「研究と実践の連携」を目指した会話教育実践の分析は、第5章第2節と第3節で行う。

3. 教師と学習者による「研究と実践の連携」のモデル

以上、会話教育における、教師と学習者による「研究と実践の連携」について述べた。まとめると、教師は「会話データ分析―会話指導項目化―会話教育実践」という循環を行いながら、よりよい教育実践を行っていく。同様に、学習者は「会話データ分析―会話学習項目の意識化―会話実践」という

プロセスを経験しながら、自身の会話能力を向上させていく。このような「研究と実践の連携」の循環と、細川(2005)の「計画・具体化・改善」という実践研究の循環を合わせると、【表1-3】のようなプロセスを行うことになる。

【表1-3】 学習者と教師による「研究と実践の連携」のプロセス

教師の場合	会話データ分析―会話指導項目化―授業活動デザイン(計画)―会話教育実践―振り返り・改善
学習者の場合	会話データ分析―会話学習項目の意識化―学習計画―会話実践―振り返り・改善

　つまり、教師の「研究と実践の連携」という観点からみると、教師が会話データ分析した結果(研究)を指導項目として取り入れた会話教育実践の授業活動デザインをし(計画)、会話教育実践を実施し(実践)、学習者とともに会話データ分析や会話練習を行う中で、新たな発見をし、実践を振り返り(記述・分析)、改善させていくという循環になる。一方、学習者の「研究と実践の連携」という観点からみると、学習者が会話データ分析をし、それを通して自身の会話学習項目を意識化し、どのようにそれらを用いていくか検討し(学習計画)、実際に使ってみて(会話実践)、それを振り返り、自己改善(内省・改善)していくというプロセスになる。

　【図1-6】は、「本書で目指す会話教育のモデル」である。まず、教師と学習者が「研究と実践の連携」を行うことで、教師と学習者の言語能力・社会言語能力・社会文化能力の育成という目標達成に近づく。そして、こうしたミクロレベルでの「会話」でのインターアクション能力が育成されることによって、学習者がマクロレベルでの様々な社会的な領域・場面の「共同体」に参加する可能性を広げるための1つの入り口ともなりえる。

　なお、「研究と実践の連携」の循環は、どこからが始まりかは明確ではない。例えば、学習者による「研究と実践の連携」の循環は、授業活動では「会話データ分析→会話学習項目化→会話実践」という順かもしれないが、学習者が社会生活を送る中では「会話実践→会話データ分析→会話学習項目化」という順で起こるかもしれない。また、授業活動で会話データ分析から

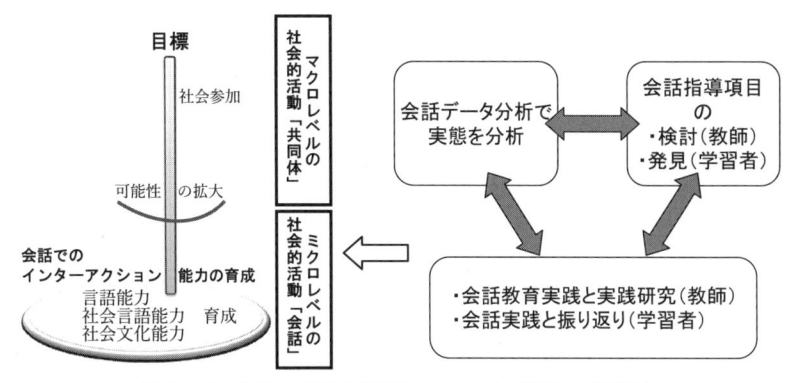

【図1-6】 本書で目指す会話教育のモデル(教師と学習者)

始める場合でも、実際は、学習者がすでに社会生活の中で会話実践に参加して学んだことを土台に振り返って意識化している場合もあるだろう。

こうした教師と学習者による「研究と実践の連携」がそれぞれの目標のもと行われていくと同時に、教師と学習者が会話教育の実践の場で出会うことによって、双方の「研究と実践の連携」からお互いに学び合うことも重要である(cf. 第5章第2節、第3節と第7章第4節)。

さらに、「研究と実践の連携」までは主体的に行わないまでも、学習者の会話相手となる授業ボランティアなどの母語話者にも、学習者との会話を意識化して臨む必要がある。次節第3節で「歩み寄りの姿勢」について述べる。

第3節　母語話者と非母語話者の歩み寄りの必要性

母語話者と非母語話者が参加する接触場面においてインターアクションを円滑に行っていくためには、非母語話者だけでなく、母語話者からの「歩み寄りの姿勢」が必要である(cf. 岡崎1994、土岐1994、青木ほか1998、岡崎2007、宮崎2009[24]など)。青木ほか(1998: 108–109)では、理解に関する問題の解決のためには、非母語話者側だけでなく、母語話者側にも「非母語話者との接触への慣れ」、「調整のうまさ」、「理解しあおうという姿勢」、「非母語話者の住む世界についての知識」が要求されるとしている。さらに、共生日本語教育を目指す岡崎(2007: 275、279)は、母語話者と非母語話者が対等

な立場で生活を送るために、母語話者が多様な言語・文化背景をもつ非母語話者に関心をもち、非母語話者の日本語を理解するように努力し、そこから様々なことを学ぶ機会とするべきであると主張している。

このように、母語話者と非母語話者が互いに学び合い、理解し合うための「歩み寄りの姿勢」と、そのためのインターアクション能力育成を目指した授業活動を考慮していくべきであると考える(cf. 第3章、第7章第5節)。

第4節　会話教育研究を行うにあたって

1. 会話教育研究をなぜ行うのか

本研究の目的は、以上述べてきたことから、「学習者が日本語でインターアクションを行っていけるようになることを目指す会話教育」と、それを実現させるための「研究と実践の連携」について分析・考察を行い、その重要性を明らかにすることである。その上で、これからの会話教育のための提案を行う。また、非母語話者と母語話者の歩み寄りのために必要な能力についても提言をする。そして、こうした会話教育が主体的に行える日本語教師の養成についても分析・考察し、日本語教師に必要とされる資質の提言を行う。最後に、本研究の集大成として、「インターアクション能力育成を目指した会話教育のための「研究と実践の連携」のモデル」を提案する。

2. 会話教育研究について議論する内容の全体構成

第1章では、本書の目指す会話教育の理念について述べた。第2章では、先行研究から「研究と実践の連携」と「コース・デザイン」の関係と理論的背景について述べる。そして、本研究の主題である「会話データ分析(第3章)―会話指導学習項目化(第4章)―実践(第4、5、6章)」の循環の具体例として、筆者が実際に行った「研究と実践の連携」の循環を示す。最後に、第7章結論において、会話教育における「研究と実践の連携」の意義と、そこでの教師と学習者による「双方の学び」、および、学習者と母語話者の双方の「歩み寄り」の必要性という観点から提言する。そして、会話教育のための教員養成への提言と「研究と実践の連携」のモデルの提言をする。

【表1-4】 本書における「会話教育の研究と実践の連携」の章別全体構成

本書全体＝筆者にとっての「研究と実践の連携」				
研究	教育理念・方法・先行研究	第1章 会話教育で必要なこと 　第1節　本書で目指す会話教育 　第2節　会話教育における「研究と実践の連携」の必要性 　第3節　母語話者と非母語話者の歩み寄りの必要性 　第4節　会話教育研究を行うにあたって 第2章 会話教育のためのコース・デザイン 　第1節　日本語教育におけるコース・デザイン 　第2節　会話分析と談話分析 　第3節　接触場面研究 　第4節　授業活動デザイン 　第5節　コース・デザインの理論からみる本書の位置づけ			
^ 研究 ｜ ｜ v 実践	1.会話データ分析	第3章第1節 会話データ収集・分析方法 第4章第1節 会話教育実践のバリエーション	第5章第1節 学習ストラテジーとメタ認知		第6章第1節 日本語教員養成
^ ｜ ｜		**教師** 筆者の「研究と実践の連携」例	**学習者** 「研究と実践の連携」例 （教育実践中）		**教師** 「研究と実践の連携」例 （教員養成コース中）
｜		第3章　会話データ分析 ・言語的アクティビティの会話 ・実質的アクティビティの会話 ・母語話者の配慮・調整	第5章　学習者の会話を分析する視点の育成と実際使用の実践研究		第6章　教師の会話を分析する視点の育成の実践研究
｜	2.指導学習項目化	第4章　言語的・実質的アクティビティを活かした会話教育 　第2節　会話教育の指導学習項目 ・言語的アクティビティの会話 ・実質的アクティビティの会話	第2節 会話データ分析活動の教育実践例の分析	第3節 会話データ分析活動と会話練習とビデオ作品作成プロジェクトの教育実践例の分析	第2節 会話教育のための日本語教員養成コースの教育実践例の分析
｜	3.実践	第4章第3節　言語的アクティビティの会話教育実践例の分析 第4章第4節　実質的アクティビティの会話教育実践例の分析	―		―
研究・今後の課題	提案	第4章第5節　言語的アクティビティと実質的アクティビティを活かした会話教育実践の提案 第4章第6節　教師による「研究と実践の連携」の提案	第5章第4節 学習者による「研究と実践の連携」の提案		第6章第2節 4.会話教育のための教員養成の提案 第6章第3節 今後の課題
		第7章　今後の会話教育への提案 　第1節　各章で述べてきたこと 　第2節　認知心理学的な授業活動デザインからみた本書の会話教育実践 　第3節　自律的に育成する会話能力と会話教育のための「研究と実践の連携」の意義 　第4節　会話教育における教師と学習者による「双方の学び」 　第5節　母語話者の歩み寄りのインターアクション能力育成の提言 　第6節　会話教育のための教員養成への提言 　第7節　会話教育モデルの提案・今後の課題			
あとがき（本書の問題意識と研究の動機）				

【表1-4】は、本書の全体構成からみる「会話教育の研究と実践の連携」の章別構成である。「会話教育の研究と実践の連携」の例は、大きく3種に分かれる。1点目は教師としての筆者自身の「研究と実践の連携」の例（第3、4章）、2点目は学習者による「研究と実践の連携」の例（第5章）、3点目は教員養成コースで行った教師による「研究と実践の連携」の例（第6章）である。この3種の例が「1.会話データ分析」「2.会話指導学習項目化」「3.会話教育実践（会話実践）」のいずれの段階に当てはまるか図示してある。そして、本書の全体自体が筆者が実際に取り組んだ「会話教育のための研究と実践の連携」の1つの実現例となっている。

3. 会話教育研究としての本書の特徴

　以上、本章で述べたことのまとめとして、会話教育研究を行う本書の特徴と意義について、以下の6点から述べる。

①会話教育のための「研究と実践の連携」

　本書では、会話教育のための「研究と実践の連携」について、実際に筆者が行った「会話データ分析―会話指導学習項目化―会話教育実践」の循環プロセスにおける各段階の具体的なデータから、その実現例を示し、詳細に分析・検討する。これによって、理論だけでなく、実際の会話データ分析や教育実践のデータ分析から、理論を捉え直し、再構築することが可能となる。

　さらに、こうした「研究と実践の連携」は、教師だけでなく、学習者も行うことで、自律的にインターアクション能力が育成できるようにするべきだという点も注目に値する。そして、そうした教師と学習者による「研究と実践の連携」の循環の中で、教師と学習者の「双方の学び」が生まれるという点まで述べることは、今後の教師の成長という観点からも意義がある。

②会話データ分析

　会話データ分析では、「言語的アクティビティ」と「実質的アクティビティ」という異なった特徴をもつアクティビティに大別し、その中で行われる会話について、実際の撮影・録音データから詳細に比較分析する。また、各会話に関して会話参加者の意識を問う「フォローアップ・インタビュー」の手法を取り入れることによって、調査者の視点だけでなく、会話参加者の

視点から会話を質的に分析することが可能となる。

　さらに、会話の中で何に言及して話題を展開させるかを分析するために、「現場性の有無」という観点を取り入れる点も新たな会話データ分析の可能性を広げることになる。そして、会話の中で用いられる言語的要素だけでなく、ジェスチャーなどの非言語的要素も合わせて、言語行動、社会言語行動、社会文化行動というインターアクションを総合的に分析する点も価値がある。その上で、会話の中で言語・非言語的な要素をリソースとして、参加者同士がいかに調整しつつ協力し合って会話空間を形成しているか、また、会話をすることで言語・非言語的な要素から自ずと伝わるメタメッセージの意味を分析する点も、会話教育を考える上で重要な意味をもつ。

③会話指導学習項目の可視化

　筆者が行った会話データ分析や会話教育実践と、それに関連する先行研究の成果の集大成として、会話教育のための指導学習項目を提案する。この会話指導学習項目は、会話の中で言語行動、社会言語行動、社会文化行動を行う際に、どのような言語・非言語的要素がリソースとして必要か、または、どのような要素に配慮するべきかという観点から提示する。そして、会話教育では、学習者がこれらのリソースを用いて、自身が表現したい自分を表していくことを支援することになる。つまり、学習者がこうした言語・非言語的リソースや配慮すべき要素を思い思いに使えるスキルを磨き、言語能力、社会言語能力、社会文化能力といったインターアクション能力を向上させることが目標となる。

　そして、この会話指導学習項目の提案によって、教師にとっては、実際の会話でどのような言語・非言語的要素がリソースとして必要か、何を学習者に学ばせるかという指標が可視化できる。また、それによって、どのような項目を会話教育実践で取り上げればよいのかという全体像が掴みやすくなり、会話というものをより広い視点から意識的に捉え、授業活動デザインを行ったり、学習者にフィードバックを行ったりすることが可能となる。さらに、こうした会話指導学習項目を提案することによって、教師間でも共有が可能となり、今後のさらなる会話データ分析や会話教育実践における研究と実践からの知見の積み上げを行っていきやすくなるのではないかと考える。

一方、学習者にとっても、会話能力を身に付けていく際に、学習項目を意識化でき、会話にはどのような特徴があるかを観察・分析する視点が広げられる。そして、学習者が日本語の会話に参加する際に配慮するべきこと、自分が表現したい自分を表すためにリソースとして必要な要素は何かを意識化して自身の表現方法に取り込む指標となるという点でも意義がある。
　さらに、本書で提案する会話指導学習項目は、言語的アクティビティの会話と実質的アクティビティの会話に大別し、それぞれの言語行動、社会言語行動、社会文化行動というインターアクションに分類している点でも、従来の会話指導学習項目とは異なった視点が提供できるものと考える。

④会話教育実践の実践研究

　本書では、筆者が実際に行った会話教育実践の具体的な例を4つ挙げて分析するという実践研究を行う。これらの教育実践は、どれも会話データ分析などの会話教育のための研究に基づいて授業活動デザインしたものである。具体的には、インターアクション能力（言語能力、社会言語能力、社会文化能力）の育成、実際使用のアクティビティ、言語的アクティビティと実質的アクティビティの特徴、認知心理学的な授業活動デザイン、メタ認知力の育成などの理論と研究を取り入れた会話教育実践を提示する。
　この4つの実践研究の中には、教師だけでなく、学習者が会話データ分析をし、学習項目を意識化し、自身の会話に取り入れるという、学習者による「研究と実践の連携」を狙った会話教育実践の実践研究も2つ含まれている。学習者が自律的に学びたいものを学び取っていくためのメタ認知力を育成するという会話教育実践とはどのようなものであるかを詳細に分析することには、意義があると考える。
　こうした会話教育実践を詳細に分析するため、具体的な授業の進め方や使用した教材、授業中の学習者の会話データ、学習者の成果物のデータや内省、授業ボランティアとのインターアクションの様子、実際使用のアクティビティのあり方など、具体的なデータが提示してある。その他、映像を教材として、みる、分析する、モデルとする、撮影して自己分析するなど、様々な映像利用の可能性についても具体例を示す。それによって、ほかの教師が会話教育実践を考える上で、具体的なアイデアを提供するものとしたい。

⑤日本語母語話者の歩み寄りの視点の分析

　学習者と授業ボランティアの視点から、母語話者の「歩み寄りの姿勢」の変化や育成、必要な能力について、実際の会話データや会話教育実践を詳細に分析することによって明らかにする。こうした学習者と母語話者の「歩み寄りの姿勢」の育成は、今後の多文化共生社会にとって意義がある。

⑥会話教育のための教員養成の実践研究

　本書で主張する会話教育のための「研究と実践の連携」について、筆者が行った具体例を提示するだけでなく、そういった会話教育が主体的に行える教員養成のあり方について議論する。そして、実際に筆者が行った会話教育のための教員養成コースを取り上げ、そこで具体的に何が行われて、受講生にどのような学びが起きていたのかについて、詳細なデータを提示して分析・検討するという点で価値がある。

　以上、本書の特徴と意義について、6点挙げた。本書では、主に筆者が行った日本国内での会話教育のための「研究と実践の連携」をデータとして分析した。海外での会話教育を考える際は、さらなるデータ分析と考察が必要となるであろう。しかし、本書で提案する、「インターアクション能力育成」や、「会話教育のための研究と実践の連携」といった点などの教育理念やその方法は、国内同様、海外でも共通する部分があるといえる。海外における会話教育についての先行研究と具体的な提案については、第4章第1節で述べる。さらに、海外での会話教育に従事する教師に対する教員養成への提案についても行いたい(第7章第6節)。

　次章より、筆者が行った具体的な「研究と実践の連携」の例の分析とその考察について述べ、最後に結論として、「インターアクション能力育成を目指した会話教育のための「研究と実践の連携」のモデル」を提案し、本書の成果を国内外の様々な教育現場に活かせるようにすることを目指す。

注

1. 藤井(2005: 175)は、「談話(discourse)」について、「統一された全体を構成しているひとまとまりの語、句、節、あるいは文の集合」であり、「一文よりも大きな単位、一文の境界を超えて展開した文の集合」であると定義している。そして、「談話」の中では、「言語とは、孤立して働くものではなく、あるつながりをもった談話として、実際の言語使用の場面で機能し、そこに関わる話し手(書き手)や聞き手(読み手)による動的・社会的・相互作用的な関わりが具現化されたものであるという前提で存在する」(藤井 2005: 175)としている。本書で述べる「談話レベル」とは、藤井(2005)が定義するような「文より大きな単位」を指す。
2. 南(1974: 25–26)と中道(1994)は、この6つの機能について、次のように説明している。①関説的機能とは、「ものごとをさし示す機能」であり、主に事実などの情報交換をする働きがある。②心情的機能とは、「感情・感覚の直接的表現」であり、感情などの主観的なものを伝える働きがある。③動能的機能とは、「相手に対する訴え、要求など」であり、他者に働きかけて行為をさせたり、了承を得たりする働きがある。④交話的機能とは、「社会的接触に関する機能」であり、おしゃべりなど、会話をすることにより、相手への関心を示したり、自分のことを知ってもらったりして、友好な人間関係を構築する働きがある。⑤メタ言語的機能とは、「ことばをことばで代表する機能」であり、発話している言語自体について説明する働きがある。⑥詩的機能とは、「芸術、遊びなどに関する機能」であり、言葉自体の響きや美しさ、リズム、繰り返しなどに焦点を当てて楽しむような働きがある。
3. 本書では、Jakobson(1963)の6つの機能の区別を意識的に取り上げた会話教育の授業活動デザインとその実践例については、述べない。詳しくは、中井(2010)を参照のこと。
4. 例えば、観光客に道案内をする、実験について説明するなどの時の言語だとしている。
5. 例えば、仲間同士の連帯感を示す、会話を開始・終了する、会話の中のターンのやりとりをする、天気の話をする、礼状を書くなどの言語だとしている。
6. 南(1972: 113)は、日常会話を分析する際の単位という観点から、「会話」について、「全体が他と区別されてひとまとまりのものとみなすことができる」ものとし、その例として、野菜売りが家に来て挨拶して用事を済ませてから最後に挨拶をして帰っていくまでが1つの「会話」としてのまとまりであるとしている。
7. 「会話の種類」は、Hymes(1972b)の「ジャンル」(例：詩、神話、物語り、祈り、演説、講義、論説)、Brown and Yule(1983)の言語の機能分類の例(例：道案内、

実験の説明、天気の話、礼状)、中道(1994: 183)の談話種別細分(例：相談、討議、スピーチ、雑談、指示)を参考にした。しかし、ジャンルといった会話の種類の概念はあいまいであり、境界線が定めにくい。【図 1-1】は、あくまでも会話の種類と会話の機能の多様性と大まかな分類を図示したものであり、実際には、1つの会話のジャンルがほかのジャンルに含まれる場合もありうる。

8 「スピーチ」は、独り言とは違って、話し手が常に聞き手を意識して話し、聞き手もあいづちやうなずきによって常に話し手の話に参加している。そのため、一人の話し手が一方的に話すと捉えられる「独話」や明確な聞き手を想定しない「独り言」とは捉えず、話し手と聞き手が言語・非言語を通してコミュニケーションを行っているという点で「会話」の中に含める。

9 矢部(2005)の教育実践では、アイスブレーキングとして「共通点さがし」の活動を行うことで自己開示しやすい関係を作った後に、「人生の3大事件」について聴いて語り合うという「対話」の活動を行っている。こうした活動を通して、「お互いを知り合い、関係性を築き、自分の視野を広げ、新たな思考を生み出すという社会文化的実践」を創り出すことが可能となると述べている(矢部 2005: 139)。この点は、本書で述べるように、「対話」といった「交渉会話」も「交流会話」が基盤となっていることと通じる。

10 中島(1997)は、「対話」について「異なった価値観を持つもの同士がお互いの意見をぶつけあい、互いに自己変容していく行為」であるとし、「会話」というものと対比させて議論している。一方、「会話」とは、「共有の文脈を持つ関係にある者同士が気楽に話す行為」であるという(中島 1997)。中島(1997)のこの「会話」という概念は、本書で定義する「会話」とは異なる概念である。本書では、「対話」も「会話」の種類の一部として含める。

11 Hymes(1962)の初期のモデルとは、(1) a Sender(Addresser)、(2) a Receiver (Addressee)、(3) a Message Form、(4) a Cannel、(5) a Code、(6) a Topic、(7) Setting(Scene, Situation)という7つを Speech Event の構成要素としているものである。Hymes(1972b)は、このモデルをもとに、「SPEAKING」のモデルを考案したと考えられる。ネウストプニーのインターアクション能力については、第2章第3節4において詳しくまとめる。

12 このほかにも、OPI は、もともと欧米語を中心に開発された外国語能力の口頭試験のため、自己主張をしながらなるべくたくさん話せるかどうかを測定している部分が否めない。そのため、聞き手があいづちなどで話し手に積極的に協力して会話に参加していくような、日本語での会話の特徴はあまり考慮されていないようである。また、宮崎(2005)が指摘するように、OPI の会話は、試験官による執

拗な語彙の聞き返しなどが行われ、意図的なコミュニケーション・ブレイクダウンが起きているため、他者と協力してコミュニケーション問題を調整していく能力は測り切れない。日常の自然な会話は、話し手と聞き手の双方の協力により成り立っているという点で、OPIの会話は「試験」という制約を受けたものだといえる。

13 Tannen (1986: 16) によると、例えば、もし誰かが「私は怒っていない」と言いながら、顔をしかめ、こわばった調子で話したとしたら、その人が発した「私は怒っていない」というメッセージよりも、むしろその言い方から伝わるメタメッセージの方が彼自身の今の状態だと信じるだろうとしている。つまり、「どうしてそんな言い方をするの」などのようなコメントが、話し方から伝わってくるメタメッセージへの反応であるとしている。

14 Birdwhistell (1970) によると、一対一の会話で言葉が伝えるメッセージの量は30–35%程度であり、一方、イントネーションやポーズの取り方、表情、しぐさなどの非言語的要素が伝えるメッセージの量は65–70%に上るという。こうした研究からも、言語で伝えられるメッセージ内容よりも、それに付随的に伴うメタメッセージの重要性が認識できる。

15 「発話自体で二次的に伝達されるもの」とは、「協調の原理 (The cooperative principle)」(Grice 1975) への違反などから伝わる語用論的な言外の意味 (含意、推意) のことである。例えば、相手に質問された内容について直接的に答えない場合、「関連性の公理」に違反することで、その話題には触れて欲しくないということを言外に伝えるといったことである。あるいは、相手について積極的に質問などをしていくことも、相手への興味を二次的に示すことになる。こうした発話自体で言外に二次的に伝達されるものも、メタメッセージの一種であるとする。

16 例えば、会話中に、携帯電話に目線をやってばかりで相手の目をほとんど見ないような場合、相手や相手の話題に興味がないというメタメッセージを与えてしまうといったことである。

17 誤解を伴ったコミュニケーションは苦痛であり、人間関係を悪化させてしまう。話すこと自体が楽しく意義のあるものであれば、信頼関係や連帯感が築きやすく、その後の深い対話をしていく関係に進展していっても容易に人間関係が壊れることも少ないのではないかと思われる。

18 この「日常生活の場面や共同体といったマクロレベルの社会的活動」と「会話というミクロレベルの社会的活動」の関係は、Hymes (1972b) の言う、「speech community (マクロレベル)」の中の「speech event (ミクロレベル)」の関係に近い。本書では、Hymes (1972b) の「speech community」「speech situation」「speech

event」「speech act」「genre」という概念を参考に、「共同体」「社会参加場面」「会話」「会話の種類と機能」という順で、マクロレベルから、それを含むミクロレベルの単位で考える。

19 例えば、いつもなぜか会話がかみ合わない、相手の話し方に違和感をもってしまうなどの場合、その相手と心地よい会話空間が作りにくくなってしまう。そうした場合、その人とそれ以上深く関わって共に何かをしようと思えず、避けてしまうこともある。つまり、会話というミクロレベルの社会的活動に参加しにくくなった結果、共同体というマクロレベルの社会的活動に参加して人間関係を構築していく機会まで失ってしまう可能性があるのである。

20 もちろん共同体への参加には、必ずしも日本語による会話能力だけが必要なわけではない。文字媒体を用いた読み書き能力、母語でのインターアクション能力、日本語を伴わない実質行動を行う能力（例：何かを作る、パソコンを操作する、スポーツする、演奏する）なども、共同体への参加に必要な要素であろう。あるいは、共同体自体に入らないというのも1つの選択手段である。しかし、本書では、日本語の会話教育で何ができるかという観点から学習者の社会参加について検討するため、「会話」に焦点を置き、社会参加のための1つの入り口であるという観点から議論する。なお、本書では、実質行動に伴った会話を実質的アクティビティの中の会話として分析するため、実質行動も一部含めて議論する。

21 心理学者のMaslow（1968; 御手洗訳2004）は、人間の欲求は5段階あるとしている。まず、第1の段階は、生理的欲求、つまり、生きたいという生命維持のための欲求である。第2の段階は、生きていくために必要な安全や秩序を求める欲求である。第3の段階は、他者から評価されて認めてもらいたいという自尊心の欲求である。第4の段階は、集団の中で居場所を望む欲求、あるいは、他者と良い関係を保ちたいという自己の存在感に関する欲求である。第5の段階は、第1から第4までの段階を経た後に、自分の可能性・理想・目的を達成しようとする自己実現を求める欲求である。日本語を用いて社会に参加し、人間関係を築いていくことは、すなわち、Maslow（1968）の第3「自尊心の欲求」と第4「自己の存在感に関する欲求」を満たすものである。これらの欲求が満たされることによって、幸せを感じたり、仕事や趣味で成功したりするなどといった、第5「自己実現の欲求」も満たされやすくなると考えられる。

22 井之川・小林・土井（2002）では、理系の大学院留学生にニーズ調査をした結果、高めたい日本語能力として、講義に必要とされる能力のほか、研究室で教師や学生と雑談をする能力などが挙げられていたとしている。さらに、札野・辻村（2006: 221–222）は、学部留学生に必要な日本語コミュニケーション能力について授業担

当教師にアンケートした結果から、特に「人間関係を豊かにするための日本語能力」がより円滑な人間関係の構築に必要であると述べている。
23 この報告書では、日本国内外の日本語学習者の多様化に対応できる日本語教員を養成するために必要とされる、新たな教育内容と日本語教育能力検定試験の新出題範囲が示されている。
24 宮崎 (2009: 27) は、「市民リテラシー」という概念を提案し、「自己や社会を成長させる公共的または共通教養として、接触場面の参加者全員が学ぶべき」ものであるとしている。「市民リテラシー」とは、「社会文化能力、コミュニケーション能力、言語能力をより拡大させた領域」であり、共生し合う社会の中で母語話者も非母語話者も互いに許容性をもち、寛容に調整する能力であるという (宮崎 2009: 27)。

第 2 章
会話教育のためのコース・デザイン

　本章では、インターアクション能力を育てるための教師と学習者による「研究と実践の連携」について、「コース・デザイン」の枠組みとどのような関係にあるのかを先行研究から検討する。そして、本書で分析する会話データ分析、会話教育実践、教員養成の理論的背景について述べ、本書のインターアクション能力育成を目指した会話教育の立場を明らかにする。

第 1 節　日本語教育におけるコース・デザイン

　田中(1988: 3)は、「コース・デザイン」について、「だれに、なにを、どう、なにを使って、だれが、どのくらいの時間で、どのくらいの費用で教え、その結果をどう評価するかなど」、「ひとつの言語教育のコースについてそのすべての計画をたてることである」と定義している。そして、「ニーズ分析」のもと、学習者が必要とする言語領域でどのような言語が用いられているのかを調べる段階を「目標言語調査」とし、その結果を整理したものが「シラバス」となるとしている(田中 1988: 51)。「目標言語調査」では、母語話者が用いる目標言語の調査を行うことで、学習者が学習結果、到達するのが望ましいとされる理想的レベルが分かるとしている(田中 1988: 51)。一方、非母語話者が用いる目標言語の調査を行うことで、学習者にとって現実的な目標レベルが分かるほか、学習者が実際に直面するコミュニケーション上の困難点も明らかになると述べている。そして、「目標言語調査」には、録音調査、録音データの文字化、実地体験調査、聞き取り調査などがあり、語彙・文型、機能、談話などの分析が行われるという(田中 1988: 52–58)。

　小林(1998: 23)は、【図 2-1】のように「コース・デザインの流れ」を示している。そして、小林(1998: 38)は、「目標言語調査」によって得られた言

語データの分析を行い、そこから抽出された項目の総体を「原型シラバス」と呼んでいる。そして、この「原型シラバス」から実際のコースで教える項目を選び出して刈り込む作業のことを「シラバス・デザイン」とし、その後、シラバスをいつどのように授業で扱うか決める作業である「カリキュラム・デザイン」が行われるとしている(小林 1998: 44)。

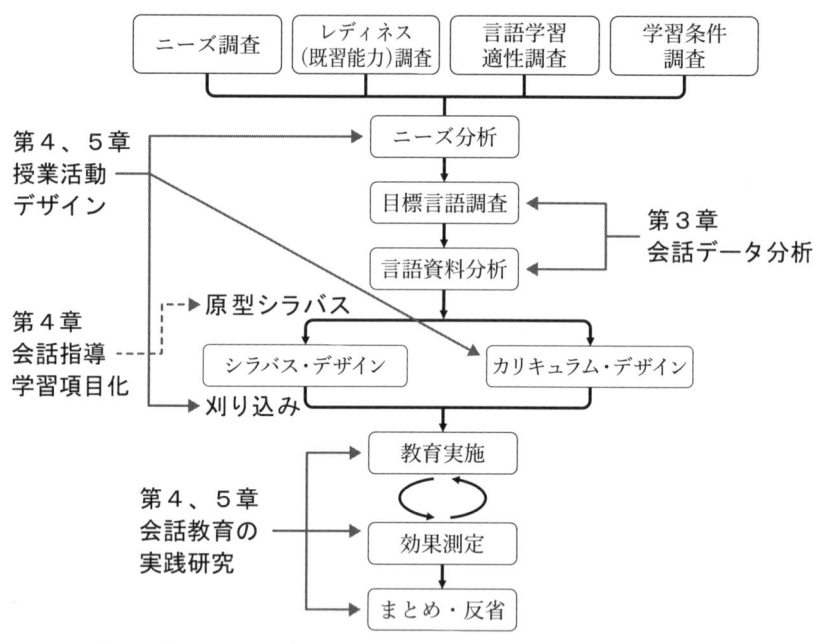

【図 2-1】 コース・デザインの流れ(小林 1998: 23)と本書の位置づけ

上記の「コース・デザイン」が、本書の第1章で主張した教師の「研究と実践の連携」のプロセスとどのような関係にあるかを【図2-2】に図示する。本書では、毎学期の授業を行う際、様々な形で学習者のニーズを分析し、「刈り込みシラバス作成」と「カリキュラム・デザイン」を行うため、これら3段階の作業をまとめて「授業活動デザイン」とする。

以上のコース・デザインは、会話教育を行う際の全体像を把握し、授業活動をデザインする上で重要な手順である。本書では、会話教育における「研究と実践の連携」という観点から、【図2-1】の図の両脇から矢印で示した

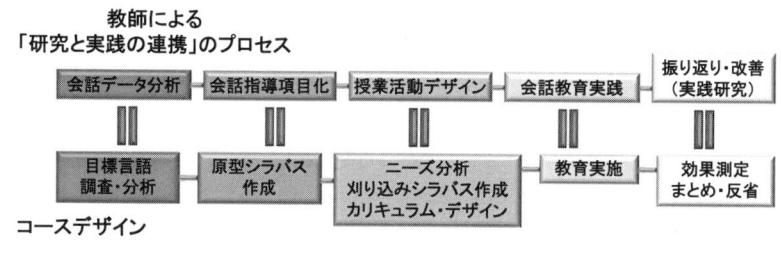

【図2-2】 コース・デザインと教師による「研究と実践の連携」のプロセス

ように、コース・デザインの中の「目標言語調査・分析」（第3章の会話データ分析）、「原型シラバス」（第4章第2節の会話指導学習項目化）、「ニーズ分析・刈り込みシラバス作成、カリキュラム・デザイン」（第4、5章の授業活動デザイン）、「教育実施・効果測定・まとめ・反省」（第4、5章の会話教育の実践研究）の部分に焦点を当てて議論する。

以下、コース・デザインの中の「目標言語調査・分析」の段階にあたる「会話分析と談話分析」（第2節）と「接触場面研究」（第3節）、および、「カリキュラム・デザイン」の段階を扱った「授業活動デザイン」（第4節）の先行研究を概観し、本書の位置づけを述べる（第5節）。

第2節　会話分析と談話分析

会話データを分析する際に参考にした「会話分析」「談話分析」の目指すもの、主要概念、手法について、以下、概観する。

Levinson(1983)は、会話研究には、主に、「談話分析(discourse analysis)」と「会話分析(conversation analysis)」があるとしている。「談話分析」は、言語学の理論や技法を、文を越えた単位に応用するものである（Levinson 1983; 安井・奥田訳 1990: 358）。つまり、研究者の内省によって仮説を検証するといった談話文法、例えば、結束性(cohesion)、情報構造(information structure)などで代表される演繹的アプローチであるという（橋内 1999: 55）。それに対し、「会話分析」は、「自然に交わされる数多い会話の記録を対象に、繰り返し起こる型(pattern)を考察」し、そこで「何が現実に起こってい

るか」を探る、帰納的・経験的アプローチであるという (Levinson 1983; 安井・奥田訳 1990: 359)。本書では、より会話分析的な手法を用いた「研究と実践の連携」について論じるため、以下、会話分析についてまとめる。

こうした会話分析的アプローチは、社会学の一派であるエスノメソドロジーの影響を大きく受けている (Levinson 1983; 安井・奥田訳 1990: 367)。エスノメソドロジーとは、Garfinkel とその仲間が提唱した、「日常の社会行為に内在する秩序を人びとの行動から「発見する」アプローチ」(林 2002: 124) である。Garfinkel の研究は、「社会の成員」(member=ethno) としての人々が、自分達に共有された「日常の常識的期待」といった、「その場その場の状況において気づかずに実践している」やり方 (method) によって達成されている社会的秩序を客観的な観察によって解明することであるという (林 2002: 125)。

会話分析の具体例としては、会話の中で空白 (gap) と重複 (overlap) が起こるのを最小限にするために、1人の参加者が1つのターンを取って話し、その後、次話者を選択するといった話者交代 (turn-taking) のルールを分析した Sacks, Schegloff and Jefferson (1974) が有名である。そのほかに、会話分析では、「隣接ペア (adjacency pair)[1]」、「受け手志向のデザイン (recipient design)[2]」などの分析から日常会話の隠されたルールを浮き彫りにする研究がある。

こうした前後のターンの関係を扱う「局所的構造 (local organization)」についての会話分析のほか、「全体的構造 (overall organization)」についての会話分析として、「開始部 (opening section)」「終了部 (closing section)」「話題の連鎖 (topic sequence)」などといった、複数のターンが関係している会話としての大きいまとまりについての分析がある (cf. Levinson 1983)。

このような会話分析の手法について、Schegloff (1996: 52; 林訳 2002: 134) は、「社会の組織構造は (言語そのものではなく) 会話にも存在しており、社会の中で行われる言語行為を理解することによって、社会がどのように組織化されているかということが理解できる」と、会話分析から社会構造をみる視点の価値を述べている。こうした会話分析に影響を与えた研究には、Goffman (1964) などがある。Goffman (1964: 134–135、串田 2006: 3–4) は、複数の人々が互いの存在を意識してモニターし合う可能性のある環境全体を

「社会的状況」とし、その中での「相互行為の秩序（interaction order）」を探求する必要があるとしている[3]。同様に、Gumperz (1982) も、2人以上の者がお互いに調整し合う努力を必要とする「社会的な活動」としてコミュニケーションを捉え、会話における参加者同士の関わり（involvement）とその関わりをシグナルする言語的・非言語的要素について分析している。

このような日常無意識に共有されている社会的秩序は、相手との関係性を間接的に伝える「メタメッセージ」（cf. 第1章第1節3）と関係がある。Tannen (1986) が言うように、メッセージをどう伝えるか、つまり、相手の発話の繰り返し、話すスピードなどといったささいなシグナルによって、話し手の態度が伝わる。こうしたメタメッセージの送り方、解釈の仕方によって、相手への興味・関心が表れ、会話参加者間の人間関係を維持したり、壊したりする可能性がある。そして、Tannen (1986) や Gumperz (1982) が指摘するように、メタメッセージの伝え方・解釈の仕方が共有されていない会話参加者間、特に、異文化間では、お互いの関係性や態度が誤解される危険がある。

串田（2006: 53-54）は、「相互行為の中でさまざまな行為や活動を成し遂げるために利用可能で、かつ相手にとって観察可能な」言語的素材、非言語的素材、その他の身体的素材の総称として、「リソース」という用語を用いている。この「リソース」の概念は、Tannen (1986) や Gumperz (1982) のいうメタメッセージの言語的・非言語的な「シグナル」とも繋がる。つまり、言語的・非言語的な素材としての「リソース」を用いることで、言語的・非言語的な「シグナル」を送り、発話とともにメタメッセージを送るのである。

以上のような「談話分析」と「会話分析」の区別がある。そのほかに、文よりも大きい単位である「談話」レベルで話し言葉や書き言葉を分析するという広義の「談話分析」の中に、「会話分析」を含める場合もある（cf. 重光 2003）[4]。このように、「会話分析」「談話分析」という分野は、研究分野や研究対象によって、その範囲が異なる。そこで、本書では、「談話分析」と「会話分析」の用語の混乱を防ぐため、撮影・録音した会話データの分析手法について、「会話データ分析」と呼ぶことにする。こうした「会話データ分析」を教師と学習者が行うことで、文を超えた単位から会話を捉え、そこ

で実際に何が起こっているかを分析し、日常の会話における暗黙の了解やメタメッセージの伝達・解釈を探求することができる。それによって、人々が会話をする際、どのようなシグナルやリソースを用いて、インターアクションを行い、お互いの関係を確かめ合っているかという社会構造が見えてくるのである。

　このような「会話データ分析」は、「目標言語調査・分析」の段階になる(cf.【図2-2】)。これは、会話教育実践の準備段階として重要な部分となる。そして、会話教育実践の中でも、教師と学習者が「会話データ分析」の手法を用いて、それぞれ会話を分析する視点をもち、会話の特徴やそこで用いられる言語的・非言語的なシグナルやリソースに対して、意識的に注意を向けて授業活動を行っていく必要がある(cf. 第4、5、6章の教育実践例)。さらに、「効果測定・まとめ・反省」の段階で行う「実践研究」でも、教育実践の中で実際に何が起こっていたのかを「会話データ分析」の手法によって明らかにし、実践を「振り返り・改善」することができる(第4、5、6章の実践研究)。

第3節　接触場面研究

　ネウストプニー(1995a: 186)は、日本語教育を行う際、非母語話者と母語話者が参加する接触場面の研究が基盤になると主張している。そして、ネウストプニー(1995a: 199–200)は、参加者が母語場面のルールに違反した例の分析や、参加者が「不適切だ」と認定した部分とその処理方法と結果の分析といった、接触場面で生じる問題の分析を行う必要性を述べている。

　こうした接触場面で実際に何が起こっているのかを詳細に分析するという実態調査は、「目標言語調査・分析」として重要な位置を占める。また、接触場面の実態調査には、本章第2節で述べた「会話分析・談話分析」の手法を用いることも有効である。以下、接触場面研究における、「場面・領域」、「ネットワーク」、「会話研究」、「インターアクション能力」、「規範の動態性」、「言語的アクティビティと実質的アクティビティ」の先行研究について概観する。

1. 接触場面の場面・領域

　Fan (1994: 247) は、接触場面では、母語話者が会話を開始・展開させたりする「言語ホスト」になり、「言語ゲスト」としての非母語話者の発話形成を助けたりする「言語ホスト・ゲスト」の関係が成立するとしている。

　ネウストプニー (1995a: 109-110) は、「共通の特徴を持った場面から構成される」領域 (domain) として、日常生活、職業、家庭、公的生活、交友、サービス、教育、娯楽、文化の領域を挙げている。こうした接触場面の「領域」は、「場面」や「活動」と呼ばれ、「領域」の分類や、そこでのニーズ調査、活動参加の実態調査などが行われている (cf. 欧州教材プロジェクト2002 など)。

　第1章第1節4でも述べたように、日常生活、交友、教育などの学習者が参加する様々な社会場面や領域で必要なインターアクション能力について、教師も学習者も分析し、学習者を中心とした各社会場面・領域間の有機的な連携も意識的に考えていく必要がある。そして、学習者が様々な社会場面・領域に参加するためのネットワークが広がると、学習者のインターアクション能力もより向上するであろう。次に、接触場面におけるネットワークについての先行研究をみる。

2. 接触場面のネットワーク

　ネウストプニー (1997: 181) は、「ネットワーク」について、「あるプロセスの参加者がどのように配置され、どのように関わり合っているかということ」であると定義している。そして、教室内や教室外の日本人などとのネットワークを学習者がどのようにもち、その中でどのようなインターアクションが起こっているのかを検証する必要があるとしている (ネウストプニー 1997: 181)。そして、様々な領域に参加し、ネットワークを広げている学習者ほどインターアクション能力を向上させているという報告もある (cf. 伴・宮崎・スルヤディムリア 1997 ほか)。一方、古川 (1997: 201) は、ネットワークについて「個々のインターアクションを通して形成される関係性の広がり、連続性」であり、ネットワーク自体は必ずしも「実践共同体」になるとは限らないため、ネットワークの質が重要だとしている。

以上から、学習者のネットワークが広がると、様々な社会場面・領域に参加できる機会が増し、授業活動だけでは伸ばせないインターアクション能力がより向上させられるといえる。つまり、学習者にとってネットワークを構築するということは、実践共同体に参加する1つの重要な入り口となり、そこで学習する機会を増やすことに繋がるのである。そして、学習者が広げる「ネットワークの質」（古川1997）を考える上で、そこで行われている「インターアクションの質」も詳細に分析していく必要がある。次に、実際の会話の中でどのようなことが起こっているのかについて、初対面の会話を詳細に分析している接触場面の研究を概観する。

3. 接触場面の会話研究

接触場面の会話研究には、場面・領域などによって様々なものがある。その中から、筆者が以前分析した初対面の接触場面における、日本語での二者会話と多人数会話の例を取り上げて、接触場面の特徴をみる。

Kato[Nakai]（1999）、Nakai（2002）では、初対面の母語話者と非母語話者の二者会話における話題開始部と終了部の分析をした。その結果、話題開始部では、非母語話者が相手から質問してもらうばかりで、あまり相手に質問をせず、相手に関心がないと思われてしまう場合がみられた。一方、話題終了部では、非母語話者が適切にあいづちや評価的発話などで徐々に話題をまとめて終了できずに沈黙し、会話が理解できていないと誤解されてしまう場合がみられた。あるいは、共通の話題をみつけても、学習者が未習語を聞き返さないため、その後の会話の理解が困難となり、その状況から抜け出そうと唐突に話題転換をし、相手を驚かせてしまう場合もみられた。

このように、学習者が聞き返しやあいづち、評価的発話、質問表現などを用いて談話レベルでの会話が十分に行えないと、その話題や相手に関心がないなどのメタメッセージを送ってしまい、その結果、学習者の意図に反した誤解をされ、それ以降の人間関係を作りにくくしてしまうこともあろう。

一方、大場・中井・土井（2005）では、初対面の日本語上級学習者による二者会話の分析をした。その結果、非母語話者同士の会話では、「言語ホスト・ゲスト」の関係が成立しにくいため、学習者が様々な談話技能（例：話

題開始のための情報提供・質問表現、相手の反応に応じたあいづち、繰り返し、評価的発話、共同発話）を駆使して、自らの力で会話を維持し、積極的に会話に参加している様子が見られた。

中井（2006a）は、初対面の接触場面の四者会話では、二者会話よりも、非母語話者が言語的・非言語的に自分の興味・関心を示して会話に参加するのが困難になる点を分析した。分析の結果、四者会話では、非母語話者が、皆の注目を引き、自身の話題を展開させている時は、積極的に会話に参加できるが、一方、ほかの参加者が話題を展開させている時は、言語的・非言語的にうまく参加していけず、戸惑ってしまう場面が観察された（中井 2006a）。

中井（2008a）では、初対面の接触場面の三者会話を分析した。その結果、母語話者が「言語ホスト」として、会話を開始する、質問する、あいづちを打つなどの司会者的な役割をし、「言語ゲスト」の非母語話者を会話に参加しやすいようにする「言語ホスト・ゲスト」（Fan 1994: 247）の関係が見られた。

以上、接触場面の会話データを基にした研究を概観した。まず、初級学習者が積極的な会話への参加が示せず、メタメッセージを適切に送れなかった例をみた。こうした問題を防ぐためには、言語能力だけでなく、談話レベルで会話に参加していけるような社会言語能力も合わせて育成する必要がある。一方、上級学習者が積極的な会話への参加を示していた例と、母語話者が「言語ホスト」として非母語話者を会話に参加させようと努めていた例のように、接触場面での非母語話者の「不適切な」部分の分析（ネウストプニー 1995a）だけでは、十分でない。参加者同士がいかに努力し協力し合って、インターアクションを成功させているかも分析するべきである。また、接触場面では、「言語ホスト」を務める母語話者にも調整能力が必要である。この点については、第3章第2節5で分析する。

このように、接触場面の会話で実際にどのようなインターアクションが行われているかを詳細に分析することで、学習者と母語話者のインターアクションの実態が浮き彫りになる。次に、このような会話を参加者間で協力して作り上げていくために必要なインターアクション能力についてみる。

4. インターアクション能力(言語能力・社会言語能力・社会文化能力)

　会話教育で目指すべきインターアクション能力というものを考えるにあたって参考にしたネウストプニー(1982、1995a)をまとめる。その上で、本書で捉えるインターアクション能力について述べる。

　ネウストプニー(1995a: 47)は、すべてのコミュニケーション行動には、必ず具体的な実質的な目的があり、「実質行動」が基盤になっているとしている。そして、このような「実質行動」ができる能力を「インターアクション能力」と呼び、言語能力、社会言語能力、社会文化能力からなるものとして捉えている(ネウストプニー 1995a)。ネウストプニー(1982、1995a)によると、まず、「言語能力」とは、文法、語彙、発音、文字に関する能力であるという。また、「社会言語能力(コミュニケーション能力)」とは、【表2-1】のような「だれが、どこで、何を、どう言う(聞く、書く、読む)かというルール」に関する能力であるという(ネウストプニー 1995a: 41)[5]。

【表2-1】　コミュニケーション行動／社会言語行動のルール
（ネウストプニー 1982、1995a: 13）

点火ルール	どんな場合、何のためにコミュニケーションを始めるか、会話維持 コミュニケーションへの協力性・貢献度・参加度・参加の積極性
セッティング ルール	いつ、どこでコミュニケーションをするか コミュニケーションを行う時間と場所、約束
参加者ルール	誰と誰がコミュニケーションをし、どんなネットワークを形成するか
バラエティ ルール	コミュニケーションのルール・手段のセット(言語)の使い方 方言、文体、ことばの調子(例：まじめな調子、冗談めかした調子)
内容ルール	どのような内容を伝えるか、何を伝えるか
形ルール	内容項目をどのようにメッセージの中で並べるか
媒体ルール	メッセージをどのように具体化するか、非言語的コミュニケーションのチャンネル、物理的な媒体、話し言葉、書き言葉
操作ルール	コミュニケーションをどのように評価し、直したりするか 適当な単語をもっていない時、間違えて誤解されそうな場合の処理
(運用)ルール	多くのストラテジー、ルールを必要な瞬間に同時に活動させる

　最後に、「社会文化能力」とは、日常生活の食べる・物を作るなどの行動

や政治・経済、思考などに関する能力であり、言語能力、コミュニケーション能力を含むインターアクション能力であるとしている（ネウストプニー 1995a）。さらに、ネウストプニー（1995a: 46）は、野球や食事などの言葉による社会言語行動（コミュニケーション行動）を伴わない実質行動にも、その行動の前後や途中で、社会言語行動（コミュニケーション行動）と混ざることが多いとしている。コミュニケーション行動と直接つながっている実質行動としては、買い物の時の挨拶、問い合わせ、医師と患者の対話などがあるとしている（ネウストプニー 1995a: 47）。その上で、ネウストプニー（1995a: 47–49）は、すべてのコミュニケーション行動には、個人の感情的な表出や、社会的な人間関係の維持など、必ず具体的な実質的な目的があり、「実質行動」が基盤になっているため、社会文化行動の教育が不可欠であるとしている。

このほか、ネウストプニー（1999a）は、社会文化能力の中に、「態度、帰属、パーソナリティー、対人魅力、追従、自己高揚」などの個人の意識や人柄などの要素も含めている。これに加え、筆者が捉える「社会文化能力」には、例えば、社会の中で適切な実質行動ができる、人を引き付ける話題が出せる、広く深い知識や洞察力をもつ、意見交換ができる、信頼されるなどの能力も含まれる。よって、こうした社会文化能力は、どのような会話に参加していく場合でも、インターアクションすべての基盤となる能力であるといえる。そして、社会文化能力を身に付けることで、学習者は、日本語だけでなく、自身の母語での会話能力も向上し、全人的により幅の広い人間に成長できると考える。

以上のネウストプニー（1982: 53、1995a: 42, 68, 103）のインターアクション能力（言語能力、社会言語能力、社会文化能力）[6]を参考に、本書で捉えるインターアクション能力の下位分類の関係を【図 2-3】に示した。

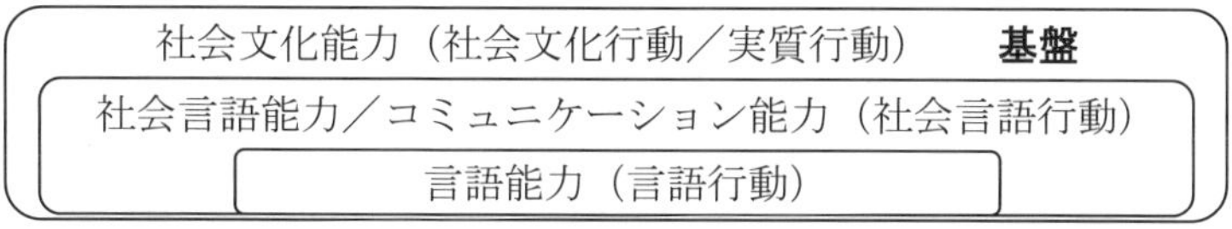

社会文化能力（社会文化行動／実質行動）	**基盤**
社会言語能力／コミュニケーション能力（社会言語行動）	
言語能力（言語行動）	

【図 2-3】 インターアクション能力（インターアクション）の 3 段階

【図2-3】にあるように、インターアクション能力すべての基盤となるのは、社会文化能力（実質行動を行う能力）であり、この2つはイコールの関係にあると考える。そして、社会文化能力の中でも言語や非言語を用いて情報交換を行う能力を、社会言語能力（コミュニケーション能力）とし、その中でも、特に、語彙や文法や音声といった言語を用いる能力を言語能力とする。また、社会文化行動ができる能力を社会文化能力、社会言語行動ができる能力を社会言語能力、言語行動ができる能力を言語能力と捉える。そして、ネウストプニー（1995a）が述べるように、実質行動（＝社会文化行動）ができる社会文化能力がすべてのインターアクション能力の基盤となると捉える。つまり、社会文化能力の中には、社会言語能力と言語能力が含まれ、社会言語能力の中には言語能力が含まれる。ただし、会話データ分析や会話教育実践において、言語能力、社会言語能力、社会文化能力について述べる際は、各能力の特徴を明確にするため、その能力に特徴的な項目のみ取り上げ、その能力に含まれる下位の能力については特に述べないこととする。

　なお、ネウストプニー（1995a）の「インターアクション能力」に近い用語として、Kasper（2006）の相互行為能力（interactional competence）がある。その中でも、ターンのやり取りや、非言語的要素の使用、理解の問題の修復などに関する能力は、社会言語能力の9つのルールのいずれかに当てはまる。さらに、社会的行為を理解、産出する能力や、社会的・談話的アイデンティティを協働的に構築する能力などは、社会文化能力に追加すべき要素であると考える。このように、Kasper（2006）は、実際に会話の中でどのような相互行為が参加者間で協働的に構築（collaboratively accomplish）されているかという観点から能力を捉えている。本書でも、こうした会話分析的なインターアクション能力の捉え方を採用する。

　このようなインターアクション能力（ネウストプニー 1995a）や相互行為能力（Kasper 2006）は、実質行動や会話の中で参加者双方によって瞬間瞬間に動態的に構成されるインターアクションを調整していく能力である。ネウストプニー（1999a）は、インターアクションについて、言語を実際の場面で使うプロセスであり、そのプロセスの中で様々な要因の影響を受けながら絶え間なく再編成される動態的な体系をもつと述べている。そこで、本書では、

こうしたインターアクション能力の中で、一番重要な能力は、瞬間瞬間の状況や相手のメタメッセージを読み取り、動態的に調整しながら相手と会話空間を形成していける能力であると考える。

よって、インターアクション能力は、すべてを数値化して測定することは難しい。語彙数や文法・発音の正確さなどの言語能力は、ある程度テストなどで測定して、その能力の伸びも捉えやすい。しかし、会話相手と協力して楽しい会話空間を作る、相手に配慮して話題内容を調整していくなどの社会言語行動や、相手と協力して実質行動の課題を達成していくなどの社会文化行動は、その場その場の状況と相手とのインターアクションで動態的に変わるため、常に均一に能力を測れるわけではない。

さらに、様々な背景をもつ非母語話者が増えている現在、語彙・文法・発音といった言語能力だけを求めるという姿勢では、共生社会で共に暮らしていくのが困難であろう。例えば、学んだ単語や文法がまだ限られている言語能力の段階であっても、相手の話を類推しながら熱心に聞いて知っているわずかな単語を繋げながらも話題を巧みに展開させていくような社会言語能力が備わっている者もいるであろう。あるいは、言語的には会話に十分参加できなくても、求められる実質行動の課題で満足な成果を出す、人間性が優れている、博識で深い洞察力があるなどの社会文化能力に秀でている者もいるであろう。このように、インターアクション能力は、人間の能力を広い視点からみているといえる。今後、言語教育の現場でも、インターアクション能力の様々な側面の能力や才能に価値を見出し、学習者の多様な可能性を引き出す支援をしていくべきであろう。

以上のように、インターアクション能力は、言語能力、社会言語能力、社会文化能力という異なる特徴をもつ能力が含まれる広い能力観から成り、また、参加者間で動態的に調整しながら構成されるという観点から捉えられている。次に、こうした動態性をもつインターアクション能力が規範とどのような関係にあり、会話教育をどのように行っていくべきかを考える。

5. 規範の動態性

規範について、ネウストプニー (1999a: 8) は、「コミュニケーション、あ

るいはインターアクションというプロセスの背景に、参加者が内在化した種々の「行動規定」と言えるもの」であると定義し、「これらの規定は私たちの記憶に保存され、1つの共同体に原則的に共有されている」と述べている。そして、ネウストプニー (1999a: 8–9) では、規範は、静止的な「カテゴリー」や「特徴」に収まるものではなく、プロセスの中で絶え間なく再編成されるものとして捉え、そのプロセスの中でのインターアクションの流動性を体系的に示すことが必要だと述べている。

　さらに、加藤 (2007) は、初対面から 3 回目までの接触場面の会話の分析結果を基に、母語話者側と非母語話者側にそれぞれの規範の選択領域があり、これらは状況に応じて動態的に変化すると述べている。その上で、加藤 (2007) は、日本語教育においても、母語場面とは異なる接触場面の規範の独自性と動態性を考慮し、静態的な知識として規範を教え込むのではなく、調整能力[7]の育成を重視するべきだと主張している。

　本書では、ネウストプニー (1999a) と加藤 (2007) が主張するように、規範とは相手や状況によって動態的に用いられ、参加者間で瞬間瞬間に相互に構成されていくものだという立場を取る。そして、会話教育実践での規範の扱い方については、動態性の強い規範を固定化して教え込むのではなく学習者の調整能力の育成が必要であるという加藤 (2007) の主張に賛成する。

　以上のように、規範が動態的であるなら、会話の種類が異なると、そこで必要とされるインターアクション能力にも違いがあるのではないかと考えられる。次に、「言語的アクティビティ」と「実質的アクティビティ」という会話の種類の違いの観点から会話を考える。

6. 言語的アクティビティと実質的アクティビティ

　本書では、会話の起こる活動という観点から、言語的アクティビティと実質的アクティビティという区分 (村岡 2003a) を用いて、それぞれの会話の特徴を分析する。村岡 (2003a: 246–247) は、ネウストプニー (1995a) を踏まえ、「日常生活において日本語非母語話者が参加する活動」を「アクティビティ」とし、「言語的アクティビティ」と「実質的アクティビティ」の 2 つに区分している。この言語的アクティビティとは「相談や講義のように言葉によっ

て成り立っている」もので、実質的アクティビティとは「スポーツや料理のように言葉以外の実質活動のルールによって成り立つ」ものであるとしている。そして、村岡（2003a）は、言語的・実質的アクティビティの特徴の違いをおさえ、授業活動に取り入れていく必要があるとしている。

　こうした違いのある言語的アクティビティと実質的アクティビティの中で交わされる各会話にも、それぞれ異なった特徴があると考えられる。例えば、言語的アクティビティの中の会話は、話すこと自体が重要視されるため、非母語話者が会話に参加するための日本語能力がより強く要求される（村岡 2003a）。特に、非母語話者の日本語能力が高い場合には、挨拶やあいづち、話題提供の仕方などの社会言語能力への期待が高くなる[8]。

　一方、実質的アクティビティでは、何かをするという作業が一番の目的であり、それに伴う会話はあくまでも付随的なものであるというのが大きく異なる点である。そのため、村岡（2003a: 251）によると、実質的アクティビティでは、言語規則や社会言語的規則よりも、実質的アクティビティ自体のルールと参加者の社会関係が理解できていれば、日本語能力は参加の大きな条件にはならないという。ただし、料理をしながら世間話で盛り上がるなどのように、実質的アクティビティの中でも言語的アクティビティが行われることがありうる。したがって、村岡（2003a）は、やはり実質的アクティビティの内部で行われる言語的アクティビティが人間関係を築いていくためには重要な役割を果たしている場合があることを指摘している[9]。

　以上の村岡（2003a）の「言語的アクティビティ」と「実質的アクティビティ」という2種類のアクティビティの区分は、言語的な活動を強調しがちな会話教育実践の授業活動デザインを広げる点で、非常に参考になる。ただし、村岡（2003a）は、「アクティビティ」を「日常生活において日本語非母語話者が参加する活動」として、非母語話者による活動であると限定している。しかし、実際の日常生活を考えると、非母語話者は、母語話者とのアクティビティや非母語話者同士のアクティビティに参加するほか、母語話者同士のアクティビティを傍聴したり、ドラマ視聴などで観察したりするのが現状であろう。その点を考慮して、本書では、「アクティビティ」を「日常生活において母語話者や非母語話者が参加する活動」と母語話者も含めて定

義し直す。さらに、村岡(2003a)では、「実質的アクティビティ」の中にも「言語的アクティビティ」が含まれているようであるが、その関係と区分が曖昧である。そこで、本書では、先述の【図2-3】のネウストプニー(1995a)のインターアクション能力の3段階を参考に、村岡(2003a)の「言語的アクティビティ」と「実質的アクティビティ」の区分を【表2-2】と【図2-4】のような連続体として捉え直すことにする[10]。これらが連続体を成すということは、つまり、言語行動・社会言語行動の占める割合がより高いものが「言語的アクティビティ」であり、社会文化行動(実質行動)の占める割合がより高いものが「実質的アクティビティ」ということになる。

【表2-2】 本書でのアクティビティの定義

アクティビティ	日常生活において母語話者や非母語話者が参加する活動 すべてのアクティビティは、実質行動が基盤となっている
言語的アクティビティ	社会言語行動を行うこと自体が主な目的になっており、実質行動のほとんどが社会言語行動になっている活動 例：初対面の会話、雑談、相談、対話、討論、面接、講義
実質的アクティビティ	社会文化行動(実質行動)を行うこと自体が主な目的になっており、実質行動に社会言語行動や言語行動も付随的に含む活動 例：観光、キャンパス探検、買い物、スポーツ、料理

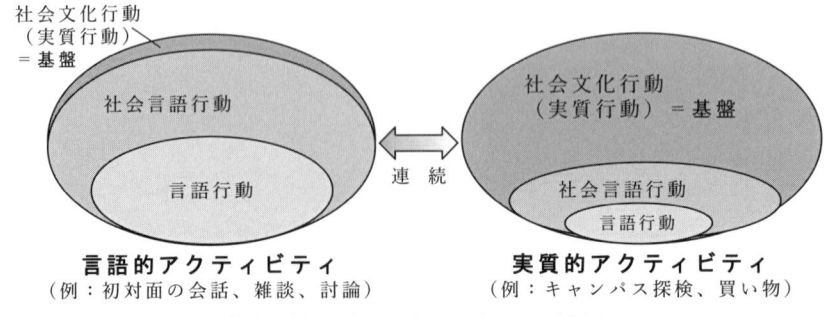

【図2-4】 本書のアクティビティの枠組み

以上、第3節では、「接触場面研究」を概観した。こうしたコース・デザインの中の「目標言語調査・分析」を行うことで、接触場面の社会場面・領域の特徴とそこでのネットワークの広げ方や社会参加の仕方について、教師

も学習者も意識的に研究し、実践の中に取り入れていけると考えられる。

第4節　授業活動デザイン

本節では、会話教育のコース・デザインの中でも特に、どのような理念と方法で授業を行うかを検討する「カリキュラム・デザイン」の段階の授業活動デザインで必要となる先行研究をまとめる。主に、「FACT-ACT の二分法」「学習指導法の4類型」「協働と社会としての教室」を概観する。これらは、第4、5、6章の授業活動デザインの参考とした。

1. FACT と ACT

Jorden (1987) と Christensen and Noda (2002) は、言語運用能力向上のために、FACT と ACT の授業を区別した「FACT-ACT の二分法」の授業活動デザインを行うべきだとしている。まず、FACT の授業は、「宣言的知識 (declarative knowledge)」、つまり、言語・非言語の社会的文化的側面や、語彙、文法などについて説明し、ディスカッションするような授業のことであるとしている。一方、ACT の授業では、FACT の授業で得た知識を、目標言語文化のインターアクションの中で実際に運用し、練習する機会を最大限に与えるという。この授業では、主に、「手続き的知識 (procedural knowledge)」、つまり、言語を実際に使って何ができるかという言語運用能力を身に付けることを目標にするとしている。

このように、FACT と ACT の連携を意識して授業活動デザインを行うことは重要であろう。例えば、FACT ばかりの授業だと運用能力が付かないし、反対に、ACT ばかりの授業だと学習項目についての気づき・整理に時間がかかってしまう。知識の導入・理解 (FACT) の後に、実際にその知識を生きた文脈の中で用いる機会 (ACT) を設け、その後、それを客観的に分析する (内省) という過程の繰り返しが必要である。第4、5、6章では、こうした FACT と ACT の連携を授業活動デザインに取り入れた実践を記述・分析する。

2. 学習指導法の4類型

　森（2002）は、認知心理学の観点から、「認知的成果を重視―行動的成果を重視」と「指導中心―支援中心」という2種の軸から、「学習指導法の4類型」を説明している。森（2002: 162）によると、「認知的成果を重視」とは、「分からなかったことが分かるようになること」を重視し、「行動的成果を重視」とは、「できなかったことができるようになること」を重視する立場であるという。一方、「指導中心」とは教師の役割として「指導すること」を重視し、「支援中心」とは「支援すること」を重視する立場であるという（森 2002: 162）。よって、学習者の自律性を重視した学習指導法は、「認知―支援型」「行動―支援型」の「支援中心」であるといえる。

　この森（2002）の「学習指導法の4類型」を「FACT-ACTの二分法」に当てはめると【表2-3】のようになると考えられる。

【表2-3】　学習指導法の4類型とFACT-ACTの二分法の関係

「認知―指導型」と「認知―支援型」	FACT
「行動―指導型」と「行動―支援型」	ACT

　こうした4種の学習指導法は、学習者のレベルや個性、コースの目標、時間などによって、柔軟にコース・デザインの中に取り入れられるべきである。例えば、初級レベルでは「指導中心」にし、学習歴が上がるにつれて「支援中心」に移行していく方法がある。また、コース開始時は「指導中心」にし、コースの進め方や新しい学習項目に慣れてから「支援中心」に移行していく方法もある。あるいは、学習者の個性やビリーフ、ニーズで「指導中心」と「支援中心」のどちらを求めているかを考慮する方法や、コースの時間的制約がある場合は「指導中心」で、時間的余裕がある場合は「支援中心」で行うなどが考えられる。本書では、「指導中心から支援中心へ」、「認知的成果を重視から行動的成果を重視へ」に段階的に進める授業活動デザインを行った会話教育の実践研究について、第4、5章で分析・考察する。

3. 協働と社会としての教室

　日本語教育における「協働」について、池田（2007: 5）は、「その構成員となる多文化背景の者同士の「対等」を認め合い、互いに理解し合うために『対話』を重ね、対話の中から共生のための「創造」を生み出すもの」と定義している。池田（2007: 5–6）によると、「対等」とは、参加者同士が尊重し合い、お互いの知識や技能を補い合い、意見交換できる関係にあることだという。そして、協働のための「対話」とは、「お互いの社会的関係性を構築し、両者にとっての新たな創造を生み出していく」ものであるという（池田 2007: 6）。さらに、「創造」とは、協働の営みの結果、参加者が新たな成果を創り出すことだという（池田 2007: 6）。そのほかにも、池田（2007: 7）は、協働のためには、参加者同士の「かかわりのプロセス」やそこから創り出された「成果が両者にとって意義あるものとなる」という「互恵性」も重要であると述べている。

　こうした協働の例として、舘岡（2007: 51）は、「言葉を媒介として、学習者同士が協力して学習課題を遂行」する活動である「ピア・ラーニング」の教育実践について述べている。ピア・ラーニングでは、教室が外の本番のための準備学習なのではなく、仲間と協働で学ぶ教室そのものが相互作用をする「社会」であり、「本番＝実践の場」だとしている（舘岡 2007: 51）。

　本書の会話教育実践でも、教室という「社会」の中で、学習者が「研究と実践の連携」を行っていく際、学習者同士、学習者と授業ボランティア、教師との協働を通して、新たな成果を生み出していくプロセスを経験する。そして、授業活動を「本番＝実践の場」にしていくためには、「実際使用のアクティビティ」を行うことが重要であるという点についても述べる（第 4 章第 1 節、第 3 節、第 4 節、第 5 章第 2 節、第 3 節）。また、教員養成コースの教育実践での受講者同士による協働の学びについても述べる（第 6 章第 2 節）。

第 5 節　コース・デザインの理論からみる本書の位置づけ

　本節では、第 1 節〜第 4 節で述べた会話教育のためのコース・デザイン

の先行研究から、本書の位置づけと研究の目的について述べる。

①「日本語教育におけるコース・デザイン」について(第1節)

　会話教育を行う際の全体像として「コース・デザイン」の概念と、本書で主張する、教師による「研究と実践の連携」としての「会話データ分析―会話指導項目化―授業活動デザイン(計画)―会話教育実践―振り返り・改善」の各段階がどのような関係になるかについて述べた。まず、「目標言語調査・分析」が「会話データ分析」にあたり(第3章「会話データ分析」)、「原型シラバス作成」が「会話指導学習項目化」に当たり(第4章第2節「会話教育の指導学習項目」)、「ニーズ分析、刈り込みシラバス作成、カリキュラム・デザイン」が「会話教育実践」に当たり、「効果測定、まとめ・反省」が「振り返り・改善」に当たる(第4章第3節、第4節、第5章第2節、第3節)。

②「会話分析と談話分析」(第2節)、「接触場面研究」について(第3節)

　目標言語調査・分析としての「会話分析と談話分析」、「接触場面研究」について概観した。まず、「会話分析」「談話分析」の先行研究から、会話を撮影・録音し、そこで何が起こっているのかを詳細に記述・分析し、日常の会話に隠された秩序やルールから社会の組織構造を探るという研究の魅力について概観した。そして、本書では、撮影・録音して収集した会話データを扱った分析手法について、「会話データ分析」と呼ぶことにした。こうした「会話データ分析」を教師も学習者もそれぞれ「研究」として行うことで、日常の会話におけるメタメッセージの伝え方・伝わり方などの人と人のインターアクションのあり方を意識化することができるという点を指摘した。

　学習者が日本語の会話に参加していくために、「研究と実践を連携」させながら、新たなインターアクションを発見し、自身の表現に取り入れてみることは、今まで当たり前だと思っていた自身の母語でのインターアクションを自省し、再構築することに繋がる(cf. 第5章第2節)。そして、教師も、自身や他者のインターアクションを分析し、会話の中の秩序がどのように相互に構成されているかを意識化していくべきである(cf. 第6章第2節)。また、授業ボランティアなどの母語話者にとっても、学習者と会話することで、自身のインターアクションの仕方を自省し、「歩み寄りの姿勢」を意識

化していくことが重要であろう (cf. 第3章第2節5)。

このような会話データ分析を行うことで、会話にはどのような特徴があり、その中でどのような言語的・非言語的なシグナルやリソースを用いて1発話ずつ積み重ね合いながらインターアクションを行い、お互いの関係を確認し合っているのかというミクロな社会構造が見えてくる。本書では、こうした二者以上の間で相互に形成される「会話」というミクロレベルの「社会的活動」でのインターアクションから、学習者が参加する実践共同体というマクロレベルの社会構造でのインターアクションを映し出そうという会話分析的なアプローチを取る。

本書で捉える「社会」とは、ミクロレベルからマクロレベルまでの様々なレベルを含む。最もミクロなレベルの「社会」とは、Goffman (1964) とGumperz (1982) が述べるような、複数の人々が互いの存在を意識して調整し合う努力をしている場である。つまり、個人と個人が一対一で会話を共に形成していくインターアクションの場が「社会」の核となると考える。よって、こうしたミクロなレベルの「社会」は、1つ1つの発話のやり取りの積み重なりや、それに付随する言語・非言語のシグナルから伝わるメタメッセージの積み重なりそのものから動態的に構成されるものなのである。一方、そうした会話やインターアクションがより広範な範囲で行われる際、それはマクロレベルの「社会」となる。例えば、日常生活や家庭、職業、教育などの様々な領域 (ネウストプニー 1995a) や言語共同体 (Hymes 1972b)、さらには、国家や世界などがマクロレベルの「社会」となる。

こうしたミクロレベルとマクロレベルの「社会」の両方から、学習者を取り巻く「社会」がいかに組織化されているのかを多面的にみていく必要がある。共同体への参加といったマクロレベルの「社会」をみることによって、学習者がどのような環境で生活をし、どのような自己実現を目指しているのかといったことが把握できる。しかし、その共同体の中で、学習者が実際にどのような会話に参加し、どのような発話のやり取りや、メタメッセージの動態的な積み重なりによって、どのようなインターアクションを行っているのかといったミクロレベルの「社会」の実態を詳細にみていかないと、そこでの特徴や問題点などを綿密に掴むことが難しいであろう。

例えば、日本に留学したり、会話パートナー・プログラムなどに参加したりして、マクロレベルの共同体に積極的に参加しようと心掛けるのだが、そこでの1発話ずつの会話への参加という、ミクロレベルでの「社会」が思うように構成できず、その結果、友人がうまく作れず、マクロレベルの共同体への参加に困難を覚えるといった学習者もいる。よって、共同体に参加するというマクロレベルの環境があるだけでは、そこでのネットワークやインターアクションの質までは保証されないのである。そこでの会話参加のためのインターアクションがいかに構成され、ネットワークの質を高め、維持していけるかということをミクロレベルで詳細にみていく必要がある。そこで、本書では、主に、会話教育実践内で行われた会話データを分析し、授業活動という共同体の中のミクロレベルの会話の分析を行う。

次に、「接触場面研究」の先行研究については、マクロレベルとミクロレベルでの観点の両方から概観した。まず、接触場面の「場面・領域」の種類や「ネットワーク」といったマクロレベルの「社会」への参加の仕方を知ることで、学習者の言語生活のどの部分を分析し、会話教育に活かせばよいか把握できる。まずは学習者が参加したいと思う実践共同体へ参加しやすくするための1つの重要な入り口として、様々な社会場面のネットワークをより広げられるような授業活動デザインを行うべきである。

そして、インターアクション能力育成について考える上で、会話やその中の規範が動態的だという点を考慮に入れることが重要である。会話は、人と人の瞬間瞬間の相互行為で形成されるものであるため、紋切り型のモデル会話やロールプレイを練習して、会話についての知識や技能を固定化して覚えることだけでは限界がある。よって、こうした動態的な規範から構成される会話というものを分析し、そこで何が起こっているのかを読み取れるようになる必要がある。そして、会話のリソースを用いながら会話への参加の仕方を調整しつつ相手と会話を形成していけるようなメタ認知力や調整能力などのインターアクション能力の育成が重要となる。こうした点からも、本書で主張する教師と学習者による「研究と実践の連携」が重要となるのである。なお、教師と学習者が会話を分析していく際重要なことは、会話を分析した結果は、混沌とした動態的な会話の現象の一部を切り取ったものであるとい

う認識をもつことである。

　これらの先行研究をもとに、本書では、第3章において、接触場面と母語場面における言語的アクティビティの会話と実質的アクティビティの会話を分析し、いかに会話の参加者達が会話を通してメタメッセージを送り合い、お互いの協力のもと楽しい会話の空間を形成しているかを明らかにする。さらに、第4、5章において、インターアクション能力を向上させ、教室内外でのネットワーク構築を図るための会話教育実践例について分析・考察する。特に、学習者と授業ボランティアの間で実際にどのようなインターアクションが行われているのかについて詳細に分析する（第4章第3節、第4節）。さらに、学習者が自身の「研究と実践の連携」の中でどのように動態的な会話というものを捉え、自分のものにしていこうとしているか、また、どのようにメタ認知力や調整能力を身に付けていっているかを教育実践例から検証する（第5、6章）。

③「授業活動デザイン」について（第4節）

　まず、会話教育の授業活動をデザインする上で、「FACT-ACTの二分法」、「学習指導法の4類型」の理論を知ることで、会話教育実践で学習者の認知面に配慮した学びやすい環境をより体系立ててデザインすることが可能になる。そこで、どの程度知識があるかという認知的成果（宣言的知識、FACT）と、その知識を用いていかに運用できるかという行動的成果（手続き的知識、ACT）の両方の面を考慮に入れて授業活動デザインをする必要性を指摘した。宣言的知識を教師が与えるにせよ、学習者がメタ認知を働かせて発見するにせよ、それらが何らかの形で手続き的知識として活用できるようになることを目指すべきである。そして、こうした宣言的知識と手続き的知識について検討する際、本書で提案する会話指導学習項目が参考になるであろう。

　さらに、学習者が学習をする際の教師の関わり方としては、「指導中心」と「支援中心」のいずれの学習指導法も排他的に捉えるのではなく、教育実践の目標や内容、学習者の背景によって相互補完的に柔軟に授業に取り入れていくべきであると考える。例えば、教師が研究した会話に関する知見を学習者に示して意識化させるような「指導中心」の教育形態も必要である。学

習者は、日本語の会話を研究する専門家ではないので、専門家として教師が蓄積してきた知見や研究を教室に還元することは重要だからである。ここでの教師の役割は、その分野で過去、現在と積み上げられてきた知見と教師自身の研究と、学習者の「研究と実践の連携」を繋ぎ、学習者に会話というものを考える材料としての視点を与え、知的好奇心を刺激することである。一方、学習者が自律的に学びたいことや到達目標を自身で決め、教師がそれを支援していくような「支援中心」の教育形態も大切である。学習者は一生教師と共に学習するわけではない。学習者が自律的に学習することができれば、より主体的に多くのことが学べるであろう。そのためにも、教師がいない場所でも自律的に学べる学習者を育てるための「支援中心」の教育形態は意義がある。理想的には、「指導中心」から徐々に「支援中心」に移行し、学習者が自律的に学習していけるように授業活動デザインをすることも重要だと考える[11]。

　最後に、「協働と社会としての教室」では、授業活動における協働と、教室を「本番＝実践の場」としての「社会」と捉える考え方について述べた。まず、池田（2007）は、協働に必要な要素として、「対等」「対話」「創造」「かかわりのプロセス」「互恵性」を挙げている。本書で分析する会話教育実践では、授業参加者の間で様々なインターアクションが起こり、新たな成果を創造しているという点で、協働が起きていることが重要となる。「対等」に関しては、学習者間では「対等」な関係を作りやすいといえる。しかし、教師、学習者、授業ボランティアというそれぞれ立場の異なる参加者が集まって協働を行う場合、三者が全く「対等」な関係であるとはいえないかもしれない。教師は学習者の学びを引き出すためのファシリテーター的役割を担う。一方、授業ボランティアは学習者を支援することで何かを学びたいと思って授業に参加する立場にある。しかし、いずれにしても、教育実践に参加することで、学習者だけでなく、教師にも授業ボランティアにもそれぞれ学びが起きるため、「互恵性」が三者の中で成立しているという点では共通しているであろう。

　さらに、本書で捉える協働とは、授業活動で行う課題解決のようなものだけではない。会話自体が個人と個人が一対一で会話を共に形成していくミク

ロレベルの「社会」と捉えるため、参加者同士が調整し合いながら協力して会話を形成していく行為もまた協働であると考える。こうした協働の行為を通して、楽しい会話空間が形成され、お互いの連帯感が増すと考えられる。

そして、協働によって、教室そのものが相互作用をする「本番＝実践の場」としての「社会」となるという点についても触れた（舘岡2007）。これは、本書で分析する会話教育実践にも当てはまる。ただし、本書における会話教育実践は、「本番＝実践の場」である「実際使用のアクティビティ」だけを常に行うという立場は取らない。授業活動の利点は、言語について意識的に取り上げてそれについて議論ができる点である。教室環境だけ与えて、そこで会話をして自然習得に任せるという「本番＝実践の場」だけでは、会話というものを意識的に捉えて学んでいくことが難しいであろう[12]。本書では、会話の特徴を意識的に取り上げるFACTの授業活動と実際の運用をするACTの授業活動の双方の重要性、および、練習と実際使用のアクティビティの双方の重要性を主張し（cf. 第4章第1節3.1）、それを授業活動デザインに活かした会話教育実践について分析する（cf. 第4、5章の実践研究）。

これらの先行研究をもとに、本書では、第4、5、6章において、FACTとACTの連携を授業活動デザインに取り入れた会話教育実践例と教員養成の教育実践例を記述・分析する。具体的には、会話のリソースとしての談話技能についての宣言的知識の与え方、つまり、言語形式に学習者の意識を向けさせる重要性と、ACTとして内容や文脈を伴いながら、自然に言語を運用させることの重要性について考察する。そして、「指導中心」から「支援中心」に移行しつつ、学習者の協働と自律的な学習を支援していく授業活動デザインについても検討する。

【図2-5】は、本章で概観した会話教育の「コース・デザイン」が、本書に示す筆者が行った会話教育のための「コース・デザイン」とどのように関わっているのか、その構成図を作成したものである。この図は、筆者が教師として、会話データ分析を行い（目標言語調査・分析、第3章）、会話指導学習項目を作成し（原型シラバス作成、第4章第2節）、学習者への会話教育実践（ニーズ分析〜まとめ・反省、第4、5章実践研究）と日本語教員養成コースの教育実践（ニーズ分析〜まとめ・反省、第6章実践研究）を行った

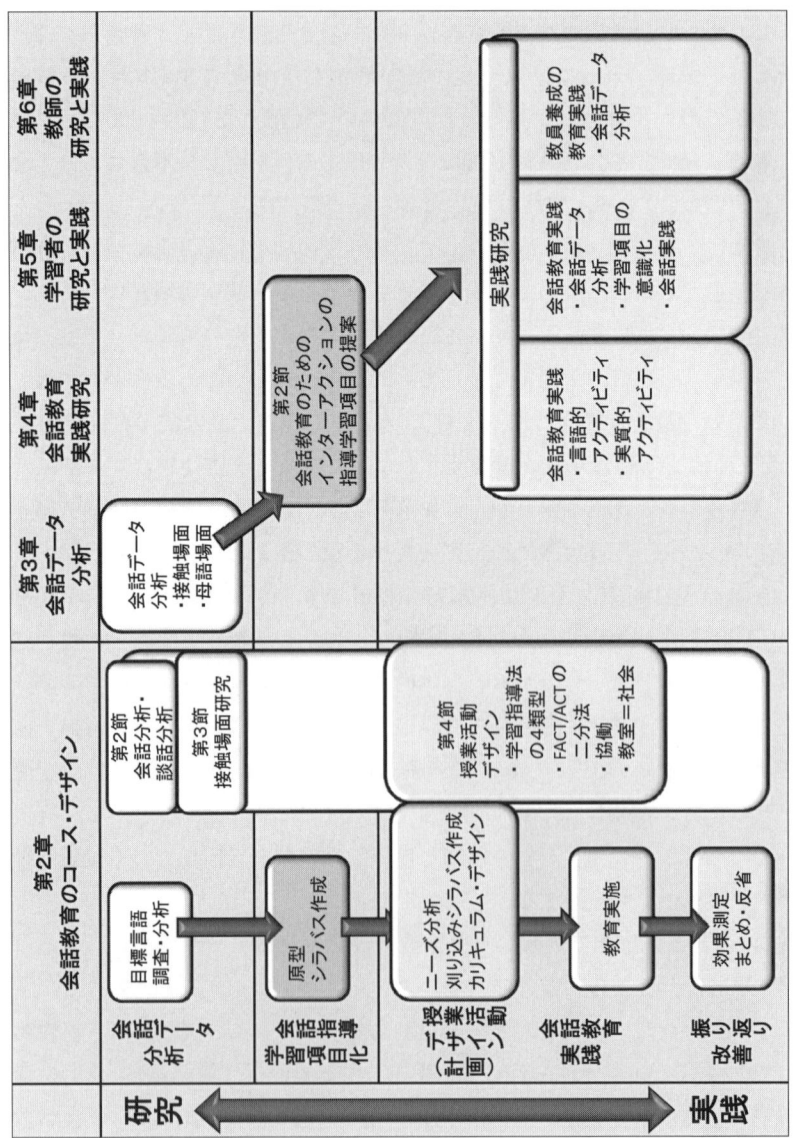

【図 2-5】会話教育の「コース・デザイン」からみる本書の構成

部分が、「コース・デザイン」および「研究と実践の連携」のどの段階に当てはまるかを示したものである。なお、第3～6章の各章で、それに関連する先行研究についてもまとめる。

　このような筆者による教師としての会話教育のための「研究と実践の連携」という「コース・デザイン」の枠組みのもと、教師と学習者による「研究と実践の連携」の必要性と、学習者の日本語の会話でのインターアクションのあり方を検討し、その能力の育成について考察する。

注

1　「隣接ペア（adjacency pair）」とは、挨拶―挨拶、質問―応答、依頼―承諾といった2つのターンの対からなるという秩序である。よって、このペアが通常通りペアにならない場合、そこには、何か別のメタメッセージが伝わってしまう。例えば、挨拶をしたのに相手が挨拶を返してこない、質問したのに答えないなどの場合、その相手は自分に興味がない、話しかけないで欲しい、あるいは、質問に答えたくないといったメタメッセージが伝わることになる。

2　「受け手志向のデザイン」とは、「話し（トーク）は聞き手に向けて志向され配慮されていることがわかるようにデザインされる」(Sacks, Schegloff and Jefferson 1978: 42–43; 林訳 2002: 139) ことである。これは、話し相手に合わせて、自分の発話を調整して話す秩序のことである。よって、例えば、相手に配慮しないで一方的に情報を伝えるような話し方は、相手の存在を考慮していない、自分が話せればそれでいいといったメタメッセージを相手に送ってしまう危険性がある。

3　この点について串田(2006: 3)は、自分の周りに他人がいることを知覚すると、自分一人だけでいる時とは異なった、ある種の緊張を伴ったふるまいをし始めるという例で説明している。

4　そのほかにも、書き言葉と話し言葉における文以上の単位としての「文章・談話」について、佐久間(2003: iii)は、以下のように定義し、「文章論」と「談話分析」の接点を見出している。

　　　「文章・談話」は、日本語のコミュニケーションの唯一の実現形態であり、最大にして最も具体的な言語単位である。「文章」は書き言葉、また、「談話」は話し言葉における完結統一体であり、それぞれ、文字言語と音声言語

に特有の性質・構造を持つが、と同時に、「文を越える単位」としての共通する本質・機能を有している。

5 ネウストプニー(1995a)の社会言語能力で用いる9つのルールは、Hymes(1962: 25)の発話事象(speech event)の7つの構成要素(components, factor)を参考にしたという(ネウストプニー1995a: 42)。7つの構成要素とは、(1) a Sender(Addresser)、(2) a Receiver(Addressee)、(3) a Message Form、(4) a Cannel、(5) a Code、(6) a Topic、(7) Setting (Scene, Situation)である。ネウストプニー(1995a)の9つのルールが Hymes(1962)の7つの構成要素のどれを参考にしたものかを類推すると、次のようになる。セッティングルール(Setting)、参加者ルール(a Sender、a Receiver)、内容ルール(a Topic)、形ルール(a Message Form)、媒体ルール(a Cannel, a Code)。なお、ネウストプニー(1995a)の点火ルールは、Hymes(1962)の7つの構成要素で直接該当するものがみられない。筆者が推測するに、この点火のルールは、Jakobson(1963)のコミュニケーションの6つの構成要素の1つである「接触」と関係があるのではないかと思われる(Hymes(1962)は、自身の7つの構成要素を考案する際に、Jakobsonの6つの構成要素とそれに対応する機能を参考にしたという)。Jakobson(1963; 川本ほか訳1973: 188)によると、この「接触」とは「発信者と受信者との間の物理的回路・心理的連結で、両者をして伝達を開始し、持続することを可能にする」コミュニケーションの構成要素であるという。さらに、バラエティルールは、Hymes(1962)で該当するものがみられないが、類推するに、Hymes(1962)を発展させた Hymes(1972b)の8つの構成要素「SPEAKING」の表現特徴(Keys)とジャンル(Genres)を参考にしているのではないかと思われる。そして、ネウストプニー(1995a)の操作ルールと運用ルールは、上記の7つのルールを実際に運用し、調整するためのルールとして、ネウストプニー(1995a)が新たに加えたものだと考えられる。このように、ネウストプニー(1995a)は、Hymes(1962、1972b)の構成要素を再分類し、さらに、より実際のインターアクションを行う上で重要となる操作ルールと運用ルールも加えて、新たな社会言語能力の9つのルールを掲げている。

なお、Jakobson(1963)のコミュニケーションの構成要素は、(1)発信者(addresser)、(2)受信者(addressee)、(3)メッセージ、(4)コンテクスト、(5)コード、(6)接触(contact)の6つである。また、これらの6つの構成要素に対応した形で、(1)心情的機能(emotive function)、(2)動能的機能(conative function)、(3)詩的機能(poetic function)、(4)関説的機能(referential function)、(5)交話的機能(phatic function)、(6)メタ言語的機能(metalingual function)というコミュニケーションの6つの機能を挙げている(cf. 第1章第1節1)。

6　ネウストプニー(1995a)は、インターアクションの下位分類を考えるに当たって、Hymes (1972b)の発話状況(speech situation)、発話事象(speech event)、発話行為(speech act)を参考にしている。Hymes (1972b: 56)によると、発話状況(speech situation)とは、儀式、喧嘩、狩り、食事などの発話と結びついた場面、あるいは、発話が交わされないことで特徴づけられた場面のことであるという。発話事象(speech event)とは、発話の使用のルールや規範によって直接支配される活動(activity)であるという(p.56)。発話行為(speech act)とは、発話事象の下位分類として位置づけられる最小の単位(例：依頼、命令、約束など)であるという(pp.56-57)。これらは、例えば、パーティー(発話状況)、パーティーの中の会話(発話事象)、会話の中のジョーク(発話行為)のように、大きさの違いがあるという(p.56)。こうした発話状況、発話事象、発話行為は、1つの言語共同体(Speech Community)の中に含まれるものであるという(p.56)。言語共同体とは、発話の使用と解釈のルールを共有している共同体であるとしている(Hymes 1972b: 54)。よって、Hymes (1972b)によるこれらの概念をネウストプニー(1995a)のインターアクションに当てはめると、発話状況が「社会文化行動／実質行動」、発話事象が「社会言語行動」、発話行為が「言語行動」と近い概念であると考えられるが、同一のものではない。特に、ネウストプニー(1995a)の「言語行動」は、語彙、文法、音声などを指すが、Hymes (1972b)の発話行為は、文法の単位だけでは捉えられない機能の単位を指す。

7　この調整能力の中には、様々な問題を解決していくための事前調整能力、事後調整能力のほか、より良好な場面を形成していくための「新たな規範を生成していける能力」や「既存の規範を修正していける柔軟な能力」、「異文化の相手に対する感受性」などが含まれるという(加藤 2007: 264)。

8　このような期待が裏切られた場合、非母語話者が社会言語的規則を共有していないということよりも、パーソナリティーに起因すると誤解され、深刻な問題になるという(村岡 2003a: 248)。

9　村岡(2003a)は、実質的アクティビティの前後にさりげなく繰り返される「挨拶、親睦会、個人的な依頼や誘いなど」の言語的アクティビティがそのコミュニティーの中に溶け込んでいくためのネットワークを徐々に形成するとしている。

10　言語的アクティビティと実質的アクティビティの関係をネウストプニー(1995a)の言語行動、社会言語行動、社会文化行動(実質行動)の枠組みで、厳密に捉えると、次の【図2-6】ような1つの図で表わすことができると考えられる。つまり、すべてのアクティビティは、実質行動が基盤となっているため、すべて実質的アクティビティに含まれるということになる。そして、その中に言語的アクティビ

ティ（社会言語行動）や発話行為（言語行動）も含まれることになる。しかし、本書では、言語的アクティビティと実質的アクティビティの各特徴を明らかにするために、【図2-4】のように区分を明確にすることとする。

アクティビティ

実質的アクティビティ（社会文化行動／実質行動）
言語的アクティビティ（社会言語行動）
発話行為（言語行動）

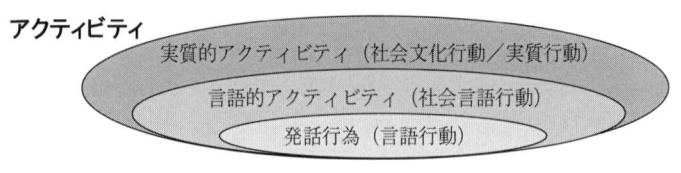

【図2-6】　各アクティビティの関係

11　最初から「支援中心」で学習者に学習内容のすべてを任せてしまうことには無理が生じてしまう可能性がある。蒲谷（2003: 17）は、「適切な情報を与えることなしに学習者自身に判断させるのは、極めて困難な課題を学習者に与えることである」と指摘している。つまり、学習者に何も情報を与えないと、学習者の母語からの類推や限られた経験による判断に陥ってしまう危険性があるからだという（蒲谷 2003: 17）。本書でも蒲谷（2003）と同様の立場を取る。

12　Kramsch（1993: 246）は、社会文化的な適切さはあまりにも変化に富みすぎており、行動することによってだけでは学ぶことができないため、授業活動で社会文化的な行動を観察・分析・説明する必要があるとしている。

第3章
言語的・実質的アクティビティにおける会話データの分析

　本章では、「言語的アクティビティ」と「実質的アクティビティ」(村岡 2003a)のそれぞれを中心とした室内と屋外の会話の分析を通して、いかに会話参加者達が会話の中に積極的に参加しようというメタメッセージを送り合い、お互いに協力して楽しい会話の空間を作ろうとしているかについて探る。なお、本章は、教師による「会話教育のための研究と実践の連携」の循環である「会話データ分析―会話指導項目化―会話教育実践」の中の筆者が行った「会話データ分析」の部分にあたる。本章の会話データ分析結果を踏まえて、第4章において、会話の指導学習項目例と会話教育実践例を提案することに繋げる。

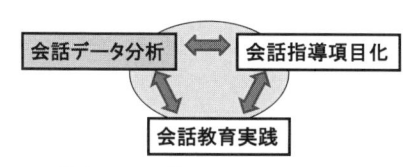

筆者による「研究と実践の連携」

　まず、はじめに、第1節「会話データ収集・分析方法」において、会話データ分析を行うために必要な分析の枠組みについての先行研究を概観した上で、本章で分析する会話データの背景について述べる。次に、第2節「会話データの分析」において、「言語的アクティビティの会話」と「実質的アクティビティの会話」の分析、および、「母語話者の配慮・調整行動の分析」を行い、最後に、第3節において「本章の会話データ分析のまとめ」を行う。

第1節　会話データ収集・分析方法

1. 会話データ分析の枠組み

　本節では、会話データ分析のための基本的な理論をまとめ、第2節の会話データ分析の枠組みと分析項目を検討する。また、これらの理論は、第4、5、6章の会話教育と教員養成の授業活動デザインと会話データ分析活動の理論的基盤ともなる。主に、会話データを分析する際の分析項目の先行研究として、「会話の単位と主導権」「現場性と話題展開」「言語的要素」「非言語的要素」「参加態度の表出」「インターアクションの配慮・調整のプロセス」を取り上げる。

1.1　会話の単位と主導権

　南（1972）は、言語表現における「一つの仮定的単位」として、「談話」という単位を提案し、談話は、「切れ目（ポーズ）」「連続性」「参加者（の一定性）」「コミュニケーション上の機能（の一定性）」「ことばの調子（の一定性）」「話題（の一定性）」の6つの基準で区切ることができるとしている[1]。そして、南（1972）は、この「談話」がいくつか集まってひとまとまりになったものを「会話」と呼んでいる。

　杉戸（1987: 83–88）は、「発話」は「ひとりの参加者のひとまとまりの音声言語連続（ただし、笑いや短いあいづちも含む）で、ほかの参加者の音声連続（同上）とかポーズ（空白時間）によって区切られる」とし、【表3-1】のように、「実質的な発話」と「あいづち的な発話」の2種類があるとしている。

　日本語の会話における「主導権」の分析には、店員と客の会話を分析した杉戸・沢木（1979）がある。杉戸・沢木（1979）によると、店員が初出語などを含む実質的な発話を多く用いるとともに、「情報の仕入れ」「上着の選び出し」といった買い物行動の次の段階を始める発話を多くすることによって、主導権をもって会話を積極的に展開させていたという。一方、客は、応答詞などのあいづち的な発話と繰り返しの発話を多く用いており、会話を積極的に展開していなかったという分析をしている（杉戸・沢木 1979）。

　本書では、実質的な発話とあいづち的発話の区分と話題開始者の認定を行

【表 3-1】 あいづち的な発話と実質的な発話(杉戸 1987: 88)

あいづち的な発話	「ハー」「アー」「ウン」「アーソーデスカ」「サヨーデゴザイマスカ」「エーソーデスネー」などの応答詞を中心にする発話。先行する発話をそのままくりかえす、オーム返しや単純な聞きかえしの発話。「エーッ！」「マア」「ホー」などの感動詞だけの発話。笑い声。実質的な内容を積極的に表現する言語形式(たんなるくり返し以外の、名詞、動詞など)を含まず、また判断・要求・質問など聞き手に積極的なはたらきかけもしないような発話。
実質的な発話	あいづち的な発話以外の種類の発話。なんらかの実質的な内容を表す言語形式を含み、判断・説明・質問・回答・要求など事実の叙述や聞き手へのはたらきかけをする発話。

うことによって、各参加者のアクティビティへの言語的な参加の度合い(主導権)を明確にする。実質的な発話とあいづち的発話の区分の認定基準については、杉戸(1987)の定義に従い、応答詞、感動詞だけの発話をあいづち的発話として、実質的な発話と区分して分析した。しかし、ザトラウスキー(1993: 84)が、オーム返しや単純な聞き返しの発話の認定には先行発話との距離・イントネーション等を考慮する必要があると指摘するように、その認定が難しい。そこで、応答詞と感動詞はあいづち的発話として含めるが、オーム返しや「何？」などの実質的意味をもつ聞き返しの発話はあいづち的発話として含めず、実質的な発話として扱った。なお、「ええ？」などのあいづち詞による聞き返しは、あいづち的発話に含めた。そして、あいづち的発話は、あいづち、繰り返し、応答、聞き返し、笑いや会釈などの非言語行動の区分をして分析する。

　さらに、話している話題がどのように移り変わり発展するかという話題展開を分析する。それによって、各アクティビティの中で参加者達がどのようなことに言及しながら会話を進めているのかを探る。話題開始部と話題の認定については、南(1972)の「談話」の6つの認定基準と鈴木(1995)の話題区分調査を参考に、以下の手順で行った。

①会話参加者の母語話者(裕二と麻美)にそれぞれ別々に4つの会話の文字化資料を見て話題区分を行ってもらった[2]。

　1) 話している内容、場所、沈黙の有無、話題の計画意図[3]などを基準

に、話題開始部の発話の横に、「話題」のタイトルと番号を記入する。
  2) 「話題」中に小話題があれば、「小話題」としてタイトルを記入する。
  3) 話題認定の際に頼りにした点や、困った点についてメモ欄に記入する。
②①の話題区分の作業を参考に、筆者が以下の基準をもとに話題区分とタイトルを決定した。話題区分の基準1)、2)、3) は、言語的アクティビティである初対面の会話を分析した中井 (2003b) で得られた話題区分の言語的要素の指標を参考にした。話題区分の基準4) は、本書の実質的アクティビティの会話データにおける話題区分を検討する際に独特な特徴として観察されたため、今回の基準に加えた。
  1) 話題開始部(接続表現、フィラー、コ系指示表現、質問表現、「のだ」文)
  2) 話題終了部(評価的発話、母音の引き延ばし、あいづちの連続)
  3) 沈黙、内容のまとまり
  4) 言及の対象、場所の移動状態など
なお、本書では、この話題区分調査で区分されたまとまりを「話題」と呼ぶことにする。つまり、「話題」とは、話している内容や場所によって連続的なまとまりをもった単位であり、その前後に沈黙などのまとまりの切れ目を示す要素が来るものである。

1.2 現場性と話題展開

南 (2003) は、【表3-2】のような「現場性」と「非現場性」の区分を提案している。「現場性」とは「ある談話の形を取った伝達にかかわる諸要因－情報源、伝達結果、時や場所その他の状況など－がその伝達の実現の場に存在するものであるとする扱いを受けている場合」であり、一方、「非現場性」とは情報源、伝達結果、各種状況などがその場のものではないもので、一般の談話に多くみられるものであるとしている (南 2003: 134–135)。

この南 (2003) の「現場性」の概念を参考に、中井・大場 (2006: 142–143) では、目の前の人物や事物、状況、事態について言及する「現場性の有る発話」と、目の前にはなく頭の中にある物事や現行の話題に言及する「現場性の無い発話」の区別をして会話を分析した[4]。

本書では、「現場性の有無」を分析することによって、発話が何に言及し

ているのかを明らかにする。「現場性の有無」については、南(2003)、中井・大場(2006)を参考に、【表3-3】の4分類を分析する。

現場性の有無は、実質的な発話の1発話単位で分析する。実質的な発話以外のあいづち的発話などは、現場性の有無の判定が困難なため、分析対象から外した。ただし、指示的ジェスチャーを用いながら「あっ」などの感動詞を用いている発話は、「現場性の有る発話」として分析した。

【表3-2】「現場性」と「非現場性」の例(南 2003: 135)

区分	状況・例
現場性をもっているもの	・感情・感覚の直接的表現 　例)(ひいきのチームが得点して)ヤッタア! 　　(美味なものを食べて)ウーン、ウマイ! 　　(熱湯にさわって)アッチッチ… ・眼前の事実の報告・説明 　例)(池の鳥を見て)ホラ、カイツブリガイル。アッモグッチャッタ。 　　テレビの料理番組で料理しながらの説明、スポーツの実況放送 ・注意喚起　例)(大通りに歩き出した小さな子どもに)アブナイッ!
非現場性のもの	各種の記事、報告、事務書類、講演、講義、スピーチなど

【表3-3】　現場性の有無の分類

1. 現場性の有る発話	目の前の人物や事物、状況、事態について言及するもの。 　例「1038U:あれだ、田んぼ。」
2. 現場性の無い発話	目の前にはなく、頭の中にある物事や現行の話題に言及するもの。 　例「88S:んー、六本木にも同じお店があります。」
3. 現場性有〜無の発話	現場性有から現場性無へ1発話中で移行するもの。 　例「1057U:あー、こういう所ねよく、いろんな虫とか魚がいたの、捕りましたよ。」
4. 現場性無〜有の発話	現場性無から現場性有へ1発話中で移行するもの。 　例「991M:なんか、たまにー、悪い人がですね、あそこをちょっと越えて、 　　993M:なんか、あのー、ホテルの中の // カフェ、(省略) 　　996M:の庭に入っちゃう人がいるそうなんですよ。」

現場性の有無を判定するに当たっては、話題内容、時制、ジェスチャー、指示表現、メタ言語表現を参考にした。話題内容に関しては、目の前にあるものについて発話しているものは、「現場性の有る発話」に、目の前にないものについて発話しているものは、「現場性の無い発話」と判定した。時制に関しては、過去時制の発話は、目の前にないものに言及するため、すべて「現場性の無い発話」と判定した。指示的ジェスチャーと指示表現は、その場にあるものを指示している発話は「現場性の有る発話」にし、一方、厳密にはその場にないものを擬似的に指示している発話は、「現場性の無い発話」とした。メタ言語表現は、言語自体について言及する表現である[5]。その中でも、特に、今話している言葉自体について言及するメタ言語表現は、「現場性の有る発話」と認定した。例えば、「13M：文化人類学…14M：まあ、何て言いますかね」という発話の中の「何て言いますかね」というメタ言語表現は、会話をしているその場で用いられた「文化人類学」という言葉自体に言及しているため、「現場性の有る発話」とした。

これらの基準で、1発話の中に現場性の有る発話から無い発話に移行していると判定されたものは、「3.現場性有～無の発話」と「4.現場性無～有の発話」として分析した。

1.3 言語的要素

会話特有にみられる分析項目として、言語的要素（聞き返し、あいづち、フィラー・接続表現、質問表現、評価的発話）の特徴を概観する。こうした要素は、参加者同士が協力して会話を形成していく上で、欠かせない会話のリソースとしての談話技能[6]となる。

● 聞き返し

尾崎（1993:21）は、聞き返しには、相手の発話が聞き取れなかった時に出される「反復要求」、聞き取りに自信がもてない時に相手に確認を求める「聞き取り確認要求」、相手の発話は聞き取れたが意味がよく分からない時に出される「説明要求」と、自分の理解が正しいかどうかを確認してくれるように求める「理解確認要求」があるとしている。また、猪狩（1999）は、学習者が「聞き返し」を効果的に行うためには、特に、「簡潔に聞き返す」「明

確に聞き返す」「明確に疑問箇所を伝える」ことが必要だとしている。
● あいづち
　話し手が話を進めていくためには、聞き手が言語的・非言語的な反応で話し手を助けながら積極的に会話に参加していくことが必要である（堀口1988）。よって、聞き手の言語的な反応であるあいづちは、「良き人間関係への志向」であり、学習者が日本語母語話者の会話に入って社会に溶け込むためにはあいづちの教育が重要である（水谷1984）。
　ザトラウスキー（1989: 34）によると、あいづちの機能は、聞き手が話を理解したことを示し、話の進行を促すといったことであり、調和を求め、相手をおもいやることであるという。しかし、日本人のあいづちは、外国人にとっては多すぎるため、「もう分かった、やめてくれ」と話を中断させたいといった意志表示に取られるとしている（ザトラウスキー 1989: 34）。そして、ザトラウスキー（1989）は、日本語母語話者の教師と英語母語話者の留学生の会話データの分析から、教師を不安にさせる原因として、留学生のあいづちの少なさとリズムの問題を指摘している。
　メイナード（1992）は、日本語会話のあいづちが英会話のあいづちの2倍近い頻度で用いられていた結果を報告している。このことからも、日本語と英語では、聞き手の反応の仕方が異なり、それぞれがもつメタメッセージも異なっているのではないかと考えられる[7]。例えば、日本語母語話者の聞き手があまり愉快でない話を聞く際はあいづちが少なくなるという報告がある（水谷1988）。したがって、学習者が日本語の会話においてあいづちをあまり用いないと、その会話に興味がないと誤解されてしまう危険性がある。
　松田（1988）は、留学生のあいづちの誤用とその使い分けの難しさについて指摘している。そして、あいづちの使い方などがもつ「相手への配慮や気持ちや態度」などといったメタメッセージを伝え合って人間関係を維持していく方法が言語・文化によって異なる点から、日本語教育であいづちを取り上げていく必要性を主張している（松田 1988: 59-60）。
　Nakai（2002）、中井（2002、2004a）では、話題終了部で非母語話者が限られたあいづちしか用いず、話題をまとめる実質的な発話や感想を述べる評価的発話を用いないため、会話相手の母語話者に、話題に興味がない、話題を

理解していないと寂しく感じられてしまった事例を分析している。

●フィラー、接続表現

中井 (2004a) では、母語話者が語彙の助けが必要だと感じて非母語話者の発話を遮ったのだが、実は、非母語話者はその語彙は知っており、発話を組み立てる時間を必要としていたという様子がみられた。そして、中井 (2004a) は、日本語学習者が発話を慎重に形成する際に十分時間が取れるように、「あの」「えっと」などのフィラーや、「何だったかなあ」などのメタ言語表現、語尾母音の引き延ばしなどの練習が必要だとしている。さらに、中井 (2004a) は、話題開始部で、話題と話題を関連づけてスムーズに転換していけるように、接続表現の使い方の練習を行う必要があるとしている。

●質問表現

中井 (2002) では、初対面会話の話題開始部の質問表現の分析結果から、母語話者からの質問表現に答えるだけで受身的に会話に参加している非母語話者の方が、会話全体に対する理解度が高かったということを指摘している。一方、積極的に母語話者に質問して話題を開始していった非母語話者の方が会話に対する理解度は低いものの、会話相手や会話データをみた第三者から「積極的で親しみやすい」という良い印象をもたれていたとしている。

中井 (2003c) では、質問表現の分析をもとに、会話展開の型、話題の種類、共起する言語的要素について検証している。その結果、会話展開の型としては、母語話者同士の会話では、「情報提供話題開始型」と「相互型の質問—応答型」がみられ、母語話者／非母語話者の会話では、「質問—応答型」、特に「一方方向型」が多くみられたという[8]。さらに、中井 (2003c) は、初対面の会話では、お互いを知り、共通点を探していくために、質問表現が話題開始部で用いられていると指摘している。このような分析結果を踏まえ、中井 (2003c) は、学習者自身が「一方方向型の質問—応答型」で受身的に質問されたことだけに応答しているのではなく、自分自身から積極的に相手のことを質問していく「一方方向型の質問—応答型」や「相互型の質問—応答型」で、または、話題に対して自分の情報を積極的に提供していく「情報提供話題開始型」で会話に参加できるような練習を授業活動に取り入れるべきであるとしている。

● 評価的発話

　中井（2004a）は、話題の終了部において、非母語話者が同意のあいづちのみ用い、話題に対する自分の姿勢をまとめた評価的発話を適切に与えることが難しい様子を分析している[9]。そして、会話教育において、評価的発話を用いて、自分の話題に対する姿勢をまとめながら、話題を終了していく練習を行うことを提案している。さらに、中井（2004a）は、終助詞「ね」や「よね」を文末に用いる同意要求の評価的発話が話題開始部で使えるような練習も行うべきであるとしている。この同意要求の評価的発話により、会話相手の同意を得つつ、相手を話題に引き込み、それと同時に自らの話題への参加姿勢をより強く示していくことが可能になるとしている。

1.4　非言語的要素

　会話特有に見られる分析項目として、ジェスチャーの特徴を概観する。

● ジェスチャー

　McNeill（1992）は、会話の中で用いられるジェスチャーを「図像的（iconic）」、「隠喩的（metaphoric）」、「指示的（deictic）」、「拍子的（beat）」、「バターワース的（Butterworth）」に5分類している（ザトラウスキー訳 2002a）。ザトラウスキー（2002a: 188）では、「図像的な身ぶり」は「発話の意味内容と近い関係をもっており、身ぶりの実行や仕方が、話の中で同時に言及される具体的な出来事、物、動作を表す」としている。例えば、「凧揚げをして」と言いながら、片手を握って胸の前まで挙げるようなジェスチャーだという。「隠喩的な身ぶり」は、「知識、言語そのもの、「語り（narrative）」のジャンル等の抽象的な概念を提示する」（ザトラウスキー 2002a: 188）としている。例えば、複数の登場人物を手で数えて紹介したりするジェスチャーだといういう。「指示的な身ぶり」は、人指し指や体のほかの部位（頭・鼻・顎）、ペン、棒で何かを指す動作である（ザトラウスキー 2002a: 188）としている。例えば、人差し指で家の方向を指したり、手全体で指したりするジェスチャーだという。「拍子的な身ぶり」は、小さく素早い指や手の動きで、はっきりした意味を表さないものである（ザトラウスキー 2002a: 188）としている。「バターワース的な身ぶり」は、単語や適切な文の構造を探している

ことを示す(ザトラウスキー 2002a: 188)としている。

1.5　参加態度の表出
　参加態度の表出と積極的な会話への参加の特徴を概観する。
●**非言語的要素による参加態度の表出**
　中井(2006b)では、Goodwin(1981)の参加態度の示し方の分析をもとに、会話において、参加者が言語行動と非言語行動(例：ささやき、笑い、飲食、テーブルをたたく、視線・手の動き・姿勢をかえる)を巧みに調整しながら、相手の注目を引いたり、似通った行動をしたりして、会話への参加態度と不参加態度を互いに示し合っている現象を分析している。そして、参加者が頭や手、上体などの体の部分や視線を「会話の空間」の中に入れて参加態度を示し、反対に、体の部分や視線を「会話の空間」から外し、不参加態度を示していることを指摘している。
●**言語的要素による積極的な会話への参加**
　Tannen(1984)は、英語の会話の分析をもとに、「思いやりスタイル(high-considerateness style)」の参加者よりも、「積極的な会話参加スタイル(high-involvement style)」の参加者の方が、話題を積極的に出す、聞き手としての反応をよくするなどの特徴があることを指摘している。
　日本語の会話での積極的な参加の仕方の例として、大場・中井・土井(2005)は、会話参加者達が、情報提供、質問表現、あいづち、繰り返し、評価的発話、共同発話[10]などを巧みに用いて話題を開始・展開・終了させることで、積極的に会話に参加している様子を分析している。

　以上のような言語・非言語的要素を適切に用いることで、相手に分かりやすく話そうとしたり、会話に積極的に参加して楽しい会話の空間を作ったりしたいというメタメッセージが伝わる。よって、会話教育でこれらを談話技能という会話のリソースとして会話指導学習項目に入れ、授業活動で取り上げていくことには意義がある。本章第2節では、会話参加者達が言語的・非言語的要素を用いて、会話への積極的な参加をしようとしているというメタメッセージをいかに送り合っているかを分析する。そして、第4、5、6

章の教育実践では、これらの言語・非言語的要素による会話への参加の仕方を会話教育・教員養成でどのように会話指導学習項目として取り上げるかを検討する。

1.6 インターアクションの配慮と調整のプロセス

インターアクションが行われる際、常に話し手は周囲の対象からインプットされる情報を読み取り、「配慮（気配り）」をしてインターアクションの仕方を「調整」しながら話している（ネウストプニー 1999a、杉戸 1983[11]）。特に、ネウストプニー（1995b）は「調整」について、言語管理プロセス[12]の中から捉え、コミュニケーションの中で起こりうる問題を事前に防いだり、実際に問題が起こった際に訂正を行ったりすることであるとし、事前、事中、事後の3段階の調整に分けている。

ネウストプニー（1999a）と杉戸（1983）を参考に、本書では、「インターアクションの配慮・調整のプロセス」として、1)周囲の対象のインプット、2)配慮（周囲の認識）、3)配慮（評価）、4)配慮（調整方法の選択）、5)調整行動という段階から捉えることにする。例えば、母語話者が接触場面で会話をしている際、まず、非母語話者の顔の硬直が目に入り（1.周囲の対象のインプット）、非母語話者が発話を理解していないことに気づき（2.配慮（周囲の認識））、これは会話を進める上で好ましくない状態だと判断し（3.配慮（評価））、非母語話者に発話を理解してもらうための方法を検討し（4.配慮（調整方法の選択））、ジェスチャーとともに簡単な発話に言い換える（5.調整行動）といった一連のプロセスを踏む。

こうした母語話者が非母語話者に対して行う配慮・調整行動は、フォリナー・トークとも呼ばれる（Ferguson 1975）。ロング（1992）は、日本語におけるフォリナー・トークについて、語彙面（例：言い換え、繰り返し）、文法面（例：簡略化）、音声面（例：話すスピードの減速）、談話面（例：明確化の要求、理解の確認）という4つのタイプに分類している。

以上をもとに、本書では、母語話者が接触場面で行う配慮・調整行動について、以下のように定義し、第2節5で分析する。

> 「母語話者が接触場面で行う配慮・調整行動」とは、インターアクションが円滑に進み達成されるために、事前・事中・事後に、自身や相手の言語行動・社会言語行動・社会文化行動に対して気を配る歩み寄りの意識と行動である。

2. データ収集方法・会話参加者の背景

　会話データは、初対面の2人の参加者が「初対面の自由会話」を行い、その後、「キャンパス探検」を行っている間に交わされた会話を、それぞれ撮影・録音したものである[13]。「初対面の自由会話」は、話すこと自体が目的となっている「言語的アクティビティ」として位置づけられる。一方、「キャンパス探検中の会話」は、計画した目的地ルートに沿って大学構内を歩いてまわり、面白い所を見つける、写真を撮る、飲食するなどの実質行動が主な目的となっている「実質的アクティビティ」として位置づけられる。

　こうした異なった2種類のアクティビティにおいて交わされる「初対面の自由会話」と「キャンパス探検中の会話」を比較分析することで、各会話の特徴の相違点を明らかにする。一方、「初対面の自由会話」と「キャンパス探検」での各会話は、言語的アクティビティと実質的アクティビティという種類の違いがあっても、いずれも、参加者が共に会話や実質行動を協力して行うことによって、お互いに交流する機会となるという点で共通した性質をもつ。つまり、参加者同士がお互いに仲良くなりたい、楽しい場を作りたいという前提がどちらのアクティビティにも共通してある。こうした会話を分析することで、友好な関係を作っていくためのインターアクションを扱った会話教育での指導学習項目や教育実践へのヒントが得られると考えられる。

　さらに、「初対面の自由会話」と「キャンパス探検中の会話」は、非母語話者が大学生活を送る際に授業内外で遭遇しそうなアクティビティとして選んだ。実際に、本書で分析する接触場面の会話データは、いずれも実際の会話教育実践の中で交わされた会話であり、非母語話者の学習者と母語話者の授業ボランティアがクラスで交流するきっかけとなっていた。一方、母語場面の会話データは、接触場面の会話データと似た設定を設けて収集したものの、実際に初対面の母語話者同士が出会い、お互いのことを知り、共に行動

しながらキャンパスのことを知り、交流する機会になっていた。

　なお、第2章第3節6で定義したように、言語的アクティビティと実質的アクティビティは連続体であり、両者の間には明確な境界線がない。よって、実質的アクティビティの中には、ひたすら無言で何かの作業をしているものから、作業をしながらおしゃべりをするといった実質行動の中に言語行動を多く含むものまである。本書では、会話教育のための「研究と実践の連携」という立場から、会話教育に還元するための会話データ分析を行うため、実質行動をしながらおしゃべりをするといった、実質的アクティビティの中に言語的アクティビティを多く含む「キャンパス探検中の会話」を選んだ。

　「初対面の自由会話」と「キャンパス探検中の会話」は、それぞれ母語場面と接触場面の2種類を収集した。それによって、母語場面と接触場面の共通点、相違点が比較しやすくなり、各場面の特徴がより明確になると考えられる。特に、会話教育においては、接触場面特有の会話のやり取りを把握することによって、授業活動で強化練習すべき指導学習項目や、会話相手の母語話者が配慮すべき点などが明らかになる。つまり、研究を実践に繋げやすくすることができるのである。【表3-4】に参加者の背景をまとめた。

【表3-4】　アクティビティ参加者の背景

参加者 （仮名）	第一言語	出身地	性別	年齢	職業／学年	海外経験／ 日本語学習歴
裕二(U)	日本語	山梨	男性	39歳	修士1年生	ロシア日本語教師派遣(3年) 会社員経験(12年間)
麻美(M)	日本語	東京	女性	21歳	大学3年生 日本語TA	ニュージーランドでの ファームステイ(3日間)
サバス(S)	ギリシャ語	ギリシャ	男性	27歳	ギリシャ 財務省勤務	日本語学習(3年間) 日本短期語学留学中 (5週間、初級後半レベル)

　【表3-5】と【表3-6】は、各アクティビティの収集データの概要である。【表3-5】は、母語話者の裕二(U)と母語話者の麻美(M)による言語的ア

クティビティ（1. 初対面の自由会話）と実質的アクティビティ（2. キャンパス探検中の会話）のデータの概要である。裕二は大学院に入学したばかりで、まだ大学のキャンパスのことをよく知らず、大学に 3 年間在籍する麻美にキャンパスを案内してもらうということで、裕二と麻美にデータ収集に協力してもらった。まず、両者が大学内の個室で話しているところをビデオ撮影した（1. 初対面の自由会話）。その後、2 人で大学のキャンパスを見てまわるキャンパス探検の計画を立ててもらった。そして、後日、再会して 2 人でキャンパス探検に出かけながら会話しているところをビデオ撮影した（2. キャンパス探検中の会話）。裕二には、キャンパス内で興味をもったものの写真を撮り、後日それについてビデオカメラの前で発表するという課題を与えておいた。

【表 3-5】　アクティビティのデータ概要（母語場面）

	撮影日時／所要時間	主なアクティビティの種類（主な目的）	会話の場所
1. 初対面の自由会話	2007 年 10 月 27 日撮影 6 分 16 秒間	言語的アクティビティ（お互いを知るために話す）	室内
2. キャンパス探検中の会話	2007 年 10 月 30 日撮影 全 52 分 57 秒間のうち 29 分 09 秒 − 35 分 20 秒の間の屋外の会話を分析（計 6 分 11 秒間）	実質的アクティビティ（キャンパスを見てまわる）	室内と屋外（キャンパス内庭園散策場面（屋外）を分析）

【表 3-6】は、非母語話者のサバス（S）と母語話者の麻美（M）による言語的アクティビティ（3. 初対面の自由会話）と実質的アクティビティ（4. キャンパス探検中の会話）のデータ概要である。サバスは、都内の某大学の夏期日本語プログラムに短期留学しており（7 月〜 8 月）、筆者が担当する日本語選択科目「友達を作る日本語 2、3」（50 分× 10 コマの全 4 日間）という初級後半〜中級前半の会話授業を受講していた。麻美（M）は、この会話授業に参加していた授業ボランティア[14]であった。授業活動の一環で、まず、クラス内で両者が「3. 初対面の自由会話」を行っているところをビデオ撮影した。その後、翌日の授業において、2 人でキャンパス探検の計画書を立てて

もらった。そして、2人でキャンパス探検に出かけながら会話しているところをビデオ撮影した（4. キャンパス探検中の会話）。また、サバスに対して、授業の課題として、キャンパス内で興味をもったものの写真を撮り、後日それについてクラスで発表するという課題を与えておいた。

【表 3-6】　アクティビティのデータ概要（接触場面）

	撮影日時／所要時間	主なアクティビティの種類（主な目的）	会話の場所
3. 初対面の自由会話	2007年8月9日撮影 6分38秒間	言語的アクティビティ（お互いを知るために話す）	室内
4. キャンパス探検中の会話	2007年8月10日撮影 全65分56秒間のうち6分25秒−12分52秒の間の屋外の会話を分析（計5分57秒間）	実質的アクティビティ（キャンパスを見てまわる）	室内と屋外（銅像から演劇博物館散策場面（屋外）を分析）

3. フォローアップ・インタビューの方法

　Erickson and Schultz（1982: 104）は、撮影したインタビューのビデオを参加者と調査者が共に視聴しながら、ビデオの中で何か「居心地が悪いと感じた瞬間（uncomfortable moment）」を参加者に報告してもらうことによって、「居心地の悪さ」や「誤解」について分析している。こうしたフォローアップ・インタビューについて、ネウストプニー（1994: 12）は、「具体的な行動に際してその行動の参加者にどのような意識があったかを明らかにしようとする手続きである」とし、インターアクションの分析での意義を唱えている。

　本書では、上記の先行研究を参考に、各アクティビティの会話の撮影直後1週間以内に、フォローアップ・インタビュー（以下、FUI とする）を各参加者に個別に行った。FUI は、参加者と筆者が共に撮影ビデオを視聴している間に、参加者が自由に思ったことを述べる、または、筆者が参加者に質問するという方法で行った。非母語話者のサバスには、日本語と英語の両方を用いながらインタビューした。FUI の所要時間は、【表 3-7】の通りである。なお、FUI は、すべて IC レコーダーで録音し、文字化した。

【表3-7】 各アクティビティの会話についてのFUI所要時間

FUI対象の会話	参加者名	所要時間
1. 初対面の自由会話	裕二(U)	約215分
2. キャンパス探検中の会話	麻美(M)	約160分
3. 初対面の自由会話	サバス(S)	約120分
4. キャンパス探検中の会話	麻美(M)	約160分

　FUIでは、母語話者、非母語話者の各参加者に事前に記入しておいてもらった「会話データ背景調査シート」と「会話感想シート」(cf.【巻末資料3.1-1】)を回収し、口頭でも詳しく説明してもらった。その後、撮影ビデオを視聴しながら、以下のような事項について話してもらった。FUIのインタビュー内容は、Erickson and Schultz(1982)と中井(2002)を参考にした。

・何を考えていたか
・どうしてそのようなことを言ったのか、したのか
・沈黙、笑いの理由
・不快に思った瞬間、違和感をもった瞬間とその理由
・面白いと思った瞬間とその理由
・相手にどうして欲しかったか
・自分はもっとどうしたかったか
・したかったが、できなかったこと、言えなかったこと

　最後に、参加者に全データを研究に使用してもよいか確認する「同意書」(cf.【巻末資料3.1-2】)に署名をしてもらい、回収した。

4. 文字化方法

　ビデオ撮影した会話は、すべて文字化した。文字化表記は、ザトラウスキー(1993)を参考に【表3-8】のような方法で行った。また、杉戸(1987)の「発話」の単位にならい、1発話を1行に表記するようにした。

　なお、以下のように、会話例中の実質的な発話には、現場性の有無(有／無)、発話機能[15]、ジェスチャーの種類(図像的・隠喩的・指示的・拍子的・バターワース的)、指示表現(こ・そ・あ)と指示対象を右端に示す。ジェス

第 3 章　言語的・実質的アクティビティにおける会話データの分析　83

【表3-8】　文字化表記方法

。	下降調か平調のイントネーションで文が終了することを示す。
、	ごく短い沈黙、あるいはさらに文が続く可能性がある場合の「名詞句、副詞、従属節」などの後に記す。
?	疑問符ではなく、上昇調のイントネーションを示す。
―	「―」の前の音節が長く延ばされていることを示す。
//	// の後の発話が次の番号の発話と同時に発せられたことを示す。
(　)	沈黙の秒数（ビデオカウンターで計ったもの）
{　}	{　} の中の行動は非言語的な行動の「笑い」などを示す。
(省略)	発話の省略
(xxx)	聞き取り不能な部分。Xはモーラ数を示す。 あるいは、聞き取りにくい発話を(　)に入れて示す。

チャーが行われていた発話の部分には、下線を付す。一方、あいづち的発話の場合は、その種類（あいづち、繰り返し、応答、聞き返し、笑い、会釈など）を右端に示す。また、発話番号のアルファベット（例：108U）のU、M、Sは、それぞれ会話参加者の裕二、麻美、サバスの発話であることを指す。

108U：　　　//その、<u>外国文学</u>を勉強なさっているんですか？
　　　　　　　　　　　　　　　無　情報提供　隠喩的ジェ(外国文学)
109M：　はい。{うなずく}
　　　　　　　　　　　　　　　　　　　　　　　　　あいづち

　以上、会話データの分析の枠組みと分析項目、データ収集方法・会話参加者背景、フォローアップ・インタビューの方法、文字化の方法を述べた。「会話の分析項目」を詳細に分析することで、各会話の中で実際に何が起こっているのかという実態を知ることができる。また、「フォローアップ・インタビュー」の手法を用いることで、会話の表面上に現れた現象だけでなく、参加者が抱いていた意識も探ることが可能となり、分析がより多角的になる。これらの枠組みと方法を用いて、次節において、会話データを分析する。

第2節　会話データの分析

　本節では、母語話者同士が参加する母語場面と、母語話者と非母語話者が参加する接触場面における言語的アクティビティと実質的アクティビティの会話について、以下の観点から分析と考察を行う。そして、会話参加者達が会話の中に積極的に参加しようとしているというメタメッセージをいかに送り合い、お互いに協力して楽しい会話の空間を作ろうとしているかについて、言語的要素、非言語的要素による話題展開から分析する。

　まず、1. 母語場面と接触場面の言語的アクティビティと実質的アクティビティの会話における、実質的な発話・あいづち的発話と現場性の有無の比較分析を行い、各会話の特徴を数量的に明らかにする。次に、2. 言語的アクティビティと3. 実質的アクティビティの会話の母語場面と接触場面の特徴を以下の3つの観点から量的・質的に分析する。

①主導権（実質的な発話とあいづち的発話の比率）
②現場性の有無、話題開始発話の発話機能、話題内容、ジェスチャー、指示表現
③②の結果の例外

　以上の結果をもとに、非母語話者にとって各アクティビティの会話で必要とされる能力についてそれぞれまとめる（2.3と3.4）。さらに、実質的アクティビティの会話の分析では、会話の聞き取りについて、母語場面と接触場面を比較する（3.3）。そして、4. これらの分析結果を考察する。最後に、5. 接触場面における言語的アクティビティと実質的アクティビティの会話での母語話者の配慮・調整行動の分析を行う。そして、母語話者、特に、会話教育における授業ボランティアに必要とされる能力と日本語母語話者の「歩み寄りの姿勢」の訓練の可能について検討する。

1.　実質的な発話・あいづち的発話と現場性の有無の比較分析

　【表3-9】【表3-10】は、2種のアクティビティの会話で用いられていた実質的な発話とあいづち的発話の比率を、母語場面と接触場面の会話ごとに集計したものである。【表3-9】の下段数値は、各発話数を、裕二と麻美の

【表 3-9】 実質的な発話とあいづち的発話の比率分析（母語場面）

	1. 初対面の自由会話			2. キャンパス探検中の会話		
	裕二	麻美	計	裕二	麻美	計
実質的な発話	69 56.1%	54 43.9%	123	87 54.4%	73 45.6%	160
あいづち的発話	51 56.7%	39 43.3%	90	36 42.9%	48 57.1%	84
合計	120	93	213	123	121	244

【表 3-10】 実質的な発話とあいづち的発話の比率分析（接触場面）

	3. 初対面の自由会話			4. キャンパス探検中の会話		
	サバス	麻美	計	サバス	麻美	計
実質的な発話	59 56.2%	46 43.8%	105	53 40.5%	78 59.5%	131
あいづち的発話	11 35.5%	20 64.5%	31	25 47.2%	28 52.8%	53
合計	70	66	136	78	106	184

実質的な発話の合計、および、裕二と麻美のあいづち的発話の合計で割った％を表す[16]。【表 3-10】の下段数値は、各発話数を、サバスと麻美の実質的な発話の合計、および、サバスと麻美のあいづち的発話の合計で割った％を表す。

【表 3-11】【表 3-12】は、2種のアクティビティの会話での実質的な発話の現場性の有無[17]を、母語場面と接触場面の会話ごとに集計した結果である。【表 3-11】の下段数値は、各発話数を裕二と麻美の各発話の合計で割った％を表す[18]。【表 3-12】の下段数値は、各発話数をサバスと麻美の各発話の合計で割った％を表す。

【表 3-9】～【表 3-12】の結果より、「初対面の自由会話」と「キャンパス探検中の会話」には、以下のような特徴がある。

【表 3-11】 実質的な発話の現場性の有無の比率分析（母語場面）

	1. 初対面の自由会話			2. キャンパス探検中の会話		
	裕二	麻美	計	裕二	麻美	計
有	10 14.5%	7 13.0%	17 13.8%	72 82.8%	58 79.5%	130 81.3%
無	54 78.3%	45 83.3%	99 80.5%	13 14.9%	14 19.2%	27 16.9%
有〜無	3 4.3%	1 1.9%	4 3.3%	1 1.1%	0 0.0%	1 0.6%
無〜有	2 2.9%	1 1.9%	3 2.4%	1 1.1%	1 1.4%	2 1.3%
合計	69	54	123	87	73	160

【表 3-12】 実質的な発話の現場性の有無の比率分析（接触場面）

	3. 初対面の自由会話			4. キャンパス探検中の会話		
	サバス	麻美	計	サバス	麻美	計
有	9 15.3%	3 6.5%	12 11.4%	44 83.0%	62 79.5%	106 80.9%
無	50 84.7%	43 93.5%	93 88.6%	8 15.1%	14 17.9%	22 16.8%
有〜無	0 0.0%	0 0.0%	0 0.0%	1 0.19%	1 0.13%	2 0.15%
無〜有	0 0.0%	0 0.0%	0 0.0%	0 0.0%	1 0.13%	1 0.08%
合計	59	46	105	53	78	131

①初対面の自由会話

* 「1. 初対面の会話（母語場面）」における実質的な発話は、裕二が56.1%、麻美が43.9%用いていた（【表3-9】）。よって、「1. 初対面の会話」では、裕二がやや主導権をもって、話題を展開させていた。
* 「3. 初対面の会話（接触場面）」における実質的な発話は、サバスが56.2%、麻美が43.8%用いていた（【表3-10】）。よって、「3. 初対面の会話」では、

サバスがやや主導権をもって、話題を展開させていた[19]。
* 「1. 初対面の会話（母語場面）」(80.5%)と「3. 初対面の会話（接触場面）」(88.6%)で、現場性の無い発話がそれぞれ多く用いられていた(【表 3-11】【表 3-12】)。これは、室内で行われる言語的コミュニケーションに重点を置いた言語的アクティビティでは、現場性の無いもの、つまり、参加者達の頭の中にある情報について話す傾向にあることが考えられる。
* 「1. 初対面の会話（母語場面）」における現場性の有る発話は、自己紹介や挨拶の発話におけるものである。
* 「3. 初対面の会話（接触場面）」における現場性の有る発話は、自己紹介の発話のほか、聞き返しなどのメタ言語的な発話であった。

②**キャンパス探検中の会話**
* 「2. キャンパス探検中の会話（母語場面）」中の実質的な発話は、裕二が54.4%、麻美が45.6%と、やや裕二が多い程度であった(【表 3-9】)。
* 「4. キャンパス探検中の会話（接触場面）」中の実質的な発話は、サバスが40.5%、麻美が59.5%と、やや麻美が多い程度であった(【表 3-10】)。
* 「2. キャンパス探検中の会話（母語場面）」(81.3%)と「4. キャンパス探検中の会話（接触場面）」(80.9%)で、現場性の有る発話がそれぞれ多く用いられていた(【表 3-11】【表 3-12】)。これは、ツアーのような屋外で行われる実質行動に重点を置いた実質的アクティビティでは、現場性の有るもの、つまり、参加者達の目の前にある情報について話す傾向にあることが考えられる。

以上の現場性の有無の分析から、母語場面と接触場面の両方に共通する点として、以下のような典型的な特徴が指摘できる。

> **典型的な特徴**
> 言語的アクティビティ：現場性の無い発話が多く用いられる
> 実質的アクティビティ：現場性の有る発話が多く用いられる

しかし、一方で、上記の典型的な特徴とは異なる例外的な特徴もそれぞれのアクティビティでみられた。

> 例外的な特徴
> 　言語的アクティビティ：現場性の有る発話の使用
> 　実質的アクティビティ：現場性の無い発話の使用

　以下、各アクティビティにおける母語場面と接触場面の典型的な特徴と例外的な特徴の両方について、会話例をもとに分析する。

2. 言語的アクティビティの会話の分析（初対面の会話）
2.1　母語場面の初対面の自由会話の分析
　【表3-13】は、母語場面の「1.初対面の自由会話」における話題内容、話題開始者、話題開始発話での現場性の有無、ジェスチャーの種類、指示表現と指示対象、話題開始発話の機能をまとめたものである。
①主導権
　【表3-13】によると、全8話題の話題開始者のほとんどが裕二（7/8話題、87.5％）であり、【表3-9】より「1.初対面の自由会話」中の実質的な発話の56.1％を裕二が用いていた。このことから、裕二がやや主導権をもって話題を展開させていたといえる。麻美へのFUIでも、主導権をどちらが握って会話を進め、どの程度話を膨らませていいのかという葛藤があったと述べていた。初対面の会話では、話題の開始、話題の選定などをどちらの参加者が行うのか、相手の反応をうかがいつつ、慎重に行っているといえる。
②現場性の有無・話題開始発話・話題展開・ジェスチャー・指示表現
　【表3-13】から、母語場面の「1.初対面の自由会話」では、主に現場性の無い発話、もしくは有〜無、無〜有の発話で話題が開始されていた（5/8話題、62.5％、「話題」の中に含まれる「小話題」は含めないで計算した）。また、【表3-11】からも、主に現場性の無い発話が用いられていた（80.5％）。さらに、話題開始発話の発話機能は、情報要求、情報提供などが用いられていた。以下、会話例を示す。
　話題の内容としては、会話例（3-1）の麻美の文学部の専攻の話題のように、現場性の無い発話で、裕二と麻美自身や大学に関する話題が話されていた。ここで用いられていたジェスチャーは、隠喩的ジェスチャーであった。例えば、108Uの「外国文学」という部分では、裕二は左手のひらを下に向

第 3 章　言語的・実質的アクティビティにおける会話データの分析　89

【表 3-13】「1. 初対面の自由会話」の話題展開（母語場面）

話題内容	話題開始	現場性	ジェスチャー／指示表現（指示対象）	話題開始発話機能
1. 挨拶	裕二	有	お辞儀	関係作り
2. 自己紹介	裕二	有	指示的／「こちらの」（大学）	情報提供
3. キャンパス・ガイド	裕二	有〜無	－／「このように」 （今回のガイド）	情報要求
3.1　M のガイド歴	裕二	有〜無	－／「このように」 （今回のガイド）	情報要求
3.2　キャンパス内の博物館	裕二	無	－	情報提供
3.3　M の外国人へのガイド経験	裕二	無	指示的／－（M）	情報要求
3.4　日本人へのガイド	裕二	無	隠喩的／－（ガイドしている）	情報提供
3.5　M の留学生へのガイド経験	裕二	無	指示的／「この前」（M） 隠喩的／－（申し込む）	情報要求
4. M の文学部の専攻	裕二	無	隠喩的／－（外国文学）	情報要求
5. 文学部キャンパス	裕二	無	隠喩的／－（別のキャンパス） 指示的／「あちら」 （別のキャンパス）	情報要求
6. キャンパス・ガイド	麻美	無	指示的／－（M） 隠喩的／－（知らない所）	情報提供
6.1　M のガイドとしての知識	麻美	無	指示的／－（M） 隠喩的／－（知らない所）	情報要求
6.2　ツアーでまわる場所	裕二	有〜無	指示的／「この」 （今回のガイド） 隠喩的／－（X キャンパス）	情報要求
6.3　大学の大きさ	裕二	無	拍子的／－（かなり）	情報要求
7. U のキャンパスの知識	裕二	無〜有	－／「こちら」（大学）	情報提供
7.1　U の入学し立ての情報の少なさ	裕二	無〜有	－／「こちら」（大学）	情報提供
7.2　U のキャンパス内の行動範囲	裕二	有〜無	指示的／「この」（今いる建物） 指示的／－（図書館）	確認
7.3　図書館	裕二	無	－／「あれで」（イメージ）	情報提供
8. 挨拶	裕二	有	お辞儀	関係作り

けて上から下に3回軽く押さえつけるようなジェスチャーをして「外国文学」という言葉を提示している。一方、115M で麻美は、「いろんな文化の方と接してみたいなと」言いながら、両手を前後にかき回すような隠喩的ジェスチャーをしている。また、120M で麻美は「少し」と言いながら、左手を上げて親指と人差し指をつまむような隠喩的ジェスチャーをしている。

118U と 119U の発話について、FUI で裕二は「自分も修論を書くし、麻美さんもあと1年ほどで卒業するとのことで、論文について質問しようと考えた」と述べていた。よって、裕二は、同じ学生同士として、論文という共通の話題を現場性の無い発話で提供することで、共通点を探り、話題への興味を示し、会話に積極的に参加しようというメタメッセージを送っている。

会話例(3-1):現場性の無い発話のみ(母語場面「1. 初対面の自由会話」)
話題 4:M の文学部の専攻

107U:	あの、文学部とおっしゃいましたけど、	無	情報要求
108U:	//その、<u>外国文学</u>を勉強なさっているんです//か?		
		無 情報提供	隠喩的ジェ(外国文学)
109M:	はい。{うなずく}		あいづち
110M:	あっ、いえ、{首を横に振る} そういう訳ではないんで//す。		
		無	情報提供
111U:	ははあ。{うなずく}		あいづち
112M:	一応、文化人類学を//卒論の中で。	無	情報提供
113U:	文化人類学、おお、はいはい、{うなずく}		
	聞いたことが//{笑い}あるんです//けど。	無	情報提供
114M:	はい。		あいづち
115M:	それであの、{両手でジェスチャー} <u>いろんな文化の方と接してみたいなと</u>//思ってボランティアをやっています。		
		無 情報提供	隠喩的ジェ(接する)
116U:	ふーん、あっそうなんですか。{うなずく}		あいづち
117M:	はい。{うなずく}		あいづち
118U:	じゃ、今、3年生とおっしゃったから、	無	情報提供
119U:	じゃまだ、もうちょっと、続けて//それで、論文書くんですね。		

第 3 章 言語的・実質的アクティビティにおける会話データの分析　91

　　　　　　　　　　　　　　　　　　　　　　　　　　　無　確認
120M：　　　　　　　　　　　　　　　　そうですね、もう少し。
　　　　　　　　　　　　　　　　　無　情報提供　隠喩的ジェ(少し)
121M：　そうですね、それがあの、第二文学部は実は、卒論を書かなくても
　　　　卒業//できるという学部で。　　　　　　　無　情報提供
122U：　　　　あっ、できるの？{笑い}　　　　　　無　確認

　以上、母語場面の言語的アクティビティである「1.初対面の自由会話」では、主に、現場性の無い発話で、裕二と麻美が同じ学生同士としての共通点を膨らませ、お互いを知るための話題を開始・展開していた(会話例(3-1))。

③②の結果の例外(現場性の有る発話)

　母語場面の「1.初対面の自由会話」で、現場性の有る発話で話題が開始されていたのは、会話開始部の会話例(3-2)と、会話終了部での挨拶「よろしくお願い致します」のみであった。会話例(3-2)では、「1.初対面の自由会話」の開始部で、裕二と麻美が挨拶をして、自身の名前や所属について述べる現場性の有る発話で話題が開始されている。また、4Uで裕二は、「こちら」と言いながら右手のひらを2回切るようにして自分達がいる場所を指す指示的ジェスチャーを用いて、現場性の有る発話をしている。

会話例(3-2)：現場性の有る発話のみ(母語場面「1.初対面の自由会話」)
話題1：挨拶
　1U：　じゃ、どうも//はじめましてー。{お辞儀をする}
　　　　　　　　　　　　　　　　　　　　　　有　関係作り　お辞儀
　2M：　　　　　　　はじめまして。{お辞儀をする}
　　　　　　　　　　　　　　　　　　　　　　有　関係作り　お辞儀
　3U：　こんにちは。　　　　　　　　　　　　有　関係作り

話題2：自己紹介
　4U：　あの、私はこちらの大学院のN研究科におります//Uと申します。
　　　　　　　　　　　　　　　　　有　情報提供　指示的ジェ
　5M：　　　　　　　　　はい。{うなずき}　あいづち
　6M：　よろしく//お願いします。{お辞儀をする}　有　関係作り　お辞儀
　7U：　　　　今日はよろしくお願いします。{お辞儀をする}

			有　関係作りお辞儀
8M：	あっ、私は、えーQ大学第二文学部三年のMと//申します。		
			有　情報提供
9U：		あっ、そうですか。	あいづち
10M：	よろしくお願いします。{お辞儀をする}	有　関係作り　お辞儀	
11U：	よろしくお願いしまーす。{お辞儀をする}	有　関係作り　お辞儀	

　一方、話題開始部ではないが、話題展開部では、現場性の有る発話で目の前の事柄を話題に取り上げつつ、それを現場性の無い発話で発展させている例が見られた。会話例(3-3)では、53Uで裕二が指示表現「ここ」とともに、左手のひらで自分達のいる場所を空中でなでるような指示的ジェスチャーを用いて(【図3-1】)、自分達が

【図3-1】　53U指示的ジェスチャー「ここ」

今いる大学を指す現場性の有る発話を用いている。そして、裕二は、「ここ」(53U)の地理がよく分からないので、54Uで、麻美にガイドとして案内して欲しいと現場性の無い発話で述べている。その後、57Uで裕二は、麻美が外国人にもキャンパスのガイドをするのかと尋ねる現場性の無い発話で新たな話題を開始している。ここで裕二は、「なさる」の部分で、左手のひらを小さく麻美の方に差し出す指示的ジェスチャーで麻美を指しながら、麻美がガイドをするのか質問する発話をしている。この発話は、現場性の無い発話とはいえ、部分的には現場性の有る発話的な要素も含んでいるといえる。このように、会話例(3-3)では、現場性の有る発話「ここ」から麻美へのガイド依頼、麻美のガイド経験という現場性の無い発話に移行して、話題が発展している。

会話例(3-3)：現場性有⇒現場性無(母語場面「1. 初対面の自由会話」)
話題3：キャンパス・ガイド、話題3.2：キャンパス内の博物館
　(省略)
53U：　正直に、私、どんなものがあるかここ分からないんで、
　　　　　　　　　　　　　有　情報提供　指示的ジェ（大学）「こ

54U： //あの、ぜひ、ガイドの方に、{笑い}ご案内いただいて、//い
　　　ろいろ教えてもらいたいと思ったんですけどね。**無　共同行為要求**
55M：　　　ええ。{うなずく}　　　　　　　　　　　　　　　　　**あいづち**
56M：　　　　　　　　　　　　　　　　　　　　　　　　はい。　**あいづち**

小話題3.3：Mの外国人へのガイド経験
57U： あの、あの、外国の方もーガイドなさるってことはあるんです
　　　か？　　　　　　　　　　**無　情報要求　指示的ジェ（M（がガイドする））**
58M： あっ、そんな、夏の1回っていうのが、//そうだったんですよ。
　　　　　　　　　　　　　無　情報提供　隠喩的ジェ（外国人へのガイド）
59U：　　　　　　　　　　　　　　　　　　　　　　　　はい。　**あいづち**

　以上、母語場面の言語的アクティビティの「1.初対面の自由会話」では、現場性の有る発話が少数だが用いられていた。現場性の有る発話を用いることで、会話参加者達は、今ここにいる自分達自身の自己紹介を行ったり、今いる場所などに言及して関連付けたりしている。それによって、情報を交換し合い、話題展開をして、これから共にキャンパス探検をするのに必要な関係作りを行っている。このように、お互いに積極的に会話に参加しようというメタメッセージを送り合うことによって、楽しい会話空間を協力して作ろうとしている（会話例(3-2)(3-3)）。

2.2　接触場面の初対面の自由会話の分析

　【表3-14】は、接触場面の「3.初対面の自由会話」における話題内容、話題開始者、話題開始発話での現場性の有無、ジェスチャーの種類、指示表現と指示対象、話題開始発話の機能をまとめたものである。

①主導権

　【表3-14】によると、全8話題の話題開始者は、サバスが5回(62.5%)、麻美が3回(37.5%)であり、【表3-10】より「3.初対面の自由会話」における実質的な発話は、サバスが56.2%、麻美が43.8%用いていた。このことから、サバスがやや主導権をもって、話題を展開させていたといえる。

②現場性の有無・話題開始発話・話題展開・ジェスチャー・指示表現

　【表3-14】から、接触場面の「3.初対面の自由会話」でも、主に現場性

【表 3-14】「3. 初対面の自由会話」の話題展開（接触場面）

話題内容	話題開始	現場性	ジェスチャー/指示表現（指示対象）	話題開始発話機能
1. 夏休み	麻美	無	両手を叩く	共同行為要求
1.1 Sが夏休みにすること	麻美	無	―	共同行為要求
1.2 Sの身分	サバス	有	―	情報提供
2. Mの専攻の文化人類学	サバス	無	指示的/―(M)	情報提供
3. Mの学年	サバス	無	―	情報要求
4. Mの欧州経験	サバス	無	―	情報要求
5. Sの外国経験	サバス	無	―	情報提供
6. Sの大学の先生	麻美	無	指示的/―(S)	確認
6.1 Sの電話をかける相手	麻美	無	指示的/―(S)	確認
6.2 Sの大学留学計画	サバス	無	―	情報提供
7. Mのギリシャへの憧れ	麻美	無	―	情報提供
7.1 Mがギリシャに行きたい	麻美	無	―	情報提供
7.2 ギリシャの観光地	麻美	無	図像的/―(写真を撮る)	情報提供
7.3 ギリシャ料理	麻美	無	―	情報提供
8. 日本とギリシャの食べ物	サバス	無	―	情報提供
8.1 食べ物が違う	サバス	無	―	情報提供
8.2 Sの海苔嫌い	サバス	無	指示的/―(海苔)	情報提供
8.3 Sはわさびが大丈夫	麻美	無	図像的/―(わさび)	情報要求
8.4 Sの海苔嫌い	麻美	無	―	確認
8.5 Sの好きな日本料理	サバス	無	―	情報提供
8.6 Sは納豆が大丈夫	麻美	無	図像的/―(納豆をかきまわす)	情報要求

　の無い発話で話題が開始されていた（8/8 話題、100％）。また、【表 3-12】からも、主に現場性の無い発話が用いられていた（88.6％）。さらに、話題開始発話の発話機能は、主に、情報提供が用いられていた。

　話題の内容としては、現場性の無い発話でサバスや麻美のこと、サバスの出身地のギリシャの話題が話されていた。母語場面の「1. 初対面の自由会

話」とは違って、会話例(3-4)のように、特に、麻美が図像的ジェスチャー、メタ言語表現などを用いて、サバスの日本語の理解を助けようとしていた。

会話例(3-4)では、92S でサバスが海苔が大嫌いだと現場性の無い発話で述べている。それに対し、93M で麻美が海苔が口の中に貼りつく感じが嫌なのだろうと現場性の無い発話で述べている。92S も 93M も現場性の無い発話である。しかし、92S では、サバスが「海苔」と言う時に指示的ジェスチャーを用いて空間にある架空の海苔を指しているようであり、擬似的な現場性を指示的ジェスチャーで作っているようである。また、93M でも、麻美が「口に貼りつく」「口の中でピタって」と言いながら、図像的ジェスチャー(【図 3-2】【図 3-3】【図 3-4】)や紙を手のひらに貼り付けるジェスチャーを用いて(【図 3-5】)、海苔が口の中に貼りつく様子を表し、擬似的な現場性を図像的ジェスチャーで形成しているようである。これによって、サバスにとって「口に貼りつく」「口の中でピタって」という日本語の表現が視覚的にも理解しやすいものにしている。実際は、サバスには「海苔が口に貼りつく」という表現がなかなか理解できなかったため、麻美は何度もジェスチャーを伴った発話をして苦戦していた。それによって、麻美がサバスに理解してもらいたいというメタメッセージは十分伝わっていたものと思われる。

会話例(3-4)：現場性の無い発話のみ(接触場面「3. 初対面の自由会話」)
小話題 8.2：S の海苔嫌い

92 S： そう、それでー、んー、大抵、日本の食べ物が好きですけど、海苔が大嫌いですよ。　　　　無　情報提供　指示的ジェ(海苔)

93M： あー、何か、口に貼りつく、何か、何でしょう、何か、口の中でピタって。　　　　無　情報提供　図像的ジェ(口の中の貼り付く海苔)

94 S： ん？　　　　　　　　　　　　　有　メタ言語　確認　聞き返し

95M： 口の中で何か、貼りつく感じかな。
　　　　　　　　　　　　　無　情報提供　図像的ジェ(口の中の貼り付く海苔)

96M： こう、口の中で貼りついて//取れない。
　　　　　　　　　　　　　無　情報提供　図像的ジェ(口の中の貼り付く海苔)

97 S：　　　　　　　　　　　うん、うん。{うなずく}　　あいづち

98 S： ううん、{頭を横に振りながら} 大嫌いです。　　無　情報提供

【図 3-2】 93M 図像的ジェスチャー
「口に貼りつく」

【図 3-3】 93M 図像的ジェスチャー
「口の中でピタって」

【図 3-4】 95M 図像的ジェスチャー
「貼りつく感じかな」

【図 3-5】 96M 図像的ジェスチャー
「こう、口の中で貼りついて取れない」

　以上、接触場面の言語的アクティビティの「3. 初対面の自由会話」では、主に、現場性の無い発話で、出身地や日本の食べ物の話題が展開されていた。さらに、母語場面の「1. 初対面の自由会話」とは違って、麻美が図像的ジェスチャーなどを用いて、サバスにとって、発話中の日本語の語彙や表現のほか、話題開始の初出語が理解しやすくなるように努めている様子が見られた（会話例 (3-4)）。こうしたジェスチャーの使用は、現場性の無い発話を現場性の有る発話のようにして、視覚的に発話を理解しやすくする働きがあると考えられる。そして、ジェスチャーを用いることで、自分の発話を相手に理解してもらいたいというメタメッセージを送っていることにもなる。

③②の結果の例外（現場性の有る発話）

　接触場面の「3. 初対面の自由会話」で、現場性の有る発話で話題が開始されていたのは、会話例 (3-5) のみであった。これは、母語場面の「1. 初対面の自由会話」と似ている。会話例 (3-5) では、3S でサバスが自身の年齢と身分について述べる現場性の有る発話で話題を開始している。そして、4S からサバスは、自身の勤務先と大学の専攻について述べる現場性の無い発話で話題を展開させている。サバスは、自身の自己紹介をすることによって、

麻美に自身のことを知ってもらいたいというメタメッセージを送っている。

会話例(3-5)：現場性の有る発話⇒現場性の無い発話

(接触場面「3. 初対面の自由会話」)

小話題 1.2：Sの身分

3 S：	えっとー、ぼくは27歳から、ですから、えっとー、学生じゃない。	有	情報提供
4 S：	えー、ギリシャでー、(おくれー)、ギリシャの(クラス)で勤めてー、います。	無	情報提供
5 S：	でもー、私ー、	無	情報提供
6 M：	はい。{うなずく}		あいづち
7 S：	ギリシャの大学でー、財政を勉強しました。	無	情報提供
8 M：	はい。{うなずく}		あいづち

　さらに、現場性の無い発話で開始された話題が、現場性の有るメタ言語表現で展開している場合が見られた。会話例(3-6)では、12Sでサバスが麻美の大学の専攻について質問する現場性の無い発話で話題を開始し、13Mで麻美が文化人類学を専攻していると現場性の無い発話で答えている。そして、14Mで麻美は、「文化人類学」の意味がサバスに分かるように、「何て言いますかね、英語では何て言うかな」というメタ言語表現を用いている。このメタ言語表現は、今、会話をしている場において用いられている言葉自体に言及しているので、現場性の有る発話であるといえる。そして、14Mから16Sまでメタ言語表現が用いられて「文化人類学」の訳語は何かについて話す現場性の有る発話が続いている。17Mで「文化人類学」の意味が共有された後、20Sでサバスが麻美の専攻の文化人類学に対して「面白いね」と現場性の無い発話で述べている。このように、特に、接触場面では、今話している言葉自体について言及するメタ言語表現で意味交渉することで、現場性の無い発話から現場性の有る発話に移行し、意味が共有された後、また現場性の無い発話に戻っていくという現象が見られた。こうしたメタ言語表現での意味交渉を努力してお互いに協力し合いながら行うことで、発話を理解して共有の会話の場に参加しようというメタメッセージを送り合っている。

会話例(3-6)：現場性無⇒現場性有⇒現場性無

(接触場面「3. 初対面の自由会話」)

話題2：Mの専攻の文化人類学

12S：	あー、Q、Q大学でー、何を勉強していますか？	無 情報提供
13M：	私は、えっと、文化人類学を(XXXX)。{うなずく}	無 情報提供
14M：	まあ、何て言いますかね、英語では何て言うかな。	有 メタ言語 情報要求
15M：	何かイタリア語だと、何か、アントロ、{耳に手を当てる}アントロ。	有 メタ言語 情報提供
16S：	アントロポロジウム？	有 メタ言語 確認
17M：	はい。{うなずく}	応答
18S：	へー、そうですか？	あいづち
19M：	はい。{うなずく}	あいづち
20S：	面白いね。	無 情報提供

　以上の接触場面の言語的アクティビティの「3. 初対面の自由会話」では、自身の年齢や身分について説明する現場性の有る発話から、大学の専攻など過去のことについて語る現場性の無い発話で話題を展開させている様子もみられた(会話例(3-5))。また、語彙の説明を行うメタ言語表現が現場性の有る発話として、接触場面でみられたのも特徴である(会話例(3-6))。

　このようなことから、接触場面の「3. 初対面の自由会話」では、何らかの方法で現場性を作って、非母語話者の日本語の理解を助けようという試みが行われていたことが分かる。例えば、図像的ジェスチャーなどを用いて、視覚情報を加えることで、現場性の無い発話に擬似的な現場性を形成する様子がみられた(会話例(3-4))。また、今ここで用いられている言葉自体に言及することでその場に現場性を作るメタ言語表現を用いて、日本語の理解を助けている様子もみられた会話例(3-6))。このほかにも、参加者がお互いに伝えたいことを相手に理解してもらうために現場性を作る方法としては、話題に関連する写真を見せる、現物を見せる、その場所に連れていくなどがあろう。こうした現場性の形成の仕方には、それぞれ現場性の強さの度合いと関係があると考えられる。こうした現場性の形成を利用した会話への参加の

仕方は、お互いに協力して会話を作っていく上で、特に接触場面において母語話者にも非母語話者にも必要とされる能力であろう。

2.3 初対面の自由会話の特徴と非母語話者に必要とされる能力

以上、2.1と2.2で分析した母語場面と接触場面における言語的アクティビティの「初対面の自由会話」の特徴を【表3-15】にまとめる。

このような会話データの分析結果から、言語的アクティビティの「初対面の自由会話」において、非母語話者に必要とされるインターアクション能力（言語能力、社会言語能力、社会文化能力）について、主に分析したものを中心に【表3-16】にまとめた。なお、社会言語行動の9つのルールは、ネウストプニー（1982、1995a）の定義を参考に分類した（cf. 第2章第3節4）。

3. 実質的アクティビティの会話の分析（キャンパス探検中の会話）
3.1 母語場面のキャンパス探検中の会話の分析

【表3-17】は、母語場面の「2. キャンパス探検中の会話」における話題内容、話題開始者、話題開始発話での現場性の有無、ジェスチャーの種類、指示表現と指示対象、話題開始発話の機能をまとめたものである。

①主導権

【表3-17】によると、全16話題のうち12話題を裕二が開始しているが（75.0%）、【表3-9】より「2. キャンパス探検中の会話」における実質的な発話は、裕二が54.4%と麻美が45.6%と、やや裕二が多い程度であった。

②現場性の有無・話題開始発話・話題展開・ジェスチャー・指示表現

【表3-17】から、母語場面の「2. キャンパス探検中の会話」では、主に現場性の有る発話(15/16話題、93.8%)で話題が開始されていた。また、【表3-11】からも、主に現場性の有る発話(81.3%)が用いられていた。さらに、話題開始発話の発話機能では、情報提供、情報要求、確認、同意要求が用いられていた。ここから、話題の主導権は、裕二と麻美のどちらか一方が常に握らず、キャンパス探検中の建物や看板など、目の前の意外性のある視覚情報を刺激にして、それに言及する現場性の有る発話によって、情報提供や同意要求などをしながら、互いに話題を開始していたといえる。

【表 3-15】 言語的アクティビティの「初対面の自由会話」の特徴

	現場性	話題内容
母語場面	現場性の無い発話が多い	・自分や相手を知るための話題
	現場性の有る発話が少し	・自己紹介
	現場性有〜無の話題展開	・今いる場所などに言及して関連付け、キャンパス探検に必要な関係作りと情報交換
接触場面	現場性の無い発話が多い	・出身地に関する話題や日本の食べ物に関する話題 ・図像的ジェスチャーなどを用いて、擬似的な現場性の有る発話を作り、非母語話者の語彙理解の支援
	現場性の有る発話が少し	・語彙の説明を行うメタ言語表現
	現場性有〜無への話題展開	・自身の年齢や身分について説明する現場性の有る発話から大学の専攻など過去のことについて語る現場性の無い発話で展開

【表 3-16】 初対面の自由会話（言語的アクティビティ）で非母語話者に必要とされるインターアクション能力

言語行動	語彙	語彙の理解 語彙の意味交渉
	文法	指示表現「こ・そ・あ」
	音声	発音の産出・理解
社会言語行動	点火ルール	挨拶、話題維持（話題開始・展開・終了） 現場性の無い発話での話題提供 現場性無〜有、有〜無の発話での話題展開 聞き手としての反応（あいづち、応答、評価的発話、質問表現、繰り返しなど）
	セッティングルール	──
	参加者ルール	相手が会話に積極的に参加しているかを配慮 相手が会話に積極的に参加できるように配慮
	バラエティルール	言語、非言語の使用
	内容ルール	共通の話題の提供と発展 （大学、専攻、キャンパスなど） 自己紹介（名前、出身、年齢、職業、大学、学年、専門など）
	形ルール	情報提供、情報要求、確認、提案、共同行為要求、関係作りなど
	媒体ルール 非言語行動	ジェスチャー使用・理解（指示的、隠喩的、図像的、拍子的）、紙、鉛筆など
	操作ルール	意味交渉（言い換え、メタ言語表現、ジェスチャー、実物を見せる）
	運用ルール	発話を適切に産出・理解し、話題を展開させる
社会文化行動	知識取得	会話相手の好みそうな話題の知識
	行動実行	会話相手の好みそうな話題の提供・展開

【表3-17】「2. キャンパス探検中の会話」の話題展開（母語場面）

話題内容	話題開始	現場性	ジェスチャー/指示表現（指示対象）	話題開始発話機能
1. O庭園到着	裕二麻美	有	指示的/—（開園の看板）	談話表示情報提供
2. O庭園の開園時間	裕二	無	—	情報要求
2.1 開園時間	裕二	無	—	確認
2.2 閉園の表示	裕二	有	—	情報提供
3. O庭園の中	裕二	有	—/「この」（庭園の中）	情報要求
4. 韓国風の建物	裕二	有	指示的/—（建物）	情報提供
4.1 建物	裕二	有	指示的/—（建物）	情報提供
4.2 石碑	麻美	有	—/「これ」（石碑）	情報提供
4.3 花	裕二	有	—	情報提供
5. 一般公開	裕二	有	—/「ここ」（庭園）	確認
6. 韓国風の建物	裕二	有	—/「これ」「こう」（建物）	情報提供
6.1 建物の外観	裕二	有	—/「これ」「こう」（建物）	情報提供
6.2 建物内の鐘	麻美	有	—	情報提供
6.3 建物の写真撮影	裕二	有	—/「これ」（建物）	提案
7. 全景	裕二	有	—	同意要求
8. ホテル	裕二	有	指示的/「あれ」（ホテル）	確認
9. ガーデンハウスへの行き方	裕二	有	指示的/「あの」（ガーデンハウス）	情報要求
10. 園内の田んぼ	麻美	有	—/「これ」（看板）	情報提供
10.1 田んぼプロジェクト	麻美	有	—/「これ」（看板）	情報提供
10.2 足元注意	裕二	有	—/「ここ」（足元）	単独行為要求
10.3 農学部	裕二	無	—	情報要求
10.4 主催者	裕二	無	—	確認
11. 水辺の生物	麻美	有	—	情報提供
11.1 アメンボ	麻美	有	—	情報提供
11.2 Uの虫捕りの思い出	裕二	有〜無	—/「こういう」（水辺）	情報提供
11.3 ザリガニ	裕二	有	指示的/—（ザリガニ）	確認
11.4 ザリガニの捕り方	裕二	無	—	情報提供
12. 通る道	麻美	有	—/「これ」（通り道）	確認
13. 石灯籠	裕二	有	—	共同行為要求
14. 石の下の生き物	麻美	有	—/「これ」（石の下）	同意要求
15. 庭園の感想とまとめ	裕二	有	—/「そんなに」（思っていたほど）	同意要求
16. 通る道	裕二	有	—	単独行為要求
16.1 足元注意	裕二	有	—	単独行為要求
16.2 出入り禁止の表示	麻美	有	—/「ここ」（通り道）	情報提供

話題の内容としては、会話例(3-7)のように、裕二と麻美が庭園の中にある目の前の建物、石碑、花、庭園の一般公開などについて、次々と言及する現場性の有る発話で話題を頻繁に換えつつ展開させていた。これにより、裕二と麻美は、お互いに目の前の話題性のあるものを言語化して、共感し、共にいる場を楽しもうというメタメッセージを送り合っていたといえる。

会話例(3-7)：現場性の有る発話のみ(母語場面「4. キャンパス探検中の会話」)
話題3：O 庭園の中
  918U： この中はー、   有　情報要求　「こ」(庭園の中)
  919M： あー、//あー、いいですねー。   有　情報提供
話題4：韓国風の建物、小話題4.1：建物
  920U： {前方を指す}(xxxxx)建物もありますよー。
              有　情報提供　指示的ジェ(建物)
  921M： ええ。   あいづち
小話題4.2：石碑
  922M： 何だろうこれ。   有　情報要求　「こ」(石碑)
  923M： トウコウの碑、トウユウの//碑、 有　情報提供
  924U：   ねー。   あいづち
  925M： 全然分かんないですけど。   有　情報提供
小話題4.3：花
  926M： バラが//咲いてますねー。   有　情報提供
  927U：   ん、お花もあるしー。   有　情報提供
話題5：一般公開
  928U： あっ、ここは一般にも//開放されているんですね？
                有　確認　「こ」
  929M：   はい。   応答

以上、母語場面の実質的アクティビティである「2. キャンパス探検中の会話」では、主に、現場性の有る発話で、目の前の景色や建物などの視覚情報についての話題を開始・展開しながら、共に見たものについて共感し合う楽しい場にしようとしていた(会話例(3-7))。

③②の結果の例外（現場性の有る発話）

母語場面の「2. 初対面の自由会話」で、現場性の無い発話で話題が開始・展開されていたものには、以下のような例があった。会話例(3-8)では、麻美が池の中に見つけたアメンボに言及する現場性の有る発話（1055M）を受

【図3-6】 1061U 指示的ジェスチャー「ザリガニじゃない？ほら」

けて、裕二が「こういう所ね」と現場性の有る発話から、裕二の子供の頃の虫捕りの思い出について言及する現場性の無い発話（1057U）に1発話の中で変化させながら話題を展開させていた。その後、1061Uで裕二が池の中にザリガニを発見してそれについて言及する現場性の有る発話で新たな話題を開始している（【図3-6】）。そして、1067Uで裕二が子供の頃にしたザリガニ捕りの方法について述べる現場性の無い発話で話題を開始・展開させている。その後、1082Mで麻美が自分達が歩いている道について確認する現場性の有る発話を用いて、新たな話題を開始している。

この部分について、FUIで裕二は、1055Mで「麻美さんがアメンボの話題を提供したので、ただ同意するだけではなく、自分自身にもこのような所で子ども時代に遊んだ経験があることを話題として提供した」と述べていた。一方、FUIで麻美は、生き物が大好きであるため、通りがかりの池の中に生き物がいないか探していたところ、アメンボやザリガニを発見できたので、嬉しくて話題に上げたという。特に、裕二が子供の頃にしたザリガニ捕りの思い出を語っている時（1067U〜1078U）は、麻美は生き物と昔の話が大好きなため、「とても集中して聞いていた」という。それは、裕二のザリガニが餌に噛み付くという説明をしている際に（1074U、1076U）、麻美が図像的ジェスチャーでザリガニが餌に噛み付く様子を表して（1075M、1077M）、会話に興味を示し、裕二の発話に協力しながら積極的に会話に参加しようというメタメッセージを送っていることからも分かる。この図像的ジェスチャーで、子供の頃の思い出という現場性の無い発話に発展した話題に視覚情報を追加し、擬似的な現場性を形成しようとしているともいえる。

会話例(3-8)：現場性有⇒現場性無(母語場面「4. キャンパス探検中の会話」)
話題11：水辺の生物、小話題11.1：アメンボ
 1055M：　わーすごいアメンボがいっぱい。　　　　　　　　有　情報提供
 1056U：　おう。　　　　　　　　　　　　　　　　　　　　　あいづち

小話題11.2：Uの虫捕りの思い出
 1057U：　あー、こういう所ね∥よく、いろんな虫とか魚がいたの、捕り
 　　　　　ましたよ。　　　　　　　　　　　　有～無　情報提供「こ」(水辺)
 1058M：　　　　　　　　　　　ええ。　　　　　　　　　　　　あいづち
 1059M：　あ、そうですか。　　　　　　　　　　　　　　　　　あいづち
 1060U：　　　　　　　　　　　ええ。　　　　　　　　　　　　あいづち

小話題11.3：ザリガニ
 1061U：　あっ、ザリガニじゃない？ほら。　有　確認　指示的ジェ(ザリガニ)
 1062M：　あーっ、ザリガニ∥だー。{しゃがむ}　　　　　　　繰り返し
 1063U：　　　　　　　　ねえ、死んでるけど。　　　有　情報提供
 1064M：　死んでる。{笑い}　　　　　　　　　　　　　　　　繰り返し
 1065U：　いるんだ、こんな所に∥ねえ。　　　　　　　　　　有　確認
 1066M：　　　　　　　　　いるんですねえ。　　　　応答(繰り返し)

小話題11.4：ザリガニの捕り方
 1067U：　よくねえ、あの干したイカ、するめのイカとかね、無　情報提供
 1068M：　あー、餌に。　　　　　　　　　　　　　　　　無　確認
 1069U：　そう。　　　　　　　　　　　　　　　　　　　　　　応答
 1070U：　あれをね、タコ糸でこう結んでね、　　　　　　無　情報提供
 1071M：　ええ。　　　　　　　　　　　　　　　　　　　　　あいづち
 1072U：　垂らすんですよ。　　　　　　　　　　　　　　無　情報提供
 1073M：　えーえー。　　　　　　　　　　　　　　　　　　　あいづち
 1074U：　そうすると、すぐね、あの、∥噛み、　　　　　無　情報提供
 1075M：　　　　　　　　　　　　　がしっと。{ポーズ}{笑い}
 　　　　　　　　　　　　　　　　無　情報提供　図像的ジェ(ザリガニが噛みつく)
 1076U：　噛み付くというのかな、∥鋏んでね、　　　　　無　情報提供

1077M：　　　　　　　　　　　　こうがしっと。
　　　　　　　　　　　　無　情報提供　図像的ジェ（ザリガニが噛みつく）
1078U：　で、大きなザリガニがいっぱい獲れましたよ。　　無　情報提供
1079M：　あーそうですか。　　　　　　　　　　　　　　　　　あいづち
1080M：　いやー、疑似体験しかしたことがありま//せん。　無　情報提供
1081U：　　　　　　　　　　　　　　　　　　　ええ。　　　あいづち

話題 12：通る道

1082M：　あっ、これ続いてますかね。　　　　　　有　確認　通り道

　このほかに、全52分57秒の母語場面の「2. キャンパス探検中の会話」における後半部分の40分経過したあたりでも、現場性の有る発話から現場性の無い発話を用いて、話題が展開している部分がみられた。ここでは、キャンパス探検の計画書で予定していた食堂をまわり、次に演劇博物館に向かう約5分間程度の間に、裕二と麻美が歩きながら話している。まず、麻美が路上に蝉の抜け殻を発見してそれについて述べる現場性の有る発話で話題を開始している。その後、裕二は、自身が蝉のいない海外から帰ってきて、日本の蝉の声がうるさく聞こえたということを述べる現場性の無い発話で話題を展開させていた。この部分について、裕二はFUIにおいて、「演劇博物館まではまだ若干距離があるし、蝉の話題も大きかったので、間をもたせる意味もあって、関連した話題を提供した」と述べていた。

　その後2人が歩き続けていると、今度は、裕二が応援部の部室を見かけてそれについて述べる現場性の有る発話をしたのをきっかけに、麻美と裕二が大学間のスポーツの試合について語る現場性の無い発話で話題を展開させていた。この部分について、麻美はFUIにおいて「行きに一度通った道なので、目新しいものがなかった」ため、こうした現場性の無い発話で話題を展開させたとしていた。

　それから、裕二は、目的地の演劇博物館が近づいてくると、ルートの確認をし、自身が以前に演劇博物館に行ったことがある点について現場性の無い発話で述べて、話題を展開させていた。この部分について、裕二は、「スポーツの試合のネタも切れたので、演劇博物館の話題に切り換えた」と、話題作りのため、関連する話題を提供したのだという。そして、演劇博物館が

見える距離まで来たところで、裕二は、「この建物は、とても古いと思うんですけど」と現場性の有る発話で話題を開始していた。この部分について、裕二は、「話していたら、目の前に演劇博物館が現れたので、もう近い所まで来たと判断して、話題を演劇博物館に切り換えた」としている。

このように、裕二と麻美は、キャンパス探検の目的地から次の目的地に向うという実質的アクティビティを行いながら、話題が途切れないように、現場性の有る発話と無い発話を巧みに使い分けて話題提供することで、お互いに協力して話題維持を図っていた。これによって、楽しい会話の空間を共有しているというメタメッセージをお互いに送り合っていた。

以上、母語場面の実質的アクティビティである「2. キャンパス探検中の会話」では、目の前の視覚情報から開始された話題が、子供の頃の思い出について語る現場性の無い発話によって展開される様子もみられた（会話例(3-8)）。さらに、後半部分では、次の目的地に向うまで目新しい話題になる視覚情報がないため、道で見つけた視覚情報に関連した現場性の無い発話で話題を展開させている様子もみられた。

3.2 接触場面のキャンパス探検中の会話の分析

【表3-18】は、接触場面の「4. キャンパス探検中の会話」における話題内容、話題開始者、話題開始発話での現場性の有無、ジェスチャーの種類、指示表現と指示対象、話題開始発話の機能をまとめたものである。

①主導権

【表3-18】によると、全12話題のうち9話題をサバスが開始しているが（75.0%）、【表3-10】より「4. キャンパス探検中の会話」中の実質的な発話は麻美が59.5%用いていた。よって、サバスが積極的に話題を開始し、それを受けて麻美が積極的に話題を展開させていたと考えられる。

②現場性の有無・話題開始発話・話題展開・ジェスチャー・指示表現

【表3-18】から、接触場面の「4. キャンパス探検中の会話」では、主に現場性の有る発話（11/12話題、91.7%）で話題が開始されていた。また、【表3-12】からも、主に現場性の有る発話（80.9%）が用いられていた。さらに、

【表 3-18】「4. キャンパス探検中の会話」の話題展開（接触場面の会話）

話題内容	話題開始	現場性	ジェスチャー/指示表現（指示対象）	話題開始発話機能
1. O像	サバス	有	指示的/「あの」(O像)	確認
2. 博物館の方向	麻美	有	指示的/「こっち」(博物館の方向)	情報提供
3. O像撮影	麻美	有	―	確認
4. 避暑	サバス	有	―	情報提供
4.1 暑い	サバス	有	―	情報提供
4.2 日焼け止め	麻美	無～有	図像的/―（日焼け止めを塗る）	情報要求
4.3 泳ぎたい	サバス	無	―	情報提供
5. 演劇博物館へ出発	サバス	有	指示的/「ここ」(演劇博物館の方向)	共同行為要求
6. T像	サバス	有	―	行為要求
7. 法学部の建物	麻美	有	指示的/「この」(法学部の建物)	同意要求
8. O講堂の背景	サバス	有	指示的/「これ」(O講堂の背景)	共同行為要求
9. 演劇博物館	サバス	有	―	共同行為要求
9.1 演劇博物館へ出発	サバス	有	―	共同行為要求
9.2 外装	麻美	有	指示的/「ここ」(演劇博物館) 隠喩的(かわいい外装)	情報提供
10. 通り道	サバス	有	指示的/「この」(通り道)	情報提供
10.1 涼しい	サバス	有	指示的/「この」(通り道)	情報提供
10.2 銀杏	麻美	有	指示的/―（銀杏）	情報提供
11. 大学創立125周年	サバス	無	―	情報要求
11.1 大学創立125周年記念	サバス	無	―	情報要求
11.2 125年の意味	麻美	無	―	情報提供
12. 演劇博物館	サバス	有	指示的/―（演劇博物館）	注目表示
12.1 演劇博物館発見	サバス	有	指示的/―（演劇博物館）	注目表示
12.2 外装	麻美	有	―/「これ」(演劇博物館)	情報提供
12.3 訪問体験	サバス	有～無	―/「ここ」(演劇博物館)	情報提供
12.4 飾り文字の表示	サバス	有	指示的/―（飾り文字）	確認
12.5 入館	サバス	有	指示的/―（入口）	共同行為要求
12.6 まとめの感想	麻美	無	―	同意要求

話題開始発話の発話機能では、情報提供のほか、確認、共同行為要求、注目表示が用いられていた。

ここから、サバスがキャンパス探検中の建物や看板等、目の前の意外性のある視覚情報を刺激にして、それに言及する現場性の有る発話によって、話題を積極的に開始し、それを受けて、麻美とサバスが話題を展開させていたといえる。話題の内容としては、現場性の有る発話で、目の前の景色や建物などの視覚情報についての話題が開始・展開されていた。

会話例 (3-9) は、【図 3-7】のように、サバスと麻美が銀杏並木の道に差しかかったところで話している部分である。316S でサバスが「この道はとても涼しいです」と現場性の有る発話で話題を開始し、積極的に会話を維持して参加しようというメタメッセージを伝えている。それを受けて、317M で麻美が「銀杏がたくさん生えている」と【図 3-8】のように、指示的ジェスチャーで頭上の銀杏を指しながら、現場性の有る発話で通り道に関する話題を続け、318S でサバスが「うーん」とあいづちを打っている。この部分についてサバスに FUI で聞いたところ、「銀杏という言葉は知らなかったが、この場面の文脈からどの木を指して言っているのかは理解できた」と述べていた。このように、非母語話者にとって、現場性の有る発話における語彙が未習であっても、周りの状況で理解できることがある。これは、会話例 (3-4) で麻美が図像的ジェスチャーを用いて疑似的な現場性を作り、サバスの日本語理解を助けようとしていたこととも繋がる。つまり、現場性の有る発話は、非母語話者にとって、発話を理解する大きな手がかりになるといえる。

【図 3-7】 銀杏並木の様子

【図 3-8】 317M 指示的ジェスチャー「銀杏がたくさん」

第3章　言語的・実質的アクティビティにおける会話データの分析　109

会話例(3-9)：現場性の有る発話のみ(接触場面「4. キャンパス探検中の会話」)
話題 10：通り道、小話題 10.1：涼しい
　316 S ： そう、{道を指さす} この道はとても涼しいです。
　　　　　　　　　　　　　　有　情報提供　指示的ジェ(通り道)「こ」
小話題 10.2：銀杏
　317 M ： そうですね、銀杏がたくさん生えてる。
　　　　　　　　　　　　　　　　有　情報提供　指示的(銀杏)
　318 S ： うーん。
　　　　　　　　　　　　　　　　　　　　　　あいづち

　以上、接触場面の実質的アクティビティである「4. キャンパス探検中の会話」では、主に、現場性の有る発話で、目の前の景色や建物などの視覚情報についての話題を開始・展開しながら、共に見たものについて言語化して共感し合う楽しい場にしようとしていた(会話例(3-9))。

③②の結果の例外(現場性の有る発話)

　接触場面の「4. キャンパス探検中の会話」で、現場性の無い発話で話題が開始・展開されていたものには、以下のような例があった。会話例(3-10)では、250S でサバスが「んー、とても暑い」と現場性の有る発話で話題を開始している。それを受けて、252M で麻美が「日焼け止め塗ってきました？」と日焼け止めを塗る図像的なジェスチャーを用いてサバスに質問している。この麻美の発話は、日焼け止めを朝に塗るという現場性の無い発話と、塗った状態で今あるという現場性の有る発話の両方を併せもっているといえる。この発話に対し、サバスは、253S で「うーん」と述べているだけである。その後、サバスは、暑いという話題を広げて、255S で「泳ぎに行きたいです」と現場性の無い発話で話題を展開させ、話題維持を図っている。それを受けて、麻美は 259M で自分を指しながら、自身が通う T キャンパスにプールがあるという現場性の無い発話で話題を展開させている。しかし、この発話に対して、サバスは何も返答せず、261S で「あのー、ここへ、行きましょう」と次に向かう演劇博物館の方向を指しながら述べる現場性の有る発話で話題転換をしている。これに対して、麻美は、その前まで話していた T キャンパスのプールの話題は放棄して、261S のサバスの発話に重なる形で、262M で「あれが theater ミュージアム」とすぐにサバスの話

題転換に従っている。

　この部分について、サバスに FUI で確認したところ、「日焼け止め」のことを聞かれたことは理解できていなかったという。そして、屋外で行うキャンパス探検での会話について、サバスは、「たくさん話すことは、聞こえない」とし、「いろいろな話を野外で一度にたくさん言われても、理解するのがとても難しい」と述べていた。それと対比して、サバスは、室内などの静かで落ちついた雰囲気の所では、会話が理解しやすいと述べていた。こうした聞き取りの困難さから来る話題放棄と唐突な話題転換は、しばしば相手の話題に関心がない、理解しようという気がないといったメタメッセージを送ってしまいかねない (cf. Kato [Nakai] 1999、中井 2002、Nakai 2002)。しかし一方、麻美は、この会話の部分について、「反応があまりなかったため、サバスはあまり理解していないと思った」が、特に重要な話題でもなかったので、それ以上説明はしなかったと述べていた。また、キャンパス探検だったため、T キャンパスの施設の話題を出してみたのだが、目の前に地図がない状態で突然話したので、サバスは理解しにくかったのではないかと述べていた。このように、キャンパス探検のような屋外での実質的アクティビティに伴う会話の中では、室内での言語的アクティビティとは違って、理解できない発話についての意味交渉が盛んに行われずに話題が転換してしまっても、大きな問題として留意されない特徴もあると考えられる。

会話例 (3-10)：現場性有⇒現場性無⇒現場性有

　　　　　　　　　　　　　　　　　　　　（接触場面「4. キャンパス探検中の会話」）

話題 4：避暑、小話題 4.1：暑い

　　250 S ： んー、とても暑い。　　　　　　　　　　　　　　　　　　　有　情報提供
　　251 M ： 暑い。　　　　　　　　　　　　　　　　　　　　　　　　同意 (繰り返し)

小話題 4.2：日焼け止め

　　252 M ： 日焼け止め塗ってきました？
　　　　　　　　　　　　　　　　　　　無〜有　情報要求　図像的ジェ (日焼け止めを塗る)
　　253 S ： うーん。{腕を見る}　　　　　　　　　　　　　　　　　　　　あいづち
　　254 M ： いらない。{笑い}　　　　　　　　　　　　　　　　　　　　有　確認

小話題 4.3：泳ぎたい

255 S ： 泳ぎに行きたいです。　　　　　　　　　　　　　　無　情報提供
256 M ： です//ねー。　　　　　　　　　　　　　　　　　　あいづち
257 S ：　　　　　　｛笑い｝　　　　　　　　　　　　　　　笑い
258 M ： 海とか。　　　　　　　　　　　　　　　　　　　　無　情報提供
259 M ： あれですよ、あのー、私が行ってるTキャンパスには、プールがあるんです。　　　　　　　　　無　情報提供　指示的ジェ(M)
260 M ： 入ったことないですけど。｛笑い｝　　　　　　　　無　情報提供

小話題 5：演劇博物館へ出発

261 S ： あのー、//ここへ、行きましょう。
　　　　　　　　　　　　　　　有　提案　指示的ジェ(演劇博物館の方)
262 M ：　　　　　　あれが theater ミュージアム。
　　　　　　　　　　　　　　　有　情報提供　指示的ジェ(演劇博物館)
263 M ： はい。　　　　　　　　　　　　　　　　　　　　　あいづち

　会話例(3-11)は、通り道に関する現場性の有る発話から、大学創立記念に関する現場性の無い発話、そして、目的地の演劇博物館に関する現場性の有る発話を用いながら、話題が展開されている部分である。銀杏並木の話題が終わったところで、321Sと323Sでサバスが大学創立125周年記念について麻美に質問する現場性の無い発話で

【図 3-9】 343S 指示的ジェスチャー「あっ」

積極的に新たな話題を開始している。そして、331Mから麻美がなぜ125周年を祝うのかについて現場性の無い発話で説明している。しかし、サバスはその説明が理解できず、332S、334S、338S、340Sで聞き返しをして、その後、343Sで前方に見えてきた演劇博物館を指示的ジェスチャーで指しながら(【図3-9】)、「あっ」という感動詞[20]による現場性の有る発話で注目表示し、麻美の注意を前方の演劇博物館に向け、それに関する新たな話題を開始している。348Sでサバスは、目の前の演劇博物館を「ここ」という指示表現で指しながら、先週訪れたと述べる現場性有〜無の発話を用いて、演劇博

物館に関する話題を積極的に展開させている。それを受けて、麻美も、352M で、指示的ジェスチャーで演劇博物館を指しながら、自身はまだ訪れたことがないと述べる現場性有〜無の発話を用いて、サバスと自身の経験の相違点を述べ、話題を展開させている。そして、355M で麻美が「これはもう日本の演劇の歴史が詰まった」と目の前の演劇博物館についての評価的発話で自身の感想を述べている。この発話について、サバスは、理解できなかったため、それに対する反応は直接せず、前方の演劇博物館の建物に書かれている飾り文字を指しながら、現場性の有る発話で次の話題を開始している（356S）。

　この会話部分について、サバスは FUI で、「何を話すかと思っていたけど、ほかのものが思えないから、大学の誕生日を話した」と述べていた。しかし、麻美による 125 周年の意味の説明は何度聞き返しても理解できなかったため、諦めて次の話題に移ったと述べていた。ここだけに限らず、サバスは、343S や 356S のように、日本語で話していることが分からないと、ほかの話題を提供したり、質問したりして、話題を放棄してしまうことが時々あったと述べていた。サバスによると、「分からない」と意思表示して、説明を日本語で受けても、さらに分からなくなってしまうので、話題を放棄してしまったのだという。

　一方、この会話の部分について、麻美は、125 周年の意味がうまく説明できず大失敗したと反省していた。そして、麻美は、「本当は 125 周年を祝うことの不思議さを伝えたかった」のだが、「今目の前にあるものではない概念、しかも昔の人が考えたことを説明するのはとても大変だった」と述べていた。このように、実質的アクティビティが中心のキャンパス探検中の会話では、話題維持のために提供した現場性の無い発話による話題の抽象度が高いと、麻美と初級学習者のサバスにとっては、意味交渉が困難のようであった。そうした場合は、お互いの様子を見て、双方でその話題を切り捨てて、次の目新しい話題に移って楽しい会話の場を続ける努力を行っているといえる。

会話例(3-11)：現場性有⇒現場性無⇒現場性有
(接触場面「4. キャンパス探検中の会話」)

話題10：通り道、小話題10.1：涼しい
316S：そーう、{道を指さす}この道はとても涼しいです。
　　　　　　　　　　　　　　　有　情報提供　指示的ジェ(通り道)「こ」

小話題10.2：銀杏
317M：そうですね、銀杏がたくさん生えてる。
　　　　　　　　　　　　　　　　有　情報提供　指示的ジェ(銀杏)
318S：うーん。　　　　　　　　　　　　　　　　　　あいづち
319M：うん。　　　　　　　　　　　　　　　　　　　あいづち
320M：あー。　　　　　　　　　　　　　　　　　　　あいづち

話題11：大学創立125周年、小話題11.1：大学創立125周年記念
321S：ざーとー、えー、今年は、　　　　　　無　情報要求
322M：はい。　　　　　　　　　　　　　　　　　　　あいづち
323S：大学のたんじょうびですか？　　　　　無　情報要求
324M：あ、そ//うです、そうです。　　　　　　　応答
325S：　　　えー、125//歳ですね？　　　　　無　確認
326M：　　　　　　125歳。{笑い}　　　　　　応答(繰り返し)
327S：おめでとうございます。　　　　　　　無　儀礼・関係作り
328M：ありがとうございます。{会釈}　　　無　儀礼・関係作り
329M：私も手帳に書いて、ばっちり、チェックしてます。　無　情報提供
330S：{笑い}

小話題11.2：125年の意味
331M：この125っていうのはー、あのさっきのOさんがー、
　　　　　　　　　　　　　　無　情報提供　指示的ジェ(後方の銅像)
332S：んん？　　　　　　　　　　　　　　　　　　あいづち
333M：なんか人間は、125年生きるって信じててー、　無　情報提供
334S：ええ？　　　　　　　　　　　　　　　　　　聞き返し
335M：そんな生きないですよね。{笑い}　　　無　同意要求
336S：{苦笑}

337M： そこから125年って、　　　　　　　　　無　情報提供
338S： 何？　　　　　　　　　　　　　　　　　有（メタ言語）確認
339M： そこから125って、　　　　　　　　　　無　情報提供
340S： ふん？　　　　　　　　　　　　　　　　聞き返し
341M： 言ってるんですけど。{笑い}　　　　　　無　情報提供
342M： {苦笑い}ちょっと//いまいち。　　　　　　無　情報提供

話題12：演劇博物館、小話題12.1：演劇博物館発見

343S： あっ。　　　　　有　注目表示　感動詞　指示的ジェ（前方の演劇博物館）
344M： これが、　　　　　　　　有　情報提供　指示的ジェ（演劇博物館）
345S： そう、(theater)。　　　　　　　　　　　あいづち
346M： 演劇博物館。　　　　　　　　　　　　　有　情報提供

小話題12.2：外装

347M： これは可愛いですねー、んー。　有　情報提供　「こ」（演劇博物館）

小話題12.3：訪問体験

348S： えーっと、今週ー、ここでー、来ました、から、
　　　　　　　　　　　　　　　　　有〜無　情報提供　「こ」（演劇博物館）
349M： はい。　　　　　　　　　　　　　　　　あいづち
350S： 面白かったと思います。　　　　　　　　無　情報提供
351M： あ、本当ですか。
352M： あたし実はまだ一度も//行ったことなくて。
　　　　　　　　　　　　　　　　　有〜無　情報提供　指示的ジェ（演劇博物館）
353S：　　　　　　　　　うーん。　　　　　　　あいづち
354M： へー。　　　　　　　　　　　　　　　　あいづち
355M： これはもう日本の演劇の歴史が、詰まった。　有　情報提供

小話題12.4：飾り文字の表示

356S： でも{前方を指差す}、(ノース)？　有　確認　指示的ジェ（飾り文字）
357M： {前を指す}ちょっと飾り文字でよく{笑い}分からないかも。
　　　　　　　　　　　　　　　　　有　情報提供　指示的ジェ（飾り文字）

このほか、サバスと麻美のキャンパス探検での会話で、現場性の無い発話で話題展開している例として、サバスの得意なギリシャの話題提供が挙げら

れる。全65分56秒の「4. キャンパス探検中の会話」で、2人が出発してすぐに、サバスが現場性の無い発話でギリシャの朝食と巻きタバコの話題を開始していた。この部分について、サバスは「沈黙にならないように」配慮してこの話題を提供したという。そして、サバスは「日本語を聞くのが難しいから心配で、自分の話をたくさんした」と述べていた。サバスは、このギリシャに関する話題を日本人に話すと盛り上がるので、いつも話すようにしているという (cf. 第4章第4節の会話例 (4-8))。こうした自身の得意な話題を意識的に提供して会話を維持しようとする点は、母語場面にはあまりみられなかった。接触場面の会話のリソースとしての談話技能の1つであろう。

さらに、後半部分の48分41秒のところで、2人がインド料理屋の看板を見つけ、麻美が「あっ、美味しそーう」と現場性の有る発話で話題を開始している。そして、サバスが「僕の日本語の先生は、インディア人です」と現場性の無い発話でこの話題を発展させ、クラスでよくインド料理屋に行くという話題で、積極的に話題維持をしようとしていた。そのほかに、FUI で麻美は、キャンパス探検中の会話では、「歩いているので、探検の最後の方は、疲れてくるから、沈黙になっても違和感がなくなる」と述べていた。

以上の接触場面の会話例から、実質的アクティビティの「4. キャンパス探検中の会話」では、参加者達は、目の前に話題性のあるものに言及し、それを現場性の無い発話で発展させて話題を維持することで、お互いに楽しい会話の空間を共有しているというメタメッセージを送り合っていた (会話例 (3-10) (3-11))。また、現場性の有る発話は、目の前の視覚情報や状況が発話を理解するための文脈になることも分かった (会話例 (3-9))。しかし、現場性の無いやや抽象的な話題になると、サバスが理解できなくなり、指示的ジェスチャーなどと現場性の有る発話で話題を転換する様子がみられた (会話例 (3-10) (3-11))。サバスによると、インタビューの席のように、静かで落ちついた雰囲気のところでは理解しやすいが、屋外でのキャンパス探検のような場で様々な話を一度にたくさん言われても、理解するのが難しかったという。しかしながら、多少、日本語が理解されなくても、大きな問題として留意されず、次の目の前の視覚情報に言及して話題を開始していた。さら

に、沈黙を避けるためにサバスが日頃よく日本人に話す出身地の話題について現場性の無い発話で語る様子もみられた。また、母語場面の「2. キャンパス探検中の会話」と同様に、目の前の視覚情報から開始された話題が、インド人の教師について語る現場性の無い発話によって展開される様子もみられた。そして、キャンパス探検の後半では、歩き疲れていることが両者に了解されているため、積極的に会話を維持しなくてもよいということが暗黙の了解になっていた。

3.3 母語場面と接触場面のキャンパス探検中の会話の聞き取りの分析

　母語場面と接触場面の「キャンパス探検中の会話」では、相手の発話が聞き取れない瞬間に対応する談話技能がそれぞれ用いられていた。

　まず、母語場面の「2. キャンパス探検中の会話」では、周りの騒音が大きくて聞き取れなかったり、現場にあるほかの視覚情報に意識を奪われて話を聞いていなかったりしても、聞き手としてのタイミングだけうまく合わせてあいづちを用いるという談話技能を用いていた。会話例(3-12)は、裕二と麻美がキャンパス内に新しく建設された法学部の建物の中にあるガラス張りのエレベーターの前に来ている時の部分である。441Uで裕二がエレベーターを見て、現場性の有る発話で「うわー窓が//付いてるんだね」と、興味深げにエレベーターのガラス張りの扉越しに地階を覗き込む。そして、麻美は、442Mで「おお、すごーい」とエレベーターに言及する現場性の有る発話を用いた後、443M、445M、447Mで自身の入学時に法学部の建物が建てられたことを述べる現場性の無い発話で話題を展開させている。一方、裕二は、エレベーターの中を覗き込み続けたまま(【図3-10】)、麻美の法学部の建物についての発話に対して、444U「はい」、446U「あっ、そうなんだー」、448U「ふーーーん」とあいづちを用いている。

【図 3-10】　444U　エレベーターを覗き込む

　この部分について、裕二にFUIで確認したところ、「麻美さんの説明より

も、エレベーターに注意が行っていたが、麻美さんを無視していないことを伝えたかったため、あいづちを用いた」と述べていた。裕二によると、特に、448U「ふーーーん」という強く長いあいづちは、聞いていることを誇張した感じで用いたものだという。このように、目の前の視覚情報に意識が奪われており、相手が提供する現場性の無い発話による別の話題に対して、実質的な発話で回答できない場合、あいづちを使うという談話技能を用いていた。しかし、裕二によると、これは、「相手を軽んじているのではなく、話題の根幹を左右するものでなければ、受け流す方がこの場の流れをスムースなものにするという考えに基づいている」のだという。一方、FUIで麻美は、こうした裕二の反応の仕方には、特に何も感じなかったという。

会話例(3-12)：(母語場面「2. キャンパス探検中の会話」)

441U：　うわー窓が//付いてるんだね。{エレベーターの中を覗き込む}
442M：　　　　　　おお、すごーい。
443M：　あ、これが、何か、この建物って私が入学した年に、
444U：　はい。{エレベーターの中を覗き込んでいる}　　　　　　あいづち
445M：　完成したそうで、
446U：　{エレベーターの中を覗き込んでいる} あっ、そうなんだー。
　　　　　　　　　　　　　　　　　　　　　　　　　　　　　　あいづち
447M：　入学式の時に、法学部の建物は新しくてすごくてっていう話が。
448U：　{扉上部を見ている} ふーーーん。{強く唸る}　　　あいづち
449M：　きれいで、ガラス張りの。
450U：　ねえ、すごいですよねー。　　　　　　　　　　　　あいづち
451M：　ねー。

一方、接触場面の「4. キャンパス探検中の会話」では、会話例(3-10)のように、サバスは、麻美に「日焼け止め」のことを聞かれたが言葉が分からなかったため、あいまいに「うーん」とあいづちを用いて、「泳ぎに行きたいです」と別の関連した話題に展開させる談話技能を用いていた。あるいは、会話例(3-11)のように、サバスは、麻美の説明を聞き返しても理解できなければ、あきらめて、次の話題に移るという談話技能を用いていた。または、サバスは、自身の得意なギリシャの話をすることで、麻美の日本語の

発話の聞き取りをしなくても済むような談話技能も積極的に用いていた。このように、言語的アクティビティと違って、話題が少々飛んだり、聞き手としての反応が薄くなったりしても、キャンパスをまわるという実質的アクティビティが主たる目的であるため、次の場所に移ったり写真を撮ったりする行動を行うことで、参加者達には問題点として留意されなかったようである。

　さらに、会話例(3-9)でみたように、サバスは、「銀杏がたくさん生えてる」といった現場性の有る発話を周りの状況から類推して理解し、聞き返しをしなくても済むという場面もあった。これも、現場性の有る発話が多いキャンパス探検中の会話の特徴であると考えられる。

　このようなキャンパス探検中の会話での聞き取りと理解度について、麻美は、FUIで次のように述べていた。まず、母語場面の裕二は、発話が聞き取れていない場合もあったはずだが、麻美は全く気が付かなかったという。それは、恐らく、「話が分からなくても会話の流れを損なわないように相手に合わせて打つあいづち」というものが母語話者同士では了解されているため、麻美の印象には残っていないのだという。一方、麻美によると、サバスは、発話が理解できなかった際の反応が明確であったという。

　以上、母語場面と接触場面におけるキャンパス探検中の会話で相手の発話が聞き取れない際の対処の仕方の違いを分析した。キャンパス探検のような実質的アクティビティでは、目の前の視覚情報に意識が奪われ、会話に集中できない場合や、騒音で発話が聞き取りにくい場合が多くある(会話例(3-12))。そのような場合、相手の発話に合わせてタイミングよくあいづちだけを用いて、聞いているというメタメッセージを送るという方法がみられた。相手を不快にさせない限り、このような談話技能も有効であろう。

3.4　キャンパス探検中の会話の特徴と非母語話者に必要とされる能力

　以上、3.1と3.2で分析した母語場面と接触場面における実質的アクティビティの「キャンパス探検中の会話」の話題展開の方法の特徴を【表3-19】にまとめる。このように、参加者達は、キャンパス探検という実質的アクティビティで目的地をまわる間、視覚情報を利用して話題展開をさせて

いた。そして、目の前に話題性のあるものが少ない場合は、現場性の無い発話で話題を発展させて沈黙を避けることで会話を維持させ、共に楽しい場を作ろうと努力していた。麻美のFUIによると、キャンパス探検中の会話で難しかった点は、会話の流れやリズムを崩すことなく、目に入ってくる面白いものを取り上げ、どれだけ相手に新しい気づきを与え、楽しませられるか

【表3-19】 実質的アクティビティの「キャンパス探検中の会話」の特徴

	現場性	話題内容
母語場面	現場性の有る発話が多い	・目の前の景色や建物などの視覚情報についての話題
	現場性の無い発話が少し	・目の前の視覚情報から開始された話題が、場所の説明や、過去の出来事などについて述べる現場性の無い発話によって展開
	現場性有〜無の話題展開	
接触場面	現場性の有る発話が多い	・目の前の景色や建物などの視覚情報についての話題 ・目の前の視覚情報や状況が発話を理解するための文脈になる
	現場性の無い発話が少し	・沈黙を避けるために非母語話者が日頃よく日本人に話す出身地の話題について現場性の無い発話で語る
	現場性有〜無の話題展開	・目の前の視覚情報から開始された話題が、現場性の無い発話によって展開
	沈黙	・キャンパス探検の最後の方は、歩いて疲れており、沈黙になっても違和感がなくなる

【表3-20】 実質的アクティビティの「キャンパス探検中の会話」の聞き取り

	聞き取り困難な状況	聞き取りの談話技能
母語場面	視覚情報に意識を奪われ、会話に集中できない	聞き手としてのタイミングだけうまく合わせてあいづちを用いる
接触場面	語彙・表現が理解できない	あいまいなあいづちを打ち、関連した話題に転換する
	何度か聞き返しをしても理解できない	あきらめて、次の話題に転換する あきらめて、次の行動を提案する
	相手の日本語の聞き取りが難しい	自分の得意な話題について話し、聞き取りを回避する
	未習の語彙・表現を聞き取る	周りの状況から類推する

【表3-21】 キャンパス探検中の会話（実質的アクティビティ）で
非母語話者に必要とされるインターアクション能力

言語行動	語彙	語彙の理解、意味交渉
	文法	指示表現「こ・そ・あ」、感動詞「あっ」
	音声	騒音の中での発話の産出・理解 視覚情報に意識を奪われながら話す・聞き取る
社会言語行動	点火ルール	話題維持（話題開始・展開・終了） 現場性の有る発話での話題提供 現場性有〜無の発話での話題展開 現場性の無い発話での話題提供 聞き手としての反応（あいづち、応答、評価的発話、質問表現、繰り返しなど） 話題放棄・話題転換
	セッティングルール	──
	参加者ルール	相手が会話に積極的に参加しているかを配慮 相手が会話に積極的に参加できるように配慮
	バラエティルール	言語、非言語の使用
	内容ルール	目の前の話題性のあるもの 目の前の話題性のあるものと関連のある話題 いつもよく話す得意な話題
	形ルール	情報提供、情報要求、確認、提案、共同行為要求、関係作りなど
	媒体ルール	ジェスチャー使用・理解（指示的）
	操作ルール	意味交渉（言い換えなど）
	運用ルール	発話を適切に産出・理解し、話題を展開させる
社会文化行動	知識取得	会話相手の好みそうな話題の知識 キャンパス探検での実質行動の課題解決に関する知識
	行動実行	会話相手の好みそうな話題の提供・展開 一緒にツアーして見てまわる タスクとしてツアー発表の写真を撮る 共に実質的アクティビティを達成させる 会話しながら同じものに注目し、共感し、共に楽しい空間を共有する

を競っていたことだという。このように、キャンパスを見てまわるという実質的アクティビティ主体の会話では、話題性のある現場性の有るものをいかに取り上げて言語化し、共有していくかが重要だといえる。それによって、

共に楽しい時間を過ごしたいというメタメッセージを送り合い、共に今ここに存在するという共感と連帯感が形成できるのではないかと思われる。

さらに、3.3で分析した母語場面と接触場面のキャンパス探検中の会話の聞き取りでは、【表3-20】ような談話技能が用いられていた。

以上のような会話データの分析結果から、実質的アクティビティである「キャンパス探検中の会話」において、非母語話者に必要とされるインターアクション能力（言語能力、社会言語能力、社会文化能力）について、主に分析したものを中心に【表3-21】にまとめた。

4. 初対面の自由会話とキャンパス探検中の会話の分析における考察

以上の分析から、言語的アクティビティでは会話参加者のお互いの発話自体が話題展開を左右するものであり、実質的アクティビティではアクティビティの進行（歩いている場所）に応じて目の前の視覚情報が話題展開のきっかけになっていた。このように、言語的アクティビティと実質的アクティビティでは、その中で行われる会話の特徴が非常に異なっている。各会話の特徴を【表3-22】にまとめた。なお、下線部は、特に、母語場面とは異なる接触場面にみられた特徴である。

以上、言語的アクティビティと実質的アクティビティの母語場面と接触場面には、それぞれの特徴があることが明らかになった。しかし、どの会話にも共通することは、参加者同士が協力し合って話題維持と課題解決を行うことで、楽しく有意義な空間を協働で形成していこうとしている点である。そうした参加者間の協働によって、お互いの連帯感が増し、会話自体や課題を遂行したという達成感が得られるであろう。それによって、参加者間で友好な関係が形成できるといえる。つまり、言語的アクティビティと実質的アクティビティにおける協働とは、1つ1つのお互いの行動の積み重なり、1つ1つの発話のメッセージと、それにより伝わる友好的な気持ちを表すメタメッセージの積み重なりから生じる動態的なものである。こうした参加者間で瞬間瞬間に調整しながら協働で形成されるインターアクションが1つの動態的なミクロレベルでの「社会」を形成しているのである。

このような協働による会話の形成は、非母語話者だけが努力して調整して

【表 3-22】 各会話の特徴のまとめ

		現場性の有無	話題内容	発話機能	会話の目的
母語場面	1. 初対面の自由会話（言語的アクティビティ）	無 有（自分、相手、会話の場所）	・会話参加者に関する話題内容 ・互いの共通点に発展	情報提供、情報要求、あいづち、「コ系」などの指示表現・指示的ジェスチャー（自分、相手、会話の場所）	・お互いについての情報交換 ・お互いを知る ・新しい人間関係を始める
	2. キャンパス探検中の会話（実質的アクティビティ）	有 有から無に発展	・視覚情報からの話題 ・会話参加者に関する話題／一般情報に発展	情報提供、同意要求、共感、「コ系」などの指示表現・指示的ジェスチャー（目の前のもの）	・一緒に見てまわる ・共に課題達成する ・同じものに注目・共感し、楽しい会話空間を共有する
接触場面	3. 初対面の自由会話（言語的アクティビティ）	無 有（自分、相手）	・会話参加者に関する話題	情報提供、情報要求、あいづち、指示的ジェスチャー、<u>図像的ジェスチャー、メタ言語表現</u>	・お互いについての情報交換 ・お互いを知る ・新しい人間関係を始める
	4. キャンパス探検中の会話（実質的アクティビティ）	有 <u>無（話題作りのため）</u>	・視覚情報からの話題 ・<u>現場性無で理解困難なら、現場性有の話題に転換</u>	情報提供、同意要求、共感、「コ系」などの指示表現・指示的ジェスチャー（目の前のもの）	・一緒に見てまわる ・共に課題達成する ・同じものに注目・共感し、楽しい会話空間を共有する

いくのでは実現しない。会話相手の母語話者の協力と努力が不可欠である。次に、母語話者の「歩み寄りの姿勢」に焦点を当て会話データを分析する。

5. 母語話者の配慮・調整行動の分析

　本節では、接触場面の会話で母語話者が歩み寄りのためにどのような意識をもち、どのような調整行動を行っていたかを言語行動、社会言語行動、社

会文化行動から分析する。そして、それをもとに、特に、会話クラスに参加する母語話者の授業ボランティアに必要とされる能力について検討する。なお、母語話者の配慮と調整行動に対する意識については麻美のFUIから分析し、実際に行われていた調整行動については会話の撮影・録音データから分析する。分析の観点は、以下の通りである。
①母語場面と接触場面における、母語話者の感じ方や配慮・調整行動に関する意識と、実際の行動の違い(5.1)
②「初対面の自由会話」と「キャンパス探検中の会話」における、母語話者の意識、配慮・調整行動、実際の行動、必要とされる能力の違い(5.2)
このような分析結果を踏まえ、授業ボランティアなどの日本語母語話者の「歩み寄りの姿勢」の訓練の可能性について検討する(5.3)。

5.1 母語場面と接触場面の配慮・調整行動の違いの分析

　接触場面と母語場面での言語行動、社会言語行動、社会文化行動に対する麻美の感じ方や配慮・調整行動の意識の違いについて、麻美へのFUIの結果をもとに、【表3-23】にまとめた。
　【表3-23】から、接触場面で麻美は、会話相手のサバスに対して、語彙・文・話題、発音・スピード（言語行動）、発話量・主導権・話題維持、話題管理、相手の反応・話題放棄・寛容性、ジェスチャー使用（社会言語行動）、言語ホストの役割、相手の文化の知識や興味をもつ（社会文化行動）などの配慮・調整行動を、母語場面と異なった形で行っていたという意識をもっていたようである。特に、麻美の場合、自身の海外ホームステイでの英語の体験などで、母語話者にたくさん話してもらったり、その国の言葉をたくさん聞いて話せたりして嬉しかったことが印象に残っているらしい。そのため、サバスとの会話でも、サバスになるべくたくさん日本語を聞いて話して、かつての自分と同じ喜びを味わってもらいたいという意識が働いていたとのことである。こうした麻美の非母語話者としての体験と意識が、自身が母語話者になった際の接触場面の会話での配慮・調整行動として現れたといえる。以下、麻美の配慮・調整行動が実際に表れていた会話例を分析する。
　まず、前述の会話例(3-4)で麻美は、「海苔が口の中に貼りつく」という意

【表 3-23】 麻美による母語場面と接触場面の感じ方や配慮・調整行動の意識

	接触場面(サバスと麻美)	母語場面(裕二と麻美)
言語行動	*語彙・文・話題 相手の理解度を捉えながら、もっと噛み砕いたほかの簡単な表現はないかと常に頭の中で言い換えをしていた。〈会話例(3-4)〉 *発音・スピード 発音をはっきりさせることにはあまり気を払っていなかった。話すスピードも気を付けたつもりだったが、撮影ビデオを見たら思ったより早口だった。 *英語の単語 日本語の会話中に唐突に出てくる英語が聞き取れなかった。	*語彙・文・話題 どんなコメントでも拾って答えてくれるので、安心して何でも話せた。もっと細かいこと、言葉じりなどが気になる。
社会言語行動	*点火(発話量・主導権・話題維持) とにかく生の日本語をたくさん聞いてもらおうと思っていたので、最初から比較的積極的な発話を心掛け、話題作りに励んでいた。すべてが分からなくてもいいから、とにかく日本語で話しかけて、それに留学生の方が頑張って答えようとすることが重要かと思っていた。ささいなことでも話題に取り上げた。 *点火(話題維持) 場所が授業中の教室、そしてサバスは日本語学習者ということで、互いに「会話を繋ぐぞ！」という気迫に満ちていた。沈黙を作らず楽しくなるよう気合いを入れていたので、楽ではなかった。 *点火(話題管理・主導権) 多少話題をコントロールできた。たまに苦手なことを聞かれても、自分でコントロールできた。 *点火(相手の反応・話題放棄・寛容性) 自分が最後にボソボソと話しているのを、相手が分かって拾ってくれなくても、寂しくならなかった。分からないものは諦める部分もあり、互いに結構切り捨てていた。〈会話例(3-10)〉 *内容(盛り上がる話題) 背景も違う遠くに住んでいる人だが、基本的なことで盛り上がれた。〈会話例(3-13)〉 *内容(話題選択) 話題の範囲が狭くなるので、話しやすくなる。 *内容(情報交換)　未知情報の交換を主に行った。 *媒体(ジェスチャー使用) 頻繁にジェスチャーを使っていた。母語話者と話す時はここまで動かないと思う。〈会話例(3-4) (3-14)〉	*点火(発話量・主導権・話題維持) 普段から母語話者との会話では聞き手にまわるスタイルが多い。聞かれたことに軽く返すだけというきわめて受動的な会話だったので、楽だった。日本語の会話練習のためではなかったので、気負いがなかった。やはり、母語話者同士がただ顔を合わせるための会話では必死にならない。 *点火(主導権) キャンパス探検中は、どちらが主導権を握るかあいまいで心理戦になった。 *点火(話題をまとめる) 会話の終わりに「～なんですね」とまとめたり、自分の細かいコメントを拾ってもらえたりした。 *内容(話題選択・密度) 趣味など細かい話になる分、会話が難しい。お互いにすごい勢いで情報を出し合うので、1つ1つがどれも密度の濃い会話だった。 *内容(情報交換) 情報の共有がすでにあった。
社会文化行動	*役割選択 言語ホスト・ゲストがはっきりするので、話しやすい。 *実質行動(歩いて情報を発見する・飲み物を買って飲む) インド料理屋の前で「ナンうまい！」と言い合う、冷たいものが飲みたくて「コーヒー、コーヒー」とはしゃぐ、喫茶店で砂糖を分け合うなど、ささいなことで盛り上がれた。目の前に現れた事象に対して、直感的に同じような反応を示したのが面白かった。言語的・文化的な壁も超越した感じがし、大して高い壁ではないと思った。〈会話例(3-13) (3-14)〉 *相手の文化の知識・体験をもつ／興味を示す ギリシャの文化について知らないことをたくさん教えてもらい盛り上がれた。元々ギリシャには興味があった。〈会話例(3-14)〉	*役割選択 案内する役割などが与えられていると話しやすい。

味を様々に言い換える語彙の選択（言語行動）と、それに伴う図像的ジェスチャーという媒体の選択（社会言語行動）によって、調整行動を行っていた。
また、前述の会話例（3-10）では、麻美がＴキャンパスのプールの説明をしたが、サバスがそれを理解できずに唐突に話題転換をしていた。すると、麻美もＴキャンパスのプールの話は放棄し、すぐにサバスの転換した話題に参加していた。この例のように、麻美は、接触場面の会話では、「分からないものは諦める部分もあり、互いに結構切り捨てていた」と述べていた。こうした話題放棄は、社会言語行動における調整行動であるといえる。

さらに、会話例（3-13）は、真夏に屋外を散策中で、その暑さに２人が当初からキャンパス探検の計画に入れていた喫茶店に行って、早くコーヒーを飲もうということで盛り上がっている部分である。1085Sでサバスが「はー、暑い」というと、すぐさま麻美が「暑い」（1086M）と繰り返し、「早くコーヒー、コーヒー、コーヒー」（1087M）と発話している。それを受けて、1088Sと1089Mでサバスと麻美が同時に「コーヒー、コーヒー、コーヒー」と繰り返し、1090Sと1091Mで喫茶店に「行きましょう」と提案して同意している。この部分について、麻美は、「背景も違う遠くに住んでいる人だが、ささいで基本的なことで盛り上がれた」としていた。これは、盛り上がる話題という社会言語行動、あるいは、コーヒーを飲みに行くという実質行動（社会文化行動）における調整行動であるといえる。

また、喫茶店に入った後、1239Sでサバスがコーヒーに入れる砂糖を麻美に勧め、1240Mと1241Mで麻美が砂糖を分けてもらうことを頼んでいる。この部分に関して、麻美は、教室内の会話では体験できない、砂糖を分け合うという実質行動（社会文化行動）に対する配慮が働いていたとしている。

会話例（3-13）：Ｍの社会言語行動・社会文化行動での調整行動

(接触場面「4. キャンパス探検中の会話」)

1085 S ： はー、暑い。

1086 M ： 暑い。

1087 M ： 早く、コーヒー、コーヒー、コーヒー。

1088 S ： コーヒー、コーヒー、//コーヒー。　　　飲食に対して盛り上がる

1089 M ： 　　　　　　　　　　　コーヒー、コーヒー、コーヒー。

1090 S： 行きましょう。
1091 M： 行きましょう、行きましょう。
(省略)
1239 S： えーっと、(さらだー)、えー、さ、砂糖がいかがですか。
1240 M： あ、じゃ少しだけ下さい。
1241 M： どうぞお先に。　　　　　　　　　　　　　　　砂糖を入れ合う

　会話例(3-14)では、76Mで麻美がサバスの出身国であるギリシャに行ってみたいと述べている。それに対して、77Sでサバスが「ん？」と聞き返したため、78Mで麻美が図像的ジェスチャーを用いて、「行く」という動作を示して、サバスの理解を促している。同様の図像的ジェスチャーの使用は、80M、83Mでもみられる。また、この会話の部分は、地中海や食べ物のほか、「タベルナ」というレストランなどのギリシャに関する知識や体験をもとにした話題で展開している。麻美が「元々ギリシャには興味があった」としていることから、母語話者にとって、相手の文化の知識・理解・興味という社会文化行動での調整行動が話題展開の上で必要であるといえる。

会話例(3-14)：Mの社会言語行動・社会文化行動の調整行動
　　　　　　　　　　　　　　(接触場面「3. 初対面の自由会話」)

76 M： 私、ギリシャに一度行ってみたいんですよねー。
77 S： ん？
78 M： ギリシャ、一度行ってみたい。
　　　　　　　　　図像的ジェ(動く動作)　ギリシャの知識・興味で話題展開
79 S： へー。{うなずく}
80 M： 地中海きれいですよね、写真でしか見たことないですけど。
　　　　　　　　　　　　　　　　　　図像的ジェ(カメラを構える動作)
81 S： えっとー、えー、夏にーギリシャの城はーとてもーきれいです。
82 M： はあ、いいですよね。
83 M： 何かもう食べ物もすごく美味しいって。　図像的ジェ(食べる動作)
84 S： あとー、高田馬場でー、
85 M： あっ、タベルナ。{笑い}　　　　　指示的ジェ(場所の名前を指す)
86 S： はい、ギリシャのレストランで、がありますけど、

87M： はい。

5.2 授業ボランティアに必要とされる能力

　以上の麻美による接触場面での配慮・調整行動の分析から、母語話者、特に、会話クラスの授業ボランティアに必要とされる能力について考察する。そして、母語話者の配慮・調整行動を「フォリナー・トーク」という観点から検討する。

　まず、教室内で行われる「初対面の自由会話」と教室外で行われる「キャンパス探検中の会話」を麻美がどのように捉えていたかについて、麻美へのFUIの結果をもとに【表 3-24】にまとめた。

【表 3-24】　麻美の「初対面の自由会話」と「キャンパス探検中の会話」への意識（接触場面）

初対面の自由会話 （言語的アクティビティ）	キャンパス探検中の会話 （実質的アクティビティ）
＊母語話者として会話で余裕がある。 ＊会話タスクの幅が分かっているため予想外の問題が起きにくい。 ＊教師管理のもとで、問題が起きても助けを求められる。 ＊授業ボランティアは、補助者として教師のタスクの目的は何か学習者とともに考えるが、タスク処理はあくまで学習者が行うものだ。	＊キャンパスの案内をして楽しませなくてはいけないという意識があり、余裕がない。 ＊タスクの幅がなく、予想外の問題解決を2人だけでしなければならない。 ＊外を歩きながら、目に飛び込んでくるものを話題にして会話する。

　次に、授業ボランティアに必要とされる配慮・調整能力について、言語能力、社会言語能力、社会文化能力別に【表 3-25】に分類した。これは、授業ボランティアとして参加していた麻美が各会話中に行っていた配慮・調整行動とFUIの分析結果をもとにまとめたものである。実際の限りあるデータから抽出したため、網羅的ではない。しかし、母語話者、特に、会話教育実践に参加する授業ボランティアに必要とされる能力として重要である。

【表 3-25】「初対面の自由会話」と「キャンパス探検中の会話」で
授業ボランティアに必要とされるインターアクション能力

	初対面の自由会話 （言語的アクティビティ）	キャンパス探検中の会話 （実質的アクティビティ）
言語能力	＊語彙選択、意味交渉 ＊発音・スピードの調整 ＊外国語能力	＊語彙選択、意味交渉 ＊発音・スピードの調整 ＊外国語能力
社会言語能力	＊点火：話題維持、主導権 　　　　発話量管理 ＊内容：話題選択 ＊媒体：指示的ジェスチャー 　　　　図像的ジェスチャー ＊操作：メタ言語表現での言い換え	＊点火：話題維持、主導権 　　　　発話量管理、話題放棄 ＊内容：話題選択（周りの話題性のあるものを見つける） ＊媒体：指示的ジェスチャー
社会文化能力	＊相手の文化の知識・理解・興味 ＊楽しい場づくり ＊授業で与えられる会話タスク達成	＊相手の文化の知識・理解・興味 ＊キャンパス探検の案内の役割 ＊楽しい場づくり ＊キャンパス探検の課題解決（例：目的地に向う、探す、撮影、飲食、歩行） ＊相手の実質行動への配慮 　（例：ドア開閉、カフェで砂糖を入れ合う、体調や楽しんでいるかを気遣う）

　【表 3-25】から、教室内での「初対面の自由会話」では、主に、語彙選択、発音・スピードの調整などの言語能力が母語話者に必要とされる。また、点火（話題維持、話題選択、主導権）、内容（話題選択）の調整などの社会言語能力も重要である。これらのほかに、相手の文化の知識・理解・興味（cf. 青木ほか 1998）という社会文化能力が母語話者にあることによって、非母語話者との会話の話題展開が円滑に進むであろう。特に、麻美は、英語圏でのホームステイで自身が非母語話者になって英語母語話者と生活した経験がある。この経験から、自身が英語母語話者にしてもらって嬉しかった言語行動、社会言語行動、社会文化行動の調整行動を思い出したり、または、非母語話者が母語話者に望むであろう調整行動を想像して配慮し、自らも実行していたという。また、麻美は、学部で文化人類学を専攻し、率先して日本語クラスの授業ボランティアにいくつか参加しており、外国や外国人に対す

る興味や知識、経験をもっていたことも、言語行動、社会言語行動、社会文化行動での調整行動が行える能力となっていたのではないかと考えられる。

一方、教室外での「キャンパス探検中の会話」では、教室内での「初対面の自由会話」で必要とされる言語能力、社会言語能力、社会文化能力に加えて、実質行動へ配慮して調整するという社会文化能力が必要とされる。例えば、案内する役割などという役割意識をもって行動する、キャンパス探検での行動計画の作成と実行、キャンパス探検中に周りの話題性のあるものを見つける、ドアの開閉や飲食や相手の体調などへの気配り、決断力、道聞きなどの課題解決といった実質行動への配慮と調整ができる社会文化能力である。さらに、キャンパス探検で行われていた、歩く、見る、迷う、探す、見つける、決める、道を聞く、飲食する、写真を撮る、安全に気を付けるなどの実質行動は、人間の生活の営みの基本である。これらの行動について配慮や調整をしながら、協力し合い、盛り上がれるというのは、人間と人間の関わりの根幹を作るのではないかと考えられる。よって、実質行動を共に行い、そこで楽しい場を共に作るために会話を行っていけるということは、友好な関係をもつためには、非常に重要な能力であるといえる。

母語話者の言語行動、社会言語行動の調整行動は、「フォリナー・トーク」と呼ばれることがある。このフォリナー・トークについて、様々な日本語レベルの学習者に対し、アンケート調査を行った坂本ほか(1989)によると、初級学習者ほどフォリナー・トークに対する好感度が高く、日本語レベルが上がるにつれ、好感度が低くなったという。

また、辛(2007)においても、非母語話者が母語話者にフォリナー・トークを使用されたときの反応は、非母語話者の学習時期や日本語使用場面、母語話者との関係性によって、肯定的と否定的に分かれるとしている。さらに、辛(2008: 192)では、フォリナー・トークが会話参加者双方の問題解決に役立つ調整行動であるともいえ、「会話参加者双方が、個人レベルで選択・使用可能なコミュニケーションストラテジー」と捉え直していくべきであると述べている。

このように、母語話者からの言語的、社会言語的な歩み寄りであるフォリナー・トークは、非母語話者の日本語レベルに合わせて、柔軟に調整してい

くことが重要であることが分かる。同様に、母語話者からの社会文化行動に
ついての歩み寄りといった調整行動も、非母語話者の背景や要望に合わせ
て、柔軟に行っていける能力が大切であろう。

5.3　母語話者の歩み寄りの姿勢の訓練

　以上、分析・考察したような母語話者が接触場面の様々な会話に参加し
て、非母語話者に合わせた配慮・調整行動ができる能力育成のための教育実
践を行っていく必要がある。

　大場（2008）は、日本人学部生に対する接触場面での問題の対応能力の育
成の必要性を主張している。そして、大場（2008）は、映像によって接触場
面を日本人学部生に疑似体験させ、実際の接触場面においても応用できるよ
うにデザインした教育実践を分析している。

　筆者も、大学院の日本語教員養成コース「会話・談話分析と話し言葉教
育[21]」と、学部の一般教養コース「日本語学概論[22]」にて、主に母語話者を
対象に同様の授業を実施した。これらの教育実践では、接触場面における言
語ホスト・ゲストの現象や学習者の会話の特徴や困難点などを分析する課題
を与える。さらに、希望者には、筆者担当の会話クラスに授業ボランティア
として参加する機会を与える。それによって、母語話者の学生が「研究と実
践の連携」の体験をし、自らの調整能力を向上させる機会となるようにし
た。こうした教育実践に参加することにより、日本語教師希望者だけでな
く、それ以外の職業に就く日本語母語話者にも、接触場面での会話とその配
慮・調整行動の必要性について考えるきっかけになるといえる。

　コース終了後に、「日本語学概論」を履修した母語話者の学部生に対し、
コースで学んだことに関するアンケートを行った。その結果、自身の会話能
力向上については、「日本人同士の会話でも、相手の会話の仕方を分析する
ようになった（受講者3A）」、「普段の会話も注意して聞くようになり、ま
た、自分の発話を考えることで、弱点や改善点も見つかった（受講者3B）」、
「テレビ番組を見る時なども、話し方の分析ができるようになったので、そ
こから良い点を見出して自分の話し方を改善できればと思う（受講者3C）」
といったメタ認知的な視点に関する回答がみられた。そして、接触場面の会

話については、「留学生と話す時は、相手に伝わりやすいように、ゆっくり丁寧に話すようになった（受講者3A）」、「日本語学習者が混乱したりするポイントでは、分かりやすく話してあげるように心がけようと思った（受講者3D）」といった「歩み寄りの姿勢」がみられた。さらに、授業ボランティアを経験した学生は、「留学生の会話クラスで初めて現場を見て、自分の知識力のなさや会話力のなさに気づけ、よい刺激となった（受講者3E）」と、自身の接触場面での会話能力について反省する者もいた。

　以上のように、日本語母語話者が接触場面での会話を考え、実際に体験することには意義がある。母語話者が接触場面の会話の研究を行いつつ、機会があれば会話クラスへ授業ボランティアとして参加することで、母語話者も「研究と実践の連携」が身をもって行えるであろう。授業ボランティアとしての参加機会がもてない場合は、映像などで接触場面を疑似体験し、接触場面の会話の特徴を分析してみるのも1つの方法であろう。

第3節　本章の会話データ分析のまとめ

　以上、会話データ分析の枠組みを先行研究から概観し、会話データ収集方法について述べ（第1節）、屋内外の「言語的アクティビティの会話」と「実質的アクティビティの会話」の分析、および、「母語話者の配慮・調整行動の分析」を行った（第2節）。

　「言語的アクティビティの会話」と「実質的アクティビティの会話」の分析では、現場性の有る発話と無い発話による話題展開の仕方を中心に分析した。その結果、室内における言語的アクティビティ主体の「初対面の自由会話」では、お互いのことを知り、共通点を掘り下げていくために、現場性の無い発話でお互いに協力し合って話題を展開させ、積極的に会話に参加しようとしているというメタメッセージを送り合っていることが多く観察された。一方、実質的アクティビティ主体の「キャンパス探検中の会話」では、目の前にある視覚情報について言及する現場性の有る発話で話題を開始し、現場性の無い発話で展開させることによって、積極的に会話に参加し、協力して会話を維持しようとしているというメタメッセージを送り合い、キャン

パス探検で共にいることを楽しんでいることが観察された。

このような各アクティビティの会話における特徴の相違点を捉え、会話教育に取り入れていくことによって、各アクティビティでの課題達成（例：お互いを知る、キャンパスを見てまわる）に向って、母語話者と非母語話者が協働で取り組み、対等なアクティビティへの参加をしていくことが重要である。そのためには、お互いに興味を示し合ったり、自分のことを相手に分かってもらったりするような、言語的アクティビティにおけるインターアクション能力の育成が必要である。あるいは、実質行動を行いながら、お互いが見たり感じたりしたことに言及して共感を示し合いながら、楽しい会話空間を共に作り出していくような、実質的アクティビティにおけるインターアクション能力の育成も必要である。そして、こうしたインターアクション能力は、「歩み寄りの姿勢」とともに、授業ボランティアなどの母語話者にも必要な能力であり、その育成のための教育実践も検討していく必要がある。

注
1 ザトラウスキー（1993）は、南の「談話」の下位単位として、「話段」という単位を分析している。ザトラウスキー（1993: 72）は、「話段」とは、「一般に、談話の内部の発話の集合体（もしくは一発話）が内容上のまとまりをもったもので、それぞれの参加者の「談話」の目的によって相対的に他と区分される部分」であり、「話題・発話機能・音声面における特徴がある」と定義している。「勧誘の談話」では勧誘か応答かなどの参加者の目的によって変わる発話連鎖、「雑談」では何について話しているかという話題、「アニメーションのストーリーを語る談話」では登場人物の移動による場面変化で認定するエピソードが、それぞれ「話段」に相当するとしている（ザトラウスキー 2003: 228）。
2 各参加者の内省で話題区分をしてもらうと、話題転換をする意識が強かった自身の発話の部分で話題が開始していると各参加者が独自に認定する箇所がみられた。2人の意識がずれている部分は、筆者が、談話の流れ上、どちらかの参加者の話題転換の意識が先に発話に表れていたところを話題区分として認定した。
3 話題の計画意図とは、会話参加者がどこでどんな話題を話そうか事前か事中に意

図的に計算して考えていたことである。
4 中井・大場(2006)では、接触場面の言語的アクティビティが主体の電車内の会話では、現場性の有る発話で話題が開始され、その後、現場性の無い発話で話題が展開していることが明らかになった。一方、実質的アクティビティ主体の買い物中の会話では、買い物をするという目的を達成するために、現場で見たものに言及する現場性の有る発話を多用し、話題を開始・展開していた。
5 「メタ言語」について、Jakobson(1980; 池上・山中訳 1984: 108)は「言語コード自体について語るための言語」とし、西條(1999: 14)は「談話において、自分あるいは他者の言ったこと、これから言うことに言及する表現」としている。
6 「談話技能」について、中井・大場・土井(2004)では、「話し手や聞き手として会話に参加しながら、会話を円滑に展開していくために必要な言語的・非言語的な要素を、談話レベルで効果的に用いるための技能である」と定義している。
7 堀口(1991)は、日本語母語話者のあいづちに関する先行研究の分析から、日本語のあいづちは「個人、性別、年代、談話における立場、参加者の人間関係、話題、談話の目的、対面か電話か、談話の流れなど」によって用いられる頻度がかなり異なると述べている。
8 会話展開の型は、宇佐美・嶺田(1995)の「質問―応答型」と「相互話題導入型」と、佐々木(1998)の「インタビュースタイル」「話し合いスタイル」の分析を参考にした。
9 中井(2004a)は、評価表現(=評価的発話)について、「会話参加者が話題の内容や情報について、形容詞、形容動詞、副詞、動詞等を用いて、自らの意見・感想(善し悪し、好き嫌い、価値、喜怒哀楽)を表す、または、その共感を表す発話」であり、「「～と言っていた。」(他者の意見・感想の引用)「～たら、」(条件節)、過去に起きた出来事についての情報説明の中で用いられるものを除く」(中井 2003d: 233)発話であるという定義を採用している。
10 大場・中井・土井(2005)では、共同発話の例として、「O：普段は何遊びをしますか」―「P：遊び―より」―「O：勉強のほう？」といった相手の発話を補うような発話を挙げている。
11 ネウストプニー(1999a: 9-10)は、「インターアクションの生成プロセスの構造」として、1. インプットのプロセス(inputting, coding)、2. 配列のプロセス(arrangement)、3. 表層化のプロセス(surfacing)、4. 管理プロセス(management processes)という4段階のプロセスがあるとしている。一方、杉戸(1983)は、「気配り」のプロセスについて、1. 周囲の対象(人物、状況、事物・ことがら)、2. みなしの段階(気配り)、3. 扱いの段階(気配り)、4. 待遇表現行動(表現形式・行動の選択)と

いう4段階から説明している。

12 「言語管理プロセス」には、1. 規範からの逸脱、2. 逸脱の留意、3. 留意された逸脱に対する評価、4. 評価された逸脱に対する調整方法の選択、5. 調整実施という5段階がある(ネウストプニー 1995b: 70–71)。

13 接触場面の会話は、いずれも第4章第4節で紹介している会話教育実践の授業活動中にビデオ撮影したものである。よって、接触場面の「初対面の自由会話」では、その前の授業において参加者間ですでに1度会話を行っている。しかし、まだお互いのことをあまり知らない状況での会話であるため「初対面の自由会話」とした。母語場面の会話は、いずれも接触場面の会話となるべく同じ状態になるように参加者に依頼して撮影した。接触場面と母語場面の「初対面の自由会話」は、それぞれビデオカメラ1台で正面から撮影し、ICレコーダー1台を机に置いて録音した。一方、接触場面と母語場面の「キャンパス探検中の会話」は、参加者2人が歩きながらキャンパスを散策しているところを筆者がビデオカメラ1台で前後左右から角度を変えつつ撮影した。それと同時に、各参加者の首にICレコーダーをかけてもらって録音もした。なお、キャンパス探検中は、筆者はあくまでもビデオカメラを撮影する者に徹し、参加者には極力筆者に話しかけないように依頼しておいた。

14 授業ボランティアは、当夏期日本語プログラムが同大学に所属する学部・大学院生から募集して集めた。授業ボランティアには、担当教師の指示のもと、日本語クラスの学習者の日本語の会話相手や学習補助を行ってもらっていた。

15 発話機能は、ザトラウスキー(1993)を参考に分析した。

16 例えば、【表3-9】の1. 初対面の会話における裕二の実質的な発話69を、参加者の裕二と麻美の実質的な発話の合計123で割ったものは、56.1%になる(%はすべて、小数点第2位以下は四捨五入)。このような計算によって、裕二と麻美が発した実質的な発話の多さの比率が分かり、どちらの参加者がより実質的な発話を用いて、会話をより積極的に展開させたのかという主導権を明確にした。

17 語彙の意味が分からず「何?」などと実質的な発話による「聞き返し」をする発話と、それに対する語彙説明をするようなメタ言語的な発話は、現場性の有る発話とした。

18 例えば、【表3-11】の1. 初対面の会話における裕二の現場性有の実質的な発話10を、裕二の実質的な発話の合計69で割ったものは、14.5%になる。このような計算によって、裕二が発した実質的な発話における現場性の有無の割合が分かり、アクティビティの種類によって、実質的な発話で言及する対象にどの程度、現場性の有無が関わっているのかを明らかにした。

19 非母語話者のサバスが主導権をややもっていたということは、母語話者が「言語ホスト」、非母語話者が「言語ゲスト」となりやすいとする「言語ホスト・ゲスト」の関係 (Fan 1994) とは異なる結果となった。この要因としては、サバスが初級後半の学習者ではあるが、母語話者の麻美よりも年上の男性で社会経験も豊富であったこと、この会話の機会を活かして話題を提供するなどして積極的に会話に参加しようという意欲が高かったことなどが挙げられる。また、サバスが参加していた会話教育実践の前半で行った言語的アクティビティの会話練習(例：質問表現などによる自由会話)もサバスの積極的な会話への参加に影響を与えていたとも考えられる(この会話教育実践の詳細は、第4章第4節参照)。

20 田窪・金水 (1997) によると、このような感動詞「あっ」は、外部から得られた知覚情報からの「発見・思い出し」に用いられるとしている。

21 本コース(90分×2コマ×15日間)では、会話データ分析のための先行研究を紹介しながら、会話データ分析練習を行い、グループで2回会話データ分析を行って、レポートを執筆する。そして、コース後半には、会話データ分析で得た結果を活かした会話教育実践の授業活動デザインや教材例を作成し、発表するという課題が与えられる。本コースは、本書で目指す会話教育のための「研究と実践の連携」ができる教員を養成することを目的としている。

22 本コース(75分×30日間)では、日本語の語彙・文法のほか、会話についての基礎的な演習を行う。コース後半には、受講者が独自に収集してきた会話データをもとに、グループによる分析発表を行う。このコースは、学部の一般教養科目のため、すべての受講者が日本語教師になることを目指しているわけではない。ただし、留学生の友人をもち、日々接触場面の会話をしたり、留学生の日本語学習の支援をしたりしている受講生も多い。

第4章
言語的・実質的アクティビティを活かした会話教育

　本章では、「言語的・実質的アクティビティを活かした会話教育」ということで、教師による「研究と実践の連携」の例について述べる。具体的には、母語場面、接触場面の会話データの分析の結果(第2章第3節「接触場面研究」などの先行研究、第3章「会話データ分析」)などをもとに、「会話教育の指導学習項目例」を抽出し、その一部を用いた「会話教育の実践例」を2つ提示する。つまり、教師による「会話教育のための研究と実践の連携」の循環である「会話データ分析—会話指導項目化—会話教育実践」の中の筆者が行った「会話指導項目化」と「会話教育実践」の実現例である。

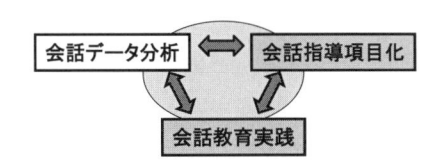

筆者による「研究と実践の連携」

　まず、はじめに、第1節「会話教育実践のバリエーション」を概観し、教師が会話の授業をデザインする際に重要となる概念を検討する。次に、第2節「会話教育の指導学習項目」で、言語的アクティビティの会話と実質的アクティビティの会話の各特徴を抽出した指導学習項目を検討する。そして、それらを活かした会話教育実践例として、第3節「言語的アクティビティの会話を扱った教育実践例の分析」と第4節「実質的アクティビティの会話を扱った教育実践例の分析」を行う。その上で、第5節「言語的アクティビティと実質的アクティビティを活かした会話教育実践の提案」をする。最後に、第6節において、「本章の会話教育のまとめと教師による「研究と実践の連携」の提案」を行う。

第1節　会話教育実践のバリエーション

　本節では、1.「実際使用のアクティビティを取り入れたイマーション・プログラム」と2.「談話技能の習得を目指した会話教育実践」の先行研究を概観する。これらの教育実践は、教室内外の言語的・実質的アクティビティでのインターアクションを促進し、会話能力を中心としたインターアクション能力を向上させるという点で、第3節と第4節で述べる会話教育実践のシラバス・デザインとカリキュラム・デザインの際の参考とした。そして、最後に、3.「会話教育実践のまとめと課題」について述べる。

1. 実際使用のアクティビティを取り入れたイマーション・プログラム

　ネウストプニー（1995a）は、インターアクション能力を身につけるために、教室で日本語を練習するだけでなく、本当の場面で実際に日本語を使用する機会を学習者に与える「実際使用のアクティビティー[1]」を日本語のクラスに取り入れる必要性を述べている[2]。そして、ネウストプニー（1995a）は、「実際使用のアクティビティー」の例として、日本語を用いて何かについての「内容」を勉強し日本語に浸りきる（immerseする）という「イマーション・プログラム」を挙げている。「イマーション・プログラム」では、日本語の単なる練習ではなく、日本語による「情報の処理そのものが最大の目標」であり、学習者が学習活動を本当のインターアクションであると感じて、日本語を「実際使用」することが重要であるとしている（ネウストプニー 1995a: 84）。そして、ネウストプニー（1995a: 86）は、「イマーション・プログラム」において、例えば、hesitationの仕方、講義ノートの取り方など、日本語の社会言語的な内容を日本語で学習できるとしている。

　以下、イマーション・プログラムの具体的な実践例として、教室内で行う「ビジター・セッション」と教室外で行う「カンバセーション・パートナー」「フィールド・トリップ」の先行研究をまとめる。

1.1　ビジター・セッション

　「ビジター・セッション」とは、教師以外の日本語母語話者や準母語話者

が「ビジター」として、学習活動の一環で日本語のクラスに参加し、学習者とインターアクションをもつ場のことである。その内容は、ビジターが、学習者と簡単な会話の練習をしたり、様々なテーマについて討論したりするものから、学習者の発表を聞いて質問をしたり、感想を述べたりするもの、あるいは、社会・文化的情報を提供したりするものまで、多種多様である。

ネウストプニー(1995a: 25)では、海外においてビジター・セッションをする際は、日本人コミュニティーの一員や旅行者などを教室に招き、例えば、ビジターの属する社会がどのようなものか分かる「社会文化能力」、ビジターとの話題はどのようなものになるか予想できる「社会言語能力」、コミュニケーションのために必要な文法、語彙などが使える「言語能力」についての説明や練習による徹底的な準備が必要であるとしている。

1.2　カンバセーション・パートナー・プログラム

宮副・上田・渡辺(2003)は、国内の大学において留学生と日本人学生が週1回会って会話するという「カンバセーション・パートナー・プログラム」の実践を分析している。その結果、「情意面におけるメリット」として、留学生が話しやすくなるように日本人学生が様々な調整ストラテジーを用いていたため、学習者の日本語使用に対する不安が軽減し、会話が楽しめたとしている(宮副ほか 2003: 214)。また、「教室内学習と教室外学習の統合」として、留学生が教室内で学んだ日本語を教室外で日本人学生との会話場面で実際に用いてコミュニケーションする自信をつけて、日本語学習意欲を高められたという(宮副ほか 2003: 214)。そして、「母言語、母文化への意識化」「ステレオタイプへの気付き、文化の多様性の認識」などもみられたという(宮副ほか 2003: 214)。さらに、両者の親しさが増すにつれ、「同じ大学の学生」「友人」などと、より対等な関係に変化していき、人的ネットワークが形成されていったとしている(宮副ほか 2003: 215)。そのほかに、宮副・上田・渡辺(2003: 215)は、「お菓子を持ってきて食べる」「スポーツする」「ゲームする」などの実質行動を共にすることで、留学生と日本人学生の交流を促し、学習者の日本語運用能力を向上させていたと述べている。

1.3　フィールド・トリップ

　教室外で行うイマーション・プログラムの実践例としては、「フィールド・トリップ」が挙げられる。宮崎・西條・中山 (2000: 117) は、「フィールド・トリップ」を「社会文化能力を習得するために、学生が日本の家庭や組織を訪問する旅行」と定義している。そして、各フィールド・トリップは、接触場面で起こりうる問題や予備知識の調査、出し物の準備を扱う「1.事前準備活動 (理解、練習)」と、訪問先の人々と交流する「2.当日の活動 (実際使用)」と、フィールド・トリップの振り返り、礼状送付、テーマ発表をする「3.訪問終了後の活動」からなるとしている (宮崎・西條・中山 2000)。

　そのほかのフィールド・トリップの例として、留学生が日本人家庭訪問でインターアクションを行うことで、日本語・日本文化の理解を深め、親しみを感じることをねらいとしたホーム・ビジット (溝口 1995) がある[3]。溝口 (1995: 120) によると、こうした家庭訪問で、留学生は、視覚 (畳の部屋、コタツ、仏壇)、聴覚 (挨拶の時の天気の話、騒音)、嗅覚 (畳の香、料理のにおい)、味覚 (茶菓・料理の味)、触覚 (畳の感触) といった五感を通して教室内では感じることができないことを学習できたと報告している。

　以上の実際使用のアクティビティの教育実践では、実際に日本語を使って学習者にとって意味のある活動をするという実際使用のアクティビティを中心に教室内外で準備、実施、振り返りが行われる。そして、日本語を通して、教室内外の様々な人々とのインターアクションを促進することで、学習者の授業活動が「本番＝実践の場」(舘岡 2007) となり、日常の社会場面と繋げることが可能となる。その結果、自然な環境の中で、会話能力を中心としたインターアクション能力の習得を可能にするといえる。

　【図 4-1】に、イマーション・プログラムでの実際使用のアクティビティについて、言語的アクティビティと実質的アクティビティ別に図示した。

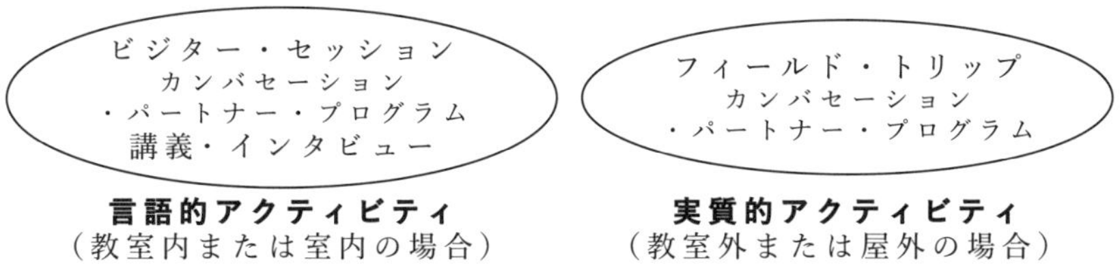

第4章　言語的・実質的アクティビティを活かした会話教育　141

```
     ビジター・セッション              フィールド・トリップ
     カンバセーション                  カンバセーション
     ・パートナー・プログラム          ・パートナー・プログラム
     講義・インタビュー

      言語的アクティビティ              実質的アクティビティ
    （教室内または室内の場合）      （教室外または屋外の場合）
```
【図4-1】　実際使用のアクティビティの分類（イマーション・プログラム）

　各アクティビティの会話にはそれぞれ異なった特徴があるため（cf. 第3章）、会話教育実践を検討する際に、授業活動の種類を意識してバランスよく取り入れる必要がある。現状では、どうしても会話教育の実践をデザインする際、言語的アクティビティが多くなってしまうため、実質的アクティビティもバランスよく扱う必要がある。なお、両アクティビティは、明確に分けられるものではなく、連続体であるため、「カンバセーション・パートナー・プログラム」のように、両方にまたがるものもありうる。

　まず、「ビジター・セッション」では、教室内において母語話者と言語的アクティビティを中心としたインターアクションが行え、教室内外での学習者の言語使用の橋渡しになる（村岡2001）という点で意義がある。しかし、日本語母語話者の「ビジター」が、学習者の会話相手となって日本に関する情報を提供するだけの存在であれば、単なる「教室に招かれるお客様」という役割しか果たさないであろう。横須賀（2003）が述べているように、学習者とビジター双方が何かを学べる機会となるのが望ましいであろう。

　次に、日本語で行われる講義やインタビューなどの「解釈アクティビティ」は、言語的アクティビティに当たる。学習者は、講義やインタビューを通してある知識を得ると同時に、日本語を用いた実際使用のアクティビティに参加する機会を得る[4]。

　また、「カンバセーション・パートナー・プログラム」（宮副・上田・渡辺2003）は、学習者の教室外での言語的・実質的アクティビティの接触場面を豊かなものにしている点で興味深い。また、飲食やスポーツなど、室内外の様々な場面で実質行動を伴った実質的アクティビティを経験することで、学習者と日本語母語話者の交流を促し、その結果、学習者の言語運用能力も向

上したという点も注目に値する。こうした実質行動を伴った会話は、会話能力を育成するとともに、ネットワーク構築のきっかけ作りという点でも重要であろう。

さらに、「フィールド・トリップ」では、教室外の接触場面の中に身をもって飛び込み、学習者の五感すべてを通して、総合的なインターアクション能力を向上させることができるというのが最大の利点であろう。特に、様々な実質行動を行う実質的アクティビティの会話に参加することで、教室内では学び切れないインターアクションを体験する機会となる。

そこで、本章第3節と第4節では、このような「イマーション・プログラム」における実際使用のアクティビティを言語的アクティビティと実質的アクティビティに分けて授業活動デザインをし、それぞれのアクティビティの特徴を活かして行った会話教育実践を分析する。なお、これらの実践では、会話教育実践に参加する日本語母語話者を「授業ボランティア」と呼び、お客様的存在になりがちな「ビジター」とは区別する。そして、「授業ボランティア」を、学習者に情報を与えたり、会話相手になったり、学習者の日本語学習をサポートしたりするだけでなく、学習者と協働で共通の課題を達成する相手として位置づける。そして、各アクティビティの会話において、実際に学習者と授業ボランティアの間でどのようなインターアクションが起こっていたかについて詳細に分析する。

2. 談話技能の習得を目指した会話教育実践

接触場面と母語場面の会話を分析し、そこから抽出した会話指導学習項目と、実際の会話教育実践例を示している先行研究として、筆者がこれまでに実践研究を行った、「初対面ビジター・セッション」、「演劇プロジェクト」、「ストーリーテリング」を例として取り上げて検討する。

2.1 初対面ビジター・セッション

中井 (2003e) は、会話への積極的な参加態度を示す談話能力の向上を目指した会話教育実践として、初中級の学習者対象のビジター・セッションを分析している。この授業では、主に、母語話者と非母語話者が、話題開始部お

よび終了部において用いる言語的要素の分析(Kato[Nakai] 1999、Nakai 2002、中井 2003b、2004a など)、会話展開の型(相互話題導入型、質問―応答型、情報提供話題展開型)、話題、質問表現の分析(中井 2002、2003c)などの会話データ分析[5]の結果をもとに指導学習項目を設定している。

中井(2003e)の会話教育実践は、次の3段構成になっている。まず、準備レッスンで、聞き返し、あいづち、評価表現(＝評価的発話)、質問表現、話題・会話の始め方、終わり方などの談話技能を意識化させ、軽い練習を行う。次に、その直後のビジター・セッションで初対面の日本語母語話者のビジターと会話を行い、その日に学習した談話技能を実際使用すると同時に、ビジターが用いている談話技能を観察する。そして、その後の反省会で、自分の会話について内省し、ビジターからのコメントを読み、教師からのフィードバックを受け、次のビジター・セッションに備える。

2.2 演劇プロジェクト

ビジター・セッションの実践研究(中井 2003e)から発展させ、中井(2004b)は、会話データ分析活動と演劇プロジェクトを融合させ、言語的・非言語的な談話能力の向上を目指した中上級の学習者対象の総合的授業をデザイン・実施・分析している。この授業は、主に、会話における非言語行動の分析(McNeill 1992、ザトラウスキー 2002a, b)や言語的・非言語的ターンの受け継ぎの表示の分析(中井 2003a)をもとに指導学習項目を設定している。

まず、会話データ分析活動では、会話ビデオを見ながら、あいづち、うなずき、評価表現(＝評価的発話)、目線、姿勢等による会話への参加の仕方の観察・意識化を図る。そして、演劇の台詞練習では、登場人物の参加態度をより効果的に表出できるように、会話データ分析活動で意識化した談話技能の反復使用練習を行う。その後、演劇の上演会を実施し、当日撮影したビデオを自己分析して振り返る「反省会」を行い、今後の学習者の日本語の会話学習の課題を検討する。この会話教育実践では、学習者自身が「会話データ分析―学習項目の意識化―会話実践(実際使用)」という研究と実践のプロセスを経験しながら、自身の会話能力を向上させていくことになる。

2.3 ストーリーテリング

　中井 (2005c) は、視聴したストーリーについて興味をもたせて効果的に説明する談話能力を磨くために行った中上級の学習者対象の会話教育実践を分析している。この授業は、主に、アニメーションのストーリーの語りの分析 (ザトラウスキー 2002a, b、渡辺 2003 など) と、「談話レベルでの会話教育のための指導項目案」 (中井・大場・土井 2004) を参考に指導学習項目を設定している。

　中井 (2005c) の授業では、まず映画の短いシーンを見て、次にそのストーリーを話しているところを録音し、後日その文字化資料を参考に、ストーリーテリングの効果的な技能(例：登場人物の指示名詞、「〜てくる／〜ていく」などの話を生き生きとさせる表現、「感情表現＋〜ようだ／〜そうだ」など) についてクラスで検討する。また、話し手と聞き手が助け合ってストーリーテリングができるような技能 (例：聞き返し、あいづち、うなずき、評価的発話、フィラー、接続表現、質問表現など) についても考える。中井 (2005c) によると、ストーリーテリングの音声データと文字化資料を教室で用いることで、学習者が自己の改善点を意識化できるとしている。

3. 会話教育実践のまとめと課題

　以上、会話教育実践の先行研究について、「実際使用のアクティビティを取り入れたイマーション・プログラム」、「談話技能の習得を目指した会話教育実践」を中心に概観した。まず、1.「イマーション・プログラム」では、実際に日本語を用いて何かをするという実際使用のアクティビティを中心に教室内外で準備、実施、振り返りが行われる。こうした授業活動を通して、学習者は日本語を用いる意義を感じ、インターアクション能力を習得していける。次に、2.「談話技能の習得を目指した会話教育実践」では、実際の会話データ分析の結果を指導学習項目として活かして、ビジターと話す、演劇を上演する、ストーリーを語るといった実際使用のアクティビティを行いながら、学習者の言語的・非言語的な談話能力を向上させることを目指している。これらの教育実践は、日本語を通して、教室内外の様々な人々とのインターアクションを促進し、学習者の学習動機を向上させ、会話能力を中心と

したインターアクション能力を向上させるという点で、本書での実践の参考にした。以下、本書で捉える会話教育実践について、「実際使用の種類」という点から議論し、「今後の会話教育実践の課題」を述べる。

3.1 実際使用の種類

授業活動における実際使用のアクティビティについて、言語的アクティビティと実質的アクティビティ別に【図 4-2-1】と【図 4-2-2】に図示した。

```
              実際使用
（インターアクションの本番性が強い／学習者や会話相手の管理が強い）
   A                  ↑              B
      インタビュー          日常生活の接触場面
      口頭発表            カンバセーション・パートナー
      演劇上演            ビジター・セッション
      ビデオ作品作成        解釈アクティビティ（講義）
 計画性 ─────── ストーリーテリング ─────── 即興性
      スキット            シミュレーション
      口頭ドリル練習       ロールプレイ
      モデル会話の暗誦
   C                  ↓              D
              練習
   （訓練／疑似体験／教師の管理が強い）
```

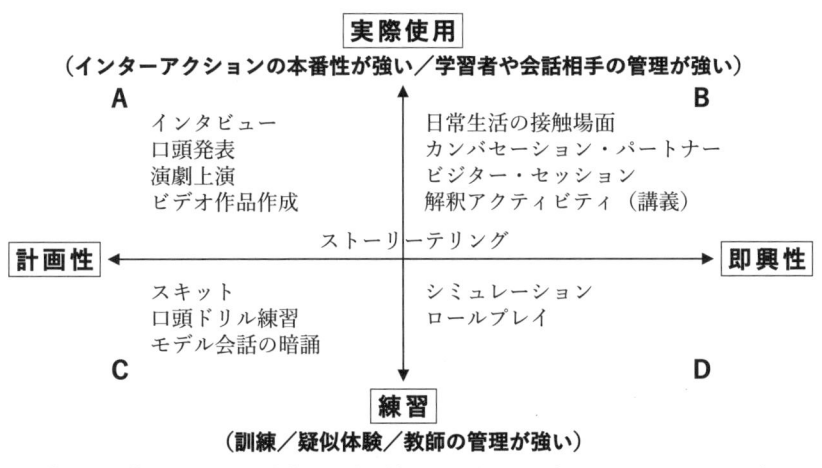

【図 4-2-1】 実際使用の度合いと計画性・即興性の関係（言語的アクティビティ）

　これらの図では、言語的アクティビティと実質的アクティビティを扱った授業活動の種類について、それぞれ「実際使用―練習」と「計画性―即興性」という2つの軸から分類されている。まず、縦の軸は、上に行くほど「実際使用」の度合いが高くなり、下に行くほど「練習」の度合いが高くなる。つまり、「実際使用」の度合いが高いものほど、実際にインターアクションをすること自体が目的となっている本番性の強い活動である（例：交流、情報交換、課題解決）。反対に、低いものほど、将来参加するための会話の準備として、会話指導学習項目を運用練習すること自体が目的となっている訓練や疑似体験などである[6]。よって、「実際使用」に近いものほど、日常生活の接触場面に近く、学習者や会話相手の管理が強くなる。一方、

「練習」に近いものほど、教師の管理が強くなる[7]。

実際使用
（インターアクションの本番性が強い／学習者や会話相手の管理が強い）

A
演劇上演
ビデオ作品作成

B
日常生活の接触場面
ホームステイ／ホームビジット
フィールド・トリップ／キャンパス探検
カンバセーション・パートナー

計画性 ←――――――――――→ **即興性**

C
スキット
口頭ドリル練習
モデル会話の暗唱

D
シミュレーション
ロールプレイ

練習
（訓練／疑似体験／教師の管理が強い）

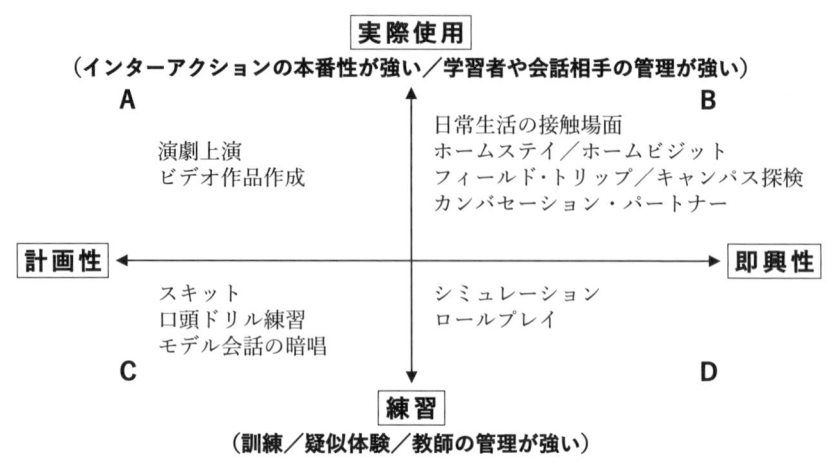

【図4-2-2】 実際使用の度合いと計画性・即興性の関係（実質的アクティビティ）

　次に、横の軸は、左に行くほど「計画性」が強くなり、右に行くほど「即興性」が強くなる。「計画性」とは、話す前に原稿やシナリオなどを作成し推敲し、準備を十分に行ってから行う活動である。反対に、「即興性」とは、話す前に準備をせずに話す活動である。

　こうした2つの軸からできた4つの活動領域（ABCD）の中に、上述の「イマーション・プログラム」、「談話技能の習得を目指した会話教育実践」のほか、従来のドリル練習、モデル会話の暗唱などを例にして整理した。なお、実質的アクティビティの領域Cにおける「スキット」「口頭ドリル練習」「モデル会話の暗唱」としては、例えば、料理やスポーツ、お辞儀などの実質行動をしながら話すような会話例をもとに練習する授業活動が挙げられる。

　会話教育実践を行う際は、この4つの活動領域のどれも必要である。もちろん会話教育実践では、「即興性」の高い「実際使用」の意味のある会話に参加できるようになることを目指すのが重要であろう（領域B）。しかし、例えば、「練習」をせずに、いきなり「即興性」の高い「実際使用」ばかりしていても、経験的に学べるが失敗も多く、またそれについてメタ認知を使って自身で体系立てて振り返ることも困難である。口頭ドリル練習（領域

C)、シミュレーション(領域 D)などの「練習」や、演劇上演(領域 A)などの「計画性」の要素を含む活動も行いながら、知識取得と運用の訓練をし、インターアクション行動を調整できるようなメタ認知力の向上を図る必要もある。特に、演劇プロジェクトなどでシナリオを推敲し(計画性)、繰り返し練習し(練習)、観客を前に実際に演じる(実際使用)という一連の活動を行うことも(領域 A と領域 C)、自己表現をより豊かにし、人とインターアクションをする度胸を培うことができる。一方、「計画性」の高い活動や、「練習」の要素が高い活動ばかり行っていても、学習者の動機が高まらず、また、実際のインターアクション場面で臨機応変に行動ができないだろう。このように、会話教育実践では、これら4つの活動領域をどのように取り上げていくべきか検討し、授業活動デザインを綿密に行わなければならない。

こうした授業活動デザインで扱う活動領域の配分は、教室内と教室外での活動の位置づけとも関連する。教室内は、教師の管理のもと、会話データを分析する方法を学び、会話指導学習項目を意識化し、その「練習」を繰り返しつつ、自分で調整ができるメタ認知力を育成する場としての役割がある(cf. 第5章第2節、第3節の会話教育実践例)。それと同時に、授業ボランティアなどと実際使用の会話をしていくこともできる(cf. 第4章第3節の会話教育実践例)。つまり、教室内で学習者による「研究と実践の連携」を体系的に取り上げて訓練することで、教室外でも自律的に学習できるように意識的に育成できるのが、教室内の利点であろう。一方、教室外は、学習者が実際の意味のあるインターアクションをしながら様々な場面・領域に参加していく場としての役割が大きい(cf. 第4章第4節の会話教育実践例)[8]。

このように、会話教育実践を「言語的アクティビティ」と「実質的アクティビティ」の枠組みで捉え、さらに、「実際使用ー練習」と「計画性ー即興性」という2つの軸から授業活動デザインすることによって、授業活動のバリエーションが広がり、より総合的で豊かなインターアクション能力を育成することが可能となる。そして、教室内と教室外の各特徴を活かして、言語的アクティビティと実質的アクティビティの授業活動を連携させていくべきであろう[9]。

3.2　今後の会話教育実践の課題

　本節で述べた先行研究を踏まえ、今後の会話教育実践の課題について、以下の4点を挙げ、議論する。

　まず、1点目として、言語的アクティビティと実質的アクティビティにおける各会話について「研究と実践の連携」をより綿密に行っていくことが課題である。両アクティビティの会話の特徴を詳細に分析し、それをどのように指導学習項目化して会話教育実践に活かしていくのかといった「研究と実践の連携」がまだ十分に行われているとは言い難い。その実現のためには、例えば、第3章、第4章第4節で分析したように、フィールド・トリップなどの実質的アクティビティでの会話を撮影・録音し、そこで実際に行われているインターアクションを丹念にみる作業が欠かせない。あるいは、教室内で人と会話したり話す演技を見せたりする言語的アクティビティの会話には、どのような特徴があり、そこで必要な指導学習項目はどのようなものかについて、さらに詳細に分析・考察していくべきであろう。

　さらに、各アクティビティを相互に組み合わせて、より総合的なインターアクション能力を向上させる会話教育実践も意識的に、かつ、体系的に行っていくべきである。会話教育といえば、基本的には、市販の総合教科書などを用いた語彙・文法・音声といった言語行動を主に扱った授業が行われていることが多い。あるいは、社会言語行動の中の「内容」の部分だけに焦点を当てた「話題シラバス」だけを扱った会話教育実践も多く見られるだろう。学習者が会話能力を向上させていくためには、それだけでなく、話し手と聞き手の言語・非言語的な協力による話題展開や、時間や場所、内容などへの配慮、相手の協力を求めるなどの発話の問題処理といった社会言語行動も授業で取り上げるべきである（cf. 第4章第3節）。さらに、会話教育では、こうした言語行動・社会言語行動だけでなく、社会文化行動も積極的に取り上げていくべきである。例えば、本書でも取り上げているようなキャンパス探検などの実質行動を行いながら会話をするフィールド・トリップといった実質的アクティビティを会話教育実践で体系立って実施することによって、教室内だけでは学び切れないインターアクション能力を育成させることが可能となるであろう（cf. 第4章第4節）。社会文化能力の育成のためには、一般

的に日本事情のような知識を重視する授業が多いかもしれない。または、フィールド・トリップに参加して日本事情を身体で学ぶ、現地の人々と交流するといった体験型の授業が一般であろう。そうした授業と連携しつつ、さらに、実質行動と言語行動、社会言語行動を有機的に結びつけた総合的なインターアクション能力の育成を行うべきである。

　さらに、授業ボランティアの参加を会話教育実践に取り入れていくことも検討すべきである。授業ボランティアが授業活動に参加することで、学習者と協力し合って会話を形成したり、フィールド・トリップの課題を協働で解決したりする機会を与える。それは、学習者にとって、単なる会話練習ではなく、実際の会話の目的と動機をもって会話をする「実際使用のアクティビティ」となる。そして、授業活動で知り合った授業ボランティアと友好な関係を作ることができれば、学習者のネットワーク拡大にも繋がるであろう。

　今後の課題の2点目として、海外での会話教育について述べる。海外では、接触場面が少ない点で、日本語の会話教育の必要性があまり認められない場合がある。しかし、学習者が日本語でインターアクションする喜びを知り、日本語の会話に参加して交流を深めたいという動機を上げるためには、日本語が使える接触場面の環境を整えることが必要である。その理念と方法については、海外の「イマーション・プログラム」での実際使用のアクティビティが非常に参考になる。しかし、海外の場合、日本語母語話者を教室に招いたり、交流のためのフィールド・トリップ先を探してきたりすることが困難な場合がある。授業活動デザインする際に、日本語教育に興味をもって参加してくれる日本語母語話者とのネットワークを広くもって維持できることも教師のインターアクション能力の重要な部分であろう。

　なお、接触場面がもてるフィールド・トリップ先がない場合は、日本人観光客や大学を訪問してきた日本語母語話者を対象に学習者がキャンパス案内をするという方法もある(ネウストプニー 1995a: 26)。これによって、「キャンパス探検」(cf. 第3章と本章第4節)の実際使用のアクティビティが実現する。あるいは、同母語話者を対象に、交流を目的としたパーティーやイベント、観光といった実質的アクティビティを学習者が主体となって企画する、学習者が自身の国や大学の紹介を日本語で行うなどの実際使用のアクティビ

ティも考えられる (cf. カンバセーション・パートナー、ビジター・セッションでの活動内容)。

そのほかにも、会話をする媒体として、インターネットによるテレビ会議システム[10] (cf. 宮崎 2002 など)、電話、ビデオレターなどを利用することも有効である。さらに、ビデオ作品作成プロジェクトで学習者の会話を DVD に収録したり、ネット配信したりすることも可能であろう。あるいは、文字媒体を用いることになるが、メール交換システム、ネットチャッティングなどを活用する方法もある。

さらに、こうした日本語母語話者との接触場面を設けるほかに、例えば、演劇プロジェクト (中井 2004b)、ストーリーテリング (中井 2003e) などで、クラスのメンバーと協働で実際使用のアクティビティを作り上げていくということも重要である。あるいは、教師が日本で撮影してきた映像データなどを見ながら、フィールド・トリップの会話のシミュレーションをするという方法も考えられる (cf. 第 4 章第 5 節、第 5 章第 3 節)。

そして、本書で提案する、「会話データ分析―会話指導学習項目化―会話教育実践」という、教師と学習者による「会話教育のための研究と実践の連携」は、海外でも同様に行っていく必要がある。「会話教育実践」での実際使用のアクティビティに関しては、上述の通り、日本語の会話をする必然性を作ることで学習者のインターアクション能力の育成が図れるであろう。一方、「会話データ分析―会話指導学習項目化」に関しては、テレビ番組、アニメ、映画などの映像データや、撮影した映像データなどのメディアを活用することができる。このように、本書で提案する、「インターアクション能力育成を目指す」といった点や、「会話教育のための研究と実践」といった点などの教育理念やその方法は、国内同様、海外でも共通する部分がある。あるいは、日本国内で接触場面が思うようにもてない環境でも、こうした日本語でインターアクションを行うことの必然性を作り出す授業活動デザインの方法を試みることが可能である。

今後の課題の 3 点目は、授業活動でのインターアクション能力育成についてである。細川 (2006) は、「イマーション・プログラム」におけるインターアクション能力の育成は、「平均的日本人の行動パターン」の「傾向」

という固定化した「日本文化」を「情報」として与え、実際使用のアクティビティという体験をさせているだけなので、その「情報」と「体験」のみに頼って物事を考えてしまう危険性があると批判している。そして、細川(2006)は、その「情報」と「体験」について、多角的かつ批判的に考察し、それについて他者と対話することで絶えず更新していき、協働で問題解決をしていくような「文化リテラシー」が重要だと主張している。

　本書では、「文化リテラシー」も重要な社会文化行動の一部として、インターアクション能力の中に位置づける。そして、細川(2006)が述べるように、固定的な知識や経験にとらわれることなく、学習者自身が協働で問題解決をしていくことが重要であると考える。

　だが、筆者は、「イマーション・プログラム」が提唱するように、教室内の環境とメンバーだけでは学び切れないような接触場面の経験を授業活動に取り入れることには意義があると考える。やはり教室内の活動には限界がある。例えば、2つ目の課題で述べたように、海外の日本語教育では、接触場面が限られているため、いくら教室内のメンバーで日本語を用いて協働を行ったとしても、学習者が日本語を用いる必然性が薄いため、学習動機の維持が難しいかもしれない。日本語の会話に参加する必然性を作るためには、様々な背景をもつ人と様々な種類の接触場面で実際にインターアクションをして課題解決をしていくことが重要だと考える。

　また、1つの教育実践だけで満足してしまうことにも問題がある。例えば、教室内のディスカッションという活動だけを行っている場合、社会言語行動の9つの要素で捉えると、セッティング、参加者、バラエティがほぼ固定された言語的アクティビティに偏ってしまう。生活者としての学習者を考えた場合、学習者が参加する教室外の領域・場面は多様である。学習者を教室活動という固定化され、限定的な場面に留めてそこですべてを教育しようとするべきではない。教室外での学習者の実生活と教室との関係や、ネットワーク構築も十分考慮に入れ、より多様な領域・場面を扱った教育実践を行っていくべきである。よって、実質行動をしながら課題を解決していくような活動や、教室外でのフィールド・トリップなども積極的に取り入れていくべきである。さらに、インターアクション能力を広く捉えた場合、ディス

カッションのための思考力といった社会文化能力の育成だけでは十分ではない。言語・非言語のリソースを調整しながら会話に参加していくための言語能力、社会言語能力も意識的にバランスよく育成していく必要がある。

さらに、学習者が自身や他者の会話を客観的に捉えてメタ認知を働かせて調整していくという、学習者による「研究と実践の連携」も重要である。例えば、単に内容に集中してディスカッションを行うだけでなく、その話し合いの中で自身がどのような話し方をして相手に理解してもらえたのか、どのようなメタメッセージを送って誤解されたのかなどを客観的に振り返ることも必要である。あるいは、クラスメートや教室外の他者がどのようにうまく自身の意見を述べ、聞き手を引き込んで納得させているのかということを分析してみることもよいであろう。このように、学習者がACTとして「実践」の経験を行うだけでなく、FACTとして「会話をみる視点」を得るための「研究」を行い、そこで意識化したことを自律的に自身のインターアクションの中に取り入れていけるようになることが重要である。

いずれにしても、唯一絶対の授業はない。1つの教育実践だけでは、すべての問題を解決することはできない。学習者や教師の個性、教育現場の必要性などに合わせて、柔軟かつ多様に授業活動デザインを行っていく必要がある。それとともに、教師間で教育実践の多様性を認め、補い合い、刺激し合って高め合っていくという姿勢が重要である。こうした様々な教育理念をもち様々な教育実践を行う教師同士が協働で教育に関する問題解決をしていくことが、日本語教育という共同体が共生していく方法であろう。

今後の課題の4点目は、実際使用のアクティビティの質と量についてである。横須賀(2003: 343)は、ビジター・セッションの有効性を認めつつも、実際使用のアクティビティとはいえ、「あくまでも教育として人為的に設定された活動」として捉えている。実際に、「イマーション・プログラム」では、教師が努力して自身のネットワークを活用することで、学習者の接触場面を設け、そこで必要な知識や技能を意識化させ、課題設定をしている。そうしたネットワークを足がかりとしながらも、授業活動外で、学習者自身が自律的にネットワークを広げて接触場面に参加し、そこで必要な知識や技能、課題解決方法を自身の力で見つけていけるように支援すべきである。こ

れによって、学習者が参加する実際使用のアクティビティがより主体的なものとなり、ネットワークが広がることで、質と量共に充実したものとなる。

さらに、学習者が実際使用のアクティビティの中で母語話者とインターアクションを行う場合、双方にとって意義のある活動となるような互恵性についての配慮も必要である。そのためには、学習者と母語話者が協働で学べるような授業活動を設定することが重要である[11]。これは、実際使用のアクティビティの質の問題である。

一方、実際使用のアクティビティの量の問題も検討すべきである。「本番」の接触場面は、相手側の都合によって、交流する時間数が制限されてしまう。そのため、制限がある「本番」の接触場面だけでなく、事前と事後に行う教室活動も、実際使用のアクティビティとしての共同体を形成する「本番」のインターアクションの場として捉えていく必要があるだろう。

以上、今後の会話教育実践の課題として、1)「研究と実践の連携」の充実、2) 海外での会話教育の発展、3) 授業活動でのインターアクション能力育成、4) 実際使用のアクティビティの質と量の検討について述べた。こうした課題を考慮に入れて、本書で主張する「会話教育のための研究と実践の連携」をさらに強化していく必要がある。特に、本節でみたような言語的アクティビティと実質的アクティビティを扱った各授業活動がどのようなインターアクション能力と関係するのかをより明確にしていくべきである。そこで、第3章で「言語的アクティビティ」と「実質的アクティビティ」の会話を分析した結果や、先行研究における会話データ分析の成果などから得られた会話指導学習項目を本章第2節で提案する。これによって、言語的アクティビティと実質的アクティビティの各会話において、どのようなインターアクション能力の育成が必要とされるのかについて明らかにする。その上で、そうした会話指導学習項目をもとに授業活動デザインした、新たな会話教育実践の具体例について、第3節と第4節で検討する。

なお、本書の会話教育実践（第4章第3節、第4節、第5章第2節、第3節）の特徴としては、お客様としてのビジターではなく、学習者と協働で課題を解決したり交流のための会話をしたりする「授業ボランティア」が参加していることである。そのため、学習者が参加する接触場面の実際使用のア

クティビティが質量共により充実したものとなっている。また、会話教育で目指すインターアクション能力も、ある特定の言語的アクティビティの会話だけでなく、様々な領域・場面も考慮に入れた言語的・実質的アクティビティの両面から会話に参加できるように授業活動デザインしてある。例えば、言語的アクティビティの会話で必要な談話技能を意識化して（FACT）、使う練習と実際使用を行う（ACT）という会話教育実践が可能である（第4章第3節）。あるいは、実質的アクティビティとしてのフィールド・トリップに参加することで、学習者は教室では学び切れない五感を通した言語行動、社会言語行動、社会文化行動を行う機会が与えられる（第4章第4節）。

さらに、会話データ分析活動では、学習者がメタ認知を働かせて会話を分析する視点を育成するという点で、学習者の「研究」の支援を行っている（第5章第2節）。一方、談話技能を意識化して（FACT）、使う練習と実際使用を行い（ACT）、それらの集大成として学習者独自の「ビデオ作品」を主体的に作成していくという会話教育実践も行っている（第5章第3節）。こうした会話教育実践に参加している授業ボランティアも、学習者から社会文化的なことや、接触場面の会話での「歩み寄りの姿勢」を学ぶ機会となっていることも指摘する（第4章第3節、第4節、第5章第2節、第3節）。

第2節　会話教育の指導学習項目

前節、第1節では、「シラバス・デザイン」（刈り込みシラバス作成）と「カリキュラム・デザイン」といった会話教育実践の授業活動デザイン例に関する先行研究を概観した。こうした授業活動デザインを教師が行う際、シラバス（指導学習項目）の基盤となる「原型シラバス」の全体像を把握しておく必要がある。本節は、教師による「研究と実践の連携」の循環である「会話データ分析―会話指導項目化―会話教育実践」の中の筆者が行った「会話指導項目化」の部分にあたる。

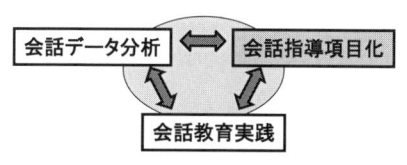

筆者による「研究と実践の連携」

　国立国語研究所 (2003: 1-2) は、日本語学習者の目的や背景の多様化が近年進み、各現場における学習者の個別特性への考慮が必要となってきているとしている。それとともに、そうした個別の現場の知見を集約し、より広い視野から個々の現場に対応できるような基盤となる知見の提供が必要であると指摘している (国立国語研究所 2003: 2)。そして、学習者に必要な指導学習項目を包括的にまとめたシラバスとして、「日本語総合シラバス」の重要性を主張している (国立国語研究所 2003: 2)。つまり、これは、第 2 章で述べた「原型シラバス」(小林 1998) をより大規模に集約したシラバスである。こうした各会話教育実践の指導学習項目の基盤となるシラバスがあれば、そこから学習者の背景やニーズ、コースの目的に合わせて、より多様な指導学習項目を選択し、授業活動デザインができると考えられる。

　しかし、椙本 (2005) によると、日本語教育における話し言葉のシラバスは、80 年代〜90 年代にかけて議論されてきたものの、それ以降は十分な議論がないという。そして、会話教育では、ロールプレイやビジター・セッションなど、「どう教えるか」という教授法に関する議論に偏りがちで、「話す技能には何が必要か」といった「何を教えるか」という指導学習項目が体系的に整理されていないとしている (椙本 2005: 2)。つまり、様々な活動が試みられている中、その活動の中で学習者が何を学んでいくのかという指導学習項目を教師と学習者が意識していないと、目的のない活動のための活動に陥ってしまう危険がある。

　「日本語教育の理念の変遷」は、「教師主導 (何を？)」から「学習者中心 (どのように？)」、さらに「学習者主体 (なぜ？)」と移り変わってきている (細川 2003)。しかし、「どのように？」と「なぜ？」という点ばかり議論されて「何を？」の部分をもう検討しなくてもいいというわけではない。学習者のインターアクション能力を育成するための会話教育では、常にコース・

デザインという広い観点から、「何を？」「どのように？」「なぜ？」といったすべての点についてさらに検討し続けていく必要がある。

こうした点から、体系立った目標のもと、多様化する学習者に対応した会話教育実践を行っていくためには、その基盤となる「会話指導学習項目」が必要となる。これは、「何を？」の部分に当たる。そして、「会話指導学習項目」をまとめるにあたっては、会話というものの特徴を考慮に入れる必要がある。そこで、本書では、「言語的アクティビティ」と「実質的アクティビティ」という異なる特徴をもつアクティビティの会話に区分した新たな枠組みで、会話指導学習項目を提案する。さらに、各アクティビティの指導学習項目は、言語行動・社会言語行動・社会文化行動といったインターアクションの3段階の枠組み（ネウストプニー 1995a）で分類する。これによって、人間の言語行動を含む、実質行動を基盤としたすべての生活行動について、インターアクションという観点から広く捉えて、会話指導学習項目を検討することが可能となる。さらに、こうした総合的に指導学習項目を記述し、集約することで、教師と学習者が会話を考え、「何を」教育・学習していくのかという手がかりとなる。また、こうした指導学習項目リストを可視化することで、教師間でも共有が可能となり、そこから発展させたより多様な会話教育実践が各現場に応じて創造されやすくなる。

まず、本節では、1.「会話教育の指導学習項目」に関する主な先行研究を概観する。その上で、2. 会話教育のためのインターアクションの新たな指導学習項目（言語的・実質的アクティビティの会話）を提案する。そして、3. 本書で提案した会話指導学習項目の意義と活用方法、および、4. こうした会話指導学習項目を扱う際の留意点も指摘する。

以上のような本書で新たに提案する会話指導学習項目で参考にした、会話データ分析と先行研究の関係について、【図4-3】に図示した。

本書で提案する会話指導学習項目は、先行研究（第2章第2節、第3節、第3章第1節、第4章第1節、第2節1など）、会話データ分析の結果（第3章第2節）、会話教育実践の成果（第4章第3節、第4節、第5章第2節、第3節、第6章第2節）を活かした、教師としての筆者による「研究と実践の連携」の循環の一部である。つまり、筆者が行った「会話データ分析―会

話指導学習項目化―会話教育実践」という循環が何度も起こる中から得られたものを「会話指導学習項目」としてまとめたものである。よって、第4、5、6章で行った「会話教育実践」から得られた「会話指導学習項目」も含まれている。よって、固定化した結論ではなく、これを手がかりに、今後さらなる「研究と実践の連携」の循環で新たに書き加えられ、修正されていくものである。つまり、動態的な「研究と実践の連携」の循環プロセスの現段階の一部をリスト化したものだといえる。そのため、この会話指導学習項目は、筆者の「研究と実践の連携」の循環から抽出された帰納的なリストであり、網羅的なものではない。異なった学習者や会話場面、会話教育実践のデータを対象とした分析を行えば、また異なった指導学習項目が抽出される

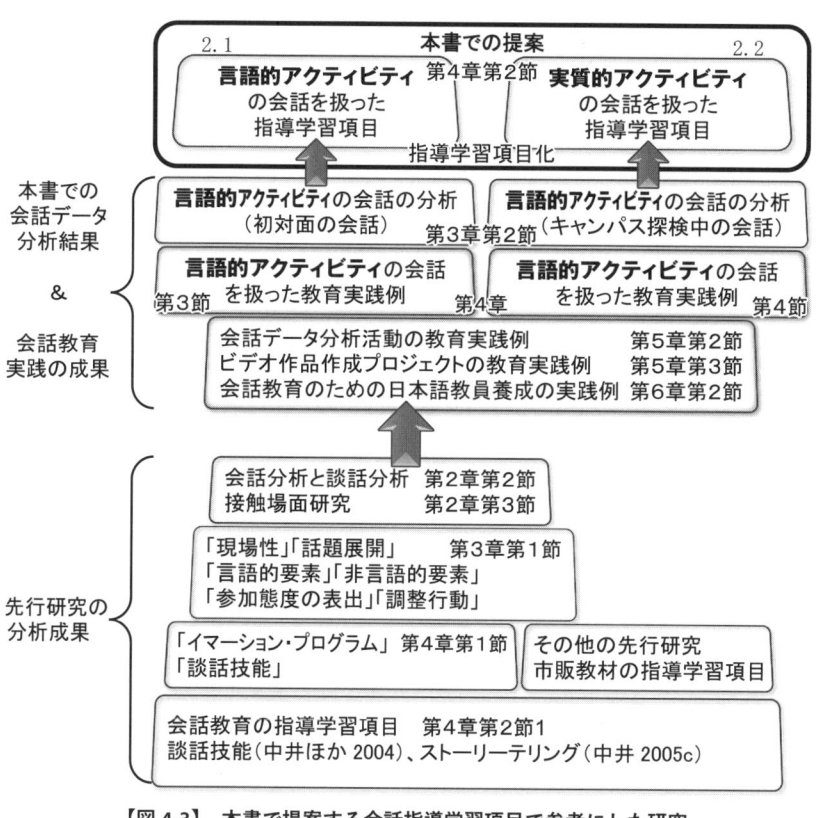

【図4-3】 本書で提案する会話指導学習項目で参考にした研究

であろう。本書では主に、言語的アクティビティの会話として、学生同士の初対面の会話、雑談、ストーリーテリングなどのデータをもとにし、実質的アクティビティの会話として、キャンパス探検中の会話をもとにした会話指導学習項目を提案する[12]。

1. 会話教育の指導学習項目

中井・大場・土井(2004)では、「談話技能」について、「話し手や聞き手として会話に参加しながら、会話を円滑に展開していくために必要な言語的・非言語的な要素を、談話レベルで効果的に用いるための技能」と定義している。その上で、中井・大場・土井(2004)は、学習者のコミュニケーション上の問題を防ぎ、自らが望むように、積極的に会話に参加していけるようにするために、「談話レベルでの会話教育のための談話技能の指導項目案」を提案している。この指導学習項目は、話し手と聞き手がそれぞれ用いる談話技能という観点から「A. 言語的項目」、「B. 非言語的項目」、「C. 音声的項目」、「D. 言語・非言語・音声の総合的技能項目」に4分類されている。そして、中井・大場・土井(2004)は、初級の段階からこの指導学習項目を参考に、談話レベルでの会話教育を行う必要性を主張している。

さらに、中井(2005c)の会話教育実践では、ストーリーテリング特有の指導学習項目として、「話し手と聞き手の相互行為のための技能」、「ストーリーテリングにおける話し手の技能」を新たに提案している。

以上の先行研究の指導学習項目は、特に、「言語的アクティビティの会話指導学習項目」(本章第2節2.1)の参考とした。

2. 会話教育のためのインターアクションの新たな指導学習項目の提案

本節では、これまで概観した先行研究(第2、3、4章)、会話データ分析結果(第3章)、会話教育実践(第4、5、6章)を次なる新たな会話教育実践に活かすために、言語的アクティビティの会話と実質的アクティビティの会話を扱った指導学習項目を2.1と2.2で新たに提案する。

言語的アクティビティの会話と実質的アクティビティの会話には明確な境界線はなく連続体であるが、「初対面の自由会話」と「キャンパス探検中の

会話」という両アクティビティの会話にはそれぞれ異なる特徴が見られた(cf. 第 3 章「会話データ分析」)。よって、会話教育の授業活動デザインをする際も、両アクティビティの会話の特徴の共通点や相違点を意識的に掴み、それを活かした授業活動の可能性を広げる必要がある。そのために、本節では、言語的アクティビティの会話と実質的アクティビティの会話を区分し、それぞれに必要な指導学習項目をリスト化し、可視化することを目指す。

さらに、両アクティビティの会話の指導学習項目は、主に、初対面の自由会話といった雑談や、キャンパス探検中の会話といった会話データ分析や会話教育実践をもとにしている。こうしたアクティビティはいずれも、参加者同士が楽しい場を形成して友好な関係を作るために、共に協力しながら会話したり実質行動を行ったりして交流しているという点で「交流会話」(Brown and Yule 1983) の特徴を強くもつ。こうした「交流会話」に参加して人間関係を作っていくのは、人間が社会の中で他者と関わっていくために最低限必要とされる基本的な行為である。そのため、どのような会話の領域・場面でも基盤となる。

よって、本節で提案する各アクティビティの会話指導学習項目も、友好な関係を作っていく会話という点で、より広い範囲の会話の基盤となる[13]。こうした基盤のもとに作成された会話指導学習項目は、会話参加者が他者と協力して楽しい会話空間を作るために駆使する会話のリソースになる。こうした会話のリソースは、他者とのインターアクションの瞬間瞬間の関係性の中で動態的に用いられ、発話の意味やお互いの関係性を表すメタメッセージの伝達・解読に繋がる。

2.1 言語的アクティビティの会話指導学習項目

【表 4-1-1】、【表 4-1-2】、【表 4-1-3】は、言語的アクティビティの会話を扱った指導学習項目として、それぞれ言語行動(語彙・文法・音声)、社会言語行動(点火・セッティング・参加者・バラエティ・内容・形・媒体・操作・運用)、社会文化行動というインターアクション(ネウストプニー 1995a) の枠組みを用いてまとめたものである。なお、様々な観点やデータからの分析結果を新たにこの枠組みに入れたため、ネウストプニー (1995a)

が定義するインターアクションの各段階の分類に当てはめにくいものもあった。よって、本書で提案する会話指導学習項目のリストは、ネウストプニー（1995a）の枠組みよりも多少広い分類となっている。

　言語的アクティビティの会話指導学習項目を作成するにあたって主に参考にした本書の分析結果と先行研究について、1）会話データ分析の成果、2）会話指導学習項目の成果、3）会話教育実践の成果、4）その他のインターアクションとその能力に関連する先行研究という4種類に以下の通り分類した。

1） **会話データ分析の成果**
　言語的アクティビティの会話データ分析（本書の成果）
　　・第3章第2節2「言語的アクティビティの会話の分析（初対面の会話）」（現場性の有る発話・無い発話、指示表現、ジェスチャー、主導権、会話維持、メタメッセージ、課題解決、相手の文化の知識・興味など）
　　・第3章第2節5「母語話者の配慮・調整行動の分析」（語彙選択、意味交渉、発音・スピード、点火（会話維持、主導権、発話量管理）、内容（話題選択）、媒体（図像的ジェスチャー）、相手の文化の知識・理解・興味、楽しい場づくり）
　言語的アクティビティの会話データ分析（先行研究の成果）
　　・第2章第2節「会話分析と談話分析」
　　・第2章第3節「接触場面研究」会話のスタイルの分析項目（Tannen 1984）、第三者接触場面の会話データ分析結果（大場・中井・土井2005）　ほか
　　・第3章第1節1「現場性」「話題展開」「言語的要素」「非言語的要素」「参加態度の表出」（Goodwin 1981、中井2006a, b）「調整行動」
　　・「同時行動」（Erickson and Shultz 1982ほか）
　　・ストーリーテリングでの話し手による聞き手の引き込み方の分析結果（相場・中井2010）
　　・メタ言語表現の分析結果（中井・寅丸2010）

2） **会話指導学習項目の成果**
　言語的アクティビティの会話指導学習項目（先行研究の成果）
　　・第4章第2節1「談話レベルでの会話教育のための談話技能の指導項目案」（中井・大場・土井2004）
　　・第4章第2節1「ストーリーテリングの指導項目」（中井2005c）

3) **会話教育実践の成果**
  言語的アクティビティの会話教育実践(本書の成果)
    ・第4章第3節「言語的アクティビティの会話を扱った教育実践例の分析」
    ・第5章第2節「会話データ分析活動の教育実践例の分析」
    ・第5章第3節「会話データ分析活動と会話練習とビデオ作品作成プロジェクトの教育実践例の分析」
    ・第6章第2節「会話教育のための日本語教員養成コースの教育実践例の分析」
  言語的アクティビティの会話教育実践(先行研究の成果)
    ・第4章第1節1「イマーション・プログラム」
    ・第4章第1節2「談話技能の習得を目指した会話教育実践」
4) **その他のインターアクションとその能力に関連する先行研究**
  ・口頭能力試験(牧野2001(OPI)、庄司ほか2004)
  言語行動
    ・語彙の定型表現の項目(富阪1997、中井2010)
    ・音声の項目(富阪1997、戸田2004)
  社会言語行動
    ・第5章第1節「学習ストラテジー」「メタ認知」
    ・身体接触学、対物学(外観／匂い)(橋内1999)
  社会文化行動
    ・一般的能力(Council of Europe 2002)、社会文化行動(村岡2003b、小川ほか2003)
    ・市民リテラシー(宮崎2009)、リテラシー能力(細川2006)

　まず、会話指導学習項目リストの作成の5つの手順について述べる。第1に、インターアクション(言語行動、社会言語行動、社会文化行動)の枠組みを設け、その各分類の中に、中井・大場・土井(2004)の会話指導学習項目を当てはめていった。第2に、本書の第3章と先行研究の会話データ分析の結果も追加した。第3に、第4、5、6章と先行研究の会話教育実践と教員養成の教育実践の結果を入れた。特に、第5章5.3節で述べた、「会話の宿題レポート[14]」で学習者が記述したものを会話指導学習項目のリストに多く取り入れた。この「会話の宿題レポート」は、教室外での学習者と日本語母語話者の接触場面の会話で、かつ、教室内だけでは教師が観察できない実際使用の様々な場面の会話の振り返りである。さらに、教師が体験できない

学習者の視点から振り返りがされているという点でも、会話指導学習項目を検討する上で、非常に参考になった。

こうした筆者による「研究と実践の連携」から得られた項目は、主に、雑談、初対面の会話、ストーリーテリング、学習者が参加する教室内外での接触場面の会話、母語場面の会話、テレビ番組の会話などを教師や学習者が分析した結果からなる。そのほか、第4に、インターアクションとその能力に関する先行研究や市販教材から得られた指導学習項目もリストに追加した。また、第5に、特に、社会言語行動の項目は、筆者の日常生活の会話や教育実践での日々の観察や内省と、その分析メモから項目を追加した。

なお、これらの項目は、談話レベルの言語・非言語的要素を表現と機能という点から多角的に分類しているため、各分類で重複しているものもある。つまり、各項目は、互いに複合的に関わり合っているのである。さらに、この指導学習項目リストは、言語行動、社会言語行動、社会文化行動を総合的に整理しているため、語彙・品詞・文型・表現・機能・技能・場面・話題といったシラバスが混合された形になっている[15]。また、各項目で、「話し手」と「聞き手」[16]で用いる項目が異なる場合は、左右に分けて分類した。

次に、【表4-1-1】の各分類の説明と、そこに含まれる会話指導学習項目を活かした会話授業例について述べる。このリストは、言語的アクティビティで必要とされる言語行動の会話指導学習項目をまとめたものである。言語行動に含まれる「1. 語彙」「2. 文法」「3. 音声」の各項目について、特に談話レベルでの会話という観点から分類した。まず、「1. 語彙」には、日常会話で重要となる「定型表現」や「名前・相手の呼び方」「ストーリーを説明する時の単語・句」などの語彙項目を入れた。次に、「2. 文法」には、主に雑談やストーリーテリングをする上で必要となる「発話の構成」「登場人物の焦点化」のほか、テンス・アスペクト、スピーチレベル、文末表現などの文法項目を入れた。最後に、「3. 音声」には、音声的により自己表現が多様にできるようになるための発音、イントネーション、リズム、母音の引き延ばし、声の調子などの音声項目を入れた。

こうした言語行動を扱った会話指導学習項目を会話教育実践で扱う際は、例えば、「1. 語彙」の「定型表現」や「用語」が日常生活のどのような場面

で用いられるかを学習者と確認しながら、ロールプレイをしてみたり、あるいは、教室外で観察してくる課題を学習者に与えたりするような授業活動が考えられる。また、「2. 文法」では、例えば、ストーリーテリングをしている映像データを学習者が分析し、そこでどのような文法的な要素が用いられているかを意識化し、その後、学習者自身がストーリーテリングをしてみて、振り返るというような活動が挙げられる (cf. 中井 2005c、相場・中井 2010)。このような授業活動では、特に、「3. 音声」の項目や、【表 4-1-2】の社会言語行動の中の非言語行動といった「7. 媒体」なども、自己表現のリソースとして意識的に用いていけるように支援することが望まれる。

【表 4-1-1】 言語的アクティビティの会話指導学習項目の提案（言語行動）

	話し手	聞き手
1. 語彙	●適切な単語や句の選択／会話の中での使用／言い換え 1. 定型表現(挨拶) 　例) おはようございます／こんにちは／やあ／オッス／やっほ／よお／あ、どうも／先日はどうも／元気？／どちらまで？／ちょっとそこまでお忙しそうですね／お疲れ様です／行ってらっしゃい／行ってきます／お帰りなさい／ただいま／いただきます／ごちそうさました／ご遠慮なく／ほんの気持ちだけですが／ひさしぶり／暑いですね／よろしくお願いします／こちらこそ／おかげさまで／お先に／失礼します／すみません／お邪魔します／おかまいなく／そろそろ／じゃあね／じゃ、また／バイバイ／また今度／じゃここで／お気をつけて／お元気で／お大事に／～さんによろしく／がんばってね 2. 名前・相手の呼び方 　例) 名字／名前／～さん、さま／ちゃん／役職／先輩／先生／お母さん／おばさん／あなた／君 3. 基本的な語(和語、漢語、カタカナ語) 4. 特別な語(若者言葉、流行語、専門用語、隠語、男・女言葉) 5. 様々な場面・ジャンルで用いる単語・句 　5.1 生活用語　例) 生活用品・生活行動(朝／昼／晩)／自然／天気／季節／地理／文化／動物／外出／交通機関／銀行／給料／買い物／衣服／旅行・観光／トラブル／料理／病院／電化製品／病気・怪我／余暇／趣味／ドライビング／インターネット 　5.2 学校用語　例) 教室内活動／教室外活動／事務所手続き 　5.3 職場用語　例) 事務用品・事務用語／会議／出張／商談 6. ストーリーを説明する時の単語・語句 　6.1 登場人物の区別／焦点の付け方 　　代名詞／総称／固有名詞の使用 　　例) 彼、男の人、杉山さん、奥さん 　6.2 登場人物の感情を表す表現 　　例) 嬉しい／楽しい／幸せ／びっくりする／あきれる／恥ずかしい／動揺する／あわてる／そわそわする／いらいらする／カンカンになる 　6.3 時を表わす表現 　　例) 次の日の朝／前の日／その日	1. 話題に応じた単語や語句を会話の中で聞き取る 1.1 正確に聞き取る 1.2 推測する 2. 適切な単語や語句を用いて、聞き手としての反応をする

2.文法	話し手	聞き手

	●適切な文法の選択／会話の中での使用／言い換え
	1. 発話を構成して、事実・意見・態度を伝達する
	  1.1 談話展開を明確にする
	    a. 文と文の関係や展開を示す
	      ～と／～ば／～たら／～なら
	      ～から／～ので／～し／～けど／～けども／～が／～ないで／～せずに／で／それで／そしたら／それから／そして／でも／だから／じゃあ／それでも、～。／～ないで／～ずに／～る代わりに／～たりする／たりしない
	    b. 順番に説明する
	      まず／はじめに／次に／それから／で／その後／最後に（ジェスチャー使用）
	    c. 時間関係を表わす
	      ～て、～て、～。／～時／～前／～後／～てから／～うちに／～間に／～ながら／～ところ／～とたん／～途中／～たばかり
	    d. 前置きをする(～んですけど、～。)
	      例) 教室に行ったんですけど、誰もいなかった。
	  1.2 話題に対する自分の態度を示す
	    a. 感情を入れる／態度を示す
	      ～てもらう／～てくれる／～てあげる／～てしまう／～ちゃう／～される／～させる／させられる／～のに(せっかくやったのに…)／～ても(今から行っても…)／やっぱり／せっかく／ぜひ／あんまり／ちょっと／すごく／～だけ／～しか／～も／終助詞(よ／ね／よね／わ)
	    b. 類推する／意見を言う
	      ～かもしれない／～かもね／～かも／～んじゃない／～んじゃないかな／～んじゃないかと思う／～ようだ／みたいだ／そうだ／らしい／～と思う／もし／ひょっとして／たしか／きっと／たぶん／実は／～かどうか／～わけ／～はず
	    c. 意向／希望を伝える
	      ～ようと思う／～つもり／～予定／～たい／～たいと思う
	    d. まとめる／評価する
	      だから、もう大変なんですよー。／でも、楽しいですけどね。／それで、失敗しちゃったのよ。
	  1.3 話を生き生きとさせる
	    ～てくる／～いく／～し始める／～し出す／～し終わる／～ておく／～てある／～ている／～てみる
	    例) 怒って部屋から出ていってしまいました。／毎日練習し始めました。
	  1.4 聞いたことを伝える(引用表現)
	    ～って／そうだ／らしい／～って言ってたんだけど／～って聞いたんだけど
	  1.5 回顧する　例) ～っけ／～なあ
	2. 登場人物の区別／焦点の付け方
	  2.1 名詞修飾節による人物の特定
	    例) カツラをかぶって踊っている人
	  2.2 主語・視点の維持／焦点化
	    a. 受身、使役、使役受身、授受表現の使用
	      例) 青木さんが踊っていたら、ほかの男の人にパートナーを取られてしまった。
	    b. ～てくる vs. ～ていく
	      例) 歩いてきた／歩いていった。
	  2.3 は／がの区別
	    例) きれいな女性が窓から外を眺めていました。
		1. 会話の中で用いられている文法・文型を聞き取る
		  1.1 正確に聞き取る
		  1.2 推測する
		2. 適切な文法・文型を用いて、聞き手としての反応をする

	3. テンス・アスペクト(る形／た形、～ている) 4. スピーチレベル(です／ます体 v.s. だ体の統一・区別) 　動詞・名詞・形容詞の活用／応答詞の変換「はい―うん」「いいえ―ううん」／あいづち詞の変換「そうですか―そうか」／フィラーの変換「あの―あのね」 5. 活用(動詞・名詞・形容詞の活用) 6. 語順 7. 文末表現 　7.1 文末の完結性 　　a. 文末まで完結して話す 　　b. 文末を省略して話す(言いさし発話) 　7.2 終助詞の使用／非使用 　7.3 婉曲表現 　　～かな／～なあ／～みたいな／～って／～とか言って 8. 助詞の使用／省略(格助詞／係助詞) 9. 指示表現(こそあど) 10. 短縮句　～たら？／～ば？／～は？／～ないと。／～って。／～て？
3. 音声	●適切な音声の選択／会話の中での使用／言い換え／聞き取り 1. 発音(子音、母音、清濁、長音、促音、撥音、高低アクセント) 2. イントネーション(上昇調／下降調／平調)／プロミネンス 3. 間／沈黙(ポーズの長さ／発話と発話の間) 4. リズム(拍感覚) 5. 発話スピード(速い／遅い／流暢さ) 6. 反応(応答などの反応の速さ／タイミング) 7. 母音の引き延ばし 8. 声量(強弱)／声の高さ(高い／低い) 9. 声の質／声の調子　例)喜び／ためらい／疑問／疑念／否定／確認／推量／同意要求／驚き／共感／同情／意外／了解／はきはき／口ごもる／言いよどむ／畳み掛ける／声が震える／性別／年代／ジャンル／日本語母語話者／非母語話者の母語の特徴／方言 10. 縮約形 　～ちゃう／～なきゃ／～なくちゃ／～てる／～てく／～とく／～たげる／こりゃ／ったく／ばっかり／あんまり／～ん(ら／り／る／れ／の／ない　の変形)／～ねえ(ないの変形)

　後掲の【表4-1-2】のリストは、社会言語行動の会話指導学習項目をまとめたものである。社会言語行動に含まれる「1. 点火」「2. セッティング」「3. 参加者」「4. バラエティ」「5. 内容」「6. 形」「7. 媒体」「8. 操作」「9. 運用」の各項目について、会話に参加する際に状況や相手に合わせて調整しながら会話を展開させていくような要素を中心に分類した。

　まず、「1. 点火」には、会話を開始・展開・維持・終了させながら参加していくために必要な要素を入れた。つまり、会って話し始めたり会話を終えて別れたりするような「会話の始め方・終わり方」や「会話の維持」のほか、会話の中に複数存在する話題を始めたり終わったり転換させたりするような「話題の始め方・終わり方」、あるいは、「会話への参加の積極性」であ

る。また、「点火」に関して、特に、話し手と聞き手に必要な要素は、それぞれ分けて分類した。こうした項目を会話教育実践で扱う際は、例えば、「会話の始め方」や「会話の維持のさせ方」にはどのようなものがあるか学習者にディスカッションさせたり、観察させたりすることができる。あるいは、話し手や聞き手として「会話に積極的に参加する」ために、どのような言語的・非言語的・音声的な要素をリソースとして用いることができるのかを学習者とともに検討しながら、会話練習することも有効である。

　次に、「2. セッティング」には、会話の「状態」、「時間・順番」、「場所」、「目的」、「立場・役割」「予備知識の有無」といった会話がどのような前提からなるのかを検討して調整するための要素を入れた。また、会話の場を意図的に自ら進んで作っていくような「会話のセッティングの調整・働きかけ」という要素も入れた。これは、学習者による「会話の宿題レポート」や演劇プロジェクトなどの演出で得られた要素である。こうした項目を会話教育実践で扱う際は、例えば、ロールプレイや演劇プロジェクト、ビデオ作品作成プロジェクト（cf. 第5章第3節）などで、どのようなセッティングで会話をするとどのような効果があるのかを検討したり、フィードバックをしたりすることができる。同様に、ホームビジット先の家に電話をする際などに、どのようなセッティングが適切かを学習者が検討して事前準備をするために、これらの項目を参考にすることもできる。

　そして、「3. 参加者」には、「会話の参加者の特徴」や「会話相手との関係や人数」などといった参加者に関する情報を入れた。また、参加者間のやりとりという点から「ターンの受け継ぎ表示」（中井2003a）と「参加者同士の協力」の要素も加えた。さらに、参加者のうち話題を誰が決めるかという点から「話題の所有」の要素も入れた。こうした項目を会話教育実践で扱う際は、例えば、会話相手の特徴や関係、選択などを考慮に入れた会話の仕方を検討する授業活動が可能である。あるいは、ターンがうまく取れないといった学習者には、「ターンの受け継ぎ」のための効果的な方法について助言を与える際に、これらの項目がヒントになるであろう。

　さらに、「4. バラエティ」では、「使用言語」「スピーチレベル」「スタイル」「語彙・表現の選択」「話す態度」「言葉の調子」「聞き手とのインターア

クションの度合い」「言葉の強調の仕方」などを選択して、自己表現を豊かにする要素が分類してある。こうした項目を会話教育実践で扱う際は、ロールプレイ、演劇プロジェクト、ビデオ作品作成プロジェクト(cf. 第5章第3節)、ストーリーテリングなどの授業活動が有効である。例えば、あるキャラクターを演じる際にどのような「スタイル」、「態度」、「言葉の調子(フリ[17])」で話すのが効果的であるか、自分の表現したいものに一番近いかを学習者と共に検討し、何度も練習することができる。あるいは、口頭発表やストーリーテリングをする際は、「聞き手とのインターアクションの度合い」「言葉の強調の仕方」「抽象的な概念の説明の仕方／キーワードの示し方」などを考慮に入れながら、話す練習を行う。また、こうした項目は、学習者のパフォーマンスを評価する際の指標の一部ともなるであろう。

「5. 内容」には、「話題の選択」「話題の内容」といった話題がどのような性質をもつものかという観点から分類したものを入れた。また、発話でどのようなものに言及しているのかといった「発話の言及の対象」として、「現場性」と「時制」も含めた。さらに、特に、「内容」に関して、話し手と聞き手にそれぞれ必要な要素も分けて分類した。「話題の選択」「話題の内容」は、会話教育実践の授業活動デザインをする際に、どのようなタイプや種類の話題を扱うかを教師が検討するのに参考にできる。あるいは、学習者が授業ボランティアなどと自由会話をする際に、どのような種類の話題を話したいのかを考えるヒントとなるであろう。または、「性質」「話題の豊富さ」や「話題の重要性・関連性」は、学習者の会話を評価する指標の一部ともなる。一方、「情報の所属先・影響」や「失礼がないか」などの項目は、自由会話だけでなく、依頼や勧誘などのロールプレイを行う際の留意点ともなる。さらに、「発話の言及の対象」の「現場性」と「時制」の項目を参考に、発話する際により多様な事象に言及する練習や実際使用のアクティビティができるように授業活動デザインをすることが可能となるであろう。

「6. 形」には、「展開の型」「内容提示の順番」「論理性」など、会話がどのような型からなるのかという観点からの項目を入れた。また、どのような発話の機能を用いて話すのかといった「発話の機能」と「直接的・間接的な話し方」の要素も加えた。こうした項目を会話教育実践で扱う際は、例え

ば、「展開の型」のそれぞれの型で会話練習をしてみると、学習者の会話への参加形態が広がる (cf. 本章第3節における「会話の型と質問表現」)。説得や説明などのロールプレイや実際使用をする際に、「内容提示の順番」「発話の長さ」「発話の頻度」「論理性」「発話の機能」「直接的・間接的な話し方」などの要素を十分検討し、どのように話すと伝えたいことがより伝わるのかを考えるための参考にできる。あるいは、これらの要素について、ドラマや映画などの会話データから学習者が分析して意識化することも有効であろう。

「7. 媒体」には、「音声言語」「非言語」といった会話の媒体の要素のほか、「相手との位置関係・距離」「外観」などの要素と、「視覚的・聴覚的・嗅覚的な補助」「原稿の有無」といった会話をより効果的にするための要素を入れた。こうした項目を会話教育実践で扱う際は、例えば、ロールプレイや演劇プロジェクト、口頭発表などで、「非言語行動」や「視覚的・聴覚的・嗅覚的な補助」をいかに用いるのが効果的か検討するための参考になる。そして、「相手との位置関係・距離」「外観」などの項目は、特に、異文化コミュニケーションを考える上で比較分析する題材ともなりうる。また、「原稿」を作成してから話すか、即興で話すかといった文字媒体の有無も授業活動デザインを検討する際に必要な項目となる (cf. 本章第1節3)。

「8. 操作」には、会話上の問題を処理する方法として、「心的態度を調整する」「自己の発話能力を補う」「言い直す」「相手に協力を求める」「不明な点に対処する」「話題の軌道修正をする」といった項目を入れた。また、学習者による「会話の宿題レポート」の記述にも見られた「発話形成や会話参加に挑戦する」という要素と、「回避する」という要素も加えた。さらに、特に、「操作」に関して、話し手と聞き手にそれぞれ必要な要素も分けて分類した。こうした項目は、例えば、授業ボランティアと会話をする際や、学習者が会話の参加に困難を感じている際に、教師が「心的態度を調整する」ように励ましたり、「自己の発話能力を補う」「相手に協力を求める」にはどのような方法があるか助言を与えたりするための参考になる。あるいは、ディスカッションなどの司会者をする学習者には、「話題の軌道修正をする」という項目も重要な要素となるであろう。なお、「話し手」の「自分の発話をモニターしてコントロールする」項目は、三宮 (1995) のメタ認知の

用語を参考にした。

　最後に、「9. 運用」には、上記1–8の社会言語行動の指導学習項目を知識[18]としてもちながら、それぞれの項目をリソースとして総合的に組み合わせて用いていくという要素を入れた。その中には、各項目をリソースとして組み合わせて用いながら、自身の伝えたい「メッセージを送る」、相手の「メッセージを解読する」という要素と、そうしたメッセージの伝達から伝わる「メタメッセージを送る・解読する」という要素が含まれる。さらに、運用の「量・頻度」「速度」という観点も、「会話の宿題レポート」の記述を参考に取り入れた。そして、こうした1–8の社会言語行動を運用すること自体の「質・バラエティの豊富さ」も検討できるように項目として入れた。このような「9. 運用」の指導学習項目の観点からも、会話教育実践では、上記1–8の項目を総合的に考慮に入れた授業活動を行う必要があるといえる。

【表 4-1-2】 言語的アクティビティの会話指導学習項目の提案（社会言語行動）

```
1.  ●適切な会話の開始・展開・終了／会話の維持／会話への参加の積極性・貢献
点  1. 会話の始め方・終わり方
火    1.1 始め方
        a. 話す機会を作る　例）日本語を話しているコミュニティーに参加する／ネットワーク
           を作る／友達を作る／話す約束をする
        b. 話すきっかけを作る　例）声をかける／挨拶する／話しかける／咳払いをする／肩を
           叩く／手を握る
        c. 自己紹介から始める
      1.2 終わり方
        a. 会話の終わりを言う　例）では／じゃあ／それでは／それじゃあ／そしたら
        b. 会話の感想・挨拶
           例）お会い／お話しできて、本当によかったです／楽しかったです／試験、がんばっ
             てください！／面白いお話をありがとうございました／今日はお忙しいところ、
             わざわざ来てくださいまして、ありがとうございました
        c. 次に会う約束をする　例）じゃあ、また／また会いたいです／またお会いしましょう
    2. 会話を維持させる
      2.1 沈黙に対処する
        a. 沈黙を積極的に回避する
           例）話題を作る／話題を繋げる／あいづち／うなずき／笑う
        b. 沈黙を積極的に回避しない　例）姿勢を変える／沈黙のままにする
        c. 沈黙の間に実質行動を行う　例）飲食する／所有物を触る／用事をする／部屋を出る
      2.2 話しやすい雰囲気を作る　例）リラックスする／話しやすい場所や位置を選ぶ／笑顔
      2.3 話題を膨らませる
           例）詳しい話をする／詳しいことを聞く質問をする／関連する情報を提供する
      2.4 関連したストーリーや情報を参加者各自が順番に提供していく
      2.5 新しい話題を提供する
      2.6 話題の概要をつかんで発展させる
           例）話題のすべてが理解できなくても分かる部分を発展させる
```

3. 話題の始め方・終わり方
　3.1 始め方／切り出し方
　　a. 相手の注意を引く表現　例）あのー／えー／えっとー／あっ／ねえ！
　　b. 接続表現　例）でも／じゃ／ところで／実は／さあ！／さて
　　c. 話を変える表現　例）話を変えてすみませんが／話がそれますが／ぜんぜん関係ないんですが
　　d. 話を思い出した時の表現　例）あっそうだ！／そういえば／そうそう！あっちょっと思い出したんですけど
　　e. 話を戻す表現　例）話を戻しますが／さっきの話ですが／〜のことなんだけど
　　f. 質問する時(情報要求)　〜んですか／〜の？　例）よくここに来るんですか。
　　g. 自分から情報を出す時(情報提供)　私、〜んです(よ)。
　　　　　　　　　　　　　　　　　　　例）就職がやっと決まったんです。
　3.2 終わり方
　　a. 評価的発話　例）よかった／すごい／大変ですね
　　b. まとめの言葉／あいづち／沈黙／共同発話／笑い
　　c. ゆっくり話す／語尾母音の引き延ばし
4. 会話への参加の積極性
　4.1 自身の参加態度の表出
　　a. 発話量の調整　例）実質的な発話で積極的に情報提供をする／あいづち的発話を多く用いて参加する／ターンを多く取る・あまり取らない／ターンを長く取る・短く取る
　　b. 声量の調整　例）大きい声で積極的に話す／小さい声で控えめに話す
　　c. 視線／姿勢／笑い／飲食／テーブルをたたく／ジェスチャー／同時行動／ポーズ
　　d. 相手の調整行動に頼り切らず、自らの力で会話を維持していく
　　　　会話の主導権を握って会話を展開させていく
　　　　会話の主導権を譲って、サポートしながら会話に参加していく
　4.2 相手を引き込み参加させる方法
　　a. 内容　例）分かりやすさ／面白さ／聞き手に予測させる
　　b. 言語的要素　例）質問表現／確認・同意要求「でしょ？」「じゃない？」／終助詞「ね」「よね」／共同発話／繰り返し／ユーモア
　　c. 音声的要素　例）上昇・下降イントネーション／ポーズ／強調／母音の引き延ばし／ささやき
　　d. 非言語的要素　例）表情の変化(笑顔など)／ジェスチャー／視線／うなずき／同時行動

話し手	聞き手
1. 聞き手との相互行為を配慮する 　1.1 発話をやわらかくする 　　(婉曲表現)〜んです／〜の／〜んですけど／〜んだよね／〜ですよ／〜ですね！／〜ですけどー／〜ですけどね／〜かな／〜なあ／〜さ／〜って／〜とか言って／〜でも(お茶でも)／〜なんか(私なんか)／〜みたいな 　1.2 聞き手の理解を確認する 　　例）地下鉄でトークンを買うの。あ、トークンって分かる？ 　1.3 聞き手に同意を求める 　　例）そう思いませんか／そうでしょう？ 　1.4 聞き手の反応(あいづちなど)を引き出す 　　終助詞(よ／ね／よね)／間投詞(ね／さ)／確認(でしょ？／じゃない？)／ポーズ／目線 2. 発話を続ける意志を伝える／聞き手に助けを求める 　2.1 言いよどみ表現 　　例）あのー／そうですねえ／なんか	1. 話題に対する自らの感情・態度を示す 　1.1 あいづち的発話 　　a. 種類 　　・応答詞 　　　例）ええ／はい／うん／あーそうですか 　　・感動詞 　　　例）えー！／まあ／ほー／うわー 　　・反復発話(相手の発話を繰り返す) 　　　例）下降イントネーション／上昇イントネーション 　　・うなずき 　　b. 機能　例）継続／理解／同意／納得／感情／共感／否定 　　c. 既知情報／未知情報に対して 　　　例）そうですね。／そうですか。 　　d. スピーチレベルの使い分け 　　e. タイミング 　　　例）話し手の発話の文末・節末・語末で反応する／発話の重複 　　f. 頻度(多い／少ない) 　　g. スピード(速い／遅い)

第4章　言語的・実質的アクティビティを活かした会話教育　171

	2.2 言葉を思い出す時のメタ言語表現 　　例）何と言うんでしたっけ。 3. 評価的発話 　3.1 品詞 　　a. 形容詞／形容動詞／副詞 　　　／オノマトペ　例）嬉しい！ 　　b. 名詞　Ｎ＋コピュラ／名詞止め 　　　例）初日の出だね／初日の出。 　　c. 動詞　例）びっくりした。 　3.2 発話機能 　　a. 情報提供　例）どきどきするよ。 　　b. 情報要求　例）どきどきする？ 　　c. 同意要求　例）どきどきするね。 　3.3 文末表現 　　a. 推量 　　　～そう／～みたい／～よう 　　　～らしい 　　b. のだ文 　　　～んです／～んだ／～の 　　c. 終助詞 　　　よ／ね／よね／なあ／かな 　　　か／わ／ぜ／ぞ／さ	h. イントネーション 　1.2 実質的な発話 　　a. 評価的発話 　　　例）好ましい状況／好ましくない状況 　　　　に対して 　　b. 要約発話(相手の話を短く要約する) 　　　例）相手の発話の言い換え／要約／自 　　　　分の解釈を示す 　　c. 自らの意見を加える 　　d. 共同発話(相手の発話構成に協力する) 　　e. さえぎり(相手の発話を阻止する) 　1.3 聞く姿勢 　　例）最後までじっくり聞く 　　　　途中までしか聞かない 2. コミュニケーションを円滑にする 　2.1 確認 　　a. 会話を進める(話し手の話を明確にする) 　　　例）A：結構、好きですよ。 　　　　　B：えっ何がですか／だれが？／ 　　　　　　どうして？ 　　b. 確認の質問(相手の質問を確認する) 　　　例）A：行きますか。 　　　　　B：私ですか／京都ですか／明日 　　　　　　ですか。ええ、行きますよ。 　2.2 話し手の発話構成を助ける 　　a. 接続表現 　　　例）それで？／で？／それから？ 　　b. 質問表現 　　　例）どうして？ 　　　　　で、その後、どうなったんですか。 3. 良い人間関係・社会関係を作るための質問 　3.1 相手に興味があるという態度を見せる 　　例）ご出身はどちらですか。／趣味は？ 　3.2 相手に興味をもってもらう話題を出す 　　例）昨日の野球、見ましたか。 　3.3 物・話題についての事実・情報を聞く 　　例）旅行するなら、どこがお勧めですか。 　3.4 相手の意見・感想について聞く 　　例）アメリカの音楽についてどう思いますか。
2.セッティング	●会話の目的に応じた適切な会話の時間・場所の選択 1. 会話の状態 　1.1 接触場面性(母語場面／接触場面(母語話者と非母語話者)／非母語話者同士)) 　1.2 雰囲気　例）リラックスした／あらたまった／明るい／楽しい／盛り上がっている／ 　　　　なごやかな／深刻な／協力的・非協力的／友好的・対立的／気を使う・ 　　　　使わない／恥ずかしい 　1.3 自然さ　例）自然な状況で話す／慣れていない状況で話す 　　　　強制的な状況で話す(教室での練習、教師の監視、録音・撮影) 　1.4 他者・機材の存在　例）第三者に見られている／録音・録画されている／マイクを通 　　　　して話す 　1.5 準備状況　a. 話すことが事前に準備されている 　　　　例）シナリオ／スピーチ下書き／作文に書いたことがある／事前に何度 　　　　も話す練習をした 　　　　b. 話すことが事前に準備されていない(即興)

1.6 会話の経験　a. 以前に同じような状況で話した経験がある・ない
　　　　　　　　　　（話し慣れている・ない）
　　　　　　　　b. 以前に同じような内容を話したことがある・ない
　　　　　　　　　　（話し慣れている・ない）
1.7 会話のモデル　例）モデルとなる会話がある・ない／モデルとなる会話を参考にする・まねる・応用する／何かのパロディーの会話をする
2. 会話をする時間・順番
　2.1 時間帯　例）通常／早い／遅い
　2.2 長さ　例）短い会話・長い会話／一人が長く話す・短く話す・全員同じ長さで話す
　2.3 緊急性　緊急に話す必要性の有無
　2.4 話す人の順番　例）自発的／指名／右回り・左回り／年齢順／国籍順／地位順／役割順／重要な人の順／外部・内部順
3. 会話をする場所
　3.1 領域　例）公共の場・私的な場／話し手側の領域・聞き手側の領域
　　　　　　　日常生活／職業／家庭／公的生活／交友／サービス／教育／娯楽／文化
　3.2 場所　例）立ち話・座りながらの話／静かな場所・騒音のある場所／室内・屋外／教室内・教室外／学内・学外／日本国内・海外
　3.3 相手との位置　例）立ち位置／座る位置（近い・遠い）／向き合っている／L字型／横並び／円形）／机の有無／障害物の有無
4. 会話をする目的　例）お互いを知る／友好な関係を作る／情報交換／説明／説得／交渉／調査／面接／時間つぶし／笑わせる／デート／会話練習
5. 立場・役割
　例）言語ホスト・ゲスト／情報ホスト・ゲスト（薄井2007）／場所ホスト・ゲスト（加藤2008）
　　　司会者／招かれた客／発表者／レポーター／面接官・面接を受ける人
　　　主催者／依頼者／行為者／利益者／傍観者／仲裁者
6. 話題に関する予備知識の有無（既知情報／未知情報／類似情報）
7. 会話のセッティングの調整・働きかけ
　7.1 会話をする場を作る　例）ネットワークに加入する・広げる・維持する／会話をする約束をする／他者の会話を傍聴する／メディアで会話を視聴する
　7.2 会話の雰囲気を作る　例）盛り上げる／神妙にする／共感する／感情的になる
　7.3 自分の立場・役割になりきる　例）自信をもつ／演じる／責任をもつ

3. 参加者

●適切な会話相手の選択・関係性への配慮／参加者間でのターンの受け継ぎ・やり取り
1. 会話の参加者の特徴
　1.1 属性　例）年齢／性別／出身／母語／居住地／学生・専門／職種・職位／海外経験／接触場面の経験／実質行動の経験
　1.2 性格　例）社交的／内向的／落ち着いている／物分りがよい／親切／温和／厳しい／頑固／気さく／さっぱりしている／神経質
　1.3 状態　例）興味をもっている・もっていない／会話に意識が集中している・していない／体調が良い・悪い／機嫌が良い・悪い／忙しい・暇／悩み事がある・ない
　1.4 情報所有の有無　例）情報をもっている・もっていない／情報を覚えている・覚えていない／前提知識がある・ない
2. 会話をする相手
　2.1 相手の選択　例）誰と誰が話すのが適切か
　2.2 相手との関係　例）初対面／知人／友人／家族／恋人
　　　　　　　　　性別／ウチ・ソトの関係／年齢・地位の上下／立場・役割／専門性の違い／情報量の違い
　2.3 相手との人間関係の継続／ネットワーク形成
　　　　例）仲良くなる／話せる仲間を多く作る／一緒に行動できる仲間を作る／同じ人と何度も話して日本語に慣れて自信をつける
　2.4 参加者の数（二者／三者／四者～大人数）
3. ターンの受け継ぎ(turn-taking)表示
　3.1 ターン開始表示（前置ターン開始表示／ターン取得表示／ターン受取表示）
　　　例）接続表現／咳払い／視線・手・頭の動き／応答表現／声を大きくする／反復発話
　3.2 ターン終了表示（ターン譲渡表示／ターン放棄終了表示）

　　　　　　　例）情報要求／同意要求の終助詞「ね」／複数のうなずき／視線／下を向く／沈黙
　　　3.3 ターン開始の容認表示　例）あいづち／視線うなずき
　　　3.4 ターン移行期表示　例）あいづち／複数のうなずき
　4. 参加者同士の協力
　　　4.1 お互いに協力して発話を形成する　例）共同発話／少しずつ分担して話す
　　　4.2 お互いに協力して会話を展開させる
　　　　 a. 相手が会話に参加しやすいように話す
　　　　 b. 同じ意見・感想・知識・経験がある人と協力して話す
　　　　 c. 異なる意見・感想・知識・経験がある人と協力して話す
　　　　 d. 順番に話す
　　　　 e. みんなで相談してから決める／独断で決める
　　　　 f. 衝突を避ける／衝突する
　5. 話題の所有
　　　5.1 話題を独占する（自分の話題を多く話す）
　　　5.2 話題を合わせる（話題を相手や状況に合わせる）
　　　5.3 話題を相手に譲る（相手の話題を多く聞く）

4.バラエティ	●適切な会話での言語・話し方の選択 1. 使用言語の選択　例）日本語・その他の言語／共通語・方言 2. 話し言葉で話す／書き言葉・固い表現で話す 3. スピーチレベル（くだけた会話・あらたまった会話） 　　例）丁寧語・尊敬語・謙譲語・丁重語・美化語 4. 様々な会話のスタイルを相手によって使い分ける　例）積極的に質問する／静かに聞く／質問はせずに情報提供だけする／上下関係を重んじて話す／親しさを重んじて話す 5. 様々な語彙・表現を選択する／言い換える 　　例）おいしい／ほっぺが落ちそう／口あたりがいいね／甘すぎなくていいね／愛情がこもってるね。 6. 話す態度　例）相手を楽しませる／喜ばせる／理解させる／魅力を引き出す（相手・第三者・自分）／遠慮する／正直に話す／ごまかす／しつこく聞く・聞かない／ボケる／ツッコむ 7. 言葉の調子（フリ）・会話者のキャラクターの演出・ものまね 　　例）親しい／楽しい／優しい／思いやりがある／親切／気さく／まじめ／真剣／冗談っぽい／怒っている／怖い／上品／気取っている／知的な／格式ばっている／ロマンチックな／かわいい／プライドが高い／男っぽい／女っぽい／子供っぽい／リーダーっぽい／外国人っぽい／ウソっぽい／大げさ／静か／テンションが高い・低い／関心がある・ない／謙虚な／皮肉な／威張った／とぼけた／疑い深い 8. 聞き手とのインターアクションの度合い 　　8.1 モノローグ的に話す　例）一方的に話す 　　8.2 ダイアローグ的に話す　例）聞き手に語りかけるように話す／聞き手に考えさせながら話す／聞き手の反応を求める／聞き手に積極的に会話への参加を求める／聞き手と協力して会話を展開させていく／聞き手とのやり取りを頻繁にする 9. 言葉の強調の仕方　例）ジェスチャー／視線／うなずき／声量／繰り返し／視覚的補助 10. 抽象的な概念の説明の仕方／キーワードの示し方
5.内容	●適切な会話の話題の選択／言及の対象 1. 話題の選択 　　1.1 何を話すか考える 　　　 a. 興味・必要性　例）相手にとって／自分にとって／第三者にとって 　　　 b. 話題のタイプ　例）自己紹介／他者紹介／近況報告／語り・ストーリー／意見交換／情報交換／相談／比較／議論／司会・進行／冗談／からかう／のろける／誉める／自慢する／謙遜する／謝る／不満を表す／非難する／喧嘩する／理由を言う／感動を伝える／共感を伝える／感謝する／ねぎらう／なぐさめる／励ます 　　1.2 相手との共通点を探す　例）生い立ち／趣味／興味／考え方／感じ方／専門／仕事／経験／将来の夢／留学／外国語学習 　　1.3 自己開示の度合い（プライベートな話題に対する扱い） 　　　 例）結婚、子供、家族、恋人、給料

1.4 回避したい話題に対する扱い　例）想像におまかせします／秘密です／どうでしょうねえ／忘れちゃったー。
2. 話題の内容
　2.1 種類　例）趣味・興味／生い立ち／出身地／居住地／生活／家族／友人／知人／恋人／有名人／学校／勉強／悩み／性格／考え方／感じ方／好きなもの・こと／嫌いなもの・こと／お勧めのもの・こと／止めた方がいいこと／夢／天気／社会／文化／教育／歴史／芸術／政治／経済／宗教／祭り／習慣／伝統／言語／事件・事故／国際関係／ビジネス／時事問題／食べ物／料理／遊び／買い物／留学／習い事／クラブ・サークル／休暇／祝日／旅行／イベント／記念日／贈り物／異文化体験／恋愛／結婚／仕事／バイト／将来のこと／占い／子育て／自然／環境／IT商品／電化製品／経験（成功・失敗・面白い・嬉しい・辛い・悲しい・怖い）／漫画／アニメ／歌／カラオケ／ドラマ／テレビ／映画／読書／スポーツ／音楽／ゲーム／インターネット／
　2.2 性質　例）明るい話題・暗い話題／話す・聞く価値があるか／オチがあるか／理解しやすい内容か／共感しやすい内容か／納得できる内容か／理由・根拠が明確か／具体例があるか／描写・説明が詳しいか／思慮深い内容か／本音か／建前か／個性的／独自性／平凡／一般的／魅力的／不思議／ユーモア
　2.3 豊富さ　例）話題の種類の多さ・広さ／話題の深さ／話題の詳しさ／意見・感想の豊富さ
　2.4 重要性・関連性　例）重要な情報・話題か／話題と話題に関連性があるか／要点をついているか／言いたいことが明確か／新奇性・意外性があるか
　2.5 情報の所属先・影響　例）誰の話題か／誰に利益・不利益があるか
　　　　　　　　　　　　　　　話した後、話し手・聞き手・第三者に影響を及ぼすか
　2.6 失礼がないか　例）相手や第三者に失礼のない話題か／悪口か
3. 発話の言及の対象
　3.1 発話の現場性
　　a. 現場性の有るものへの言及(指示表現・指示的ジェスチャーとともに)
　　　例）視覚情報など五感で得られた情報に言及
　　b. 現場性の無いものへの言及(ジェスチャーとともに)
　　　例）自分や相手を知るための話題、情報交換
　　c. 現場性の有る発話から無い発話への発展
　　　例）視覚情報などで得られた情報から連想して話題を発展させる
　3.2 発話の時制
　　a. 事前(何かをする前のことに言及)
　　b. 事中(何かをしていることに言及)
　　c. 事後(何かをしたことに言及)

話し手	聞き手
1. 相手に分かりやすく内容を伝える 　1.1 情報量の調整 　　例）多くの情報を与える／少しだけ情報を与える 　1.2 内容の明確さ 　　例）明確に話す／あいまいに話す 2. 内容の深さ・詳しさ 　例）詳しく話す／深く話す／概要のみ話す／当たり障りのない範囲のことを話す／事実の報告を述べる／自分の意見・感想・気持ちを述べる／具体的・抽象的な内容を話す	1. 内容を聞いて理解する 　1.1 予測・推測する 　1.2 概要をつかむ 　1.3 自分の情報・意見と比較する 2. 内容の深さ・詳しさ・適切さ 　例）詳しく質問する／深い内容のことを質問する／大まかなことを質問する／当たり障りのない範囲のことを質問する／失礼のない適切なことを質問する／事実について質問する／相手の意見・感想・気持ちについて質問する／具体的・抽象的な内容について質問する

6. 形
●適切な会話の展開／発話機能の選択
1. 会話展開の型
　1.1 情報提供話題開始型(互いに情報提供して話題を出し合う)
　1.2 相互型の質問―応答型(互いに質疑応答し合って話題を出す)
　1.3 一方方向型の質問―応答型(一方の参加者が主に質問して話題を出す)

2. 話す内容の提示の順番(構成・流れ・進行)
  2.1 話題の展開(切り出し／前置き／本題・情報提供／意見・感想／起承転結)
  2.2 話題を展開させる要素
    a. 接続表現／副詞
    b. メタ言語表現　・話題開始の予告／話題終了の言及／項目列挙
              ・発話自体の機能明示　例)どうしてかって言うと
              ・述べ方に対する言及　例)はっきり言うと／簡単に言うと
              ・述べる姿勢に対する言及　例)言いにくいんだけど
3. 発話の長さ(短く話す／簡潔に話す／長く話す／だらだら話す)
4. 発話の頻度(何度も言う／会う度に言う)　例)お礼／依頼
5. 会話の論理性(一貫性、結束性をもって会話を展開させる)
  例)接続表現、指示表現、段落構成
6. 発話機能(どのような発話の機能を用いて話すか)
  例)情報提供／情報要求／確認／提案／共同行為要求／関係作り／感動／共感
7. 直接的・間接的な話し方
  7.1 発話行為(発話の形・機能)と発話内行為(発話意図)のズレによる直接性・間接性
    例)単刀直入な発話／遠まわしな発話／反対の意味のことを述べる(皮肉)／発話をしない
  7.2 会話展開　a. いきなり核心に迫る
            b. 徐々に核心に迫る
              例)前置きの話題・関連する話題の導入・例示から徐々に本題に入る・相手に気づかせる・言わせる
            c. 会話の細部にこだわる／会話の大きな流れ・主題を大切にする

| 7.媒体 | ●適切な会話の媒体・空間的配置の選択
1. 音声言語
2. 非言語
　2.1 視線　例)誰を見るか(聞き手／その他の人)／どこを見るか／どのぐらいの頻度見るか／どのようなタイミングで見るか／どのぐらいの長さ見るか／どのぐらいすぐに見るか
　2.2 うなずき　例)誰に対して／タイミング／頻度／大きさ／機能(継続／理解／同意／納得／感情／共感／否定)
　2.3 笑い・笑顔　例)誰に対して／何に対して／タイミング／頻度／長さ／機能(友好／おかしみ／興味／共感／驚き／意外性／はにかみ／ごまかし／苦笑い)
　2.4 姿勢　例)姿勢正しい座り方・立ち方／リラックスした座り方・立ち方
　　　　　　前のめり／後ろのめり／誰かにもたれかかる／じっと動かない／頻繁に動く／速く動く／ゆっくり動く
　2.5 表情　例)様々な感情に応じて変化させる
　2.6 ジェスチャー　例)発話と共に用いるか／ジェスチャーだけ用いるか／タイミング／頻度
　　　a. 種類　例)図像的(iconic)／隠喩的(metaphoric)／指示的(deictic)／拍子的(beat)ジェスチャー(McNeill 1992、ザトラウスキー 2002b 和訳)
　　　b. キーワード・抽象的概念・言及対象を分かりやすくする
　　　　(図像的、隠喩的、指示的ジェスチャー)
　　　c. 強調・話題の焦点化(図像的、隠喩的、指示的ジェスチャー)
　　　d. 次に話す人を指名する(指示的ジェスチャー)
　　　e. リズムを取る(拍子的ジェスチャー)
　2.7 実質行動(音声を媒体として受け答えせず、実質行動で反応して示す)
　　　例)「それ、こっちに持ってきて」と言われて、何も言わず相手のところに持っていく
3. 相手との位置関係／距離／ボディータッチ
　3.1 位置関係　例)前／後ろ／向き合う／横／斜め
　3.2 距離　例)近い／遠い
　3.3 ボディータッチ　例)体の部位／頻度
4. 外観／匂い
　4.1 外観　例)服装／装身具／髪型／化粧
　4.2 匂い　例)体臭／香水 |

	5. 視覚的・聴覚的・嗅覚的な補助　例）絵／写真／板書／文字カード／動画／字幕／テロップ／ポスター／PC／照明／効果音／香り 6. 原稿の有無 　6.1 原稿を作成して話す　例）原稿を読み上げる／原稿を暗記する／メモやアウトラインを見ながら話す 　6.2 即興で話す
8. 操作	●会話上の問題を適切に処理する方法 1. 心的態度を調節する　例）リラックスする／落ち着く／緊張する／自信をもつ／楽しむ 　1.1 自身の心的態度の調整 　1.2 相手の心的態度の調整 2. 自己の発話能力を補う 　例）発話の仕方を調整する（はっきり／ゆっくり／大きな声で言う）／実物を見せる／ジェスチャー・絵・文字の利用／筆談する／辞書を引く／モデルとなる会話を学ぶ／事前に準備する（話題に関連する語彙を調べる／台詞を書く／何度も練習する／人に相談する／調べる／母語で話て・書いてから翻訳する） 3. 言い直す 　3.1 言語行動を変えて言い直す（語彙・文型・アクセントを変えてみる／語彙を調べてまた話す） 　3.2 メタ言語表現で言い換える　例）〜というのは、〜ということです。 　3.3 社会言語行動を変えて言い直す（点火・セッティング・参加者・バラエティ・内容・形・媒体・操作を変えてみる） 　　　　　　例）場所・時間・座る位置を変える 　3.4 社会文化行動を変えて行動し直す（実質行動の知識・経験を増やす／実質行動の実行を変えてみる） 4. 相手に協力を求める 　4.1 発話能力の不足を提示する（事前、事中、事後） 　4.2 自分の発話が適切か・理解できるか相手に確認する 　4.3 発話構成の助けを求めるメタ言語表現を用いる　例）えっとー何でしたっけ。 　4.4 発話の途中でポーズを置く 　4.5 相手の発話速度を遅くすることを求める（明示的に依頼する／遅く話して相手に合わせてもらう） 　4.6 相手に近づく／相手を見つめる／第三者を見る／うなずかない／笑わない／困った顔をする 　4.7 事前に相談しておく（根回し） 5. 不明な点に対処する　例）不明な点を説明して補う／不明な点を質問する 　　　　　　　　　　　　不明な語彙・表現を聞き返し、ノートに取って確認しながら話す 　　　　　　　　　　　　不明な点・重要な情報を再度確認する／念を押す 6. 話題の軌道修正をする　例）話題・論点のズレ・問題点・誤解している点に気づく／話題を戻す 　　　　　　　　　　　　本題は何であったか確認する 7. 発話形成や会話参加に挑戦する　例）勇気を出す／遠慮する 8. 自己の言語能力以上の言語活動を回避する 　8.1 話題選択（話しやすい話題だけ取り上げる） 　8.2 話題回避（話しにくい話題を回避・放棄する） | 話し手 | 聞き手 | |---|---| | 1. コミュニケーション上の問題を処理する 　1.1 自己の発話能力を補う 　　a. 言いよどみによる時間稼ぎ 　　b. 言いさし発話 　　c. 倒置発話 　　d. 言い換え 　　e. 不確かさの表明 　　　例）っていうか／何て言うんですか 　　f. 簡略化 　　　例）ぐらい／だいたい／いろいろ／いっぱい | 1. コミュニケーション上の問題を処理する 　1.1 聞き返し／話し手に話し方の調整を求める（分からないことを明確に示す〜示さない） 　　例）すみません、ちょっと意味が分かりません 　　　〜…ちょっと分かりません 　　　もう一度言っていただけますか 　　　説明していただけますか 　　　もう少しゆっくり話していただけませんか |

第 4 章　言語的・実質的アクティビティを活かした会話教育　177

	g. 非言語化 　例）ジェスチャーの使用／文字・絵の使用 h. 日本語以外の言語の使用 　例）英語でいいですか。 1.2 自分の発話をモニターしてコントロールする（メタ認知を活発に用いる） 　a. 事前／事中／事後 　b. メタ認知的モニタリング 　　（気づき／感覚／予想／点検／評価） 　c. メタ認知的コントロール 　　（目標設定／方略の計画／修正） 1.3 相手の知識・経験を考慮して分かりやすく話す 　例）明確に話す／簡単な言葉で話す／具体例を示す／相手に予測・推測させて話す 1.4 日本語で話すことに慣れる	〜ってどういう意味ですか 〜って何ですか 〜って英語で何ですか 〜英語でお願いします（コードスイッチ） 漢字で書いてもらえますか 絵を描いてもらえますか 〜？（繰り返し）／〜…（繰り返し） はい？／ん？／えっ？／はあ？ あのーー （辞書を触る） （分からない顔をする／首をかしげる） それは、〜ということですか（確認） うーん… 沈黙 ええ、ええ、ええ…（パッシング） ｛後で意味が分かるまで聞き続ける／だいたいの必要な分かる情報だけ聞き取る／分かっているフリをする｝ 話題を換える 1.2 聞き返しすべきキーワード・タイミング・頻度を図る 1.3 相手の話を推測・予測して聞く 　例）キーワード・重要な情報のスキャニング／スキミング／相手の表情・ジェスチャー・音声情報から推測する 1.4 日本語の会話を聞き慣れる
9. 運 用	●上記 1〜8 の社会言語行動を総合的に組み合わせて適切に用いる 1. メッセージを適切に送る・解読する 2. メタメッセージを適切に送る・解読する 3. 運用の量・頻度 　例）日常生活の中で積極的に日本語を使用する／会話に参加する／ネットワークを広げる　日本語の会話を意識的に耳に入れるようにする 4. 運用の速度 　例）思考・判断を速くする／ゆっくりする／じっくりする 5. 運用の質・バラエティの豊富さ（1〜8 の社会言語行動をバランスよく適切に用いる）	

　後掲の【表 4-1-3】のリストに、社会文化行動の会話指導学習項目をまとめた。社会文化行動の項目は、FACT と ACT の二分法を参考に、「1. 知識獲得」と「2. 行動実行」に大別した。まず、「1. 知識獲得」には、Council of Europe (2002) の一般的能力を参考に、「世界の社会・文化・政治・経済などについての知識・理解・興味・経験」をもつという項目を入れた[19]。また、そうした知識をもとに自身の「意見・感想・感性」が豊富にもてるという項目も加えた。一方、「2. 行動実行」には、適切な実質行動とそれに伴う会話が行える要素として、「社会生活の中での行動」「課題解決」「自身の感想・意見を発信する」「他者の感想・意見を受け止める」「情報を読み取る」とい

う実質行動の項目を入れた。また、様々な事項に対して「配慮」する行動や、「異文化間の調整行動」、「意識的に自己成長を試みる」という項目も加えた。

　ネウストプニー（2002）は、社会文化行動の教育（インターアクション教育）のもっとも保守的な例として、講義を挙げている。また、プロジェクト・ワークとして学習者がインタビューをして報告するような活動も可能であるが、それだけでは「解釈アクティビティ」の粋を出ないという（ネウストプニー 2002: 7）。つまり、こうした講義やプロジェクト・ワークなどは、社会文化行動の中でも特に、「1. 知識取得」のための授業活動として位置づけられる。一方、「2. 行動実行」のための授業活動は、実際に実質行動が行えるようになるための活動である。例えば、日本料理を作ったり、会社での行動をロールプレイしたりする「練習」と、イマーション・プログラムや、会社で実際にアルバイトするなどの「実際使用のアクティビティ」を行うことが重要であるとしている（ネウストプニー 2002: 8）。

　その際に、社会文化行動についての「解釈アクティビティ」（FACT）と「練習アクティビティ」と「実際使用のアクティビティ」（ACT）が相互に関連して補えるように授業活動デザインをする必要がある（ネウストプニー 2002: 8）。また、「解釈アクティビティ」（FACT）では、講義のように、教師から一方的に固定化した知識を学習者に与えることには注意すべきである。学習者が主体的に学べるように、学習者によるインタビューや観察などの調査とそれに基づいたディスカッションを十分に取り入れた授業活動を検討すべきである。それによって、学習者が他者とのインターアクションの中で自ら感じ取り、考え、表現することで主体的に学び取っていくことが重要である（cf. 細川 2002、2006、矢部 2005、2007 などによる活動型日本語教育）。一方、ACT の部分の特に、「実際使用のアクティビティ」では、学習者がFACT で得た知識を活かしつつ、遭遇する様々な状況に応じて瞬間瞬間に相手とのインターアクションを動態的に調整しながら実質行動を行い、そこで得た新たな知識や経験を常に更新していけるように支援することが重要である。

　つまり、会話教育実践においても、教師の支援のもと、学習者が様々な気

づきを自律的に起こして知識を得ていくFACTの部分と、それらを用いて実際に行動していくACTの部分の両方が必要である。そのため、本書で提案する会話指導学習項目もこのようなFACTとACTの両面を十分に考慮に入れた教育実践をデザインしていくことを想定している。

【表 4-1-3】 言語的アクティビティの会話指導学習項目の提案（社会文化行動）

1. 知識取得	●適切な実質行動とそれに伴う会話についての知識をもつ 1. 世界の社会・文化・政治・経済などについての知識・理解・興味・経験 　1.1 自身／相手／外国一般 　1.2 実態／規範・マナー・習慣・規則／生活の知恵・対処方法 　1.3 話題の前提知識／会話の状況についての予備知識／会話相手の好みそうな話題の知識 　1.4 異文化理解 　1.5 様々な実質行動をした経験 2. 意見・感想の豊富さ・感性の豊かさ
2. 行動実行	●適切な実質行動とそれに伴う会話の実行 1. 社会生活の中で適切な行動を行う 　1.1 自身／相手／外国一般において 　1.2 人間関係を良好にする／自身と周りの者が安全に暮らせる・利益が得られるようにする 　1.3 知識を活かした状況判断・実際の行動 2. 社会生活の中で様々な課題解決を行う 　例）情報収集力／交渉力／判断力／決断力／行動力／責任感／想像力／創造力／学習力／発見力／協調性／寛容性／動機の高さ 3. 自身の感想・意見をもって他者に発信する 　例）洞察力／観察力／根拠が示せる 4. 他者の感想・意見を受け止める 　例）理解力／寛容性／柔軟性 5. 情報を読み取る 　例）正確さ／速さ／深さ／独自性 6. 配慮 　例）事態・相手・第三者への配慮／自己尊重／言語行動・社会言語行動・社会文化行動への配慮・調整／会話相手の好みそうな話題の提供・展開／相手の話を聞く姿勢／相手の意見を受け入れる姿勢 7. 楽しい場づくり 　例）言語的アクティビティが楽しいものになるように、言語行動・社会言語行動・社会文化行動を工夫する 8. 異文化間の調整行動／多文化共生社会への参加　例）市民リテラシー（宮崎 2009） 9. 意識的に自己成長を試みる 　例）異なる価値観などに出会った際、他者と対話しながら、思考と表現を深め、自己を高めるリテラシー能力（細川 2006）／向上心をもつ／新しいものを受け入れる・学習する姿勢をもつ／挑戦心をもつ

2.2 実質的アクティビティの会話指導学習項目

　上記にまとめた言語的アクティビティの会話指導学習項目のほかに、実質的アクティビティの会話だけに特有に見られた指導学習項目について、【表4-2】にまとめる。つまり、実質的アクティビティの中に見られる言語的アクティビティの項目は省略してある。

【表4-2】は、実質的アクティビティの会話を扱った指導学習項目として、それぞれ言語行動（語彙・文法・音声）、社会言語行動（点火・セッティング・参加者・バラエティ・内容・形・媒体・操作・運用）、社会文化行動というインターアクション（ネウストプニー1995a）の枠組みでまとめたものである。実質的アクティビティの会話指導学習項目を作成するにあたって主に参考にしたのは、以下の1)本書と先行研究の会話データ分析の成果、および、2)本書の会話教育実践の成果である。

1) **会話データ分析の成果**
　実質的アクティビティの会話データ分析(本書の成果)
　　・第3章第2節3「実質的アクティビティの会話の分析(キャンパス探検中の会話)」
　　・第3章第2節5「母語話者の配慮・調整行動の分析」
　実質的アクティビティの会話データ分析(先行研究の成果)
　　・応答詞・感動詞の談話的機能(田窪・金水1997、森山1996)

2) **会話教育実践の成果**
　実質的アクティビティの会話教育実践(本書の成果)
　　・第4章第4節「実質的アクティビティの会話を扱った教育実践例の分析」

　まず、会話指導学習項目リストの作成の手順としては、第1に、第3章第2節3「実質的アクティビティの会話の分析(キャンパス探検中の会話)」、第2節5「母語話者の配慮・調整行動の分析」、第4章第4節「実質的アクティビティの会話を扱った教育実践例の分析」で得られた結果を整理し、インターアクション(言語行動、社会言語行動、社会文化行動)の枠組みに当てはめていった。第2に、先行研究としては、応答詞・感動詞の談話的機能(田窪・金水1997、森山1996)などを参考に取り入れた。

　このような、会話データ分析、会話教育実践から得られた項目は、主に、キャンパス探検の接触場面と母語場面の会話を扱ったものである。よって、その他様々な実質的アクティビティの会話を分析すれば、より多様な会話指導学習項目が得られると予想される。特に、実質行動は、場面や目的が変われば、その特徴が大きく変わるであろう。

　次に、【表4-2】の各分類の説明と、そこに含まれる会話指導学習項目を活かした会話教育実践例について述べる。

まず、言語行動の「1. 語彙」には、「話し手」の項目として、キャンパス探検などのフィールド・トリップやホームステイなどの実質的アクティビティで主に用いられる「定型表現」や、「実質行動に伴う語彙」を入れた。一方、「聞き手」の項目としては、これらの実質行動の状況に伴った単語や語句を推測しながら「聞き取る」、そして、「聞き手としての反応をする」という項目を入れた。次に、「2. 文法」には、「話し手」の項目として、実質行動に伴った発話を構成する文型として、主に、現場性の有る発話に特徴的に見られる文型を取り上げた。例えば、「存在文」「進行・継続」「感動詞」「共感を表す終助詞」「同意・確認」「指示表現」、状況描写、感動・気持ちを述べる「評価的発話」などである。また、複数の参加者間で実質行動が協働で適切に行えるための「文の生成」として、時制、活用、モダリティなどを駆使して「正確な情報を伝える」、助詞などを用いて「語と語の関係を明確に示す」、接続表現などを用いて「文と文の関係を明確に示す」のほか、「提案する」といった文法・文型の項目も加えた。これは、こうした要素を用いて適切に情報が伝えられないと、参加者間の認識のズレが起こり、協働で実質行動が行いにくくなり、会話自体も困難になってしまうと、学習者とキャンパス探検に参加した授業ボランティアの麻美がFUIで述べていた点を主に参考にした（cf. 第4章第4節）。一方、「聞き手」の項目としては、これらの実質行動の状況に伴った文法・文型を推測しながら「聞き取る」、そして、「聞き手としての反応をする」という項目を入れた。最後に、「3. 音声」には、屋外での実質行動で外的刺激が多くなる状況や、実質行動自体に集中して会話に集中できない状況などを想定した項目を入れた。

　社会言語行動は、主に、キャンパス探検などの実質的アクティビティの会話に参加する際に特有にみられる、状況や相手に合わせて調整しながら会話を展開させていく要素を中心に分類した。「1. 点火」は、現場性の有無の発話などによる話題の「開始・展開・維持・終了・放棄」の仕方を中心にまとめた。「2. セッティング」には、実質行動を行いながら話す際の「外的刺激」「場所」「予想外の事態」「会話の目的」といった会話がどのような前提からなるのかを検討して調整するための要素を入れた。「3. 参加者」には、実質行動を行う参加者、立場、役割に応じて、実質行動を行いながら適切に

会話をするという項目を入れた。「4. バラエティ」には、実質行動の種類によって会話のバリエーションを変えるという項目を入れた。「5. 内容」には、話題選択として、「周りの話題性のあるものをみつける」「周りの話題性のあるものと関連のある話題」などの項目を入れた。「6. 形」には、情報提供、同意要求などの「発話機能」を入れた。「7. 媒体」には、話題性のあるものを指して言及する「指示的ジェスチャー」と、実質行動を行うために「実物などを用いる」「身体を用いて行動する」という項目を入れた。「8. 操作」には、実質行動に伴う会話上の問題を処理する方法として、「辞書やメモなどを用いずに問題解決する」「周りの状況や発話内容から推測する」「相手の取り上げたもの・注目しているものの話題に合わせる」という項目を入れた。最後に、「9. 運用」には、上記1–8の社会言語行動をリソースとして総合的に組み合わせて実質行動とともに適切に用いるという項目を入れた。

社会文化行動の項目は、主に、キャンパス探検などの会話に参加する際に必要な要素として、「1. 知識獲得」と「2. 行動実行」に大きく分けた。まず、「1. 知識獲得」には、実質行動を行うために必要となる「実質行動の知識・興味・経験」「情報収集力」「計画力」という項目を入れた。一方、「2. 行動実行」には、「実質行動をする」「役割に応じた行動をする」「楽しい場づくり」「課題解決」などの状況や言語行動・社会言語行動の文脈に応じて適切な実質行動を判断して行うために必要な項目を入れた。特に、「実質行動をする」の中の「実質行動を行う場面の種類」に合わせて実質行動をいかに適切に行うかを判断して調整していくことが重要となる。

以上の実質的アクティビティの会話指導学習項目を会話教育実践で扱うには、例えば、キャンパス探検などのフィールド・トリップ（第3章第2節、第4章第4節）や、ホームステイなどの実質的アクティビティを授業活動に取り入れ、実際使用のアクティビティを行うとよい。実際使用のアクティビティを行う前に、「解釈アクティビティ」（FACT）として、学習者と教師で、類似した実質的アクティビティを観察・分析して、その特徴について上記の会話指導学習項目を参考に検討してみることもできる。また、これをもとに、ロールプレイやシミュレーションの「練習アクティビティ」やフィールド・トリップなどの「実際使用のアクティビティ」を行い（ACT）、その後、

第4章　言語的・実質的アクティビティを活かした会話教育　183

その振り返り（自己評価、他者評価、教師からのフィードバックなど）をする際に、この会話指導学習項目のリストが指標となるであろう。

【表4-2】　実質的アクティビティの会話指導学習項目の提案
（言語行動・社会言語行動・社会文化行動）

		話し手	聞き手
言語行動	1.語彙	●実質的アクティビティに応じた語彙の選択と使用 1. 定型表現（挨拶） 　例）どうぞ／お先に／ご遠慮なく／お疲れ様／お世話になります／ごゆっくり／行ってらっしゃい／ただいま 2. 実質行動に伴う語彙 　例）見たもの／感じたこと／あるもの／すること 　2.1　状況に応じて使用する 　2.2　実質行動をしながら使用する	1. 状況に伴った単語や語句を聞き取る 　1.1　正確に聞き取る 　1.2　推測する 2. 適切な単語や語句を用いて、聞き手としての反応をする
	2.文法	話し手	聞き手
		●実質行動に伴った発話（現場性の有る発話）を構成する文型の選択と使用 1. 見たものの存在を表す 　a. ～に～がある　例）向こうに博物館がありますね。 　b. ～に～が見える　例）あっちに山が見えますよ。 　c. ～だ　例）あっ、虫だ！ 2. 動作の進行・継続を述べる 　～てる　例）おっ、アメンボが泳いでる！ 3. 感動詞 　3.1　注目を引く 　　例）ほら／ねえ／あっ／えっ／へっ／おっ／あの 　3.2　意外・驚き・感動を表す 　　例）あっ／あー／あれ？／いやあー／うわー／わっ／わー／えっ／えー／へっ／へー／おっ／おー 4. 共感を表す終助詞　例）ね／よ／よね 5. 同意・確認　例）ね／よ／よね／でしょ？／じゃない？／じゃん？ 6. 指示表現（こそあど） 7. 評価的発話　例）状況描写、感動・気持ちを述べる 8. 実質行動が適切に行えるための文の生成 　8.1　正確な情報を伝える　例）時制／活用／モダリティ 　8.2　語と語の関係を明確に示す　例）助詞 　8.3　文と文の関係を明確に示す　例）接続表現 　8.4　提案する　例）こっちへ行きましょう。	1. 状況に伴った文法・文型を聞き取る 　1.1　正確に聞き取る 　1.2　推測する 2. 適切な文法・文型を用いて、聞き手としての反応をする
	3.音声	●外的刺激の中で話す・聞き取る 1. 騒音の中で話す／騒音の中で言語を聞き取る 2. 視覚情報に気を奪われながら話す・聞き取る	
社会言語行動	1.点火	1. 話題の始め方 　1.1　必要性のある話題を提示する　例）実質行動のための情報提供、情報要求、提案 　1.2　話題性のあるものを取り上げて話題提供する 　　a. 現場性の有る発話（その場で見たこと・感じたことを話す・質問する） 　　b. 現場性の無い発話（その場にないものについて話す・質問する） 　　　例）自分の得意な話題について話す／自国の紹介／学校生活などの共通の話題 2. 話題の展開のさせ方 　2.1　現場性の有る発話から無い発話へ展開 　　（目の前のものを話題として取り上げ、それに関連するエピソードを話す） 　　例）子供の頃の思い出	

	2.2 話題の詳細さ 　　例）どこまで細かく深い内容に発展させるか／どこまで長く話題を続けるか 3. 話題の維持の仕方　例）会話を続けて、沈黙を回避する 　3.1 沈黙になった時の対処 　3.2 時間をもて余している時の対処 　3.3 実質行動や話題が理解できない時の対処 4. 話題の終わり方　例）まとめる／突然終わる 5. 話題の放棄の仕方　例）話題転換／沈黙／実質行動に集中する／話題が続かなくても寛容になる／次の話題に変わっても寛容になる
2. セッティング	●実質行動を行いながら話す 1. 室外などで様々な外的刺激を受ける　例）暑さ・寒さ・騒音・視覚的刺激 2. 場所　例）言語・社会言語行動に集中してじっくり話す設備や状況が整っていない場所で話す 3. 予想外の事態が起こりうる状況で話す 4. 会話の目的 　4.1 実質行動を行うため 　4.2 今の実質行動と次の実質行動の間を埋めるため 　4.3 友好な関係を作るため 　4.4 実質行動を共に楽しく過ごすため
3. 参加者	●実質行動を行う参加者・立場・役割に応じて、実質行動を行いながら適切に会話をする
4. バラエティ	●実質行動の種類によって会話のバリエーションを変える
5. 内容	●話題選択 1. 周りの話題性のあるものをみつける 　1.1 目の前で見たもの・五感を通して感じたこと 　　a. 視覚　例）建物／看板／自然／人間／庭 　　b. 聴覚　例）蝉の声／騒音 　　c. 嗅覚　例）コーヒーの香り／レストランの匂い 　　d. 味覚　例）茶菓の味／食事の味 　　e. 触覚　例）暑さ／風の感触 　1.2 所持品　例）ギリシャの煙草です／煙草を吸ってもいいですか。 　1.3 実質行動に関係する事柄　課題解決に関する話題 2. 周りの話題性のあるものと関連のある話題　例）昔の思い出 3. いつもよく話す得意な話題　例）ギリシャの煙草の話題 4. ささいなことで盛り上がる　例）飲食を喜ぶ／みつけたものに言及する 5. 実質行動について話す
6. 形	●発話機能 情報提供／情報要求／確認／同意要求／提案／共同行為要求／関係作り／感動／共感など　例）あっ、虫です！／これ、何ですか／あれが講堂ですね／こっちへ行きましょう／ありがとう／きれい！／きれいですね
7. 媒体	1. 指示的ジェスチャー　例）話題性のあるものを指して言及する 2. 実物などを用いる 3. 身体を用いて行動する
8. 操作	1. 辞書やメモなどを用いずに問題解決する 2. 周りの状況や発話内容から推測する 3. 相手の取り上げたもの・注目しているものの話題に合わせる
9. 運用	●上記1-8の社会言語行動を総合的に組み合わせて実質行動とともに適切に用いる

社会文化行動	1. 知識取得	1. 実質行動の知識・興味・経験　例）衣食住、行事などの文化・習慣 2. 情報収集力 3. 計画力
	2. 行動実行	●状況や言語・社会言語行動の文脈に応じて適切な実質行動を判断して行う 1. 実質行動をする 　1.1　実質行動を行う場面の種類 　　　例）キャンパス探検／飲食／喫煙／写真撮影／目的地探し／避暑／旅行／観光／ホームステイ／訪問（企業・学校・家庭）／クラブ・サークル活動／コーラス／カラオケ／スポーツ／ダンス／ゲーム／鑑賞（テレビ・映画・美術）／料理／掃除／洗濯／身の回りの世話／お礼／お祝い／プレゼント／パーティー／イベント／祭り／式典／餅つき／参拝／仕事／出張／研究／実験／講義／勉強／フィールド・トリップ 　1.2　実質行動の判断 　　　a. 状況や発話内容を十分理解して行動する 　　　b. 状況や発話の大意を掴んで行動する 　　　c. 臨機応変に行動する（柔軟性） 　　　d. 適切な判断をして行動する（決断力） 2. 役割に応じた行動をする 　　　例）役割分担、役割の意識化をして、実質行動を行う　例）キャンパス案内 3. 楽しい場づくり 　3.1　ささいな実質行動・話題で盛り上がる 　　　例）目の前の看板を見て話す／コーヒーを飲みにいくことを楽しみにする 　3.2　自分の感動を伝える　例）あっ蝉だ！ 　3.3　協力する　例）言語行動／社会言語行動／社会文化行動（課題解決、制限時間を守る） 4. 課題解決（お互いに協力して達成感を味わう） 　　　例）目的地に向う・探す／撮影／飲食／歩行／疲れ／暑さ／寒さ 5. 予想外の事態に適切に対処する　例）目的地の博物館が閉館している／道に迷う 　5.1　判断力　例）予想外の事態を予測する／予想外の事態への適切な対処方法を判断する 　5.2　臨機応変さ（実質行動の調整）　例）課題解決などの実質行動の行い方を周りの状況に応じて、お互いに合わせる／妥協する 6　実質行動への配慮・気遣い 　6.1　相手のために行動する 　　　例）ドア開閉／カフェで砂糖を入れ合う／相手の体調や楽しんでいるかを気遣う 　6.2　相手の実質行動の仕方に合わせる 　　　例）目的地への経路／道の歩き方／注目するもの／実質行動の手順

　そして、授業活動デザインをする際は、社会文化行動の「実質行動を行う場面の種類」で提示したような実質行動が起こる各場面に合わせて、その特徴を活かした言語行動、社会言語行動、社会文化行動の会話指導学習項目を検討する必要がある。例えば、スポーツやテレビ鑑賞などの実質行動が主体となった実質的アクティビティでは、本書で分析したキャンパス探検での実質行動とその会話とはまた異なった特徴がみられるだろう。今後もさらなる「研究と実践の連携」が望まれる。

3. 会話指導学習項目の意義と活用方法

　以上、言語的アクティビティと実質的アクティビティの会話を扱った指導学習項目を、インターアクションの3段階（言語行動、社会言語行動、社会文化行動）に分類して提案した。従来の日本語教育では、文法や語彙教育などの言語能力の育成に重点を置くことが多い[20]。そのため、語彙・文型・音声といった言語行動に関する指導学習項目は、すでに研究や開発が進んでおり、市販の教科書も多い。よって、本書の言語行動の会話指導学習項目リストには、すべての項目は入れず、談話レベルの観点から分析し直したもののみ入れてある。こうした項目は、特に、言語的アクティビティの会話を言語的に構成する基礎的な部分になるという点で、重要な要素であろう。

　しかし、本書のように、インターアクション能力というより広い枠組みで会話指導学習項目を捉え直すことで、言語能力だけでなく、コミュニケーションが談話レベルで行えるような社会言語能力や、実質行動が行える社会文化能力の育成も意識的に教育実践に取り入れていく必要性が明らかになる。社会言語行動を扱った項目は、「あいづち」など、現在徐々に教材化され、会話教育実践が行われつつある。本書では、それらをより詳細に分析し、指導学習項目化を図った。社会文化行動に関しては、会話教育に指導学習項目としてまだ体系的には組み入れられていないと考えられる。こうした点から、本書で提案したインターアクションの枠組みからの会話指導学習項目は、「何を教え・学ぶのか」を意識化して授業活動デザインを行い、より多様な授業活動を体系立てて行いやすくなる点で、意義があるといえる。

　さらに、言語的アクティビティと実質的アクティビティという区分からインターアクション能力に必要な指導学習項目を捉えることで、言語的アクティビティの会話を強調しがちな授業活動デザインの可能性を広げることができる。また、実質的アクティビティを扱った教育実践は、タスクや体験学習やイマーション・プログラムなどで行われてはいるものの、そこでは単に教科書で学習した文型の練習を行うだけという場合や、あるいは、体験すること自体に意義を求めているだけという場合もある。その体験をするために何を考慮すればいいのか、その体験から何を学ばせたいのか、何が学べるのかといったことを検討する際にも、本書で提案した会話指導学習項目が参考

になることが期待される。
　あるいは、本書で提案した会話指導学習項目は、「Can-Do-Statement」をもとに機能・タスク、場面・話題を設定して会話教育実践を行う際のヒントともなるであろう。「Can-Do-Statement」とは、Council of Europe (2002) やOPI などの口頭能力試験などで、学習者のレベル別に「できるようになること」が基準として記述されているリストである。こうした各レベルでの「できるようになること」を目標に教育実践を行う際、その中で学習者が参加する会話の具体的な特徴について、意識化して練習させ、フィードバックを与える必要がある。その際に、本書で提案した会話指導学習項目が会話の特徴について、言語行動・社会言語行動・社会文化行動の観点から詳細に把握する視点を与えられる。
　なお、インターアクション能力育成のための指導学習項目を検討してみたが、実際は、インターアクション能力とは、複雑で混沌とした動態的なものであり、その実態をすべて捉えてリスト化することは不可能である。しかし、会話教育実践の現場に意識的に取り入れていくには、実態を簡素化し、指導学習項目として可視化して、教師間、教師と学習者間で共有しつつ、新たに追加・修正していけるようにする必要がある。そのためにも、本書で提案したリストは、その手がかりとなるものとして意義があると考える。
　こうして作成した会話指導学習項目は、初対面の会話やフィールド・トリップの会話など、人と関わり合う基本となる「交流会話」(Brown and Yule 1983) の分析をもとにしている。そのため、以下のような会話のリソースは、どのような領域・場面の会話にも共通して重要なものであり、調整しながら会話に動態的に参加していくための中心的な役割を果たすであろう。

言語的アクティビティ
　・言語行動：挨拶、語彙・文法・音声の談話レベルでの豊かな表現方法
　・社会言語行動：会話や話題の開始・展開・終了の仕方、話し手・聞き手としての話し方・反応の仕方、会話の状況に応じた話し方、会話相手と協力しながらターンテイキングを行う方法、表現のバラエティの付け方、話す内容の適切さ・価値、会話の展開の型、表現媒体、会話上の問題の調整方法、それらすべての運用方法

・社会文化行動：世界に関する知識とそれに対する自身の意見をもつ、課題解
　　　　　　　決、自己表現、他者理解、楽しい場づくり、異文化間の調整行動、
　　　　　　　自己成長の試み
　　実質的アクティビティ
　　　・言語行動：実質行動に伴う語彙、文法、音声の談話レベルでの豊かな表現方法
　　　・社会言語行動：現場性の有る発話と無い発話による開始・展開・終了の仕方、
　　　　　　　実質行動をしながらの話し手・聞き手としての話し方・反応の仕
　　　　　　　方、話題の維持の仕方、予想外の事態への言語的な対処方法、五感
　　　　　　　で感じたことの話題化、ジェスチャー・実物・身体の用い方、状況
　　　　　　　からの推測、それらすべての運用方法
　　　・社会文化行動：実質行動の知識・経験、情報収集・計画力、役割に応じた実質
　　　　　　　行動の課題解決・楽しい場づくり、実質行動への配慮

　このような中心となる会話のリソースをそれぞれ柱とし、様々な領域・場面によって異なった特徴をもつ会話のリソースが用いられていくと考えられる。そして、これら各会話のリソースは、その用い方、表出の仕方によって、お互いの関係をどのように捉えているかを伝える様々なメタメッセージも同時に伝え合う。それによって、会話相手との関係を深めたり壊してしまったりする可能性をもつため、会話では重要な要素といえる。
　ただし、本書で分析対象とした初対面の会話やフィールド・トリップの会話がすべての会話の基盤となる要素を含むとはいえ、会話の領域・場面は様々で、その特徴も異なる。よって、本書で提案した会話指導学習項目は、限られた会話の場面を分析対象として作成したため、すべての場面・領域での会話の特徴を網羅的にリスト化したものではない[21]。今後は、より多様な会話の場面を分析対象として指導学習項目リストを拡張させていくことが課題である。
　さらに、この項目リストは、雛形式に丸暗記をするものではない。1つ1つの細かい各項目が無限に組み合わさって、その場その場のインターアクションが成り立っているため、紋切り型のモデル会話を暗記するだけでは限界がある。それよりも、各項目を参考に、会話の瞬間瞬間の状況を観察し、その状況に合わせて動態的に調整していけるようなメタ認知力、調整能力を育成することが最も重要である。よって、この項目リストは、そうした能力

を育成するために、会話というものを意識化する視点を与えるのに活用できる。つまり、各項目を自己表現のリソースとして意識化し、選択して、自己の個性を活かした独自の会話スタイルを作っていくためのものである。例えば、会話に積極的に参加して友好的なメタメッセージを伝えるためには、どのような会話のリソースを用いることが自分の表現に適しているかをじっくり検討することができるであろう。したがって、各項目は、固定的な知識としてではなく、参加する会話の中で他者とのインターアクションを瞬間瞬間に調整していくための動態的なリソースとして学んでいくことになる。

　さらに、この会話指導学習項目リストは、様々な背景の学習者、母語話者、教師が多様な会話の場面・領域に応じて、各々の会話実践、会話教育の参考にすることを想定している。そのため、このリストには、特に、どのような順番で学習していくべきかという優先順位をつけていない。この項目の中から必要だと思って優先順位をつけて主体的に選び取っていくのは、学習者や母語話者、教師自身であるため、この項目リストの解釈・利用方法も個別性が強くなるであろう。だが、インターアクション能力育成の中で最も重要なことは、会話の中で瞬間瞬間の状況や相手のメタメッセージを読み取り、動態的に調整していくメタ認知力や調整能力であり、その点に関しては、どのような教育現場でも最も優先して取り上げていくべきである。

　以下、①学習者の場合、②母語話者と学習者の協力・歩み寄り、③教師の場合、④会話教育実践での扱いの4点について述べる。

①学習者の場合

　学習者は、実質行動を行う社会文化行動を基盤として、言語行動、社会言語行動とともに、総合的なインターアクション能力を向上させていくのがよい。特に、各項目を会話のリソースとして、自己が望むようなメタメッセージを適切に伝達・解読しながら、会話相手と協力して会話空間を形成していけるようになることが重要である。また、学習者の個性や会話相手、会話の場面・領域によって、会話のリソースの用い方を動態的に調整していけるようになることが大切である。さらに、学習者が社会参加しながらインターアクション能力を身に付けていく際に、会話指導学習項目を意識化していれば、より意識的にメタ認知を働かせて調整していけると考えられる。

なお、例えば、項目リストの「非言語」などの項目は、母語で十分習得しているため、扱う必要がないと感じる学習者もいるだろう。学習者の母語ですでに習得していることは、肯定的転移として、有効に活かすべきである。一方、第二言語として日本語の会話に参加する場合、母語でできることが十分にできないことも起こりうる。または、母語の会話と日本語の会話での特徴の違いから、会話の参加に戸惑うこともありうる。その他、今までに体験したことがない場面や苦手な場面、自信のない場面、緊張する場面や、個人的に不得意なこと[22]などは、第一言語、第二言語を問わず、会話のリソースを用いて意識的な調整が必要となるであろう。このような点からも、第二言語である日本語の会話のリソースを調整する学習を通して、第一言語の会話もみつめ直し、調整できるようになることが望まれる。

②母語話者と学習者の協力・歩み寄り

母語話者にとって、母語場面の会話では語彙・文法・音声といった言語行動には問題が比較的少ないと思われるが、接触場面では学習者に合わせた調整行動が必要である。また、会話を展開させていくような社会言語行動は、母語話者でも不得意な者、あるいは、苦手な場面などがあるだろう。社会文化行動に関しては、十分な知識をもって行動が行えるかは、母語話者、学習者に関係がないであろう。言語行動や社会言語行動が十分に日本語で行えない学習者でも、社会文化行動が適切に行える場合もある。あるいは、学習者ゆえ、日本社会での社会文化行動に戸惑いをみせる場合もあろう。母語話者と学習者がお互いに協力して、言語行動、社会言語行動、社会文化行動を行う「歩み寄りの姿勢」をもつことが望まれる。そのためにも、母語話者は、授業ボランティアとして会話教育実践に参加したり、教員養成コースなどに参加したりして、会話指導学習項目を意識化し、「歩み寄りの姿勢」をもって自身の会話への参加の仕方を調整していけるようになるべきである。

③教師の場合

会話指導学習項目は、日本語教師にも必要な知識と運用能力の指標となる。まずは、教師自身が社会に参加する一個人として、他者と協力して動態的に調整しながら言語行動、社会言語行動、社会文化行動を適切に行えるかを意識的に捉えていくべきである。その上で、自身が日本語教師として授業

活動を行う際に、言語行動、社会言語行動、社会文化行動の知識と運用能力をもつことが重要である。そのためには、教員養成や教師研修において、会話データ分析の視点を育成し、自己の会話を意識化していく必要がある（cf. 第6章第2節）。あるいは、会話教育の実習や実践研究で教師が自身の実践を分析し、改善点を検討する場合にも、会話指導学習項目が指標となるであろう。そして、このように会話を分析する視点を意識化して広げることで、授業活動デザインもより体系立った豊かなものとなり、学習者へのフィードバックの視点も広がるといえる。

その他、会話教育実践を複数の教師で行う際も、会話指導学習項目リストを媒介として、引継ぎで確認していくことができる。例えば、海外の日本語教育の現場などでは、日本語非母語話者教師（base-native）が講義を行い、母語話者教師（target-native）が会話授業を担当することがある（cf. Jorden 1987）。こうした場合でも、双方の教師が会話指導学習項目リストを媒介として、会話教育実践でどのようなことを扱うべきなのか、あるいは、新たに追加する項目があるかを意識化して、引継ぎを行っていくことができる。

④会話教育実践での扱い

会話教育実践での会話指導学習項目の取り上げ方について検討することも重要ある。本書で提案した会話指導学習項目は、すべて網羅的に教育実践で取り上げていくものではない。各現場における学習者の背景、レベル、授業目標のほか、授業活動で行う言語的・実質的アクティビティの会話の種類などに応じて、必要なものを取捨選択するものである[23]。例えば、初級の学習者と上級の学習者では、「あいづち」の取り上げ方や練習方法、難易度、授業で扱う時間も異なる[24]。そのため、学習者のレベル設定も行っていない。つまり、会話指導学習項目は、「原型シラバス」として、各会話教育実践の「刈り込み」シラバス作成の手がかりになるものとして活用できる。

もちろんこの項目リストをそのままの形で学習者に見せる必要はない。教師が授業活動デザインをする中で、教材化して加工する必要がある[25]。あるいは、学習者が会話を観察する際に教師から助言を与えたり、学習者の会話パフォーマンスに対して自己評価、他者評価、教師評価などのフィードバックをする際の指標としたりすることができるであろう。

なお、会話指導学習項目を参考に授業活動デザインをする際は、宣言的知識（FACT）と手続き的知識（ACT）のバランスを検討しながら、学習者の知識取得と行動実行の両方を促せるように工夫するべきである。こうしたFACTとACTの「認知的成果を重視―行動的成果を重視」した授業活動の配分だけでなく、「指導中心―支援中心」といった学習者の自律的な学習への支援のための授業活動デザインも考慮に入れていく必要がある（cf. 第2章第4節2「学習指導法の4類型」）。

さらに、会話指導学習項目リストは、様々な日本語クラスでの授業活動デザインや学習者へのフィードバック、評価などの参考となる可能性を秘めている。例えば、文型積み上げ式の教科書型クラスでは、語彙・文型を練習する際に、「言語行動」の項目リストのような談話レベルでの会話教育の要素を取り入れつつ、「社会言語行動」や「社会文化行動」の項目も意識的に組み込んでいくことができる。また、「社会言語行動」を主に行うことを目的とした会話授業では、言語的アクティビティと実質的アクティビティの会話の特徴を活かした会話指導学習項目を意識的に取り入れていくとともに、関連する「社会文化行動」の項目も随時組み込み、ディスカッションやインタビューなどの活動をデザインしていくことができる。あるいは、「社会文化行動」を主に扱う日本事情クラスやフィールド・トリップ、インターンシップなどでも、「言語行動」や「社会言語行動」も意識的に取り入れたより総合的な授業活動デザインを行っていく参考となるであろう。

会話教育実践例としては、例えば、どう日本語で会話を開始していいのか困難を感じている学習者の場合は、「社会言語行動」の中でも特に「1. 点火」の項目を取り上げることができる。その際、「2. セッティング」「3. 参加者」による点火の仕方の違い、学習者の母語と日本語との違い、学習者が好む点火の仕方などについてディスカッションする。あるいは、教師の分析例・体験例・意見を提示するのもよいであろう。その上で、点火を意識したロールプレイなどで練習したり、実際使用のアクティビティとしてビジター・セッションや会話の宿題レポートなどを設けてみたりするのもよい。

こうしたある項目の分類に焦点を当てて取り上げていくほかに、いくつかの会話指導学習項目を組み合わせて総合的に取り上げていくこともできる。

例えば、学習者が口頭発表をする際に気を付ける点や自己評価・他者評価を行う視点について、「時間の長さ」「スピード」「内容」「展開の仕方」「目線」「ジェスチャー」「情報収集力」「洞察力」「根拠が示せる」「聞き手としてのあいづち」などの項目を会話指導学習項目リストから取り上げて意識化することができる。こうしたプロセスから、教師も学習者も口頭発表に必要な点には何があるかを広く捉えることが可能となるであろう。

あるいは、会話指導学習項目リストは、演劇プロジェクト（中井 2004b）やビデオ作品作成プロジェクト（cf. 第 5 章第 3 節）などでのシナリオ作成や演出を学習者と教師が練り、繰り返し練習する際の参考ともなる。こうした授業活動は、学習者が自身の表現を振り返り、より豊かなものにするための会話のリソースについてじっくり検討する機会を与えるであろう。

さらに、会話データ分析活動において、学習者が会話指導学習項目を分析するといった、学習者による「研究と実践の連携」にも有効である（cf. 第 5 章第 2 節、第 3 節）。あるいは、教師があまり参加したことがないビジネス場面などのインターアクションを授業で扱う際は、この会話指導学習項目の中のいくつかの項目に注目して、教師と学習者で実際の撮影した会話データやドラマなどの類似した会話場面を分析してみることもできる。または、学習者が実際のビジネス場面でインターアクションを行っている際に、どのような点を観察して学び取って調整していけばよいのかという指標を項目リストから選び出してくることもできる。項目としては、例えば、「定型表現」「発話スピード」「会話の雰囲気」「会話の長さ」「話す人の順番」「参加者の属性」「スピーチレベル」「話題の選択」「間接的な話し方」「位置関係」「心的態度の調整」「意見の豊富さ」「実質行動への配慮」など、言語行動、社会言語行動、社会文化行動の多岐にわたる項目が挙げられるであろう。そして、実際に会話データ分析をしてみると、この項目リストにはない、新たな項目が発見されることもあろう。なお、会話データ分析を行う際、ビジネス場面といっても一律同様の特徴があるわけではないという点も強調しておくべきである。それぞれのビジネス場面ごとの特徴を読み取り、その場その場で動態的に調整していけるようにするのが理想である。

なお、会話指導学習項目の中には、人とのインターアクションの中で自然

に習得されるものも多いであろう。しかし、一度も気づくことなく自力では習得しにくいもの、あるいは、無意識に自然習得するものの中には母語の影響などで誤って理解しているものや、化石化してしまっているものなどがあるだろう。そうした学習者が自力では習得しにくいものは、会話教育実践で取り上げて意識化する機会を作ることも必要である[26]。

　以上のように、会話教育実践において会話指導学習項目を扱っていく際には、様々な授業活動の方法がある。ここで最も重要なのが、教育に対する教師の姿勢や対応の仕方を動態的、かつ柔軟にしていくことである。つまり、1つの教育的立場、教育方法に固執することなく、学習者や授業活動の状況や関係性に合わせて柔軟に調整しながら対応していくのが理想である。よって、本書の第4、5、6章で分析する筆者が行った会話教育実践と教員養成の教育実践でも、教師の柔軟な姿勢による授業活動デザインを行っている。そのため、各実践での会話指導学習項目の扱い方も多様である。第4章第3節の言語的アクティビティの会話を主に扱った教育実践では、教師が具体的に必要な会話指導学習項目を設定し、FACTからACTに段階的に積み上がるように授業活動デザインをした。一方、第4章第4節の教育実践では、実質的アクティビティとしてフィールド・トリップの会話を中心にしたため、学習者の主体性に任せ、その場その場で必要な会話のリソースを動態的に調整しながら用いていく機会のための授業活動デザインをした。さらに、第5章第2節、第3節では、学習者が会話指導学習項目を分析項目として、主体的に分析・発見・考察して自分のものとしていくための授業活動デザインを行った。第6章第2節の教員養成コースでは、前半に講義担当者が設定した会話指導学習項目に基づいた会話データ分析を行う中で受講者が分析・検討していく。そして、後半には受講者が独自に会話データ分析を行う中で自律的に会話指導学習項目を発見していくことになる。このように、本書で提案した会話指導学習項目の用い方は、授業活動によって様々な可能性があり、教師が柔軟に授業活動デザインを行っていくことを想定している。

　そして、この会話指導学習項目は、教師と学習者にとって、会話教育実践で「何を指導・学習するか」の指標となるとともに、一方で、会話データ分析の分析項目として「何を研究するか」の指標ともなる。つまり、会話指導

学習項目と会話データ分析の分析項目は、会話というものを挟んで背中合わせの関係にある。それは、会話というものを教師と学習者が意識的に分析し、自己の会話を動態的に調整していくものだからである。よって、会話指導学習項目リストを日本語学習者の会話教育実践に利用するだけでなく、教員養成や教師研修、研究にも積極的に役立てていくことが理想である。なお、現在、日本語教育での会話指導学習項目や、会話データ分析での分析項目は、各分野や項目によって分業化が進んでいて、全体像が把握しにくい状態になっている。今後、多様化する学習者に対応するための「研究」と「実践」がより体系立った包括的なものとなるためにも、本書で提案した会話指導学習項目リストが有益なものとなるを願う。

このように、より多くの教師と学習者による「研究と実践の連携」の積み上げによって、より新たな会話指導学習項目が多角的に充実していくことが期待される。そして、各項目のさらなる詳細な分析も今後の課題である。また、この項目リストは、教師と学習者の必要に応じて組み合わせて選択できるように、1つ1つの項目が独立した形で並べてある。しかし、会話教育実践では、会話指導学習項目をそれぞれ単独では取り上げにくいため、各項目間の共起関係や連鎖の仕方（筒井 2010）[27] などをより詳細に分析し、項目リストに追加していくべきであろう。

4. 会話指導学習項目を扱う際の留意点

本節で議論してきた会話指導学習項目を会話教育実践で扱う際の留意点について述べる。川上（1999: 17）は、「異文化を持つ学習者をことばの教育を通じて日本人に同化していく構造を日本語教育自体が持っている」とし、学習者の文化背景を無視して「同化主義に陥れること」を危惧している。また、ゴウ＋鄭（1999: 58）は、在日フィリピン女性達のアイデンティティーを消滅させ、日本人に改造し、同化させることを目的としない日本語教育の必要性を説いている。このような言語教育による同化の危険性は、言語や文化を固定的で静態的なものとみて、ある規範をそっくりそのまま学習者に教えつけなければならないとする考え方から生じるといえる。

以下、本書で提案した会話指導学習項目について、その取り上げ方に対す

る「①教師の姿勢」、「②実際の授業活動の行い方」について述べる。

①教師の姿勢

　教師は、学習者が会話指導学習項目を意識化し、自己表現のための選択肢を増やし、「自分のものにしていく」(Kramsch 1993；矢部訳 2007)ことを支援していくという姿勢をもつべきである。つまり、教師は、学習者の日本語での表現の幅や可能性を広げることで、学習者独自の会話への参加の仕方を再検討していく機会を与え、助長していく立場にある。よって、日本語母語話者の話し方の規範を「絶対的に正しいもの」として、会話指導学習項目を固定的に捉え、学習者に押し付けてはならない。学習者の視点を重視し、学習者が身に付けたいものを自由に選べる環境づくりが必要である。

②実際の授業活動の行い方

　実際の授業活動では、取り上げる会話指導学習項目を、固定的に存在すると想定されるある架空の日本語の規範に沿って雛形的なものとして丸暗記させたり、反復練習させたりすることは避けなければならない。日本語を用いる共同体を均一な社会と見なし、そこで学ぶべき唯一の規範があると静態的に捉えることは、学習者を「同化主義」に陥れてしまう危険性があるからである (cf. 川上 1999: 17)。むしろ、各項目について、1つ1つの会話の中で動態的に調整されるものとして捉えるべきである。つまり、個人と個人が各共同体の中でインターアクションを行うにあたって、それぞれの状況や関係に応じて動態的に調整していけるようになる能力を目指すべきなのである。

　こうした調整能力を身に付ける過程では、教育実践を通して、意識的に調整していたものが、徐々に自動化されて無意識に調整できるようになるかもしれない。あるいは、今まで無意識に調整していて自動化されていたものが、教育実践を通して、意識化されることで、自己の調整能力を問い直し、よりよいものに向上していくこともあろう。こうした点からも、教育実践、教師の役割が重要であるといえる。そして、最終的には、学習者が社会参加してそこでのインターアクションを経験することで、自律的に会話を観察しながら学び取り、自身で動態的に調整できるようになることを目指すべきである。反対に、こうした調整能力を育成することをせず、自己がもつ規範を唯一絶対のものであるとして、囚われ続けている者は、静態的な態度であ

り、インターアクション能力も非常に限られたものとなるであろう。
　しかし、同化や自己変容を恐れるあまり、いくら自由に選べる選択肢を与えられても、それらを受け入れることをかたくなに拒否する学習者もいるかもしれない。箕浦（1984）は、異文化社会への個人の心理適応について、「認知的側面」「行動的側面」「情動的側面」の3つの側面を区別して捉える必要があるとしている。「認知的側面」とはある文化の中での行動の仕方の知識を得ることであり、「行動的側面」とは必要に応じてその知識を使うことであり、「情動的側面」とは感情的にその行動をすることに違和感をもたないことであるという（箕浦 1984: 58）。日本語の会話を学習する際、「情動的側面」から日本語の規範を受け入れたがらない学習者もいるであろう。授業では、学習者がまず「認知的側面」から日本語の会話の特徴を理解し、観察する視点の育成に重点をおくべきである。そして、必要であれば、「行動的側面」として日本語の会話の特徴を活かした会話練習を行い、実際使用ができるようになることも目指すのがよい。しかし、こうした学習者の「認知・行動的側面」だけでなく、「情動的側面」にも常に配慮すべきである。
　さらに、会話教育の会話指導学習項目には、言語に普遍的なもの、第一言語と似ていて比較的応用しやすいものから、日本語特有のもので、心理的、技能的に簡単には受け入れにくいものまである。しかし、会話指導学習項目を意識化することは、同時に、自らの第一言語でのインターアクションをみつめ直し、よりよいものに磨き上げるきっかけにもなる。学習者の第一言語、第二言語に関わらず、インターアクション全般を向上させ、より多くのインターアクション場面に対応できる能力を養うことが重要である。

第3節　言語的アクティビティの会話を扱った教育実践例の分析

　本節では、言語的アクティビティの会話を扱った教育実践例を検証する。本節は、教師による「研究と実践の連携」の循環である「会話データ分析―会話指導項目化―会話教育実践」の中の筆者が行った「会話教育実践」の部分にあたる。この「会話教育実践」についての実践研究を行う。

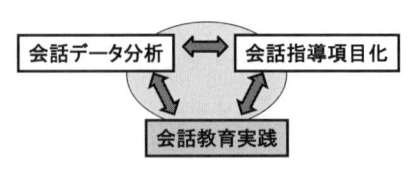

筆者による「研究と実践の連携」

　本実践を行うにあたって、Nakai(2002)などで分析した、聞き手や話し手として母語話者と非母語話者が参加する言語的アクティビティの「会話データ分析」の結果(cf. 第2章第3節3)を参考にした。Nakai(2002)の会話データ分析では、特に、非母語話者の特徴として、語彙の聞き返しや、あいづち、評価的発話、質問表現などを用いて、聞き手として会話の中で相手の話に興味をもって聞いているという態度がうまく表せないという問題点の例がみられた。一方、大場・中井・土井(2005)で分析した非母語話者同士の会話では、話題開始のための情報提供、質問表現や、相手の会話の反応に応じて巧みに用いるあいづち、繰り返し、評価的発話、共同発話のほか、フィラーやメタ言語表現を駆使して、学習者が積極的に会話に参加している様子がみられた。さらに、中井(2008a)の三者による接触場面の会話では、母語話者が司会者的な役割をする「言語ホスト」、非母語話者が「言語ゲスト」として会話に参加している様子がみられた。

　こうした会話での特徴や問題点は、会話の直後に行うフォローアップ・インタビュー(FUI)の手法によって会話参加者達の意識を探ることで、より明らかになった(cf. 第3章第1節3)。こうしたFUIを行うことによって、学習者のメタ認知(cf. 第5章第1節)も活性化すると考えられる。そして、第3章第2節2「言語的アクティビティの会話の分析」から得られた結果からは、「実質的な発話の使用によって主導権を取る練習」と「あいづち的発話の使用による主導権を相手に委ねる練習」のほか、「現場性の無い発話による話題開始(特に、質問表現)の練習」などが本実践に関係する。

　本実践では、「談話レベルでの会話教育のための談話技能の指導項目案」(中井・大場・土井 2004)を参考に授業活動デザインを行った。そして、その成果を第4章第2節2.1の「言語的アクティビティの会話指導学習項目」の一部として組み込んだ。

さらに、本実践をデザインするにあたって、「FACT と ACT」(Jorden 1987など)と「学習指導法の4類型」(森 2002)を参考にした(cf. 第2章第4節)。そして、ACT の活動として、「実際使用のアクティビティー」(ネウストプニー 1995a)を取り入れた、中井(2003e)の「ビジター・セッション」を参考にした。中井(2003e)では、教室に訪れる日本語母語話者のビジターと楽しく会話しながら友好な関係を作ることを目指していた。こうしたビジターとの出会いは、学習者にとって日本語母語話者とのネットワーク拡大にも繋がる。なお、中井(2003e)のビジター・セッションでは、ビジターのいない準備セッションにおいて、学習者に FACT としての談話技能の提示と練習を行っていた。しかし、第3章の会話データ分析でもみたとおり、接触場面の会話では、非母語話者だけでなく母語話者からの「歩み寄りの姿勢」が必要である。そこで、本節で取り上げる会話教育実践では、この FACT の導入である準備セッションの部分にも、会話相手となる母語話者に参加してもらい、学習者とともに、接触場面で必要とされる談話技能を知り、会話上の学習者の困難点とその解消としての「歩み寄りの姿勢」を示すことを意識化してもらうようにした。また、本章第1節でも述べたように、「ビジター」という用語は、1回限りの「お客様」というニュアンスが強い。教師も学習者も「お客様」という意識では、学習者との会話への「歩み寄りの姿勢」をもつことは難しい。協力して会話を共に創り、「歩み寄りの姿勢」をみせながら、学習者と共に接触場面の会話を学んでいく姿勢をもってもらいたいことから、「授業ボランティア」という呼び方にした。
　このような会話教育のための「研究と実践の連携」としての「会話データ分析―会話指導項目化―会話教育実践」の積み重ねから、以下のような概念がまとめられる。
1) 母語話者と非母語話者による会話の問題点
2) 会話参加者の役割の概念(聞き手／話し手)と双方による協力
3) 談話レベルでの会話指導学習項目(例：聞き返し、あいづち、評価的発話、フィラー、メタ言語表現、質問表現、司会者の役割)
4) メタ認知を促すための FUI の手法
5) FACT-ACT の二分法と学習指導法の4類型

6) インターアクション能力を用いる実際使用のアクティビティの機会
7) 楽しい会話による友好な関係作りとネットワーク拡大
8) 母語話者と非母語話者の「歩み寄りの姿勢」の育成

　これらの概念を考慮に入れて実施した、「言語的アクティビティの会話を扱った会話教育実践」を分析する。以下、まず、本実践の1.授業概要と2.授業内容について述べ、3.授業活動中の会話データを分析するとともに、4.学習者と5.授業ボランティアによる授業の感想データを分析し、6.言語的アクティビティの会話を扱った教育実践の利点と特徴について述べる。そして、7.会話練習活動を行う前、行っている途中、行った後でのフィードバック方法について検討する。最後に、8.本節の会話教育実践例のまとめと今後の課題について述べる。

1. 授業の概要・学習者の背景

　都内某私立大学日本語センターにて、2005年9月～2008年1月の合計5学期間(1学期、週1回90分、13回程度)に、筆者が担当した日本語選択科目「日本語会話2[28]」という会話授業の教育実践を分析する[29]。学習者は、日本語の初級前半～後半の欧米系、アジア系などの学部・大学院留学生・別科生であった。学生数は、学期により、7～20名と様々であった[30]。

　この会話教育実践の目的は、日本語の基本的な語彙や文法を用いつつ、会話のためのリソースを調整しながら用いて、聞き手や話し手として協力し合って日本語の会話に積極的に参加していくようなインターアクション能力の育成であった。そして、自身が表現したいメタメッセージを送りながら友好な関係を作っていけるようになることを目指した。評価は、1)コミュニケーション活動(40%)、2)口頭発表(30%)、3)クラス参加態度・出席(30%)を基準とした。

　なお、この会話教育実践には、毎回、3～20名程度の日本語母語話者の学部・院生が授業ボランティアとして参加していた。中井(2003e)では、初対面のビジターとの会話を毎回行っていたが、本実践では、1学期間通して同じ日本語母語話者が授業に参加していたため、授業内で学習者と友好な関係を作るということも目指した。

第 4 章　言語的・実質的アクティビティを活かした会話教育　201

【表 4-3】「日本語会話 2」クラスのスケジュール例

実施回 90 分間	自由会話	ディスカッション／スピーチ
1 回目	＊クラスのオリエンテーション	
2 回目	＊自由会話のテクニック① 　話し手／聞き手：語彙確認・聞き返し ＊自己紹介：語彙リスト作成	＊自己紹介スピーチ
3 回目 4 回目	＊自由会話のテクニック② 　聞き手：あいづち・評価的発話 ＊自由会話：休みの予定	＊「東京・日本の面白い所・もの」についてのインタビュー（聞き手）
5 回目	＊自由会話のテクニック①② 　聞き手：聞き返し・あいづち・評価的発話の復習、自由会話	＊「東京・日本の面白い所・もの」についての発表
6 回目	＊自由会話のテクニック③ 　話し手：フィラーとメタ言語表現	＊私の大好きな写真の説明（話し手）
7 回目 8 回目	＊自由会話のテクニック①②③ 　話し手／聞き手：復習	＊私の大好きな写真の発表
9 回目 10 回目	＊自由会話のテクニック④⑤ 　聞き手：質問の仕方、司会者の役割 ＊自由会話：質問練習（2〜5 人会話）	＊ディスカッション「将来の夢」「子供が PC ゲームをすること」など
11 回目 12 回目	＊自由会話のテクニック⑥ 　カジュアルスピーチ（普通体） ＊映像を見て評価的発話を用いる練習[31]	＊ディスカッション「日本でのカルチャーショック」
13 回目	＊自由会話のテクニック①②③④⑤ 　話し手／聞き手：復習	＊「日本でのカルチャーショック」の発表

　1 学期間の自由会話、ディスカッション、スピーチのスケジュールを【表4-3】に示す。このほか、本実践では機能別・場面別ロールプレイも行っていた。

2.　授業の活動内容

　本実践では、話し手、聞き手として会話に積極的に参加していくための会話指導学習項目として、主に以下の 5 つの談話技能に焦点を当てて授業活動を行った。これらの項目は、インターアクションの会話指導学習項目のう

ち、特に、社会言語行動に関する項目に当たる。よって、雑談などの言語的アクティビティでの会話能力の育成を目指した。

　①語彙・表現の確認と聞き返し(話し手／聞き手として)
　②あいづちと評価的発話(聞き手として)
　③フィラーとメタ言語表現(話し手として)
　④会話の型と質問表現(聞き手として)
　⑤司会者の役割(聞き手として)

　第2章第3節3「接触場面の会話研究」でみたように、初級後半の学習者が、①聞き返し、②あいづちと評価的発話、③フィラーとメタ言語表現を適切に用いないために誤解や問題点が起こっていた。こうした問題を解消するために①②③を会話指導学習項目として取り上げた。同じく、質問表現などを用いて聞き手として、会話相手の話をうまく引き出して会話を展開させていくのが難しいという会話データ分析の結果から、④会話の型と質問表現の強化練習を行った。これは、母語話者が「言語ホスト」で、非母語話者が「言語ゲスト」になるという関係(Fan 1994)を逆転させて、非母語話者が積極的にホストとして会話に参加できるようになるための意識化と練習になっている。また、現場性の無い発話の質問表現で話題を開始させたり、実質的な発話とあいづち的発話を用いる度合いを調整して主導権を握ったり委ねたりする練習を意識的に行った。さらに、それを応用した多人数の会話における⑤司会者の役割の練習も行った。

　授業活動は、主に、1)導入、2)会話練習・実際使用のアクティビティ、3)フィードバックという3段階からなる。まず、1)導入は、会話のリソースとしての会話指導学習項目の機能や種類を意識化するFACTの活動であり、主に、「認知―指導型」の方法を取る。次に、2)会話練習・実際使用のアクティビティは、1)導入で意識化した知識を会話のリソースとして実際に用いて会話に参加するACTの活動であり、主に、「行動―支援型」の方法を取る。また、3)フィードバックは、会話の前、途中、後に行うが、参加した会話(ACT)について、教師、学習者、授業ボランティアが振り返る(FACT)。そういった点で、「認知―指導型」でもあり、「認知―支援型」でもある。以下、5つの会話指導学習項目を扱った会話教育実践の詳細につい

て述べる。

①語彙・表現の確認と聞き返し（話し手／聞き手としての自己紹介）

　授業ボランティアとグループになって初めて会話をしてお互いを知る際に、語彙が分からなくて、誤解や不理解が起こることがある。こうしたことを防ぐために、まずはじめに取り上げたのは、「聞き返し」であった。学習者が話し手の場合、伝えたい内容の語彙や表現が日本語でうまく表せない時は、「〜って日本語で何ですか」などの表現を用いると、授業ボランティアから日本語を引き出すことができる。また、学習者が聞き手の場合、話し手の授業ボランティアが未知の語彙・表現を用いた際、「〜って何ですか」などの聞き返し表現で、その意味を確認し、会話をより理解してついていけるようにすることができる。このような語彙・表現の確認と聞き返しの表現をプリント教材（cf.【巻末資料4.3-1】）で確認し（FACT）、口頭練習する（ACT）。その後、実際に授業ボランティアと自己紹介の会話をしながら、学習者が分からない語彙・表現を授業ボランティアに聞き返す（ACT）。その際に、聞き返しをして聞き取った語彙・表現をタスクシートに記入し、提出させる。これは、聞き返しを積極的に行う動機づけになる。また、授業ボランティアにとっても、初めて共に話す学習者が聞き返しを行うことで、学習者の語彙レベル、理解レベルがどの程度なのか、把握しやすくなる。なお、授業ボランティアにも、学習者の視線、表情、口の動きなどをよく観察しながら、学習者の理解度を確認し、聞き返しを必要としているかに注意して学習者と協力して会話をしてもらうように指示する。

②あいづちと評価的発話（聞き手としての自由会話）

　あいづちと「いいですねえ」などの評価的発話について、プリント教材（cf.【巻末資料4.3-2】）で確認し（FACT）、簡単に口頭練習する（ACT）。このプリント教材のリストについて、学習者と授業ボランティアがグループになって、どのようなあいづちがあるか、ほかに追加はあるか、どのような時に用い、どのようなイントネーションになるか確認する（FACT）。クラス全体では、会話を円滑に進め、聞き手として話し手に協力して積極的に会話に参加するためには、あいづちのほか、評価的発話、繰り返し、笑い、うなずき、目線などを適切に用いていくことが重要である点にも触れて練習を行う

(FACT/ACT)。さらに、話し手も、こうした聞き手からのあいづちなどの反応を十分得るために、ポーズの置き方、節と節の間に終助詞「ね」を入れる方法、終助詞「よね」や「でしょ？」などの同意要求、目線などのほか、ユーモアや話題内容の面白さなどの工夫が必要であることを指摘する(FACT)。そして、教師が自身の旅行の話などをクラス全員に話し、学習者全員があいづちを打つ練習を行う(ACT)。この際、教師は、学習者からあいづちを得やすくするために、少しポーズなどを長めに取って、あいづちを促す。例えば、教師が「昨日ですね、」と話題を開始したばかりなのに、学習者が「ふーん」などと不適切なあいづちを用いた場合や、沈黙して反応しない場合に伝わってくるメタメッセージについても説明する(FACT)。

その後、授業ボランティアに「週末の予定」と「東京・日本の面白い所・もの」についてインタビューする(ACT)。このインタビュー会話では、学習者は、聞き手となり、あいづちや評価的発話、聞き返しなどを用いて、話し手の授業ボランティアの話題展開に協力して、積極的に会話に参加するようにする。この会話練習の間、学習者は、授業ボランティアから必要な情報を引き出し、タスクシート(cf.【巻末資料4.3-3】)に記入した後、それを発表原稿にまとめ、各学習者がクラスで発表し、情報を共有する(ACT)。

③フィラーとメタ言語表現(話し手としての説明の会話)

「あのー」「えっとー」などのフィラーと、「何と言うんでしょう」などのメタ言語表現について、プリント教材(cf.【巻末資料4.3-4】)で確認し(FACT)、口頭練習する(ACT)。その後、授業ボランティアとグループになって、学習者が話し手となり、実質的な発話を用いて主導権をもちながら、持参したお気に入りの写真について説明する(ACT)。この際、学習者が発話を考えている間、単なる沈黙にならないように、フィラーやメタ言語表現を用いて、会話を続けるように促す。こうしたフィラーやメタ言語表現は、聞き手の授業ボランティアとインターアクションを続けているというメタメッセージを送ったり、日本語の語彙や表現の助けを求めたりするために重要である点を指摘する。さらに、このような写真の説明の会話をもとに発表原稿にまとめ、各学習者がクラスで発表する(ACT)。その際、あらたまった発表で用いる丁寧なフィラーとメタ言語表現の練習も行う(ACT)。

④会話の型と質問表現(聞き手としての自由会話)

　まず、3種類の会話の型のリスト(1.相手に質問してもらう、2.お互いに質問し合う、3.相手に質問していく、cf.【巻末資料4.3-5】)[32]を確認し、話す相手によって様々に話し方を変えるということを意識化させる(FACT)。そして、どのような話題について質問できるか、どのような話題を質問すると失礼になってしまうことがあるか、または、答えたくない質問をされた場合の対処などについて、クラスで確認する(FACT)。

　そして、まず1つ目の型の練習として、授業ボランティアだけが聞き手として、学習者に一方的に質問をするという会話を行う(ACT)。この時、学習者は、話し手として実質的な発話で自身の話題を展開させる。その後、学習者は、授業ボランティアがしてくれた質問を振り返り、タスクシートにまとめ(FACT)、次に自身が質問する際の参考とする。

　次に、2つ目の型の練習として、学習者だけが聞き手として、話し手の授業ボランティアに一方的に質問するという会話を行う(ACT)。この際、授業ボランティアには、なるべく質問に対する返答の情報提供は少なめにして1文だけで答えるように指示し、学習者がより詳細な質問表現を用いて、会話を展開させていけるような練習を行う。また、お互いの共通点を見つけ、同じ話題を深く続けて相手に興味をもっているというメタメッセージを送るように指摘しておく。この練習では、学習者が主に現場性の無い発話で質問事項を考え、積極的に授業ボランティアから話を引き出す能力を育成することになる。この練習活動に入る直前に、質問表現の機能の種類(確認・会話を進める・いい人間関係作りなど)や文型についてまとめた教材(cf.【巻末資料4.3-6】)を用いて、質問の仕方を確認し、質問しやすくしておく(FACT)。

　各会話の直後、クラス内で、FUIのように、参加した会話の感想について学習者と授業ボランティアに聞き、会話を自ら分析して振り返る活動を行う(FACT/ACT、フィードバック)。例えば、学習者が授業ボランティアに質問をする会話について、学習者からは、「楽しかった」とする感想や「どんな質問をしていいか困った」「疲れた」などという声が上がる場合があった。一方、同会話について、授業ボランティアに聞くと、「沈黙があって、寂しかった」のほか、「今まで自分が学習者に質問をして会話をリードしよ

うと頑張っていたが、今回は学習者が自分に質問をたくさんしてくれて、自分に興味があるように感じて涙が出そうなくらい嬉しかった」などという感想が挙がることもあった。このように、学習者と授業ボランティアが自身の会話を振り返ることにより、会話における質問表現の重要性を意識化させる。そして、その後、直前の会話での反省点をふまえ、会話グループを変えて、数回、同じ設定で次の会話に臨ませる。

　最後の3つ目の型の練習として、学習者と授業ボランティアがお互いに平等に質問し合い、どちらも話し手と聞き手に交互になり、積極的に協力し合って話題展開をしていくという会話を行う (ACT)[33]。2つ目の型の練習で学習者は十分質問することに慣れているため、この3つ目の型の練習では、以前よりも質問を積極的に行って会話に参加できるようになっている。

　こうした質問表現を用いた会話の練習は、はじめ2～3人の少人数で行い、その後3～5人の多人数会話に発展させて、会話の中で聞き手として質問表現をほかの参加者に振り分けて用いていけるよう、難易度を上げる。

⑤司会者の役割の練習

　④「会話の型と質問表現」の集中練習を行った後に、多人数の会話を円滑に進めるために話題を開始したり質問で次に話す人を決めたりする司会者の役割を練習する。まず、司会者の役割を図式化した教材 (cf.【巻末資料4.3-7】) を配布・説明する (FACT)。次に、司会者の役割を1人ずつ交替で3、4人のグループで行い、質問表現、あいづち、評価的発話などによる話題の開始・展開・終了の仕方を練習する (ACT)。これによって、誰が次に話すのかを積極的に決定して多人数の相手を会話に参加させていく方法を学ぶ。

　以上、話し手、聞き手として会話に積極的に参加していくための談話技能に焦点を当てて、FACT-ACTの二分法と学習指導法の4類型を考慮に入れた授業活動デザインについて述べた。このように、学習者が会話に積極的に参加し、会話相手と楽しい会話空間を共有していくために、いかに日本語の談話技能を会話のリソースとして調整しながら動態的に用いていくべきか意識化して会話練習を行う必要がある。さらに、授業ボランティアと友好な関係を作り、ネットワークを構築していくための会話を授業中に行うという、実際使用のアクティビティを会話教育実践で行うことも重要な点である。

3. 授業活動中の会話データの分析

上述の「2. 授業の活動内容」でみた談話技能の会話教育実践の中で、実際に学習者と授業ボランティアがどのような会話をしてインターアクションを行っていたのか分析する。そして、どのようなインターアクション能力を駆使して会話をしていく機会が与えられていたのかについて述べる。分析データとして、撮影した会話練習活動中の学習者と授業ボランティアによるインタビューの会話例(4-1)と質問表現の会話例(4-2)、(4-3)を取り上げる。

まず、インタビューの会話例(4-1)は、授業実施3回目の「東京・日本の面白い所・ものについてのインタビュー」において、学習者のエリック(仮名、アメリカ人男性、初級後半学習者)が聞き手として、授業ボランティアの香織(仮名、日本語母語話者女性)に京都旅行についてインタビューしている会話の一部である。ここでは、エリックは、質問表現、繰り返し、あいづちのほか、自分と関連付けた現場性の無い発話を会話のリソースとして用いながら、積極的に会話に参加している。こうして、エリックは、聞き手として、話し手の香織の1つ1つの発話に積極的に協力して参加し、その話題に対して興味があるというメタメッセージを伝えつつ、楽しい会話空間を共有しようとしている。こうした授業ボランティアとのインタビューの会話は、学習者が聞き手として話し手の話題に積極的に協力しながら参加していくような社会言語能力を実際使用する機会ともなっている。

会話例(4-1)：学習者の授業ボランティアへのインタビュー(京都について)

1　エリック：　日本の中で面白い所はどこですか。　　　　　　　**質問表現**
2　香織：　　京都は、
3　エリック：　京都。　　　　　　　　　　　　　　　　　　　　**繰り返し**
4　香織：　　面白い。
5　エリック：　京都で、
6　香織：　　うんうんうん。　　　　　　　　　　　　　　　(あいづち)
7　エリック：　どこ？　　　　　　　　　　　　　　　　　　　　**質問表現**
8　香織：　　京都のどこ。　　　　　　　　　　　　　　　　(繰り返し)
9　香織：　　そうですねえ、私はですねえ、お寺に行きました。
10 エリック：　お寺。　　　　　　　　　　　　　　　　　　　　**繰り返し**

11 香織：	清水寺。		
12 エリック：	清水、あー。		繰り返し、あいづち
13 香織：	うんうん。		（あいづち）
14 エリック：	私も行きました。		自分と関連付けた発話
15 香織：	行きましたか。		（確認、繰り返し）
16 エリック：	はい、そうそうそう。		応答

次に、会話例(4-2)は、質問表現の会話の2つ目の型で、学習者が授業ボランティアに質問をして、会話を積極的に展開させていく会話練習中の様子である。会話例(4-2)では、学習者のトム(仮名、アメリカ人男性、初級後半学習者)が現場性の無い発話の質問表現を多く用いて会話相手の授業ボランティアの麻美(仮名、日本語母語話者女性)の話を引き出し、聞き手として積極的に話題を展開しようとしている。これは、母語話者が非母語話者に質問をして話題を展開させる「言語ホスト・ゲスト」の関係を打開するような社会言語能力を学習者が実際使用する機会になっている。しかし、質問表現で開始する話題が、「Q大学」→「遊び」→「Q大学の友人」→「夏休みの予定」→「北海道旅行」→「洋楽鑑賞」→「英語学習」と頻繁に転換してしまっているため、話題が細切れで唐突なものになってしまっている。こうした頻繁な話題転換を起こす質問表現は、会話に積極的に参加しているとはいえ、せっかく聞き出した相手の話への興味があまりないようなメタメッセージを伝えてしまう危険性がある。

会話例(4-2)：学習者トムの質問表現による話題転換の多さ

1 トム：	Qどうですか。		質問表現
2 麻美：	Qは、(xx)ですねえ。		
3 トム：	よく遊びますか。		質問表現
4 麻美：	うーん。		
5 トム：	Qの、Q(xxx)。		質問表現
6 麻美：	あまり遊ばないですねえ。		
7 トム：	どうして？		質問表現
8 麻美：	うん、ほかの大学の、他大の友達の方が多いので。		
9 トム：	あー。		

10 トム： 冬休み、あ、春休みは、いえいえ、夏休み、何をしますか。
　　　　　　　　　　　　　　　　　　　　　　　　　質問表現(唐突な話題転換)
11 麻美： うーん、北海道にいけたらなーって思ってるんですけどー。
12 トム： 何をしますか。　　　　　　　　　　　　　　　　　　質問表現
13 麻美： 馬に乗りたいですねえ。
14 トム： あー、馬、(xx)の馬がいる、(xxxx)。
15 麻美： うん、うん、北海道の、あ、しゃべっちゃだめだ。{笑い}[34]
16 トム： {笑い}
17 トム： 僕はアメリカ人なんですけど、アメリカのー、えと、音楽はどんなの聴きますか。　　　　　　　　　　　質問表現(唐突な話題転換)
18 麻美： そうですねえ、洋楽はあまり聴かないんですけどー、あのー、シャキーラですねえ。
19 トム： あー、シャキーラ。
20 麻美： はい。
21 トム： あのー、英語は？　　　　　　　　　　　　質問表現(唐突な話題転換)
22 麻美： あんまりできないですねえ。

　そこで、この授業後、会話例(4-2)のような、撮影した会話データを授業担当者である筆者が視聴し、質問表現による学習者の話題展開の問題点を分析した。その後、質問表現による話題展開という指導項目を取り上げ、次の授業において、クラス全体でフィードバックした。フィードバックの際、まず、教師は、質問表現によって頻繁に話題が転換してしまう悪い例を口頭で示した。そして、それとは対照的に、1つの質問表現によって話題を開始した後は、その話題について詳しく掘り下げていったり、関連のある話題に展開させていったりするような質問表現の例を見せた。そして、今度は、後者の方法で質問表現をして話題を展開させていく会話の練習活動を行うように、学習者に指示した。

　会話例(4-3)は、上記のような話題の継続性に気をつけるように説明した直後に撮影した授業内の会話の練習活動中のデータである。ここでも、質問表現による会話の2つ目の型として、学習者が授業ボランティアに質問をして、会話を積極的に展開させていく会話練習を行っている。会話例(4-3)

では、学習者ジム(仮名、アメリカ人男性、初級後半学習者)が授業ボランティア里香(仮名、日本語母語話者女性)に対して、海外旅行について聞く現場性の無い発話の質問表現で会話を開始している。4行目で里香が韓国に行ったことがあるという返答をし、それをもとに、ジムは、里香の韓国旅行について詳しく問う質問表現を用いて、話題を展開させている。ジムの質問表現は、「海外旅行」→「韓国のどこに行ったか」→「韓国はどうだったか」→「何を見物したか」→「一番好きな所はどこか」という互いに関連した話題について聞くものであり、唐突な話題転換はみられなかった。これは、教師が話題の関連性に気をつけるようにフィードバックしたことを受けて、学習者がほかの学習者と自身の前回の質問表現の練習活動を振り返って、改善を試みようとした結果であると考えられる。こうした会話は、学習者が聞き手として話題の関連性に配慮しながら、授業ボランティアに質問をしていき、話題を展開させていくような社会言語能力を実際使用する機会となっている。

会話例(4-3)質問表現の改善

1 ジム： じゃ、(3)えっとー、海外したこと、ありますか。
　　　　　　　　　　　　　　　　　　　　　　　質問表現(海外旅行)
2 里香： 海外旅行？
3 ジム： はい。
4 里香： あー、海外には、韓国に、行ったことがあります。(韓国の旅行)
5 ジム： 韓国？　　　　　　　　　　　　　　　**繰り返し・確認**
6 里香： はい。
7 ジム： えー、どこで？行きましたか。**あいづち・質問表現(韓国のどこか)**
8 里香： あのー、ソウルに行きました。
9 ジム： へー、韓国は、どう、どうだった？
　　　　　　　　　　　　　　　あいづち・質問表現(韓国はどうだったか)
10 里香： 韓国はおいしいものがたくさんあって、楽しかったです。
11 ジム： えっとー、あー、見物しました？　　**質問表現(見物したか)**
12 里香： はい、えー、韓国の歴史的な建物を見たりしました。
13 ジム： えっと、一番好きな所は、何ですか。　**質問表現(一番好きな所)**

14 里香：　韓国の中で？
15 ジム：　そう。
16 里香：　ミョンドンという町です。

　このように、授業内での実際の会話の練習活動中の会話を撮影して分析することにより、教師自身も授業の運営・説明で足りないところに気づき、次なる実践で補うべき示唆が得られる。一方、学習者も、自身や他の学習者の会話データを見て、その分析結果を聞くことにより、客観的に自分達の会話の特徴を知り、改善を試みることができる。さらに、教師がこうした学習者が参加する会話の分析、授業でのフィードバックを経た後、次学期の授業活動の改善を試みることができる。例えば、質問表現による話題展開の方法を図示したり、授業活動の導入を工夫してみたりすることができるであろう。このように、教育実践中の会話データを分析することから、教師の実践研究を促進し、よりよい授業を目指した改善が行えるのである。

4.　学習者による授業の感想

　以上、言語的アクティビティの会話における談話技能を扱った会話教育実践の内容と、学習者と母語話者の会話練習中の会話を分析した。こうした会話教育実践を行った後に、授業に対する感想について、学習者にアンケートを行った。授業の感想アンケートでは、1)会話授業のコースのよかった点、2)よくなかった点、3)改善案と、4)コース中に行った各会話練習活動について英語か日本語の自由記述で書いてもらった。以下、学習者の主要なコメントを取り上げる。なお、学習者のコメントの例は、日本語記述のものはそのまま引用し、英語記述のものは、筆者が和訳した。

●このクラスのよかった点
　＊ボランティアの人と話すこと。（学習者 4.3A）
　＊たくさんの大切な表現を学び、それを実際に練習する機会がクラスの中であった。（学習者 4.3B）
　＊口頭の日本語の情報がたくさんあった。（学習者 4.3C）
●よくなかった点
　＊いつも同じものについて話すのはちょっと…（学習者 4.3D）

＊自分は、あがり症で、このクラスはとても大人数だったので、発表やロールプレイをクラスの前でするたびにいつもストレスを感じていた。（学習者 4.3B）

●改善案
＊ちょっと宿題をすれば、もっと自然の会話の感じが分かります。例えば、毎週のテーマについて、友だちと一緒に会話したり、録音したり、次の授業にカセットを出します。（学習者 4.3E）

●各会話練習活動
①自由会話のテクニック
＊カジュアルスピーチの練習がよかった。（学習者 4.3A）
＊自由会話が一番好きです。自分の意見を話せるように、この練習は役に立つと思います。（学習者 4.3F）
＊会話のスキルを練習する機会を与えてもらった。（学習者 4.3B）

②スピーチ
＊テーマについて自分でスピーチの内容を準備することはいいと思います。スピーチを準備する時、たくさん新しい単語と文法を習ったり、スピーチの skill も勉強したりしますから。（学習者 4.3G）
＊たくさんの人の前でスピーチをして、日本語に自信がもてました。（学習者 4.3H）
＊スピーチの時、自分の作文をおぼえて発表して、日本語の会話能力について役に立ちました。（学習者 4.3I）

③会話授業で使用したハンドアウト
＊たくさんの便利な表現が学べた。ほかに、病院や空港などの場面も（ロールプレイで）扱ってほしかった。（学習者 4.3A）
＊とても役に立った！キープして役に立つ表現をいつも確認して思い出すことができる。（学習者 4.3B）
＊いつもの教科書にはないことが学べた。（学習者 4.3J）

④授業ボランティア
＊ボランティアと一緒に話すのはとても役立ちます。新しい言葉を習いました。（学習者 4.3K）
＊ボランティアと自由な話題をおしゃべりできて、自分の聞くと話す能力はだんだんうまくなってきます。（学習者 4.3L）
＊ボランティア達のみんなは親切ですから、会話する時、緊張しないです。会話する時、たくさん言葉を間違えますけれども、今日本語で話す勇気が一番重要だと思います。（学習者 4.3E）

＊どんどん日本人と一緒に日本語で話したら、自信になります。とてもいい経験と機会だと思います。日本語上手になりました。（学習者 4.3M）
 ＊ボランティアと一緒にたくさんしゃべることは楽しかった。（学習者 4.3I）

　このような学習者のコメントから、授業ボランティアとの実際使用の会話の有効性、話し言葉についての知識獲得（FACT）とその運用練習（ACT）の必要性があることが分かる。特に、授業内で学習者が授業ボランティアと実際に会話する実際使用のアクティビティを通して、学習者の日本語の会話に参加する自信に繋がるとともに、授業ボランティアとの友好な関係作りとネットワーク拡大の機会ともなっていたことがうかがえる。
　一方、改善点としては、教室外での学習者のネットワークを広げ、実際使用の機会を増やしていくために、どのような課題を出すか検討が必要な点である[35]。さらに、会話練習の際の話題設定を工夫した方がよい点、大人数の前で発表を頻繁にさせるかどうかという点なども、学習者のコメントから浮かび上がった。

5. 授業ボランティアによる授業の感想

　本実践に1学期間参加していた授業ボランティアにも、学習者と同様に、授業の感想を記入してもらった。以下、主要なコメントを取り上げる。

●**自由会話の練習**
 ＊自由会話の練習が一番留学生とコミュニケーションが取れて楽しかったです。また、このコミュニケーションのおかげで、ほかの練習をする時、留学生とスムーズにコミュニケーションが取れました。（授業ボランティア 4.3A）
 ＊会話のリーダーシップを取ってくれる留学生がいると楽だった。自分だけで会話を盛り上げるのは難しく、留学生と協力するのが大切だと感じました。（授業ボランティア 4.3B）

●**スピーチ**
 ＊留学生が日本をどう思っているのかが、少し分かっておもしろかったです。（授業ボランティア 4.3B）
 ＊どうしても毎回同じ学生とばかり喋ってしまうので、学期後半から先生がなさったようにある程度強制的に組み分けをした方がよい。（授業ボランティア 4.3C）

　このようなコメントから、授業ボランティアも会話の授業に参加すること

で、接触場面の会話で学習者と授業ボランティアに必要となる会話のリソースについて FACT と ACT の両面から、学習者と共に意識的に学ぶことができたことがうかがえる。そして、授業ボランティア自身も初級の学習者とどのように会話をしたらいいのかが掴めたという点、またその喜びとともに、困難さも実感したという点が分かる。これによって、会話をする際は、学習者だけでなく、会話相手の母語話者も学習者と協力して共有の会話空間を作っていける能力を身に付ける必要があることが分かる。例えば、学習者が「聞き返し」をする際、それに対する「言い換え」などを母語話者が分かりやすく行えるような調整能力が必要になる (cf. 第 3 章第 2 節 5)。あるいは、学習者が質問表現を用いて母語話者に質問する際、母語話者が学習者にとって分かりやすい応答の仕方ができるような能力も必要になる。こうした能力の育成は、「歩み寄りの姿勢」として会話教育実践で意識的に取り上げていくべきである。

　さらに、授業ボランティアが「会話のリーダーシップを取ってくれる留学生がいると楽だった」と述べていた。これは、本実践で質問表現によって学習者が意識的に話題を展開していく練習を行ったためではないかと考えられる。このボランティアは、普段、母語話者である自身が会話をリードしていかなければならないと努力していたようである。しかし、この会話の授業で学習者がリードする会話に参加して、「言語ホスト・ゲスト」の関係ではなく、対等な関係として協力しながら会話に参加することの重要さを実感したものと考えられる。こうした様々な形態の会話に参加していくことも、母語話者と非母語話者にとって、「歩み寄りの姿勢」を意識化し、新たな会話への参加方法を発見する機会となるのである。

　そのほかの授業ボランティアのコメントから、会話練習の際のグループ分けで、なるべく多くの異なった学習者と授業ボランティアの組み合わせで会話が毎回できるように設定する必要があることも示唆される。これにより学習者と授業ボランティア双方のネットワークがより広がるであろう。

　以上のように、会話教育実践をデザインし、教材を作成し、教育実践を行った後に、学習者や授業ボランティアなどにその教育実践についての感想を聞くことは、次の教育実践をよりよくするために重要である。それは、教

師1人の教育実践の観察や分析だけでは気づきにくい点を、また別の角度から指摘してもらえるからである。そして、これらの助言をもとに、教材や練習活動でよかった点はさらに強化し、あまりよくなかった点は改善して次の教育実践に臨んでいくことができる。これとあわせて、日々の教育実践自体を会話データ分析的に観察・分析することも重要である。例えば、授業の中で何が起こっているのか、学習者の学びが授業の中でどのように起こっているのか、問題点は何か分析し、次の授業でどのように改善していけばよいのか考え続ける必要がある。このように、会話教育実践を振り返り、次の実践に繋げる営みは、実践研究として欠かせないものである。

6. 言語的アクティビティの会話を扱った教育実践の利点と特徴

　以上の学習者と授業ボランティアによる授業の感想から、本実践では、以下の3つの利点・特徴と、授業ボランティアと教師の役割が考えられる。

　1点目の利点・特徴としては、授業で取り上げた「談話技能」とそのハンドアウトは、学習者にとって、初めて意識的に練習するものが多かった点である。自身や他者の日本語での会話への参加の仕方といった社会言語行動の特徴を意識化する機会を与えていたようである。本実践では、接触場面の会話の問題点の分析から、①語彙・表現の確認と聞き返し、②あいづちと評価的発話、③フィラーとメタ言語表現、④会話の型と質問表現、⑤司会者の役割という談話レベルでの会話指導学習項目を取り上げた。そして、これらを話し手／聞き手の役割概念から授業活動デザインして、会話教育実践を行った。こうした教師による「研究と実践の連携」のもと、学習者は、話し手と聞き手として協力し合って積極的に参加し、友好的な気持ちを伝えるメタメッセージを送るための会話のリソースを意識化して用いていく練習の機会が得られるのである。

　2点目の利点は、会話練習の後に、各グループでFUIのように、授業ボランティアや学習者が会話で感じたことを報告し合う点である。これは、「メタ認知力」の向上につながる活動の機会を与えていることになる。これによって、学習者は、自己の会話を客観的に捉え、自身の会話での友好的な気持ちを伝えるメタメッセージの送り方について考える視点が得られるので

ある。
　3点目としては、授業内で学習者が授業ボランティアと実際に会話することである。これによって、学習者が話し手、聞き手として話題展開に積極的に協力して参加していく社会言語能力を用いる「実際使用のアクティビティ」の機会となる。こうした実際使用のアクティビティを通して、学習者が会話に参加する自信をつけ、授業ボランティアと友好な関係作りをし、ネットワークを拡大させる可能性を広げるのである。一方、授業ボランティアにとっても、接触場面での会話の仕方を学んだり、学習者と会話する喜びや困難さを実感したりすることから、「歩み寄りの姿勢」の必要性を考える機会となる。このように、学習者と授業ボランティアが「歩み寄りの姿勢」をもって、お互いに協力して、楽しい会話空間を形成していくことは、双方による協働の行為である。つまり、瞬間瞬間に参加者間で協力し合って交わされる発話と発話の動態的な積み重なりと、それにより伝わる友好的な気持ちを表すメタメッセージの1つ1つの動態的な積み重なりこそが、参加者同士の協働の行為なのである。こうしたミクロレベルでの協働によって連帯感が増し、その場で1つの「社会」を形成するという点で、授業活動自体が「本番＝実践の場」(舘岡 2007)となるのである。
　次に、本実践での授業ボランティアの役割としては、学習者と協力して会話の共有空間を作る相手、友好な関係を作る対象者、学習者の語彙・表現の手助け、活動課題の確認をするようなTA的役割が挙げられる。そのほか、談話技能の実際使用の相手、話題の提供者、会話のモニター者であり、それと同時に、学習者とともに会話を楽しみ、学習者から学び、共に考える相手であるといえる。中井(2003e)のビジター・セッションとは違い、授業ボランティアも談話技能の導入にも参加しているため、学習者の困難点、注意点、日本語の会話のしくみなどが理解でき、学習者との会話を調整する能力が付けられるといえる。
　一方、このような会話教育実践における教師の役割は、学習者と授業ボランティア間の友好な関係作りや談話技能の習得、メタ認知力の向上を促すための授業活動デザインをし、ファシリテーターとして、活動の説明・進行・促進をすることである。なお、学習者によっては、教師が予め準備してお

た会話指導学習項目を扱った活動が必要でない者もいるであろう。実践の現場の学習者に応じて、会話指導学習項目の扱い方を臨機応変に変えていくことも教師の重要な役割である。例えば、あいづちや質問表現は、すでにある程度習熟している学習者に対しては、これらを扱った活動にはあまり時間をかけず、司会者の練習や実際使用のアクティビティなど、その他の活動に重点を置くといった柔軟性が重要である。

7. 会話練習活動のフィードバック方法の提案

　以上のような言語的アクティビティの会話を扱った教育実践におけるフィードバックの方法について、会話の練習活動の前、途中、後という3段階に分けて提案する。そして、フィードバックの際の留意点も述べる。
①会話の練習活動を行う前のフィードバック
　会話の練習活動に入る前の導入として、第三者間による会話の映像データや教師による会話のデモンストレーションを学習者自身が見て、そこで何が起こっているのか、客観的に分析して、その感想についてディスカッションすることができる。つまり、ここでのフィードバックとは、学習者自身が他者の会話を観察して、それはどうであったかを意識化して語るというものになる。あるいは、学習者の観察した点に対して教師が助言を与えたりすることもフィードバックとなる。

　このような会話の観察から、会話参加者達がどのような談話技能を用いて、お互い協力し合って積極的に会話に参加し、どのようなメタメッセージを伝え合って友好な関係を作ろうとしているのかを読み取る視点を育成させる。こうした他者の会話を客観的に観察する視点をもつことで、学習者が自身の会話も客観的に観察する視点がもてるようになるのである。
②会話の練習活動を行っている途中でのフィードバック
　会話の練習活動を行っている途中では、今実際に参加している会話がどのようであるか、学習者や授業ボランティア自身が客観的に観察していくように指示する。その際、会話練習活動を行う前に観察した会話の視点を再度取り上げ、意識化を促す。はじめは、教師の助言やサポートを多めに与える。そして、徐々に学習者が意識的に自身の力で会話を客観的にみて、そこで求

められること、問題点を把握して、会話を円滑に進められるように調整していけるようにする。特に、会話の練習活動を行う直前に、学習者と授業ボランティアに対して、会話の中に参加している人達をよく観察するように促す。そして、あまり話していない人、楽しそうに参加していない人などがいたら、目線を向けて話しかけたり、質問表現をしてターンを渡したりして、会話に参加しやすく働きかけることが重要だと指摘しておくのがよい。

また、教師も各会話グループをまわり、それぞれの会話が円滑に進んでいるか観察する。そして、楽しく会話が盛り上がっているグループは、学習者と授業ボランティアがどのように会話に参加し、どのような内容を話しているかを観察しておく。一方、会話が円滑に進んでいないグループは、椅子のレイアウトを変えて会話しやすくしてみたり、あるいは、進行中の話題を教師が確認しつつ、「～さんはどう思いますか」などと、学習者を指名して話させ、話題が展開しやすくなるようにする。それでも話題が停滞してしまっている場合は、教師自身がその話題に対する意見などを投げかけ、会話が盛り上がるように仕掛ける。あるいは、会話の中で学習者があまり積極的に参加できていない場合は、その学習者の耳元で「日本語が分からなかったら、聞き返しをしてみてください」「もう少しあいづちを使ってみてください」などと教師が囁いて、学習者が会話へ参加しやすくなるように促す。

このような会話の練習活動中における教師や授業ボランティア、学習者によるフィードバックの練習によって、学習者が円滑に会話を進めていけるように意識的に調整する能力を育成する。

③会話の練習活動を行った後でのフィードバック

会話練習活動を行った後は、参加した会話の感想を各会話のグループごとに確認する。その際、学習者に自分自身の会話への参加の仕方がどうであったかを客観的に振り返って詳しく述べさせる。例えば、質問表現を用いる会話練習活動の後に、学習者が「難しかった」と答えた場合、教師は、「それはどうして難しかったのか」「ではどうすればよかったのか」などと問いかけ、学習者自身に考えさせるようにする。反対に、学習者や会話相手の授業ボランティアが「楽しかった」と答えた場合、教師は、「なぜ楽しかったのか」「会話中にどのようなことに気を付けて努力していたのか」「なぜ会話が

うまく行ったのか」などと、会話の成功体験について分析させ、そこで必要な談話技能を意識化させる。あるいは、参加した会話の感想を各自、「会話の感想シート」(cf.【巻末資料3.1-1】) に記入させて、自身の会話を振り返らせるのも有効である。このようなシートを回収し、教師が各学習者に赤ペンでフィードバックを書き込むのもよい。

　そのほかにも、学習者の許可を得た上で、学習者が参加する会話を撮影し、クラス全体で視聴しながら、会話がうまく展開している箇所や、問題のある箇所を取り上げ、上記のようなフィードバックの点についてディスカッションしてみる方法もある。あるいは、各会話グループで、撮影した自分達の会話を視聴し、各自の会話への参加の仕方がどうであったか分析し、その結果をクラスで発表するということもできる。

　こうしたフィードバック活動によって、学習者が会話を客観的に観察する視点を育成し、次の会話への参加の仕方を自律的に向上させていくことが可能になる。こうした会話教育実践例については、第5章でも詳しく述べる。

　ただし、フィードバック活動で配慮すべき留意点には、主に以下の3点がある。1つ目は、自分達が参加している会話についてコメントし合うという行為は、時に、会話参加者の人格まで非難しているように聞こえ、本人を深く傷つけてしまうことがあるという点である。例えば、「〜さんがあいづちをあまりしてくれなかったので、会話が盛り上がらなかった」「私はあの話題に興味がなかったから、質問表現をあまり用いなかった」などというコメントである。客観的にコメントし合うといっても、まずは、お互いによい点を見つけて誉め合い、よい点から学ぶように促すのが理想である。弱い点は、その学習者自身が指摘するか、教師の立場の者か、その会話に参加していない第三者の学習者が客観的に指摘するのがよいであろう。お互いにコメントがしやすいような教室の雰囲気作りも重要である。

　2つ目の留意点は、教師としての威圧的なコメント慎むべきだという点である。むしろ、1人の会話傍聴者としての感想をフィードバックするような態度であるべきである。例えば、「〜さんは、このように話すべきだった」というよりは、むしろ「〜さんは、こんな感じに見えたけど、どうしてでしょうか」「もう少しこうしてもよかったかもしれないけど、どうでしょう

か」などと柔らかく示唆するようなフィードバックの方法がよいであろう。

　3つ目は、会話で用いる談話技能のようなリソースは、非常に学習者のアイデンティティーやパーソナリティーと関係することが多いという点である。例えば、欧米系の学習者の中には、日本語母語話者のように頻繁にあいづちを用いるのは、自分らしくないとして、嫌がる者もいる。そうした場合は、日本語であいづちをあまり用いないことから誤ったメタメッセージを送ってしまう危険性（例：話が理解できない、話に興味がないと誤解されてしまう）があることを教師から学習者に十分伝える。その上で、どうするのか学習者自身に選択させるようにするべきである。

　以上、学習者へのフィードバックの方法とその留意点について述べた。このように、学習者が会話の練習活動自体を繰り返し行うことによって会話能力を向上させることができる。また、その会話自体を客観的に分析し、振り返ることで、意識的に自身の会話への参加の仕方を調整する能力を向上させていける。一方、授業ボランティアにとっても、こうしたフィードバックについて学習者と教師とともにディスカッションし、内省することで、接触場面での「歩み寄りの姿勢」について意識化する機会となる。

　このように学習者や授業ボランティアが自身の会話にフィードバックを与えて改善していけるようになるためには、まずは、教師自身が学習者の会話を客観的に分析し、的確なフィードバックが与えられるような資質を身に付けていかなければならない。そうした点からも、教師による「研究と実践の連携」が必要であるといえる。具体的には、「会話データ分析」や「会話教育実践」を通して、様々な会話を分析してフィードバックの視点を養うことが重要である。そのための手がかりとして、本章第2節で提案したような「会話指導学習項目」のリストが役に立つであろう。

8. 会話教育実践例のまとめと今後の課題

　以上、言語的アクティビティの会話を扱った教育実践例の分析を行った。本実践では、談話技能に焦点を当て、話し手、聞き手としてお互いに協力し合って、会話に積極的に参加し、友好的な関係を伝えるメタメッセージを送っていくような、インターアクション能力の育成を目指した。

本実践を分析した結果、話し手と聞き手が協力し合って積極的に会話に参加して友好的な気持ちを伝えるための会話のリソースについて、学習者が意識化する機会となっていることが分かった。また、会話練習の後に、FUIの手法のように、学習者が自身の参加した会話について振り返る機会を与えているため、「メタ認知力」の向上を促すことができるという利点も挙がった。さらに、学習者が授業ボランティアと会話することによって、主に、社会言語能力を用いる「実際使用のアクティビティ」の機会を与え、授業ボランティアとの友好な関係作りとネットワーク拡大のきっかけとなっている点もみられた。一方、授業ボランティアも、学習者と会話することで、接触場面での会話について学び、「歩み寄りの姿勢」について考える機会となっていることも分かった。

　そして、教師が授業内での学習者と授業ボランティアの会話データを分析することによって、会話での問題点や、教育実践の改善点を探ることができる点についても述べた。こうした実践研究の積み上げを行い、次なる実践をよりよいものにしていくために、教師による「研究と実践の連携」の循環を絶えず行っていくことの重要性についても指摘した。

　さらに、会話練習活動のフィードバック方法の提案を行った。教師が会話データ分析をすることで、授業中の学習者の会話をみる視点が広がり、的確なフィードバックができるといえる。また、会話の練習活動の前、途中、後に学習者自身が会話を観察してフィードバックをし合うという活動によっても、学習者の会話を自律的に学ぶ視点が育成できる。こうした授業活動により、学習者による会話の「研究と実践の連携」も深まるであろう。

　本実践の今後の課題としては、コース終了時のアンケートのコメントにもあったが、学習者が興味をもつ内容を検討し、談話技能と話す内容の両方のバランスを考慮することが挙げられる。また、今回は、毎回配布する教師作成のハンドアウトを使用していたが、今後は、学習者が授業の前後に予習・復習・課題実施ができる会話教材の開発を行う必要もある。さらに、会話教育実践において、学習者と授業ボランティアや教師の間でどのようなインターアクションが起こっているのか、その学習効果と問題点などについてさらに詳細に分析していく必要がある。実践を記述・分析し、客観的に振り返

り、改善していく実践研究のプロセスは、授業改善に必要なものである。こうした実践研究のプロセスは、教師にとっての「研究と実践の連携」の循環の中でも欠かせないものである。つまり、教師は、教育実践において学習者とインターアクションを行い、それを実践研究として振り返ることで教師自身の成長に繋げることができるのである。

第4節　実質的アクティビティの会話を扱った教育実践例の分析

　本節では、実質的アクティビティの会話を扱った教育実践例を検証する。本節は、教師による「研究と実践の連携」の循環である「会話データ分析―会話指導項目化―会話教育実践」の中の筆者が行った「会話教育実践」の部分にあたる。この「会話教育実践」についての実践研究を行う。

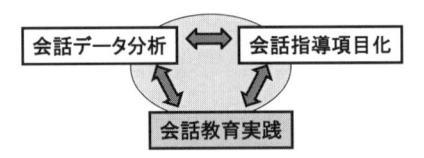

筆者による「研究と実践の連携」

　教室内では、言語的アクティビティの会話練習をすることが多い。実質行動に伴った会話を経験的に学ぶには、フィールド・トリップなどの教育活動が有効である。本実践では、学習者と授業ボランティアが大学構内を歩いてまわって写真を撮るなどの実質行動を主体とした実質的アクティビティを取り入れている。こうした実践の中で、学習者が授業ボランティアとどのような体験をし、どのような能力を身に付ける機会を得ていたかを分析する。

　本節で分析する会話教育実践の一部は、第3章第2節3「実質的アクティビティの会話の分析」の会話データに当たる。ただし、第3章第2節3では、本節の教育実践中の「キャンパス探検」の部分を会話データという観点から分析している。それに対し、本節は、1つの会話教育実践として教育的観点から分析した実践研究として位置づけられる。そのため、「キャンパス探検」の授業活動がほかの授業活動とともに、どのような位置づけで行われ

ていたのかについて分析・考察する。よって、本実践から得られた会話指導学習項目は、第4章第2節2.2で提案した「実質的アクティビティの会話指導学習項目」の中にも組み込まれている。

本実践では、本章第1節1「実際使用のアクティビティを取り入れたイマーション・プログラム」の先行研究の中でも、特に、実質的なアクティビティを中心とした「フィールド・トリップ」としての会話教育実践の利点について分析する。以下、まず、本実践の1.授業概要と2.授業内容について述べ、3.授業活動中の会話データを分析するとともに、4.学習者と授業ボランティアによる授業の感想データを分析し、そして、5.実質的アクティビティの実際使用としてのフィールド・トリップの意義と、6.授業目標の達成度・改善点について検討する。さらに、7.フィールド・トリップにおける授業ボランティアと教師の役割について述べる。最後に、8.本節の会話教育実践例のまとめと今後の課題について述べる。

1. 授業の概要・学習者の背景

都内某私立大学日本語センターにて2007年8月に筆者が担当した日本語選択科目「友達を作る日本語会話2、3[36]」という会話授業における教育実践について分析する[37]。本実践は、5週間の夏期日本語集中プログラム（7月23日～8月21日）の一環として行われた、選択科目の日本語ワークショップ（第3～5週目の午後4日間、計10時間で完結）である。なお、午前中は、教科書中心の日本語必須科目が毎日行われており、語彙・文法といった言語能力を中心に育成されていた。本実践の学習者は、欧米やアジアの大学やその他の機関に所属する初級後半～初中級の日本語学習者23名であった。

この会話教育実践の目的は、日本語の談話技能（例：聞き返し、あいづち、フィラー、質問表現、評価的発話、ターンテイキング）の練習を通して、聞き手／話し手として会話のリソースを調整しながら積極的に参加していけるような言語能力・社会言語能力・社会文化能力といったインターアクション能力の育成であった。また、授業活動を通して出会った友人と日本語での会話と協働でのタスクを楽しみ、お互いに興味をもって、友好な関係を作っていけるようになることも目的であった。評価は、1)コミュニケーショ

ン活動（40%）、2）口頭発表（30%）、3）クラス参加態度（10%）、出席（20%）を基準とした。

なお、この会話教育実践には、毎回、10名程度の日本語母語話者の学部・院生が授業ボランティアとして参加していた。中井（2003e）では、学習者は毎回、異なったビジターと会って、初対面の会話を行っていた。これに対し、本実践では、全4日間を通して同じ日本語母語話者が授業に参加していたため、授業内外での学習者と友好な関係を作るということも目指した。

2. 授業の活動内容

4日間のスケジュールを【表4-4】に示す。

本実践では、前半の4コマ程度をかけて教室内において、学習者と授業ボランティアが早く打ち解けられるように、身体を使ったコミュニケーション・ゲームや、お互いを知るためにじっくり会話ができるように自由会話やインタビュー、ロールプレイなどの言語的アクティビティを中心に行った。特に、自由会話やインタビューを円滑に行い、親しみのメタメッセージを送りながら、友好な関係が作りやすくなるような談話技能の導入・練習、実際使用と振り返りを行った（cf. 本章第3節「言語的アクティビティの会話を扱った教育実践例の分析」、および、中井2003e）。つまり、インターアクション能力の3段階のうち、特に、社会言語能力の育成を目指した。

次に、後半の5コマ目からは、学習者と授業ボランティアが協働で行うフィールド・トリップの準備・実施・発表という実質的アクティビティと言語的アクティビティを中心とした実際使用のアクティビティを取り入れた。この目的は、まず、日本語で授業ボランティアと協力して目的地を決めて、実行するという社会文化能力を育成することであった。そして、日本語の実際使用ができる教室外の環境に自ら飛び込み、教室内で学習した語彙・表現・談話技能を用いて言語行動と社会言語行動を行いながら、交流を深めることであった。さらに、このようなクラス活動を通して、日常生活において学習者が積極的、かつ、主体的に日本語での会話に参加していけるようになることをねらいとした。

こうした教育目的のもと、フィールド・トリップとして、学習者と授業ボ

【表4-4】「友達を作る日本語会話 2、3」クラスのスケジュール

実施日	1コマ 50分	クラス活動	アクティビティ
1. 8/9 3コマ	1コマ目	1. クラスのオリエンテーション 2. コミュニケーション・ゲーム 3. 自己紹介・友だちの紹介	言語的アクティビティ
	2コマ目	4. 自由会話のテクニック① 　　聞き返し、あいづち、コメント 5.「東京の面白い所・もの」についてインタビューする	言語的アクティビティ
	3コマ目	6. 誘う/承諾する・断る 7. Useful Expressions ロールプレイ	言語的アクティビティ
2. 8/10 3コマ	4コマ目	1. 自由会話のテクニック②　質問の仕方 2. 自由会話のテクニック③ 　　カジュアルスピーチ(普通体)、コメント 3. 提案する/賛成する・反対する	言語的アクティビティ
	5コマ目	4. キャンパス探検の計画を立てる	言語的・実質的アクティビティ
	6コマ目	5. キャンパス探検に出かける(60分間)	実質的アクティビティ
3. 8/14 2コマ	7コマ目	1. 自由会話のテクニックのテクニック④ 　　文と文の繋げ方 2. ディスカッション(司会者の役割の練習)	言語的アクティビティ
	8コマ目	3. キャンパス探検の発表の準備 　1)発表用の写真を決める 　2)発表ドラフトを書く	言語的アクティビティ
4. 8/15 2コマ	9コマ目	1. キャンパス探検の発表(1人2、3分)	言語的アクティビティ
	10コマ目	2. ディスカッション(司会者の役割の復習とトピック・ディスカッション)	言語的アクティビティ

ランティアが2〜5人のグループで大学構内のお気に入りの場所をまわって歩く「キャンパス探検」を行った。学習者はこの大学キャンパスに来てからまだ1、2週間足らずであったため、キャンパスの地理や建物などの情報を得る機会とするように動機づけを行った。

フィールド・トリップの準備として、まず、グループでキャンパスの地図を見ながら、お気に入りの場所や行ってみたい所について話す。そして、行く場所・順番・時間・見所などについて、「キャンパス探検の計画書」(cf.【巻末資料 4.4-1】) に記入していく。その直後、グループで 60 分間程度かけて、大学構内やその周辺を散策するという実質的アクティビティを行う。キャンパス探検中の課題は、目的地をまわりながら、面白いものを探したり、興味をもった所を写真撮影したりすることである。必要であれば、行程の確認、提案、相談をし、道に迷ったら周辺にいる人に道をきく。そして、キャンパス探検の後に、教室内で授業ボランティアとともに、口頭発表に用いる写真を決め、ワークシートに発表原稿(cf.【巻末資料 4.4-2】)を作成する。最後に、キャンパス探検で見た所や興味をもったことなどについて、写真を見せながら、口頭発表と質疑応答をする。

　なお、キャンパス探検に出かける前に、見たものについて話したりして楽しく会話をしながら散策するように教師から助言しておいた。また、学習者に対しては、授業ボランティアに頼り切らずにお互いに協力し合って行動をするように指示しておいた。一方、授業ボランティアにも、ガイドのようにならずに、学習者と協力してキャンパス探検をすることと、教室で行った言語的アクティビティの会話の練習の時のように、学習者のレベルに合わせた自然な日本語を使って行動することを依頼しておいた。

　【図 4-4】に、本実践の授業活動デザインをまとめた。

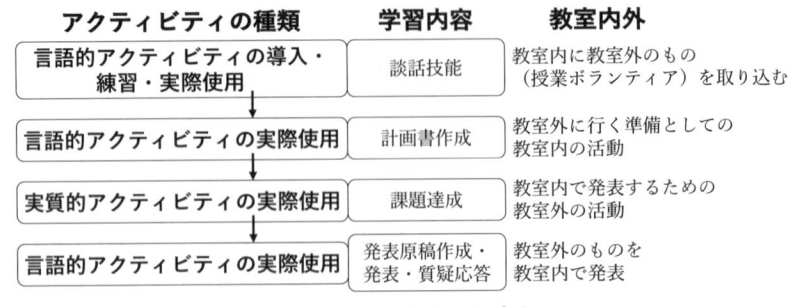

アクティビティの種類	学習内容	教室内外
言語的アクティビティの導入・練習・実際使用	談話技能	教室内に教室外のもの（授業ボランティア）を取り込む
言語的アクティビティの実際使用	計画書作成	教室外に行く準備としての教室内の活動
実質的アクティビティの実際使用	課題達成	教室内で発表するための教室外の活動
言語的アクティビティの実際使用	発表原稿作成・発表・質疑応答	教室外のものを教室内で発表

【図 4-4】本実践の授業活動デザイン

本実践のフィールド・トリップを中心とした授業活動は、主に、1)導入、2)計画、3)キャンパス探検、4)発表、5)フィードバックからなる。まず、1)導入では、言語的アクティビティの会話を扱った会話練習と実際使用のアクティビティであるため、FACT と ACT の活動であり、「認知―指導型」と「行動―支援型」の両方の方法を段階的に取った。次に、2)計画と4)発表では、教師と授業ボランティアの支援のもと、それぞれの活動に必要なFACT を確認しながら、計画書を作成する、発表をするという ACT の活動を行うという「認知／行動―支援型」の方法を取る。そして、3)キャンパス探検は、学習者と授業ボランティアが主体的にキャンパスを見てまわるという ACT の活動が中心の「行動―支援型」の方法である。さらに、5)フィードバックは、会話の前、途中、後に行うが、ACT として参加した会話について、教師、学習者、授業ボランティアが FACT の活動として振り返るという点で、「認知―指導型」でもあり、「認知―支援型」でもある。なお、今回の実践では、教室内の各活動に対するフィードバックは、前、途中、後に行ったが、教室外でのフィールド・トリップに対するフィードバックは、時間的制約のため、本書の会話データ撮影に協力をしてくれた学習者（サバス）に対してだけ、撮影したビデオを見ながら行うフォローアップ・インタビュー(FUI)の際に行った。

3. 教室外の「キャンパス探検」における実際使用のアクティビティの分析

　本実践の6コマ目に行った「キャンパス探検」という実質的アクティビティについて、教育実践の効果という観点から、学習者がどのような実際使用のアクティビティの機会を得ていたかを分析する。分析するデータは、学習者のサバス(仮名、S、20代後半ギリシャ人男性、初級後半学習者)と、授業ボランティアの麻美(仮名、M、20代前半日本語母語話者女性)の2人が「キャンパス探検」を行っているところを撮影・録音したもの(約53分間)である[38]。なお、サバスは、他の学習者と同様、探検するキャンパスに通い出してまだ1、2週間であった。一方、麻美はこの大学の3年生だが、隣接する別のキャンパスに通っていたため、探検するキャンパスの地理にはあま

り詳しくなかった。そのため、探検中は、2人で迷って地図を見たり、相談したりする場面が数回見られた。さらに、このフィールド・トリップ終了後に、「会話感想シート」(cf.【巻末資料 3.1-1】)に感想を記述してもらった。そして、フィールド・トリップ中の撮影データを見ながらその時の意識を各参加者に個別に問う FUI も行った(サバス:約 120 分間、麻美:約 160 分間)。分析には、これらの撮影・録音データ、「会話感想シート」の記述データ、FUI データを用いる。

以下、実際使用のアクティビティにおいて、学習者と授業ボランティアが協力し合ってどのような言語行動、社会言語行動、社会文化行動を行うことによって、学習者の言語能力、社会言語能力、社会文化能力を向上させる機会が与えられていたか分析する。特に、教室内で行う言語的アクティビティの会話とは異なった、教室外の実質的アクティビティ特有の場面に焦点を当て、キャンパス探検中の実際の会話例を取り上げて分析する。その際、サバスの視点からインターアクションの実際使用の機会を分析するため、FUI データからサバスがその場面をどのように捉えていたのかについても触れる。なお、FUI でサバスが英語で答えているものは、和訳して示す。

3.1 言語行動の実際使用

言語行動の実際使用としては、周りの状況や授業ボランティアの協力のほか、撮影データの視聴などから、学習者が語彙や表現を推測して理解するような機会が与えられていた。会話例(4-4)は、G 博物館に入場する際に、撮影をしてもよいか交渉している場面である。649B で G 博物館前にいた係員 B が「担当の者」を呼んでくると述べ、652M で麻美がサバスの理解のため「担当の方」が来ると繰り返している。この部分に関して FUI において、サバスは、この時「担当の者」という意味を少し類推できたとしていた。特にこの場面では、キャンパス探検の目的地の 1 つにしていた G 博物館への入館ができない恐れがあるという不測の事態が起こった。その状況把握と問題解決のために、発話を理解することが大変重要な課題となっている。このように、学習者にとって重要な情報を含む未習の語彙も、授業ボランティアに言い直してもらいながら、状況の中で推測・理解するという言語行動の機会

が与えられているといえる。

会話例(4-4)：語彙の推測と理解（言語行動の機会）
　649 B： ただいま担当の者(こちらに)参りますので。
　650 M： す、すいません。
　651 S： (なんて言いました)。
　652 M： あっ、あのー、担当の方が、
　653 S： ふーむ。
　654 M： 来るそうで。

　会話例(4-5)は、目的地であるＰ記念館が開館しているか情報センターで問い合わせている場面である。麻美と受付の人ＲがＰ記念館には今は入れないが、ウェブで閲覧できるというやりとりをしている内容について、FUIでサバスは、状況でだいたいの意味が理解できたとしている。ここでは、麻美が中心となって受付の人Ｒに情報を問い合わせており、サバスは聞き手にまわっている。このような授業ボランティアの積極的な協力によって、学習者は、必要な情報の大意を掴むという言語行動を行い、それをもとに、会話例(4-5)の後に、ウェブを閲覧するという実質行動を行って、目的地をまわって見てくるという目的を達成する機会が与えられているといえる。

会話例(4-5)：大意を掴んで行動する（言語行動＋実質行動の機会）
　935 M： あのー、Ｐ記念館って、今ーやってないですよね。
　936 R： あっ、今ですね、ちょうど、授業で使用しておりましてー。
　937 M： あ、なるほど。
　938 R： 一般の方は、ちょっと中に入ることは//できないんですけども。
　939 M：　　　　　　　　　　　　　　　　　　あ、そうですか。
　940 R： えーと、こちらのウェブー、の方でですね、
　941 M： はい。
　942 R： 写真だけでしたらご覧になれますが、
　943 M： あー、なるほどー。

　さらに、サバスはFUIなどでフィールド・トリップ中の会話の撮影データを見直すと、撮影時には分からなかった語彙や表現が分かるということがあったようである。会話例(4-6)では、サバスは「高いくて」と誤った形容

詞の活用形を用いて話しているが、FUIでこれを聞いてサバスは、「高くて」の誤用であったと自ら指摘していた。また、会話例(4-7)では、809Mにおける麻美の「ちょっと風が、吹いてきました」という発話の意味が撮影時には理解できていなかったが、FUIで撮影データを再度視聴していると意味が分かったとサバスは述べていた。このように、後日、フィールド・トリップの撮影データを再度見直すと、落ち着いた状況で会話を聞くことができ、自己モニターが働きやすくなる。そして、自身の発話の適切さを判断する、会話相手の発話の意味を理解するといった言語行動が容易になると考えられる。教育実践では、実際使用のアクティビティを撮影・録音し、フィードバック・セッションにおいて視聴し直すのが効果的であるといえる。

会話例(4-6)：自己モニターによる発話の適切さの判断

（撮影データによる言語行動の機会）

　693 S：　えーとー、高いくて、

会話例(4-7)：他者の発話の理解（撮影データによる言語行動の機会）

　809 M：　あっ、ちょっと風が、吹いてきました。
　810 S：　ふーーん。

3.2　社会言語行動の実際使用

　社会言語行動の実際使用としては、学習者が自律的な話題提供・転換をして授業ボランティアと協力して会話維持をするような機会が与えられていた。会話例(4-8)では、サバスは、前の煙草の話題に関連して、自身の煙草を取り出し(【図4-5】)、それについて説明する話題を提供している。この部分についてFUIでサバスは、日本人がこのギリシャの煙草を見るとマリファナかと思ってよく話しかけてきて、会話をするきっかけになった経験があるので、この時もこの煙草を見せて、話題を作ろうとしたと述べていた。実際に、この煙草を見て麻美も、

【図4-5】　85S 現物を見せて話題提供
（煙草）

86Mで「あっ、かっこいいですねー」と関心を示している。このように、学習者が前に日本人と話して盛り上がった物や話題を自分から提供して、話題を作る努力をするという社会言語行動の機会が与えられているといえる。60分間のキャンパス探検という長い時間をかけて2人だけで歩きまわるフィールド・トリップでは、歩く、見るといった実質行動に伴って、沈黙を作らず、会話維持をして友好的な気持ちを示すメタメッセージを送ることが重要となる。そのため、サバスが行ったように、話題性のある得意な話をするなどの社会言語能力が必要であろう（cf. 第3章）。

会話例(4-8)：現物を見せての話題提供（社会言語行動の機会）
　85 S ： 日本でここ煙草は//とっても有名です。
　86M：　　　　　　　　　あっ、かっこいいですねー。
　87 S ： でも、この煙草、
　88M： はい。
　89 S ： 日本でこの煙草はー全然買えません、//から、
　90M：　　　　　　　　　　　　　　そうそう、全然見たことない。
　91 S ： みんな、あの、日本人わあー、びっくりしました。
　92M： はい。

　会話例(4-9)では、郵便局の前を通りかかった際、【図4-6】のように指示的ジェスチャーで郵便局を指しながら、サバスがその郵便局で今朝手紙を出した時の話題を提供している。FUIでサバスは、この郵便局で親切な局員の助けのもと、案外簡単に手紙が送れたと述べていた。このことからも、サバスは、ちょうど郵便局の前を歩いている時に、そのエピソードについて感動をもって、麻美に伝えたかったことがうかがえる。このように、学習者が目の前の建物などの視覚情報に刺激されて、それに関連するエピソードを話題として提供するという社会言語行動の機会が与えられているといえる。

会話例(4-9)：現場性を利用しての話題提供（社会言語行動の機会）
　93 S ： えっ、今日は手紙を、だ、出しました。｛前方を指差す｝
　94M： え、どの辺ですか。
　95 S ： 郵便局に、｛振り返る｝違いました、ここは郵便局。｛看板を指差す｝
　96M： あー、郵便局。

97S： ですから、ええ、そうそうそう。
98S： それで、//かの、彼女に手紙を//出しました。
99M：　　　　　　手紙、
100M： おー、ギリシャの、うわー、いいですねー。
101S： ですから、ちょっと違いましたけど、
102M： はい。
103S： ん、大丈夫です。{笑い}
104M： 大丈夫だった？おー、すごいですね。

【図4-6】 93S 指示的ジェスチャー（郵便局を指す）

　会話例(4-10)は、その前の郵便局の話題から暑さと蝉の話題に移る場面である。117S でサバスが日本人がとても親切だということを言ったので、120M、122M、124M で麻美が海外でよくしてもらったら自国でも外国人によくするべきだという意見を述べている。この部分について、FUI でサバスに確認したところ、麻美の発話の「よくしてもらう」と「よくしないと」の意味が分からなかったという。そこで、サバスは、発話の意味を聞き返して会話を中断させるよりは、何か他の話題を提供して会話を続ける方がよいと判断して、125S で「暑ーい」と8月の猛暑の中歩いている状況について話題として取り上げたと述べていた。そして、この発話を受けて、126M で麻美も「暑いですね」と同意し、サバスの新しい話題に参加し、127M で「蝉が鳴いてる」と周りの聴覚情報をもとに話題を展開させ、会話を続けることに成功している。そして、128S からサバスは、ギリシャと日本の蝉の鳴き声が似ていることについて話題を展開させている。このように、学習者が相手の発話が理解できない場合でも、積極的に周りの状況を利用して話題をうまく転換して、会話維持をするような社会言語行動の機会が与えられているといえる。

会話例(4-10)：発話理解が困難な場合における周りの状況を利用しての話題転換（社会言語行動の機会）

117S： 大体みんなの日本人はとても親切です。{笑い}
118M： {笑い} よかった、それはよかったです。

119 S ： ギリシャ人にー、これはとっても役に立つです。{笑い}
120M ： {うなずき}んー、いや、でも、それはやっぱり日本人も、海外に行った時によくしてもらうから、
121 S ： うんうん。
122M ： お互い様です、//それは。
123 S ：   分かりました。(4)
124M ： よくしないといけないです。
125 S ： 暑ーい。
126M ： 暑いですね。
127M ： 蝉が鳴いてる。
128 S ： ん、あー、えー、ギリシャでも夏休みの時、
129M ： はい。
130 S ： たくさん{上を指差す}の。
131M ： あ、蝉。
132M ： あ、そうですか、//ふーん。
133 S ：   うーん。
134 S ： えっとー、ん、日本にこのー音初めてー、
135M ： はい。
136 S ： 聞くー、ギリシャの音と思いました。
137M ： あー、一緒だって。
138 S ： そうそうそう。
139M ： へー。
140 S ： そう。
141M ： 私も初めて知りました、//蝉がいるなんて。
142 S ：   {笑い}

会話例(4-11)は、コンビニの中に入って、商品を見ている場面である。1444SでサバスはRed bull」と、カフェインが入っている飲料水の商品を取り上げ、1446Sで勉強する時に役に立つという情報を提供し(【図4-7】)、話題を開始している。それに対して、麻美は、1447Mで「ああ、効きますか、やっぱり」と関心を示している。このように、学習者がコンビニなどで

多くの商品の中から話題性のあるものを選び出して、現物を指しながら話題提供をしつつ、その説明を行うなど、会話相手にとって有益な情報を提供して会話維持をするような社会言語行動の機会が与えられているといえる。

会話例(4-11)：現物を見せて話題提供・情報提供（社会言語行動の機会）

1444 S： Red bull.
1445 M： ああ、レッドブル。
1446 S： 勉強するの時、この Red bull はとっても役に立つで//す。
1447 M： 　　　　　　　　　　　　　　　　ああ、効きますか、やっぱり。
1448 S： んーん、そうそうそう。
1449 M： え、飲んだことない。
1450 S： えっとー、分からないけどー、
1451 M： はい。
1452 S： えー、つくれったの時、
1453 M： うーん。
1454 S： とても//役に立つです。
1455 M： 　　　へーー。

【図 4-7】 1446S 現物を見せて話題提供（飲料水）

3.3　社会文化行動の実際使用

　社会文化行動の実際使用としては、学習者が「キャンパス探検」の実質的アクティビティの課題を授業ボランティアと協力して制限時間内に達成するといった実質行動を日本語を用いながら行うような機会が与えられていた。授業で課されていた課題は、「キャンパス探検」中に、口頭発表のための題材探しやカメラ撮影をする、計画書で立てた数箇所の目的地を時間内にまわるといったものであった。そして、それらの課題を達成するために、実質行動を共に楽しく心地よく行う、きれいな写真を協力して撮る、次の目的地に向かう提案をする、地図を見る・道を聞く、予定の場所に入場できないという不測の事態でどうするか判断する、暑さや歩き疲れと戦うなどの問題解決を学習者と授業ボランティアが協力して行う必要がある。こうした実質行動の問題解決は、教室内のロールプレイとは違って、真の目的をもった実際使

用のアクティビティである。以下、キャンパス探検中に見られた実質行動の課題・問題解決の中から、4つの例を取り上げる。

会話例(4-12)は、カフェに立ち寄ってコーヒーを注文し、サバスが麻美に水を飲むか確認し、喫煙の許可を求めている場面である。このように、実際の飲食の場面において、日本語を用いて相手への配慮を示しながら共に実質行動をするような社会文化行動の機会が与えられているといえる。

会話例(4-12):水を勧める、喫煙許可求め(社会文化行動の機会)

1214 S: 水がいかがですか。
1215 M: あっ、大丈夫です。
1216 M: ありがとうございます。
1217 M: 先生、大丈夫ですか、なんかー。
1218 S: 煙草吸ってもー、//いいですか。
1219 M: あっ、大丈夫ですよー。
1220 S: えっ、うーん、ありがとう。

会話例(4-13)は、大学で有名な撮影スポットで、サバスがどのような角度から写真を撮ればいいか、麻美と確認しながら、撮影している場面である(【図4-8】)。この部分について、FUIでサバスは、授業の口頭発表のためによい写真をたくさん撮ろうとしていたという。このように、発表用に学習者と授業ボランティアが日本語を用いて協力しながら、きれいな写真を撮るという実質行動の課題達成をするような社会文化行動の機会が与えられているといえる。また、265Mで麻美が「眩しい」というサバスにとっては未習の語彙を用いているが、FUIによると、サバスは状況で理解できたとしている。このように、学習者が授業ボランティアによる状況に伴った語彙の使用を聞いて理解するという言語行動の機会も与えられているといえる。

会話例(4-13):協働的な課題達成(社会文化行動の機会)・状況を伴った語彙の理解(言語行動の機会)

263 S: 写真を撮りましょう。{カメラを構える}
264 M: {笑い}
265 M: これ眩しいです//ねー。{手を頭にかざす}
266 S: んー。

267M： んー。
268M： あ、ここなんか、いい。
269S： うん、ここで。
　　　　｛カメラ構える｝
270M： どうですか。
　　　　｛カメラを覗き込む｝
271S： きれいね。
　　　　｛カメラを覗き込む｝
272M： あ、きれい。

【図4-8】 271S カメラを覗き込んで確認する

　会話例(4-14)は、次の目的地であるE博物館の方向が地図を見ても分からないため、構内のベンチに座っていた見知らぬ学生に尋ねている場面である。サバスは、445Sと451Sで麻美に目の前にいる親切そうな学生に行き方を確認してはどうかという提案をしている。そして、453Sでサバスは、その学生に対し、「すみません」と積極的に声をかけている。その後、454Mから麻美がその学生に対し挨拶をした後、E博物館の場所を確認するやりとりをしている（【図4-9】）。このように、日本語を用いて学習者と授業ボランティアが協力して道聞きをして次の目的地にたどり着くという実質行動の課題達成をするような社会文化行動の機会が与えられているといえる。こうした実質行動は、日本での留学ならではのものであろう。

会話例(4-14)：構内にいる学生への道聞き（社会文化行動の機会）

445S： でもー、質問をしてもいいですか。
446M： はい。
447S： えっとー、
448M： あ、これ。
449S： (xxxxx)。｛うなずき｝
450M： なんで、工事してるか？
451S： いえー、親切みたいです。
452M： はい、ああ。
453S： すみません。
454M： すみません、こんにちは。

【図4-9】 博物館の場所を教えてもらう

455M： あのー、恐れ入りますがー、えっと、Pじゃなくてこっちだ。
456M： E博物館ってどちらーにあるかご存知ですか。
457A： E博物館？
458M： はい。

　会話例(4-15)は、G博物館の撮影許可の確認をしてもらっている間、2人で入口前で待っている場面である。639Sでサバスは、「暑ーい」と言って、麻美の共感を誘い、沈黙にならないように会話維持をしようとしている。そして、641Sと642Mでサバスと麻美は、喫茶店で冷たいコーヒーを飲んで暑さをしのごうという提案をしている。このように、暑さしのぎの提案をすることで、暑さ対策を共に行うという実質行動による課題解決をするような社会文化行動の機会が与えられているといえる。そして、会話が途切れた時にどう振舞うか、どのような話題なら提供しても差し障りがないかに配慮して話題を提供するような社会言語行動の機会も与えられている。

会話例(4-15)：会話維持・暑さ対策(社会言語行動・社会文化行動の機会)

639S： 暑ーい。
640M： 暑い。
641S： も、その後でー喫茶店行ってー、コーヒーを買いましょうー。
642M： そうですね、冷たいやつ。
643S： {笑い}

　以上、会話例(4-4)〜(4-15)において、キャンパス探検中のサバスの言語行動、社会言語行動、社会文化行動の実際使用の機会について、会話データから分析した。その分析結果を【表4-5】にまとめた。こうした分析から、フィールド・トリップでは、学習者が実質的アクティビティの中でインターアクションの実際使用の機会を豊富に経験することができ、学習者の言語能力、社会言語能力、社会文化能力といった総合的なインターアクション能力の育成ができることが明らかになった。また、このようなインターアクション能力があると、実際使用のアクティビティがより達成しやすくなるともいえる。つまり、実際使用の行動が能力育成に繋がり、また、その能力向上が行動を助長するという点で、相互に関連し合っているのである。

【表 4-5】「キャンパス探検」における
言語行動・社会言語行動・社会文化行動の実際使用の機会

言語行動	●周りの状況や授業ボランティアの協力のほか、撮影データの視聴などから、語彙や表現を推測して理解する機会 ・重要な情報を含む未習の語彙を授業ボランティアに言い直してもらいながら、状況の中で推測して理解する機会〈会話例(4-4)〉 ・授業ボランティアのサポートで、必要な情報の大意を掴むという言語行動を行い、目的地をまわるという目的を達成する機会〈会話例(4-5)〉 ・撮影ビデオを再度見直すと、自己モニターが働きやすくなり、自身の発話の適切さを判断する、会話相手の発話の意味を理解するといったことが容易になる〈会話例(4-6)(4-7)〉 ・授業ボランティアによる状況に伴った語彙の使用を聞いて理解する機会〈会話例(4-13)〉
社会言語行動	●自律的に話題提供・転換をして授業ボランティアと協力して会話維持をする機会 ・前に日本人と話して盛り上がった物や話題を自分から提供して、長い間歩きながらも話題を作る努力をする機会〈会話例(4-8)〉 ・目の前の建物などの視覚情報に刺激されて、それに関連するエピソードを話題として提供する機会〈会話例(4-9)〉 ・相手の発話が少々理解できない場合や、時間をもて余している場合に、積極的に周りの状況を利用して話題をうまく転換して、沈黙にならないように会話維持をするための努力をする機会〈会話例(4-10)(4-15)〉 ・コンビニなどで商品を指しながら、その説明を行うなど、会話相手にとって有益な情報を提供して会話を維持する機会〈会話例(4-11)〉 ・会話が途切れた時にどう振舞うか、どのような話題なら提供しても差し障りがないかを配慮して話題提供する機会〈会話例(4-15)〉
社会文化行動	●「キャンパス探検」の課題を授業ボランティアと協力して制限時間内に達成するといった実質行動を行う機会 ・相手に配慮しつつ共に飲食の実質行動をする機会〈会話例(4-12)〉 ・発表用に授業ボランティアと協力しながら、きれいな写真を撮るという実質行動の課題達成をする機会〈会話例(4-13)〉 ・授業ボランティアと協力して道聞きをし、次の目的地に制限時間内にたどり着くという実質行動の課題達成をする機会〈会話例(4-14)〉 ・暑さしのぎの提案をすることによって、共に解決するという実質行動による課題解決をする機会〈会話例(4-15)〉

4. 学習者と授業ボランティアによる授業の感想

　このような「キャンパス探検」について、サバスと麻美がどのように感じていたのかをみる。特に、「会話感想シート」への記述と、それについて詳しく聞いた FUI のデータから、以下 6 点まとめる。

①キャンパス探検の全体的な印象

　サバスは、「とても有用で興味深い体験だった。我々は、日本とギリシャの生活の仕方やこの大学などに関するいくつかの話題についてディスカッションした。1時間日本語だけで話して聞いて、日本語を話す練習がたくさんできたので、とても楽しく、面白かった」としている。

　一方、授業ボランティアの麻美は、「沈黙を作らず、楽しくなるように、お互いに頑張ってコミュニケーションを図ろうとしていた。あまり緊張はなかった」としていた。つまり、麻美によると話題提供したり、お互いに理解できないことは諦めたりしながら、会話維持の努力をしていたのだという。また、「手を使って、なにかを指差したり」しながら話すことが多かったことも指摘している。

②会話相手の印象

　サバスは、「彼女はとても興味深い人で優れた聞き手である。私の日本語での会話の問題に対して、とても我慢強く対処してくれた」と述べている。

　一方、麻美は、「サバスは優しい、頭の良い人」であるとしている。麻美によると、「優しい」と思った理由は、「自分が頑張って楽しく会話をしようとしていたことに協力的だったため」であるとし、「楽しい会話は一方的では成立しない」と指摘している。また、サバスが「頭が良い」と思った理由は、「日本語の会話の中で分からないことや単語などがあっても、「何？」とすぐに質問をして、理解することを諦めなかったところ」と、「話題も次々に出てきてすごいと思った」点であると説明している。

③会話でよかった点

　サバスは、「2人とも撮影されていることを気にせず、この大学の歴史や、ギリシャと日本の生活スタイルについていろいろ話せたこと」としている。「麻美がとても親切だった」こともよかった点として挙げている。

　一方、麻美は、「ギリシャの文化について知らないことをたくさん教えてもらえた。また、ささいなことで盛り上がれた」という点がよかったとしている。麻美は、文化人類学が専攻で「異文化に興味があるので、遠いギリシャのことをギリシャ人に直接教えてもらえて嬉しかった」と述べている。また、麻美によると、「ささいなことで盛り上がれた」とは、例えば、ギリ

シャでも夏に蝉が鳴くこと、インド料理屋の前で「ナンうまい！」と言って共感できること、冷たい物が飲みたくて「コーヒー、コーヒー」とはしゃぐことなどで、2人で楽しく話せた点であるという。さらに、キャンパス探検中に、「2人の目の前に現れた事象に対して、2人で直感的に同じような反応を示したのが面白かった。言語的・文化的な壁も超越したような気分になった」という点も指摘している。そして、麻美は、「教室内だけでの会話と違って、外を歩いていると、話題の元となる多くの情報がランダムに目に飛び込んでくるので、ささいなことでの盛り上がりを引き起こしている」という点にも触れていた。

④会話で難しかった点

　サバスは、「私の語彙不足のため、多くの言葉が分からず、麻美がくれた情報で理解できていない点がいくつかあった。もっとたくさんの言葉を理解できていればよかったと感じている」と語彙による理解の困難さに触れていた。そして、「日本人はギリシャ人と同様、みな速く話すこと」が聞き取りで大変だったと指摘している。また、真夏に構内を歩くことに対して「とても暑かった」点が大変だったとしていた。さらに、「夏休みのため、いくつか行きたかった博物館などに入れなくて残念だった」という点についても触れている。

　一方、麻美は、時折サバスの日本語の発話の中に唐突に出てくる英単語が聞き取れず、申し訳なく感じたと述べていた。また、麻美は、「計画書で目的地は決めていたが、そこに向かうまでの2人の行動パターン（例：コース取りや道の歩き方、注目しているもの）が全く違っていた」ことも困難点として挙げていた。例えば、道に迷って人に道を尋ねる場面（会話例(4-14)）では、積極的に人に聞いていこうとするサバスの考えに麻美がまったくついて行けていないこともあったとしている。そして、このような行動パターンのギャップを埋めるために、「とにかく臨機応変に相手の出方を予測して、いかに楽しいキャンパス探検にするかを考えていた」と述べていた。

⑤会話の理解度（%）

　サバスは、「50%–70%」であったとしている。これは、語彙・表現が未習のものがあったという点と、屋外での会話のため、騒音や外的刺激で言語

に集中して聞き取ることが困難であったためと推察している。

　一方、麻美は、「80％」理解できたが、後の「20％は英語が聞き取れなかったことと、サバスの疑問点をちゃんと理解できていたかが不安だったこと」と述べている。そして、麻美は、サバスの理解度は、「80％以上と予想」していると述べていたが、FUIで撮影データを視聴した後には、「やはりサバスの理解度についてはよく分からない。自分が話す際、使う言葉は選んでいたが、発音をはっきりさせることにはあまり気を払っていなかったので、理解しづらかっただろうと思う。また、話すスピードも気を付けたつもりだったが、映像を見たら思ったより早口だった」と反省点を述べている。

⑥日本語の会話授業で練習したいこと

　サバスは、1時間のキャンパス探検のような「長い会話」を練習する機会がもっと多くあればよいとしている。

　一方、麻美は、今回のキャンパス探検をサバスと共に行った経験から、「時制・接続詞・助詞などの文章の繋げ方をきちんと理解して用いると、よりスムーズに会話が進むのではないか」と述べている。それは、「難しい単語や表現というものはネイティブの側がいくらでも噛み砕いて説明できるが、時制・接続詞・助詞は説明が難しいし、それらがはっきりしていないと状況が掴めない」からであるという。麻美によると、これらの運用能力は、「落ち着いて話せる教室内での会話より、外に出たときの会話での方が断然重要」であるという。外での会話は、「話題転換が頻繁に起こる上、ミスコミュニケーションがあるとまったく別々の方向に歩いて行ってしまうなど、意思疎通が図れないことで会話自体もできなくなるため」だとしている。

　以上、サバスと麻美のキャンパス探検の経験に対する感想をまとめた。このように、キャンパス探検のフィールド・トリップは、学習者にとって日本語に浸る（immerse）「イマーション・プログラム」の役割を果たしている。ここでの言語行動・社会言語行動・社会文化行動の実際使用の経験は、長い時間日本語を実際のインターアクションの中で聞いて話す機会にもなっている。こうした経験自体が学習者に自信を与えていたことが分かる。また、授業ボランティアにとっては、目の前の見つけたものを話題として取り上げな

がら、学習者と楽しく沈黙を作らずに話し続けるという会話維持の努力をする場であったことが分かる。このように、実質行動を行いながらお互いに努力して課題解決をするという協働を行っていたため、互いの印象は、「とても興味深い」、「優しい」、「頭がいい」などというよいものになったと考えられる。そして、キャンパス探検をしながら、お互いの国の文化や生活について情報交換しつつ、周りの状況から得られる情報をもとに「ささいなこと」でも盛り上がり、共感して、お互いの親近感が増すという経験をしていた。このように、フィールド・トリップを通した交流から、学習者だけでなく、授業ボランティアも相手から様々なことを学びつつ、目の前の媒介物を通して、心的距離を縮め、友好的な関係を作るきっかけになっていたようである。

一方、屋外で歩きながらの会話では、聞き返したり、辞書を調べたり、筆談したりといった語彙の意味交渉が十分できないため、学習者と授業ボランティアにとって、日本語と英語の語彙の理解が困難であったと思われる。また、目的地にたどり着けないなどといった不測の事態や、目的地までのお互いの行動パターンの違いに対処しながら、楽しく歩いてまわるということも重要な点であったといえる。会話の理解度については、学習者が「50%–70%」であったが、授業ボランティアは学習者が「80%以上」理解しているものと信じて自然な速さと発音の仕方で話していた。授業ボランティアにとっても、会話の後で撮影データを見直してみるということで、自身と学習者のインターアクションの実態を理解して、「歩み寄りの姿勢」で必要なことを検討して改善できるのではないかと考えられる。

最後に、フィールド・トリップなど屋外で何かをしながら話す場面を会話教育で扱う場合、サバスが指摘するように、長い時間会話を自律的に維持できる能力の育成が必要になるといえる。また、麻美が指摘するように、談話レベルで意味関係を明確に示しながら、お互いに調整し合って課題解決をするなどの能力育成も必要である。

こうした会話維持と課題解決を参加者同士が協力し合って行うことで、楽しく有意義な空間を協働で形成していくようなインターアクション能力の育成が重要である。それにより、お互いの連帯感が増し、フィールド・トリップの達成感も増すであろう。つまり、フィールド・トリップの中での協働と

は、道を聞いたり写真を撮ったりするといった実質行動の課題解決だけで行われるのではない。そうした課題解決の実質行動を行いながら、瞬間瞬間に参加者間で協力し合って交わされる発話と発話の動態的な積み重なりと、それにより伝わる友好的な気持ちを表すメタメッセージの1つ1つの動態的な積み重なりも、参加者同士の協働の行為だといえるのである。

5. 実質的アクティビティの実際使用としてのフィールド・トリップの意義

　本実践で行ったフィールド・トリップ「キャンパス探検」の意義として、主に、以下の4点が挙げられる。

①五感を通した学び

　フィールド・トリップに出かけることによって、教室内では学び切れない五感を通した実質的アクティビティでの学びが経験できる。例えば、視覚(建物、看板、自然、人間、庭など)、聴覚(騒音の中での発話の聞き取り、蝉の声など)、嗅覚(コーヒーの香りなど)、味覚(茶菓の味など)、触覚(暑さ、風の感触など)が挙げられる。これらの五感は、教室内で行われる言語的アクティビティでは、ある程度、固定されているものである。しかし、フィールド・トリップなどの外を歩いてまわるような実質的アクティビティでは、周りの状況が刻々と変化するため、学習者が感じ取る五感も瞬間瞬間で動態的に変化する。こうした五感の頻繁な変化に応じて、それを言語化していくことで、会話相手と同じことを感じ、共感して、楽しい会話空間を共有することが可能となる。そして、こうした五感を活かしながら、学習者は、実質的アクティビティの中で会話相手の発話を類推・解釈し、どのような発話や実質行動をすればよいか判断する動態的な体験をもつことができるのである。特に、屋外の会話では、目の前の視覚情報について言及する「現場性の有る発話」を用いて話題を開始・展開させることが多いため(cf. 第3章第2節「会話データの分析」)、こうした話題展開の方法を学習するためにも意義がある。あるいは、学習者にとって、静かな環境の中で落ち着いて言語的アクティビティに集中できる教室内と違って、屋外の騒音がある中で会話をしていく能力の育成も可能であろう。

さらに、学習者と授業ボランティアが実質行動とそれに伴う会話をしながら、60分間という長い時間を共に過ごすため、フィールド・トリップ後半部は、肉体的にも疲れてくる。そのような場合にどう対処するかという課題解決も体験できる。サバスと麻美が行っていたように、話題性のあるものを見つけたりして会話を続けて沈黙を作らないようにすることもその1つである。または、コーヒーを飲む、写真を撮るなどの実質行動に集中することもその1つである。あるいは、FUIで麻美が述べていたように、キャンパス探検中は「探検の最後の方は、歩き疲れてくるので、沈黙になっても違和感がなくなる」ため、会話の沈黙に対する寛容度の変化を体験することもできるであろう (cf. 第3章第2節3.2「接触場面のキャンパス探検中の会話の分析」)。こうした教室内で行われる言語的アクティビティを中心とした会話ではできない五感を通した動態的な学習体験が可能となるのである。

②自律的な課題解決の場

　教室内では、教師が学習者に次に何をするか指示を与え、授業活動を管理・支援していることが多い。それとは異なり、本実践のフィールド・トリップは、学習者と授業ボランティアが協力し合って自律的に課題解決をする場としての意義がある。そして、学習者にとって、日本語の言語能力・社会言語能力・社会文化能力を総合的に駆使して、実質行動を中心とした課題を解決する能力を育成する機会となる。また、授業ボランティアと協働することによって、自力では困難な課題解決も達成しやすくなる。こうした学習者と授業ボランティアによる自律的な実際使用のアクティビティを行うことで、「本番＝実践の場」(舘岡 2007) としての授業活動の意義が見出される。

③友好な関係作り

　フィールド・トリップといった実質的アクティビティでは、学習者と授業ボランティアがお互いに協力し合って実質行動を行うために、言語行動、社会言語行動、社会文化行動に配慮・調整しながら会話を交わす。このように、共に実質行動を行いながら会話をして、共有の楽しい時間と場を経験することで、信頼感や親しみ、一体感が得られるといえる。また、フィールド・トリップの課題解決といった実質行動を協働で行い、共に達成感を味わう喜びによって、友好な関係が作りやすくなるとも考えられる。こうした実

質行動を通した共感の体験は、雑談などの言語的アクティビティを中心とした会話だけでは味わえないであろう。そして、実質的アクティビティとその中で交わされる言語的アクティビティによって、学習者と授業ボランティアの交流が促進し、ネットワーク構築のきっかけともなると考えられる。そうした経験から、異文化間でのネットワーク構築の仕方も学べるであろう。

④教室内と教室外をつなぐ中間的存在

　フィールド・トリップは、教室内では行えない、実質行動とともに用いる言語行動・社会言語行動・社会文化行動の実際使用の機会として意義がある。このようなフィールド・トリップでの経験とそこからの学びを最大限にするためには、教室内においてじっくり準備をし、課題設定をしておく必要がある。そして、フィールド・トリップ実施後に、その中でどのような学びが起こったか、課題が達成できたか確認し、今度どう改善すればよいかを振り返ることが重要である。こうした事前の準備と事後の振り返りの場として、教室内の活動が有効になるといえる。このような教室内と教室外の活動の連携によって、学習者が授業活動を終えた後も、教室外の様々な自身の言語生活で、自律的に行動ができるようになると考えられる。

　以上のように、フィールド・トリップといった実質的アクティビティの授業活動を会話教育実践に取り入れることで、教室内ではできない実質行動の課題を協力し合って自律的に解決しながら、会話を交わすという実際使用のアクティビティが行える。また、学習者が五感を通して実質行動に伴った動態的な会話への参加の仕方も学べる。こうした実質的アクティビティへの参加は、言語能力・社会言語能力・社会文化能力を総合的に調整しながら駆使して、授業ボランティアと協働で課題を解決する機会となるのである。このような共有経験を通して、学習者と授業ボランティアが友好な関係を作っていくきっかけともなるといえる。実際に、本章3節で分析した言語的アクティビティの会話を扱った教育実践例では、主に、聞き手と話し手としての話題展開への協力といった社会言語能力を実際使用する機会が与えられていた。しかし、本実践のフィールド・トリップといった実質的アクティビティを扱った会話教育実践では、社会言語能力だけでなく、社会文化能力も実際

に発揮し、向上させる機会が多く与えられているという点で異なる。こうした点から、フィールド・トリップでしか学べないインターアクション能力を育成することが可能となるのである。ここで得たインターアクション能力は、学習者が参加する様々な実質行動を伴った会話場面にも活かされると考えられる。そのため、フィールド・トリップを会話教育で扱うことは、授業活動と学習者の日常生活を繋げることにもなるであろう。

　さらに、実質的アクティビティの会話では、実質行動が主な目的のため、意味交渉や会話維持などの言語行動、社会言語行動が不十分でも、大きな問題とはならないことが多い。よって、非母語話者が母語話者よりも言語行動、社会言語行動といった会話能力が習熟していない場合でも、実質行動を伴った実質的アクティビティの中で会話していく方が、母語話者と対等な立場で会話に参加していけるのではないかと考えられる。

6. 授業目標の達成度と改善点

　本実践で行ったフィールド・トリップ「キャンパス探検」の授業目標の達成度・改善点としては、主に、以下の2点が挙げられる。

①ネットワークの継続的な維持

　本実践では、まず、言語的アクティビティの練習と実際使用を通して、学習者は、聞き手／話し手として会話に積極的に参加し、日本語での会話を楽しみ、授業ボランティアと友好な関係を作っていく重要性を意識化する機会が与えられていた。その後、フィールド・トリップといった実質的アクティビティの実際使用を通して、授業ボランティアと課題を解決しながら友好な関係を作る機会が与えられていた。しかし、4日間の集中コースゆえ、学習者と授業ボランティアの人間関係の深化や継続的なネットワークの維持まで発展させるという点では、十分ではなかったのが今後の課題である。

②事前準備と事後のフィードバック

　フィールド・トリップをより意義あるものにしていくために、事前準備や事後フィードバックなどで、どのようなインターアクションの指導学習項目を取り上げていくべきかをさらに検討していく必要性が挙げられる。

　まず、事前準備の方法としては、実施するフィールド・トリップに必要と

される言語行動・社会言語行動・社会文化行動について授業で取り上げ、意識化を図るとともに(FACT)、運用練習をしておくこと(ACT)が挙げられる。例えば、フィールド・トリップ中に道に迷った時はどうするか(社会文化行動)や、歩きながらどのような会話ができるか、会話が途切れた時にどうするか(社会言語行動)などについて授業でディスカッションをするのも有益であろう。それによって、学習者が何に注意して、どのような能力を伸ばすためにフィールド・トリップに参加するのかを意識化することができる。

　一方、事後フィードバックとしては、例えば、サバスが行ったように、可能な限り、全員の学習者がICレコーダーのようなものを付けて、フィールド・トリップを行い、後日、その会話データをもとに、振り返るという方法がある。その際、教師がフィードバックを行う、あるいは、学習者と授業ボランティアが自身のインターアクションを振り返ることになる。学習者は、会話データを聞きながら、自身がうまく日本語で言えたこと、言えなかったことや、うまく実質行動ができたところ、できなかったところ、また、その解決方法としてどのようなものをとったか、とるべきだったかなどを振り返る。学習者が自身のフィールド・トリップへの参加について、後日自己評価をすることもよいだろう。例えば、フィールド・トリップ中に課題がどの程度達成できたか、グループのメンバーをいかに楽しませられたか、話題性のあるものにいかに言及する現場性の有る発話と無い発話で会話を維持したかといった協働の場への貢献についてインターアクションの3段階から振り返るのも有効であろう。こうした自己評価の項目は、事前準備の段階で、学習者自身が目標設定をしておくと、達成感もより増すであろう。このように、学習者が自身のインターアクションを分析して、振り返り、自己改善していくことは、学習者による「研究と実践の連携」として、自律的にインターアクション能力を向上させていく上で欠かせないことである。

　以上のように、より意義のあるフィールド・トリップを行っていくためには、本書で行ったようなフィールド・トリップの中で実際に何が起こっているのかを詳細に分析する会話データ分析と実践研究の融合といった、教師による「研究と実践の連携」が必要である。それによって、フィールド・ト

リップに必要とされるインターアクション能力はどのようなものかが明らかになり、会話指導学習項目として追加していくことが可能となる。こうした会話指導学習項目は、教師や学習者がフィールド・トリップでのインターアクションを振り返る指標ともなる点で必要なものとなるであろう。そして、学習者が自身のインターアクションを振り返ることは、教師にとっても学習者の視点を学ぶ機会となる。こうした学習者の視点も取り入れつつ、教師が「研究と実践の連携」を行うことで、フィールド・トリップのためのより体系立った教材や授業活動などのカリキュラム開発を行っていくことができるであろう。

　筆者は、これまで日本語の授業の一環として、イマーション・プログラムのクラスを担当したり、様々なフィールド・トリップを実施したりしてきた。しかし、それらの教育実践を会話データとして撮影し、その中で学習者が実際にどのようなインターアクションを行っているのかを詳細に分析したことはなかった。そして、本書において、初めてフィールド・トリップの会話データを分析することによって（第3章第2節「会話データの分析」と本節）、その実態が明らかになった。この分析結果をもとに、「キャンパス探検」のフィールド・トリップを中心とした実質的アクティビティの会話で必要とされる指導学習項目もまとめることができた（第4章第2節2.2）。こうした教師が実践研究を行うことによって、教育実践でどのようなことが実際に行われているのかが詳細に把握でき、よりよい教育実践のための改善を検討することが可能となる。このようなプロセスは、教師が「研究と実践の連携」の循環を行う上で重要なものであり、教師の成長にも繋がるといえる。今後は、これらの研究成果を活かして、次なる実践を継続的に行っていき、さらなる「研究と実践の連携」を図っていく必要があると考える。

　その他の今後の課題としては、本実践で行った前半の言語的アクティビティの練習と実際使用が、後半の実質的アクティビティの実際使用にどの程度活かされたかについて検討していくことが挙げられる。今後は、各アクティビティの特徴をさらに詳細に分析するとともに、両者の連携を意識した授業活動デザインを開発していく必要性が指摘できる。

7. フィールド・トリップにおける授業ボランティアと教師の役割

　フィールド・トリップにおける授業ボランティアの役割は、第一に、学習者が実質行動の課題を達成できるように、共に行動し、手助けを与えつつ協力していく協働の相手になることである。そのためには、学習者とともに楽しい会話空間を協力して作りながら、言語行動・社会言語行動・社会文化行動を実際使用する相手となることと、友好な関係を作っていく相手となることが重要である。

　一方、教師の役割は、第一に、学習者と授業ボランティアがフィールド・トリップを成功させ、学習者のインターアクション能力を向上させるための授業活動デザインを行うことである。そして、それを円滑に具現化するためのファシリテーターの役割を担う。さらに、学習者と授業ボランティアが課題達成するための専門的知識を教師が備えていることも必要であろう（FACT）。教師が自身の知識や経験から、適切なフィードバックを学習者に与えることによって、学習者が自己のインターアクションを調整し、振り返るための自己モニターを促進させることができるであろう。そうした授業活動デザインや適切なフィードバックができるようになるためには、教師自身がフィールド・トリップを実際に体験して学んだ経験をもち、その意義を確信しているべきである。そして、それを自身の教育実践の現場に活かしていくための「研究と実践の連携」の継続を行っていくことも必要であろう。

8. 会話教育実践例のまとめと今後の課題

　以上、実質的なアクティビティを中心としたフィールド・トリップを取り入れた会話教育実践における、学習者の言語行動・社会言語行動・社会文化行動の実際使用の機会について分析し、その意義と改善点、および、授業ボランティアと教師の役割について述べた。今回の教育実践の分析データは、学習者と授業ボランティア2名のフィールド・トリップ中の撮影・録音データをもとにした。教師の管理のないフィールド・トリップ中の会話とはいえ、調査目的で撮影するために教師である筆者が同行していたため、2人が意識的に沈黙を作らないようにし、日本語だけで会話しようとしていた事実は否めない。教師が同行していないその他のグループでは、どのようなイン

ターアクションが起きていたかは、また別の方法で調査しなければならないだろう。日本語以外の言語の使用や、授業の目的や課題とは異なった行動が行われている可能性も高い。今後は、さらなる実質的アクティビティを中心としたフィールド・トリップの分析と、その教育実践についての改善を行っていく教師による「研究と実践の連携」の循環が必要であると考える。

第5節　言語的アクティビティと実質的アクティビティを活かした会話教育実践の提案

　会話の授業といえば、教室内で行う言語的アクティビティの会話練習が多いのではないかと考えられる。しかし、学習者の日常の生活場面を考えると、言語的アクティビティだけでなく、実質的アクティビティの中の会話にも多く参加する機会があるだろう。今後は、より体系立った授業活動デザインのもと、言語的アクティビティと実質的アクティビティの会話の特徴を活かした教育実践を行っていき、学習者の言語生活に繋げていくべきである。そこで、本章第3節と第4節で分析した言語的アクティビティと実質的アクティビティの会話を扱った教育実践をもとに、教室内で行う言語的アクティビティの教育実践と、教室外で行う実質的アクティビティの教育実践を連携させる教育実践の提案をする。以下、1.室内外の環境の活用と、2.実質的アクティビティの特徴を活かした会話教育実践について提案し、3.会話教育実践の提案のまとめと今後の課題を述べる。

1.　室内外の環境の活用

　【表4-6】に「教室内と教室外の利点と弱点」についてまとめた。このように、教室内と教室外で行う活動の利点・弱点を把握し、相互に補完して、よい循環を起こすようにするべきである。そのためには、「イマーション・プログラム」の実践例が示すように、1) 教室内での事前準備活動（理解、練習）、2) 教室外でのフィールド・トリップ（実際使用）、3) 教室内での振り返り、という3段階を計画性をもって授業活動デザインしなければならない。さらに、3) の教室内での振り返りの後も、また次の実際使用のアクティビ

【表 4-6】 教室内と教室外の利点と弱点

	利点	弱点
教室内	・言語的アクティビティにおいて、言語に集中して、冷静に聞いて話せる、書いて読める。 ・意識的な学習に集中できる(例：知識の整理、繰り返しの強化練習) ・教師の管理のもと、教師からの支援が受けられる。 ・発話を撮影・録音・文字化したものを客観的にフィードバックし、振り返ることができる。	・練習やシミュレーションが基本になり、実際使用のアクティビティの体験に制限がある。 ・教室内の活動と学習者の日常生活での活動との乖離がある。
教室外	・実質的アクティビティが様々な場面で、五感を通して実際に体験できる。 ・学習者の日常生活に近い場面で授業の課題を達成する能力が育成できる。 ・言語的アクティビティだけで交流するのではなく、実質的アクティビティ(例：観光、料理、飲食、写真、カラオケ、サークルなど)を媒介に会話して親しくなることが学習できる。 ・行動しながらの言語使用ができる。 ・教室内、アカデミック場面以外の語彙・表現にも触れられる。 ・日常生活に近い騒音の中で聞き取り練習ができる。 ・現場性の有る発話で話題提供し、それを現場性の無い発話で発展する学習ができる。	・言語的アクティビティに集中できない。 ・意識的な学習に集中できず、いつも外的な刺激に左右されてしまう。 ・教師の支援が受けにくい。 ・自己モニターが働きにくい。 ・繰り返しの強化練習ができない。

ティにつながるように継続して積み上げていけるようにすることも必要であろう。そして、最終的には、これらの授業活動での積み上げを、学習者自身が自律的に日常生活で行って自身の力でインターアクション能力を向上させていくことができるようにしていくことも重要であろう。

2. 実質的アクティビティの特徴を活かした会話教育実践

　フィールド・トリップ「キャンパス探検」における会話の分析(cf. 第3章第2節3「実質的アクティビティの会話の分析」)と、ほかの関連データからの知見を参考に、「実質的アクティビティの会話指導学習項目」として、より広い観点から提案を行った(cf. 第4章第2節2.2)。これらを指導学習項目として例を補って簡潔にまとめ直すと、以下のようになる。これらは、キャンパス探検などの屋外で行われる実質的アクティビティの会話に学習者が参

加する際に、会話のリソースとして必要となる談話技能の指導学習項目のアイデアとなるであろう。

1) 話題性のあるものを取り上げる現場性の有る発話と、それに伴う指示的ジェスチャー。例えば、「あれが講堂ですね（確認）」、「ここでよく食べますか（質問表現）」、「これ、何ですか（質問表現）」「あっ、虫です！（情報提供）」、「大きいですねえ（同意要求）」、「そうですねえ。きれいですねえ（共感）」など。これらの発話をすることによって、会話相手と共に積極的に実質的アクティビティに楽しく参加しているというメタメッセージを送ることができ、友好な関係が作りやすくなる。

2) 現場性の有る発話から現場性の無い発話（例：子供の頃の話題、社会的・文化的な話題、大学生活など共通の話題）へ発展させる談話技能。このような談話技能は、話題からの連想力や想像力が必要となる。

3) 沈黙回避のために、目の前の面白そうなものを取り上げる現場性の有る発話の使用のほか、学習者自身の得意な話題（例：自国の紹介）などに言及する現場性の無い発話で話題を展開させていく談話技能。

以下、実質的アクティビティの特徴を活かした会話教育実践例「①旅行シミュレーション」と「②フィールド・トリップ」を提案する。これらの実践は、教室内と教室外の活動の各利点を活かして、連携させて行うのがよい。

①旅行シミュレーションの提案（教室内）

フィールド・トリップが困難な場合、あるいは、フィールド・トリップの事前練習として、以下の「旅行シミュレーション」を行うことができる。

まず、会話の際、話し手の情報提供に対して、聞き手として、あいづちとともに用いる評価的発話の練習を行う。また、自身のお気に入りの写真について、話し手として評価的発話を用いながら説明するという練習も行う。さらに、カジュアルスピーチ（普通体）における終助詞「よ」「ね」や「のだ文」の活用がまとめてある教材で整理し、口頭練習を行う。

その後に、目の前にある、現場性のあるものに対して、評価的発話を用いて言語化していくという練習も行う。例えば、シミュレーションとして、みなで北海道に行くという設定にする。そして、この北海道旅行を事前、事中、事後の3段階に分ける。まず、事前として、北海道に行く前に、「楽し

み」「カニが食べたいなあ」などと、どんな気持ちかをコメントし合う。そして、事中として、教師が北海道旅行で撮影した写真や動画を見ながら、あたかもそこに学習者達がいるような気持ちになって、「うわー熊がジャンプしてる」「あー花の絨毯みたい」などと現場性の有る発話でコメントしていく練習をする。この際、カジュアルスピーチを用いて自身の強い感動や話し相手への強い共感を表す練習を、終助詞や「のだ」文の使用、イントネーションなどに気をつけながら行う。さらに、「この前、森で熊に遭ってしまった人がいてね、〜」「私の国にもこんなお花畑があってね、〜」などと、現場性の有る発話から無い発話で、関連したエピソードを話して話題を発展させる練習も行う。そして、最後に、事後として、旅行を振り返って、「楽しかったねえ」「もう一度行きたいねえ」などとコメントし合う。

　このように、目の前にあるものについて言及する現場性の有る発話や、それを発展させた現場性の無い発話を用いながら、共に旅行するなどの実質的アクティビティに積極的に参加することによって、会話参加者同士が共にいることをより楽しめるということも（cf. 第3章第2節3）、授業中に強調しておくと、学習者の動機が上がるであろう。こうした動画を利用した「旅行シミュレーション」の実践例については、第5章第3節でも述べる。

②**フィールド・トリップの提案（教室外）**

　シミュレーションではなく、本書で分析した「キャンパス探検」の場合、新入生の学習者対象でなければ、キャンパスから少し離れたところの探検に重点をおくと、より視覚情報が目新しく話題性のあるものになり、会話がしやすくなるだろう。また、探検グループのまわるところが重ならないように工夫すると、後の口頭発表での情報交換が新鮮なものとなる。中級以上の学習者の場合は、キャンパス内外の建物や歴史などを調べておき、その話題についてキャンパス探検中に会話できるようにするのもよい。または、キャンパス内外の人々を対象にインタビュー調査を行わせてもよい。なお、海外で行う場合は、学習者の大学構内や自国の観光地に、日本人ビジターを招いて、日本語でツアー案内してもよいであろう。

　このほかのフィールド・トリップとしては、建物や景色のきれいな観光地、動物園、庭園、デパートなどに実際に出かけていき、そこで、現場性の

有る発話と無い発話を用いて、会話を楽しんでいくような活動も考えられる。その際、事前の会話練習として、十分、上述の写真や動画のシミュレーション練習を行っておき、そこで用いられる談話技能をおさえておく。その上で、実際のフィールド・トリップに赴き、そこで見たものについて、その場で積極的に話題展開できるように促す。事後タスクとして、フィールド・トリップ中にどのような会話をしたか報告する、撮影・録音して自己分析するという活動を行ってもよい。

さらに、学習者がグループで旅行番組を作成するというビデオ・プロジェクトを行ってもよい。例えば、学習者が取材・撮影したい観光地を選び、そこへ出向いて、現場性の有る発話で、目の前の観光地の様子をレポートし、その撮影ビデオを上映することも可能である(cf. 第5章第3節)。

3. 会話教育実践の提案のまとめと今後の課題

以上、言語的アクティビティと実質的アクティビティを活かした会話教育実践として、「室内外の環境の活用」と、「実質的アクティビティの特徴を活かした会話教育実践」について提案した。まず、教室内では、言語的アクティビティに集中しやすいという利点を活かした授業活動を行い、教室外では、そこでしか体験できないような実質的アクティビティを中心とした授業活動を行うべきであるという点を指摘した。こうした室内外で行う活動の利点を活かして、相互補完的に授業活動を行うべきである。さらに、実質的アクティビティの特徴を活かした会話教育実践例として、「旅行シミュレーション」と「フィールド・トリップ」の活用についても述べた。

このように、言語的アクティビティと実質的アクティビティの会話を、どのような目的でどこでどのように連携させつつ授業活動に取り入れていくべきかという授業活動デザインを綿密に行っていく必要がある。今後も、より多くの種類の言語的アクティビティの会話と実質的アクティビティの会話を詳細に分析することによって、会話教育実践へと活かしていく教師による「研究と実践の連携」を行っていくべきである。

第6節　本章の会話教育のまとめと教師による「研究と実践の連携」の提案

　以上、本章では、教師による会話教育のための「研究と実践の連携」の循環としての「会話データ分析―会話指導項目化―会話教育実践」の中における、「会話教育実践」の先行研究を概観し(第1節)、「会話指導項目化」の例を提案して(第2節)、それらを踏まえた2つの「会話教育実践」を分析し(第3節、第4節)、「会話教育実践の提案」を行った(第5節)。この「会話指導項目化」と「会話教育実践」は、いずれも、第2章と第3章でみてきた「会話データ分析」の成果を活かしたものである。

　まず、第1節「会話教育実践」の先行研究では、「実際使用のアクティビティを取り入れたイマーション・プログラム」と「談話技能の習得を目指した会話教育実践」を概観した。これらの教育実践は、教室内外の接触場面を繋ぎ、言語的・実質的アクティビティでのインターアクション能力を向上させるという点で、第3節と第4節で述べた会話教育実践のデザインの参考とした。その上で、本書で捉える会話教育実践について、「実際使用の種類」という点から議論し、「今後の会話教育実践の課題」を述べた。

　次に、第2節「会話教育の指導学習項目」では、言語的アクティビティの会話と実質的アクティビティの会話ごとに、言語行動、社会言語行動、社会文化行動の会話指導学習項目を提案した。これは、会話教育の先行研究、会話データ分析(第3章)、会話教育実践(第4、5章)、教員養成コースの教育実践(第6章)からの成果などをもとに、新たにまとめ上げたものである。

　そして、「会話教育実践」では、言語的アクティビティと実質的アクティビティの会話の特徴を意識し、会話における言語行動、社会言語行動、社会文化行動の会話指導学習項目を取り入れて行った会話教育実践を分析した。

　1つ目の会話教育実践の分析は、第3節「言語的アクティビティの会話を扱った教育実践例の分析」である。本実践では、母語話者と非母語話者による会話の問題点を踏まえ、聞き手と話し手に必要とされる会話の言語行動と社会言語行動における会話指導学習項目を扱っている。例えば、聞き返し、あいづち、評価的発話、フィラー、メタ言語表現、質問表現、司会者の役割

などである。また、授業ボランティアと協力して動態的に調整しながら会話をする実際使用のアクティビティを行うことも本実践の特徴である。こうした会話の中で、友好な関係を伝えるメタメッセージを送り合い、友好な関係を作り、ネットワークの拡大を図る可能性も検討した。さらに、会話練習の後に、各グループでFUIの手法のように、授業ボランティアや学習者が会話をモニターしたことを報告し合うことで、メタ認知力の向上に繋がる活動の機会が与えられていたことについても触れた。一方、授業ボランティアも、学習者と会話することで、接触場面での「歩み寄りの姿勢」について考える機会となることも指摘した。さらに、教師にとっても、授業内での学習者と授業ボランティアの会話データを分析し、そこでの問題点や教育実践の改善点を探る実践研究を行うことで、教師による「研究と実践の連携」のよりよい循環に繋がるという点についても述べた。その他、会話の練習活動の前と途中と後における学習者へのフィードバックの方法についても提案した。

　2つ目の会話教育実践の分析は、第4節「実質的アクティビティの会話を扱った教育実践例の分析」である。本実践では、フィールド・トリップ「キャンパス探検」の会話データの分析から、教室内の活動とは異なった、言語行動、社会言語行動、社会文化行動の実際使用の機会が与えられていることを検証した。こうしたフィールド・トリップを通して、学習者と授業ボランティアが課題解決といった実質行動を協働で行い、共に達成感を味わえるという点を指摘した。また、フィールド・トリップに出かけることによって、教室内では学び切れない五感を通した実質的アクティビティでの学びが経験できるという点も明らかになった。これらの五感を感じながら、学習者は、実質的アクティビティの中で会話相手の発話を類推・解釈し、どのような発話や実質行動をすればよいか判断してインターアクションを動態的に行う体験をもつことができるという点も指摘した。そして、フィールド・トリップの事前準備や事後フィードバックなどを行い、学習者自身がインターアクションを振り返り、自律的に自己改善していく「研究と実践の連携」が起きるような授業活動デザインの必要性についても述べた。

　最後に、第5節で「言語的アクティビティと実質的アクティビティを活

かした会話教育実践の提案」をした。具体的には、教室内と教室外の活動の利点・弱点を把握し、相互に補完しつつ、言語的アクティビティと実質的アクティビティの会話を扱う授業活動を連携させる必要性を主張した。特に、実質的アクティビティの会話を扱う授業活動として、「旅行シミュレーション(教室内)」と「フィールド・トリップ(教室外)」の活用について述べた。

以上、本章で述べたように、教師による「研究と実践の連携」のもと、授業活動デザインをした会話教育実践に学習者が参加することで、日本語の会話の特徴を意識化しつつ、会話能力を向上させていくことが可能となる。それと同時に、学習者の会話やその振り返る視点から教師が学ぶことができるため、フィードバックの視点がさらに増え、次なる授業活動デザインに還元することができる。こうした教師と学習者による「双方の学び」は、教師による「研究と実践の連携」の循環の中で欠かせないものである。そして、この循環に授業ボランティアも加わることで、より多角的な「研究と実践の連携」が可能となるであろう。そして、授業ボランティアも、接触場面での会話の仕方を学び、「歩み寄りの姿勢」を身に付けることで、学習者と会話を楽しむことができるであろう。

注

1　ネウストプニー(1995a)では、「アクティビティー」という表記を用いており、一方、村岡(2003a)では「アクティビティ」という表記を用いている。本書では、以後、「アクティビティ」という表記で統一する。ただし、ネウストプニー(1995a)の用語を直接引用する際は、「アクティビティー」という表記を用いる。

2　ネウストプニー(1995a)は、「実際使用のアクティビティー」を行うためには、事前に「解釈アクティビティー」と「練習アクティビティー」を行う必要があるとしている。「解釈アクティビティー」とは、教師からの講義の形や学習者が調べるという形で「実際使用のアクティビティー」に臨んで解決すべき課題の準備をしておく活動のことであり、「練習アクティビティー」とは、それらをドリル練習やロールプレイ、シミュレーションなどによって練習する活動であるとしている(ネウストプニー 1995a: 19–23)。

3 「ホーム・ビジット」の実施方法、使用教材とその使用方法については、椿(2010)に詳しい。
4 なお、本書では、講義やスピーチなどのモノローグ的なものも、話し手と聞き手によるインターアクションが行われているため、「会話」に含める。
5 第2章第3節3、第3章第1節1.3参照。
6 尾崎(2010)では、会話教育のための活動について、以下の3種類に分けている。1つ目の「言語学習活動」は、反復練習やパターンプラクティス、ドリル練習、モデル会話の暗唱など、「個別の言語事項やスキルに焦点を当てて訓練するような活動」である(尾崎2010: 23-24)。2つ目の「コミュニケーション活動」は、ロールプレイ、旅行計画作成のような練習タスクなど、「それまでに身につけた言語知識やスキルを使って何らかの目的のために擬似的なコミュニケーションを経験するような活動」である(尾崎2010: 23-24)。3つ目の「本当のコミュニケーション」は、本当の旅行計画を立てる、日本人宅に訪問するなど、「教室の内外を問わず、現実のコミュニケーションを行うこと」である(尾崎2010: 23)。
7 ここで言う「管理」とは、学習する内容や方法、会話への参加の仕方などを決めるという意味である。よって、「学習者や会話相手の管理」とは、学習者や会話相手が実質行動の実行や課題解決、話題の展開などを責任をもって行うことを指す。一方、「教師の管理」とは、教師が授業活動デザインを行い、指導・支援・問題解決を行う責任をもつということを意味する。
8 ただし、教室外で学習者の管理のもと、「練習」が行われることもある。
9 本書では、主に、初対面の自由会話といった教室内で行う言語的アクティビティと、キャンパス探検といった教室外で行う実質的アクティビティの授業活動を取り上げる。しかし、実際には、教室外で行う言語的アクティビティ(例：街頭インタビュー、小学校訪問での児童とのディスカッション)や、教室内で行う実質的アクティビティ(例：料理実習のシミュレーション、書道、華道)もあるだろう。よって、言語的アクティビティと実質的アクティビティの違いは、室内か屋外かという対立ではない。
10 「テレビ会議システム」とは、パソコンを介した双方向の通信映像システムを指す(宮崎2002)。
11 阿部(2009a, b)は、短期留学生と日本人学生と地域社会を繋げるための取り組みとしての教育実践を分析している。阿部(2009a, b)によると、フィールド・トリップが単なる「楽しいおでかけ」に終わらず学習者の主体的な学びの場になるように課題を設定し、大学内での日本人と留学生という学生同士の親密化だけでなく、大学外の行政職員や地域住民と学生との親密化にも発展させたという。具体

的には、かまくら祭りなどの地域のイベントを協働で行うことで、学生が「お客様」ではなく、「地域の一員」として役割と責任をもって参加できるようにしたという。こうした短期留学生と地域社会の人々の間の互恵的な支援活動を実現する教育実践によって、多文化共生社会に貢献しうるのではないかと述べている。

12 会話教育のためのコース・デザインを行う際、本来は、教育の対象となる学習者自身の会話データを分析し、そこから抽出された指導学習項目をもとに授業活動デザインをするべきである。会話教育実践では、毎回の授業でそのようなコース・デザインをある程度行うことが可能であろう。しかし、1回限り毎回の会話データ分析を行っていては、体系立ったものとして積み上がりにくく、教師の負担も増すばかりである。そこで、本書では、こうした毎回の教師によるコース・デザインの1つの手がかりとなる会話指導学習項目を提案する。よって、各教育現場のために授業活動デザインをする際は、それぞれの学習者に合わせたものを指導学習項目のリストから選び出し、追加・修正していく「刈り込み」が必要である。

13 ただし、ビデオ作品作成プロジェクト(cf. 第5章第3節)で扱った、喧嘩のシーンや意地悪なキャラクターを演じる際に留意した指導学習項目も追加してある。

14 この「会話の宿題レポート」は、学習者が会話授業の授業活動で学んだことを活かして授業外で母語話者と会話をし、それについて振り返り分析のレポートをするというものである。詳細は、第5章第3節7と、【巻末資料5.3-5】参照。本節で提案する会話指導学習項目リストの作成にあたっては、3学期間、合計23名の中上級の学習者による「会話の宿題レポート」を参考にした。1学期の間に学習者は、5〜7回程度、このレポートの提出を行った。

15 なお、待遇表現教育(蒲谷・坂本1991など)で議論されている表現主体がその表現でどのようなことを実現させたいのかという「表現意図」の部分は、本書の会話指導学習項目のリストには十分取り入れられなかった。これに一番近い項目は、社会言語行動の「2.セッティング」の項目、「会話をする目的」である。内言の部分は、社会文化行動の中の「意見」などの項目のみを扱っており、主に、表面に現れる外言の部分を扱っている。ただし、社会言語行動の「6.形」における「直接的・間接的な話し方」では、発話行為(発話の形・機能)と発話内行為(発話意図)のズレに関する項目を入れた。

16 「話し手」と「聞き手」の区別は難しいが、本書では、ザトラウスキー(1993)の「情報提供者」と「協力者」という会話上の参加者の役割の区分を参考にする。よって、「聞き手」は、「あいづち的な発話」だけでなく、「話し手」の情報を引き出す「質問表現」といった実質的な発話も用いるものとして位置づけている。

17 南(1980、1993)は、「(表現の)フリ」について、話し手と聞き手の表現や理解における伝達姿勢(例:まとも、皮肉、とぼける、ウソをつく、疑う)であるとしている。

18 ここで言う「知識」とは「メタ認知的知識」(三宮1995)を指す。詳細は、第5章第1節参照。

19 ネウストプニー(1995a: 45)は、非母語話者が日本語で話したり読んだりするコミュニケーション行動をする上で、日本文化の実質行動についてある程度の知識が必要であるとしている。

20 会話教育といえば、普通、文型シラバスや話題シラバスのみに焦点を当てて授業活動が行われることが多いように思われる。しかし、本書で提案した会話指導学習項目リストを見ると、文型や話題は、インターアクションのほんの一部にしか過ぎず、ほかにも様々な会話リソースの項目を駆使して会話が行われていることが明確になる。こうした多様な項目にも同等に焦点を当てて、より多様な会話教育実践を行っていくべきであると考える。

21 本書で提案した、言語的アクティビティと実質的アクティビティの会話指導学習項目リストの違いは、室内(雑談)と屋外(キャンパス探検)の違いによるものが大きいようである。言語的アクティビティの中でも屋外で行われるもの、あるいは、実質的アクティビティの中でも室内で行われる会話は、また異なった特徴がみられると予想される。さらに、会社、工場、厨房、介護、看護など、場面・領域が異なると、実質行動の個別性も高くなるであろう。よって、実質行動が主体となる実質的アクティビティは、特に、場面・領域によって個別性が高くなると予想される。一方、言語的アクティビティは、場面・領域が異なっても、挨拶や雑談といったある程度の共通した特徴がみられるものと思われる。

22 例えば、母語でも人と会話するのが得意でない、ターンテイキングがうまくできない、人前で話すのが不得意であるなどといった個人的な問題もあるだろう。

23 この項目リストは、例えると、スーパーの食材のようなものである。食材の種類ごとに陳列してあり、その中から、学習者のニーズや性格、パフォーマンス、教育機関の理念や、教師のこだわりに合わせて、毎回の授業や毎学期のコースごとに、栄養バランスを考えて選んで授業活動デザインを行っていくものである。つまり、学習者の栄養状態や好みに合わせて、短期、長期の献立を考えて、食材を選び、教師の力量と感性で調理し、学習者に食べてもらうということに例えられる。もちろん1つのスーパーに必要な食材がなければ、教師自身で新たな食材を探してこなければならないであろう。そして、教師は、最終的に学習者が自身で食材を選び、調理していくといった自律性を育成するための助言者・支援者の役

割を担う。さらに、食材が揃ったといっても、それをうまく調理できるかは別の問題であり、同様に、会話指導学習項目を選択して集めてくるプロセスと、それをいかに用いて授業活動デザインを行い、教育実践として形にするかは、また別の段階を踏まなくてはならない。

24 学習者のレベル別による、あいづちの段階的指導については、岡崎(1987)参照。
25 教材化の例としては、本章第3節、第4節、第5章第2節、第3節の各会話教育実践例で示した。なお、学習者が会話データ分析をする際に参考とするための分析項目リストのような形で、教材化することもできる(【巻末資料5.2-2】「会話分析項目の例」参照)。
26 ネウストプニー(1999b: 11)は、言語習得を監督する(control)者によって、(a)教師監督下の習得(一般的に「言語教育」と言われるもの)、(b)学習者監督下の習得(「言語学習」と言われるもの)、(c)無監督の習得(自動習得、あるいは自然習得と言われるもの)に分類している。そして、ネウストプニー(1999b: 11)は、現在は、学習者の言語習得を監督している者の中には、ティーチング・アシスタントやボランティア、学習者の家族などがおり、監督者の枠組みを拡大するべきであるものの、やはり、主要な監督者は教師と学習者であると述べている。本書でも、学習者の「無監督の習得」を補うためにも、「学習者監督下の習得」だけでなく、「教師監督下の習得」も考慮に入れた会話教育実践を行うことが必要であるという立場を取る。
27 筒井(2010: 168)は、例えば、「どのような発話に対してどのあいづちが適切なのかをセットで提示しなければ、学習者の運用にはつながらない」とし、会話指導学習項目それぞれを単独で扱うべきではないと主張している。
28 この日本語センターでは、学習者を8レベルに分けて日本語授業を行っている。本実践である「日本語会話2」は、初級後半であるレベル2を対象とした。
29 以下、学習者、授業ボランティアの会話データ、授業感想アンケートなどの記述は、すべて本人らの同意を得た上で掲載している。
30 学習者数は、2005年秋学期7名、2006年春学期18名、2006年秋学期20名、2007年春学期12名、2007年秋学期20名の合計77名である。
31 この実践例については、第4章第5節、および、第5章第3節参照。
32 中井(2003c)による会話展開の型の分析を参考に作成した。
33 1つ目と2つ目で練習した会話の型は、一方の参加者のみが質問をするという、いわば不均等な会話である。質問表現を意識的に強化練習するという、教室内の「練習」といった授業活動としては意義があるだろう。しかし、学習者が「実際使用」の会話に参加していく際は、一方が過度に質問するといった不均等な会話

や質問する回数の多さには十分注意をするべきであろう。
34 ここで麻美が「あ、しゃべっちゃだめだ{笑い}」と発話したのは、学習者が質問表現を駆使する練習ができるように、教師が事前の指示で授業ボランティアに、学習者の質問に対して1文だけで返答するように促していたためである。
35 この点を参考にして新たに「会話の宿題レポート」を課題とする授業活動を行った(cf. 第5章第3節)。
36 本夏期日本語集中プログラムでは、学習者を4レベルに分けて授業を行った。レベル1は初級前半、レベル2は初級後半、レベル3は初中級、レベル4は中級であった。本実践である「友達を作る日本語会話2、3」は、レベル2と3の学習者を対象とした。
37 以下、学習者、授業ボランティアの会話データ、「会話感想シート」の記述、FUIなどは、すべて本人らの同意を得た上で掲載している。
38 この2人に会話データ撮影を依頼したのは、教師であった筆者が両者と親しく会話でき、調査協力を依頼できるだけの信頼があったからである。

第 5 章
学習者の会話を分析する視点の育成と実際使用の実践研究

　学習者が自らの力で会話能力を向上させていくために、学習者による「研究と実践の連携」が必要である (cf. 第 1 章第 2 節 2)。また、学習者が教師や授業ボランティアとともに、会話練習の前、途中、後に、会話を客観的に観察してフィードバックをし合うという活動の必要性についても述べた (第 4 章第 3 節 7)。こうした学習者が自律的に会話能力を向上させていくためには、学習者が「会話データ分析―会話学習項目の意識化―会話実践」という「研究と実践の連携」のプロセスを経験すべきであると考える。このプロセスの中でも特に、「会話データ分析」を行い、「会話学習項目の意識化」を行うことによって、会話を客観的に観察・分析する視点を養うことができる。そして、その分析力を用いて、自身の周りの会話を分析し、自分に必要なものを自律的に吸収して学んでいくことが可能になると考えられる。

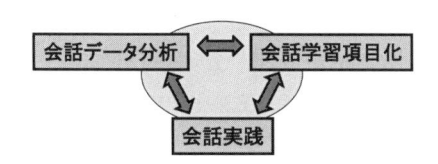

学習者による「研究と実践の連携」

　本章では、「学習者の会話を分析する視点の育成と実際使用の実践研究」として、2 つの会話教育実践を取り上げて分析・考察する。それにより、学習者の「研究と実践の連携」を活性化し、教師の「研究と実践の連携」と有機的に繋げ、いかに「双方の学び」を起こせるかについても検討する。
　まず、第 1 節「学習ストラテジーとメタ認知」の先行研究を概観し、学習者による会話の分析の必要性を検討する。そして、「学習者の会話を分析する視点の育成」を目指した 1 つ目の会話教育実践として、第 2 節「会話

データ分析活動の教育実践例」を分析・考察する。これは、主に、学習者による「会話データ分析―会話学習項目の意識化」の部分にあたる。次に、2つ目の会話教育実践として、学習者の独創的な「会話実践」である実際使用までを視野に入れた第3節「会話データ分析活動と会話練習とビデオ作品作成プロジェクトの教育実践例」を分析・考察する。これは、学習者による「会話データ分析―会話学習項目の意識化―会話実践」のすべての部分に当たる。最後に、第4節「本章の会話教育のまとめと自律性育成のための学習者による「研究と実践の連携」の提案」を行う。

第1節　学習ストラテジーとメタ認知

　学習者が自律的に会話能力を向上させていくためには、「学習ストラテジー」の有効な利用が重要になる。Oxford (1990; 宍戸・伴訳 1994: 8) は、「言語学習ストラテジー (language learning strategies)」について、「学習をより易しく、より早く、より楽しく、より自主的に、より効果的にし、かつ新しい状況に素早く対処するために学習者がとる具体的な行動である」と定義し、その重要性を指摘している。そして、直接ストラテジーとして「記憶 (memory)」「認知 (cognitive)」「補償 (compensation)」、間接ストラテジーとして「メタ認知 (metacognitive)」「情意 (affective)」「社会的 (social)」という6つのストラテジーを挙げている (Oxford 1990; 宍戸・伴訳 1994)[1]。

　ネウストプニー (1999b) は、文法能力、社会言語能力、社会文化能力といったインターアクション能力は、Oxford (1990) のいう6つの学習ストラテジーによって習得されるとしている。さらに、ネウストプニー (1995a: 266) は、Oxford (1990) の6つの学習ストラテジーの中で、「社会的ストラテジー」がインターアクション能力を向上させるために最も重要であるとしている。Oxford (1990) は、「社会的ストラテジー」の中に「質問をする」「他の人々と協力する」「他の人々へ感情移入する」があるとしているが、ネウストプニー (1995a: 261) は、その枠組みが狭すぎるとし、その中に、「ネットワークを作る[2]」、「ネーティブ・スピーカーと友達になる」というストラテジーを加える必要性を述べている。

宮崎(2003: 20)は、ネウストプニー(1995a: 261)のいう社会的ストラテジーの中のネットワークを作る重要性をより強調している。さらに、宮崎(2003: 25)は、学習ストラテジーが使いこなせる学習者を育てるためには、学習者が堅固な自己管理意識をもつとともに、教師が学習者の自律学習能力の向上のための働きかけを積極的に行うことが必要であると指摘している。
　日本で生活をし、大量の日本語の会話に触れる機会の多い学習者の場合、この「言語学習ストラテジー」の中でも、特に、言語を分析、推論、対照したりする「認知ストラテジー」と、自己の認知活動をモニターしていく「メタ認知ストラテジー」が必要であると筆者は考える。これらのストラテジーによって、学習者自身の目と耳で客観的に会話を観察、分析して、自分のものにしていけるからである。
　さらに、Oxford(1990; 宍戸・伴訳 1994: 118–119、143)は、「メタ認知ストラテジー」の１つとして、「自己モニターをする」というストラテジーを挙げている。これは、学習者自身が自己の発話時のエラーを確認し、その原因をつきとめてエラーを修正するように意識的に努力するストラテジーである。また、学習者が目標言語による自身の会話をテープレコーダーなどで録音して会話能力を分析するという「自己評価をする」というストラテジーも挙げている。特に、この中の「自己を褒める」というストラテジーも必要であるとしている。
　認知心理学の立場から、三宮(1995: 54)は、「メタ認知」について、「自らのコミュニケーション活動を対象化し、モニターし、コントロールする」ものであるとし、「メタ認知的知識」と「メタ認知的活動」の２種に分けて分析している。そして、三宮(1995: 54)は、「メタ認知的活動」を効果的に行う技能を「メタ認知的スキル」と呼んでいる。これは、Oxford(1990)の「メタ認知ストラテジー」と近い概念であるといえる。さらに、三宮(1995)は、これらのメタ認知的知識とメタ認知的活動は、対話・討論や、自分のスピーチを録音して文字化するなどして高められるとしている。
　本書では、三宮(1995)を参考に、メタ認知的知識とメタ認知的活動を含む「メタ認知力」について、以下のように定義する。

> 「**メタ認知力**」とは、自己と他者による会話に関する知識をもち、自己の会話を客観的にモニターして調整していく能力である。

　以上、学習ストラテジーとメタ認知についての先行研究を概観した。「学習ストラテジー」、特に、「社会的ストラテジー」と「認知ストラテジー」「メタ認知ストラテジー」は、学習者がネットワークを広げて会話をする機会を増やし、動機を高め、また、会話を自律的に分析して自分で学んでいくことを可能とするであろう。他者と協力したりネットワークを作ったりする「社会的ストラテジー」は、第4章第3節と第4節で分析した言語的アクティビティ、実質的アクティビティそれぞれの会話教育実践で、学習者が授業ボランティアと会話をし、授業の課題を協力して行う際に用いられるストラテジーであると考えられる。また、第4章第3節7で提案した会話教育実践でのフィードバック活動は、学習者が客観的に自己や他者の会話を分析して自己モニターしていくという点で、言語を分析、推論、対照したりする「認知ストラテジー」と、自己の認知活動をモニターしていく「メタ認知ストラテジー」を用いているといえる。こうしたストラテジーは、自分や他者の話す内容や話し方、会話への参加の仕方を知り、自己モニターしつつ自己調整していくメタ認知力となる。

　第2章第3節5「規範の動態性」では、インターアクション能力育成について考える上で、会話やその中の規範が動態的であるという点を考慮に入れる重要性について述べた (cf. 加藤2007)。会話に参加していくためには、こうした動態的な規範から構成される会話というものを分析し、そこで何が起こっているのか、自分はどのように参加すればいいのかを読み取り、調整していけるようなメタ認知力や調整能力などといったインターアクション能力が必要である。そうした能力を育成するためには、学習者による「研究と実践の連携」が必要である。それによって、教室内外を問わず、学習者が自律的に会話というものを学び、自分のものにしていくことも可能になる。

　そこで、本章では、学習者が自身の目と耳で客観的に会話を観察・分析して、自律的に会話能力を向上させる力を育成するための会話教育実践として、第2節で「会話データ分析活動」と第3節で「会話データ分析活動と

会話練習とビデオ作品作成プロジェクト」の教育実践例を分析する。これらの実践では、「会話データ分析活動」として、「自己モニターをする」、「自己評価をする」という「メタ認知ストラテジー」の育成を行う。このような「メタ認知ストラテジー」は、学習者が自分自身の参加する会話で自身が何を感じ、どのように参加していたのかを客観的に捉えていく際に重要なストラテジーとなりうる。また、学習者が他者の会話を分析する際には、言語を分析、推論、対照したりする「認知ストラテジー」の育成も行う。こうした「メタ認知ストラテジー」と「認知ストラテジー」を学習者が必要に応じて用いていけるようなメタ認知力の向上を目指す。

第2節　会話データ分析活動の教育実践例の分析

　本節では、学習者が会話を客観的に分析する視点を育成するための日本語の会話データ分析活動クラスの教育実践例を分析する。本実践は、学習者による「研究と実践の連携」の中でも、特に、「会話データ分析―会話学習項目の意識化」の部分に焦点を当てて強化する授業活動を行った会話教育実践である。そして、「認知ストラテジー」、「メタ認知ストラテジー」、「社会的ストラテジー」、「談話技能」、「インターアクション能力」、「実際使用のアクティビティ」という概念を参考にして授業活動デザインをした。そして、本実践において、学習者のメタ認知力育成と学習者の自律的な学びについて、授業ボランティアと教師の支援との関係からも考察する。さらに、本実践で、日本語を媒介語として用いながら、第4章第2節2.1と2.2で提案した「言語的・実質的アクティビティの会話指導学習項目」の内容を学習者自身で分析、発見、討論、記述、発表していくという「実際使用のアクティビティ」を行うことにより、いかに日本語のアカデミック・スキルを総合的に

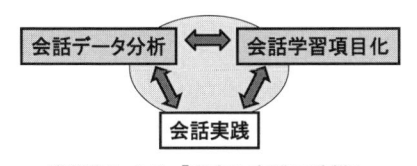

学習者による「研究と実践の連携」

育成していくことが可能かについても検討する。

　以下、まず、1.本実践の授業概要について述べ、2.学習者による会話データ分析活動を分析し、3.授業の感想データから学習者と授業ボランティアの学びを考察する。さらに、4.本実践での教師の役割と、5.教師にとっての利点を分析し、最後に、6.本節の会話教育実践例のまとめと今後の課題について述べる。

1. 授業の概要・学習者の背景

　都内某私立大学日本語センターにて、2004年9月～2007年1月の合計5学期間（1学期、週1回90分、13回程度）に、筆者が担当した日本語選択科目「日本語会話の分析活動4、5、6[3]」の教育実践[4]について分析する[5]。このコースは、日本語テーマ科目の1つである。日本語テーマ科目とは、日本語を用いてあるテーマについて学ぶという内容重視の活動型の日本語選択科目のことである。学習者は、日本語の中級後半～上級前半の欧米系、アジア系などの学部・大学院留学生・別科生であった。学生数は、学期により、3～10名程度であった[6]。

　このコースの目標は、主に、3つある。1つ目の目標は、学習者自身がクラスのメンバーと協力しながら行う会話データ分析活動を通して、自身や他者の参加する言語的・実質的アクティビティの会話を分析する視点を身につけることである。特に、学習者がメタ認知力を育成させ、そのメタ認知力を用いて、調整しながら会話に参加できるようになることを目指した。また、様々な会話を分析することによって会話能力を中心としたインターアクション能力を自律的に向上させられるようになることも目指した。つまり、学習者による「会話データ分析―会話学習項目の意識化―会話実践」という「研究と実践の連携」のプロセスの中でも、特に、「会話データ分析―会話学習項目の意識化」の部分に焦点を当てて強化し、その後の学習者の「会話実践」で活かせるようになることをねらいとした。2つ目の目標は、日本語によるディスカッション、口頭発表、レポート作成などの実際使用のアクティビティを通して、アカデミック・スキルを中心とした総合的なインターアクション能力を向上させることである。これは、学習者の「研究と実践の連

携」のプロセスの中でも、特に、「会話実践」の部分に当たる。3つ目の目標は、こうした会話データ分析活動やアカデミック・スキルの実際使用を授業ボランティアと協力して行うことで社会的ストラテジーを育成することである。これにより、授業ボランティアとのネットワーク構築もねらった。

　評価は、1)データ収集(10%)、2)データ・トランスクリプト(10%)、3)会話データ分析の発表(30%)、4)会話データ分析のレポート(30%)、5)参加態度(10%)、6)出席(10%)を基準とした。なお、この授業には、毎回、3〜10名程度の日本語母語話者・日本語超上級学習者の学部・院生が授業ボランティアとして参加し、学習者の授業課題の支援を行っていた。授業ボランティアは、基本的に学習者1人につき1人付き、授業内の活動の支援だけでなく、授業外での活動の課題(会話データ分析の宿題、ディスカッション、データ収集、発表準備、レポート作成)の支援も行っていた。

　1学期間のスケジュール例を【表5-1】に示す。この授業は、大きく分けて、1)「会話データ分析の練習①②③」、2)「会話データ分析①」、3)「会話データ分析②」という3つの会話データ分析活動からなる。まず、1)の活動で、会話データ分析の基本的な分析項目と方法について、クラス全体でディスカッションしながら導入し、会話を分析する視点を意識化する。次に、2)の活動で、学習者が自身の参加する会話について「メタ認知ストラテジー」を用いて分析し、内省することで、「メタ認知」を働かせられるようにする。最後に3)の活動で、学習者が興味をもって選んできた他者が参加する会話について「認知ストラテジー」を用いて分析し、学びたいものを吸収して自律的にインターアクション能力を向上させられるようになることを目指す。こうした日本語を用いた実際使用のアクティビティを授業ボランティアを含むクラスメンバー間の協働で行うことで、アカデミック・スキルを向上させるとともに、「社会的ストラテジー」を育成することもねらう。以下、各活動の詳細と分析対象となる会話の種類について述べる。

　まず1つ目の1)「日本語の会話データ分析の練習①」では、日本語の会話で気になっていることについて各学習者と授業ボランティアがディスカッションしながらワークシートに書き出していき、クラスで確認する。ディスカッションする会話は、学習者の日常生活における会話であるため、言語的

【表 5-1】「日本語会話の分析活動 4、5、6」クラスのスケジュール例

実施回 90分間	クラス活動
1回目	1. クラスのオリエンテーション 2. 日本語の会話データ分析の練習① 　1) 日本語の会話についてディスカッション 　2) 分析項目のブレインストーミング作成
2回目	1. 自己紹介 2. 日本語の会話データ分析の練習② 3. 会話データ分析項目の例の確認
3回目	会話データ分析① 　1) クラスで自分達の会話をビデオに撮る 　2) 会話感想シートに記入する。3) ビデオを見てディスカッションする
4回目	1. 日本語の会話データ分析の練習③ 2. 会話データ分析① 　1) 自分の会話ビデオを見て気づいたことを分析シートに記入する 　2) 会話トランスクリプトの作り方説明　3) 会話トランスクリプトの作成
5回目	会話データ分析①　1) 会話トランスクリプト作成　2) 発表レジメ作成
6回目	会話データ分析①　会話データ分析発表(ビデオに撮る)
7回目	会話データ分析①　発表ビデオの自己分析 会話データ分析② 　1) 会話データ収集についての説明 　　(会話場面、同意書の取り方、FUI など) 　2) 会話データ収集計画書の作成
8回目	会話データ分析② 　1) 会話データ収集報告 　2) 会話データで興味をもった部分の説明　3) 会話トランスクリプト作成
9回目	会話データ分析② 　1) 会話データ分析レポートの書き方の説明 　2) 会話データ分析レポートのアウトライン作成
10回目	会話データ分析②　会話データ分析レポートの「下書き1」を書き始める
11回目	会話データ分析②　会話データ分析レポートの「下書き1」の提出 　　　　　　　　　フィードバック、書き直し
12回目	会話データ分析② 　1) 会話データ分析レポートの「下書き2」の提出、フィードバック 　2) 発表の仕方の説明　3) 発表レジメ作成
13回目	会話データ分析② 　1) 会話データ分析最終発表　2) ふりかえり

アクティビティと実質的アクティビティの両方の会話が対象となる。

そして、「日本語の会話データ分析の練習②」で、母語話者同士、母語話者と非母語話者、非母語話者同士による日本語の初対面の会話や道聞きの会話など、言語的・実質的アクティビティの会話データを視聴する。そして、そこで何が起きているか、どのような特徴や問題があるかなどについて「会話データ分析の練習シート」(cf.【巻末資料 5.2-1】)で分析練習を行いつつ、ディスカッションする。ディスカッションで挙がってくる会話の特徴としては、あいづち、うなずき、聞き返し、質問表現、評価的発話、スピーチレベルシフト、会話の開始の仕方、挨拶の仕方、話題転換の仕方、笑い、ジェスチャー、発話のスピード、沈黙などである。こうした会話データ分析の練習を通して、日本語の会話を客観的に分析する視点を身につけ、学習者の分析の観点を広げる。その後、クラスでディスカッションした会話の特徴について、「会話分析項目の例」(cf.【巻末資料 5.2-2】)としてまとめたものを配布・確認する。

さらに、「日本語の会話データ分析の練習③」では、まず、視聴した会話データについてクラスでディスカッションする。その後、その会話の参加者が何を感じていたか、どうしてそのような行動を行ったのかについて確認したフォローアップ・インタビュー(FUI)の結果も授業で紹介する[7]。こうした活動によって、学習者達が視聴した会話データに対してもつ印象と、その会話に実際に参加していた参加者の考えていたことにいかにずれがあるかについて理解を深める。そして、後で学習者自身が参加する会話を分析する際のFUIの大切さについても注意を促す。

2つ目の会話データ分析活動である 2)「会話データ分析①」では、まず、学習者とほぼ初対面の授業ボランティアの学生が、2〜4人程度のグループになって、実際に日本語で自由会話[8]をしているところを、教師がビデオ撮影する。そして、会話のビデオ撮影の直後、「会話感想シート」に、話題内容や会話相手の印象、自分の良かった点／頑張った点、弱いと感じた点、会話がスムーズに進んだところ／進まなかったところ／その理由などについて記入させる。そして、後日、その会話データを見ながら、自分達の会話でどのようなことが起こっていたのか、どのようなことを考えていて、どのよう

な誤解が生じていたのかについて、「会話データ分析項目の例」を示しながらディスカッションする。その際、学習者と授業ボランティアが各自、会話データを視聴しながら、会話の中で気づいたこと、面白いと思ったことがあれば、その部分のビデオのカウンター番号とともに、自己内省と分析メモをワークシートに記入していく。これは、学習者が自身と他の学習者、授業ボランティアに対してFUIを行う活動になる。そして、会話の文字化資料を作成して、その分析結果をクラスで発表する。こうした活動を通して、学習者がまず一番身近な自身の参加する会話について、「メタ認知ストラテジー」を用いて自分の問題として内省をしつつ、自分の視点から会話を分析するという「メタ認知力」を育成することを目指す。

その後、さらに、その「会話データ分析①」の発表をビデオ撮影したものを視聴しながら、学習者と授業ボランティアが協力して、長所や短所などについて「会話データ分析①発表自己分析評価シート」(cf.【巻末資料5.2-3】)にまとめる。それによって、自己の日本語による発表を客観的にみて、発表で必要とされる点について意識化し、その改善点などを探る「メタ認知力」を身につけることを目指す。こうして自己の発表の改善点を分析した結果を次の「会話データ分析②」での最終発表に活かすこともねらいとする。

このように、「会話データ分析①」では、自己の会話の分析・発表と、その発表の仕方の分析といった2種類の自身の参加する言語的アクティビティの会話を対象として、分析するという2段構造の活動になっている。

最後の会話データ分析活動の3)「会話データ分析②」では、まず、学習者自身が分析したい会話データを決め、「会話データ収集計画書」(cf.【巻末資料5.2-4】)を作成して、収集してくる。会話データは、例えば、ビデオ撮影した会話や、テレビ番組、ドラマ、映画などである。中には、話し言葉と書き言葉の間である、メール文章やチャッティング文章などを分析対象とした学習者もいた。そして、各自収集してきた会話の文字化資料を作成して、会話データで気づいた点について簡単な発表をする。それをさらに発展させて、会話データ分析を行って、レポートにまとめ、クラスで最終発表する。この「会話データ分析②」は、その前の1)と2)の活動で学んできたことを活かして、分析・レポート作成・発表するという集大成の活動として位置づ

けられる。また、学習者が自身の興味に応じて会話を選択してくるため、言語的アクティビティと実質的アクティビティの両方の会話が対象となる。

以上のような会話データ分析の活動の流れを【図5-1】にまとめた。

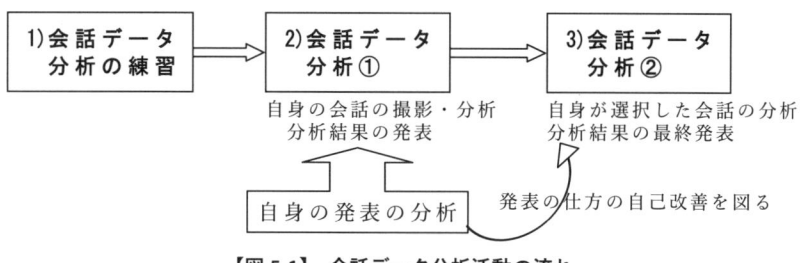

```
1)会話データ      →  2)会話データ      →  3)会話データ
 分析の練習            分析①                 分析②
                   自身の会話の撮影・分析    自身が選択した会話の分析
                   分析結果の発表           分析結果の最終発表
                         ↑                      ↑
                    自身の発表の分析       発表の仕方の自己改善を図る
```

【図5-1】 会話データ分析活動の流れ

　本実践の「会話データ分析」を中心にした授業活動は、主に、1)会話データ分析練習、2)会話データ分析活動、3)討論・レポート作成・発表という3段階からなる。こうした活動は全体的には、学習者が授業ボランティアや教師の支援を受けながら、主体的に会話データを分析し、討論し、レポート作成をして、発表するという実際使用のアクティビティを行う点で、ACTの活動であり、「行動―支援型」であるといえる。そして、各活動については、まず、1)会話データ分析練習では、会話を分析する視点を意識化するために、FACT／ACTの活動として「認知／行動―支援型」で会話データ分析の練習を行ったり、FACTの活動として「認知―指導型」で専門的知識を導入したりする。次に、2)会話データ分析活動では、会話を実際に分析してみるACTの活動を行いながら、会話に関する知識を学習者自身で学んでいくというFACTの活動であるため、「認知／行動―支援型」である。最後に、3)討論・レポート作成・発表は、それ自体が日本語を用いたACTの活動としての実際使用のアクティビティであるため、「行動―支援型」であるとともに、アカデミック・スキルのための知識を学ぶというFACTの活動として「認知―支援型」にもなる。

　以下、会話データ分析①②において、学習者がどのような会話データ分析を行っていたかを分析する。

2. 学習者による会話データ分析活動の分析
2.1 会話データ分析①における学習者の分析例

「会話データ分析①」において各学習者が自ら参加する自由会話を分析したテーマの例を、分析項目ごとに【表5-2】にまとめた。

【表5-2】 会話データ分析① 学習者による会話データ分析のテーマの例

1. あいづちなど	＊母語のあいづち「Oh〜」の使用 ＊母語話者がよくあいづちを用い、非母語話者があまり用いないので、母語話者が自分であいづちを打っていた ＊あいづち(フェイク) ＊笑いは、あいづちやうなずき、コメントと同じ機能がある ＊繰り返しの機能
2. 会話の形態	＊自分の話ばかりしている ＊母語話者が非母語話者に面接のように質問している ＊会話の前半はインタビューみたいだったが、後半は自然で、笑いながら共通点を見つける ＊会話の役割 　・グループリーダー(輪の中に入れようとした) 　・サポーター(あいづち) 　・気遣い、思いやり
3. スピーチ・スタイルなど	＊くだけた言葉と「です／ます」体のミックス ＊文をはっきり終らない
4. 非言語行動	＊説明の時のジェスチャー、姿勢の変化 ＊手で指すことで次に話す相手を決めている ＊姿勢
5. その他	＊天気の話題を話すこと ＊日本語を間違えたところ・誤解したところ ＊緊張している様子 ＊母語話者による発話の手助け

このような学習者と授業ボランティアが参加する会話を学習者が実際にどのように分析し、自己の日本語でのインターアクションを振り返っていたかについて、学習者の会話とその「会話データ分析①」の発表内容と発表配布資料をもとに、例を取り上げてみてみる。

まず、あいづちについての学習者ティム(仮名、シンガポール人男性、中級後半学習者)の分析では、母語話者である会話相手の授業ボランティアの

方が非母語話者である自分よりも頻繁にあいづちを使っていたとしていた。そして、非母語話者である自分があまりあいづちを用いないので、母語話者が自分で自分の発話に対してあいづちを打っていたと分析していた。学習者の分析した会話例(5-1)では、発話番号60で、学習者のティムがO講堂の内装デザインについて、授業ボランティアの雅子(仮名、日本語母語話者女性)に質問している。そして、63で雅子がデザインについて説明を始めると、64と66でティムは「お、」「おーおーおー」と自分の母語のあいづちを用いて参加していると自己分析していた。その後、さらに、雅子がデザインの詳しい説明をするが、ティムは語彙の理解が困難であまりあいづちを用いないため、雅子は79と81で「うーん」と自身の発した発話に対してあいづちを用いて答えているという分析報告をしていた。

学習者の分析した会話例(5-1)：非母語話者(ティム)、母語話者(雅子)
話題：O講堂の内装

60 ティム： でも、中の、あー、デザイン、デザインはなんかー。
61 雅子： あ、どういう感じか？
62 ティム： あ。
63 雅子： うーんとね、少し落ち着いた、感じ、
64 ティム： お、　　　　　　　　　　　　　　　　母語のあいづち
65 雅子： 落ち着いた、うーんとね、少しフォーマルなー、
66 ティム： おーおーおー。　　　　　　　　　　母語のあいづち
67 雅子： 感じ？
68 雅子： うーん、ちょっと、下も絨毯とか、絨毯、分かる？
69 雅子： こうふう//絨毯とかがひいてあっ//てー、
70 ティム：　　　　　うん。
71 ティム：　　　　　　　　　　　　　　　　　はい。
72 雅子： 木も、木でできているんだけど、木も少し黒っぽい、うーんと、暗めな？
73 雅子： 明るくない、
74 ティム： {笑い}
75 雅子： //少し、

76 ティム： あ、あー、はい、分かる、分かる。
77 雅子： 雰囲気のいい//感じの、建物でー、
78 ティム： うーん。
79 雅子： うーん。　　　　　　　　　あいづち（自己の発話に対して）
80 雅子： でも、そこまで広くはない。
81 雅子： うーん。　　　　　　　　　あいづち（自己の発話に対して）
82 雅子： どのぐらい入るかなー、人は。

　また、会話の形態に関しては、例えば、授業ボランティアが学習者に対して、面接官か司会者のように、質問したり、あいづちを打ったり、言い換えて発話形成を手助けしたりして、会話をリードしていたと分析している学習者が数名いた。学習者の分析した会話例(5-2)では、母語話者の授業ボランティアの恵美（仮名、日本語母語話者女性）が、発話番号1で率先して「よろしくお願いします」と挨拶をして会話を開始したり、非母語話者のリー（仮名、中国人男性、上級前半学習者）とナン（仮名、タイ人女性、中級後半学習者）に対して、8、14、34で質問表現を用いて、会話をリードしてくれたりしたので、会話に参加しやすかったという分析をしていた。

学習者の分析した会話例(5-2)：非母語話者（リー、ナン）、母語話者（恵美）
話題：授業を取った理由

1 恵美： ｛笑い｝お願いします。　　　　　　　　　会話の開始
2 リー： ｛笑い｝
3 ナン： お願いします。
4 恵美： よろしくお願いしまーす。
5 恵美： なんか、すごく緊張しますね。｛笑い｝
6 リー： そうです。
7 ナン： はい、そうです、私も。
8 恵美： 2人は何でこの授業取ったんですか？
　　　　　　　　　　　　　質問表現で話題を開始（リーとナンに質問）
9 リー： 面白いみたいで、
10 恵美： うん、うん、うん。
11 リー： オリエンテーションを参加して、すごい面白いと思って、

12 恵美：　うん、うん。
13 リー：　そして、私はこの授業を取りました。
14 恵美：　どんなところが面白いと思った？　　　　　**詳細な質問表現**
15 リー：　えーと、先生は humor、
（省略）
34 恵美：　ナンさんは？　　　　　　　　　　**質問表現でナンにターンをふる**
35 ナン：　いいと思います。
36 全員：　｛笑い｝

　これは、Fan(1994)のいう「言語ホスト・ゲスト」という言語能力差による参加の仕方の違いの形態について、学習者自らが、実際の会話の中で起きている現象を会話データから分析することによって、客観的に捉えていることになる。授業中の会話データ分析活動では、自分達が参加した会話データを学習者(ナン、リー)と授業ボランティア(恵美)が一緒に視聴し、そこから感じたことを話し合った。その際、教師も各グループを巡回中に、この3人のグループで挙がっていた母語話者による会話のリードの現象という分析点を拾い上げた。そして、クラス全体で「言語ホスト・ゲスト」という概念を取り上げ、それが各グループの会話の中にも現れているか、また、それが会話の中でどのように現れて、会話が進むにつれてどのように変化していったかについてさらに分析できるようにフィードバックし、分析の視点を広げるようにした。その結果、あるグループでは、母語話者が言語ホストとして、天気の話題を話すことで話題提供をして、会話をリードしているという現象を分析報告しているものもあった。また、自分達の参加する会話の前半は母語話者が質問するインタビュー形式であったが、後半はより自然に笑いながら、お互いに質問したり情報交換したりして共通点を見つけるような会話形態に変化したと分析報告するグループもあった。さらに、「会話データ分析①」のクラス発表会で、こうした「言語ホスト・ゲスト」の現象の分析結果をお互いに聞くことで、グループごとの会話の特徴の共通点と相違点が分かり、会話の形態のバリエーションにも気づくことができたようである。

　こうした会話データ分析①を行う利点は、あいづちや言語ホスト・ゲストの役割などの社会言語的な点など、学習者自身が参加する会話における言語

的、非言語的な特徴で気づいたことを学習者が意識化できることである。さらに、学習者が自分と会話相手の参加する会話を客観的に分析し、会話中に何を考えていたかを説明するFUIのような分析の発表になる。そのため、学習者自身の内省を促すだけでなく、教師や授業ボランティアも、会話での学習者の困難点や努力を知ることができる。そして、その困難点を克服するためのインターアクションの仕方や、授業活動を考える参考にもなる。

2.2　会話データ分析②における学習者の分析例

「会話データ分析②」において各学習者が収集・分析・発表した会話データ分析のテーマの例をデータの種類ごとに【表5-3】にまとめた。

このように、「会話データ分析②」において、学習者各自が興味をもって収集してきた会話は、雑談、いさかいの会話、漫才など、主に、言語的アクティビティの会話であった。それに加えて、家庭での食事中の会話、飲み屋での注文・食事・テレビ視聴をしながらの会話、スポーツ実況中継など、実

【表5-3】　会話データ分析②　学習者による分析テーマ例

1. ビデオ撮影データ分析	＊食事中の家族の会話にみられる母親の役割 ＊食事と会話の関係（サークルの飲み会での話題の移り変わりとテンションの変化） ＊先輩と後輩の会話の分析
2. テレビ番組・ドラマ・映画のVHS・DVDデータ分析	＊あいづち、笑いの機能 ＊いさかいの会話 ＊スポーツ実況中継 ＊フォリナー・トークの特徴 ＊スピーチ・スタイル・シフト ＊若者の話し言葉の特徴 ＊バラエティー番組に見られるテロップの分析
3. 携帯メール／チャッティングのデータ分析	＊絵文字の使用の特徴 ＊誘いのメール文章の表現と構成
4. 言語間の比較分析 （会話で用いられる言語的要素・非言語的要素）	＊日本の漫才 vs. アメリカのスタンドアップ・コメディー 　（始めのつかみ方、笑いの取り方、終わり方） ＊映画『Shall We ダンス？』日本版 vs. ハリウッド版 　（女性の話し方と動作、男性の感情の伝え方） ＊ドラマ『花より男子』日本版 vs. 台湾版 　（愛の告白の仕方）

質的アクティビティでの会話に興味をもって分析していた学習者もいた。

次に、学習者が行った「会話データ分析②」の分析の中から、学習者アン（仮名、アメリカ人女性、中級後半学習者）の分析を例として取り上げる。そして、実際にアンがどのように会話を分析していたかについて、アンの発表と発表配布資料と会話データ分析レポートをもとに検討する。アンは、映画『Shall We ダンス？』の日本版とハリウッド版の相違点について比較分析を行った。この分析の中で、特に、両映画の背景となる文化的価値観の相違点を知るため、アンは、両映画の登場人物の「話し方と動作を分析し、どのような異文化があるか、また、共通点があるかを分析したい」としている。

まず、アンは、日本版とハリウッド版の映画の共通点として、2つの映画で同様に描かれたユーモア溢れる同じシーンを取り上げて、分析している[9]。そして、こうしたユーモアの機能は、身振りや表情から内容が分かり、言語を問わず、全世界の人々が笑うことができる普遍性があると考察している。

そして、2つの映画の異なる点として、まず、学習者の分析した会話例（5-3）のように、日本版の夫婦の会話シーンを取り上げている。このシーンについてアンは、「妻が家の廊下に立って、帰宅する夫を迎えます。口調は平静で身ぶりもゆっくりしていて、夫と触れることはありません。着ている服も静かな主婦のような感じを伝えていると思います。（中略）それに、靴を脱いで階段を上っていく夫に、妻は廊下で立っていて軽い質問をするけれども、疲れた夫はあいづちぐらいしかしません。」と、言語・非言語的に分析している。

学習者の分析した会話例（5-3）：『Shall We ダンス？』日本版[10]

（学習者アンによる映画シーンの文字化資料）
シーン：帰宅後の妻と夫の会話
1　妻：　早かったのね。
2　妻：　お酒飲んでくるって言うからもっと遅いのかと思った。
3　夫：　{夫は微笑む}
4　夫：　うん。
5　妻：　お茶漬けでも食べる？

6　夫：｛妻を越えて｝いや、疲れた、風呂入って寝るよ。
　7　妻：　うん。

　次に、アンは、ハリウッド版の夫婦の会話の同シーンを取り上げて、「夫婦の会話は日本の反対のようです。帰宅して疲れた夫は妻とゆっくりしたがりそうですが、妻は夜でも用事で忙しく出かけるところだったので、会話のための時間もなさそうです。夫婦生活のエピソードの場所も違います。廊下ではなくて、キッチンです。そこでは夫が座っていますけれども、妻は左右を歩いたり高い声で話したりしていて、身ぶりも多いです。さらに仕事のせいで料理を作ってあげないで、夫は自分で電子レンジで料理をするそうです。そして、出発の前に、妻は彼にキスをします。つまり、きれいな黒いスーツを着ているので、服でも強い女のようなキャラクターを伝えようとするイメージだと思います。」と、日本版のシーンとの違いを詳細に分析している。
　これらの分析結果の結論として、アンは、日本とアメリカの2つの文化の価値観の違いとして表されているものは、人間同士のインターアクションにおける人と人の間の「距離の違い」、具体的には、「体の距離の違い」と「自分の気持ちを相手に直接言うか言わないかの違い」を挙げている。さらに、アンは、このような分析を通して、「文化によって、コミュニケーションの機能がどのように違うのかが分かるようになった」としている。
　このような会話データ分析②を行う利点は、撮影ビデオやドラマ・映画などの様々なシーンやジャンルにおける社会言語的な内容や談話技能、社会文化的な差を学習者が主体的に分析し、自ら学んでいけることである。さらに、教師にとっても、学習者が選んできた会話データや分析観点を知ることによって、学習者のもつ興味を把握することができる。

3.　学習者と授業ボランティアによる授業の感想
3.1　学習者による感想
　以上の日本語会話の分析活動クラスに対して、学習者が授業をどのように捉え、何を学び取り、どのようなスキルを伸ばすことができたと感じていたのかについて、コース終了後の授業感想アンケートのコメントをまとめる。

学習者から得られたコメントから、大きく「会話の分析の視点の獲得」、「実際使用、アカデミック・スキル向上」、「授業ボランティアからの支援の有効性とネットワークの構築」「学習者の主体性」という4点が挙げられる。

●会話の分析の視点の獲得

　学習者のコメントから、この日本語会話の分析活動のクラスに参加して、会話を分析する視点が育成されたことから、「認知ストラテジー」「メタ認知ストラテジー」の向上を自覚し、今後も自律的に会話を分析しつつ自身の会話能力を向上させていこうと感じている学習者が多かった。

　さらに、クラス内での会話データ分析についてのディスカッションや発表については、自分以外の他者の視点や分析結果から学び取ることも多かったということがうかがえた。ただ、クラス人数が少ないのでディスカッションが盛んに行えたとしている学習者もいれば、人数に関係なく、ディスカッションがあまり活発でなかったと感じている学習者もいた。今回の実践は、すべて学習者1人ずつの会話データ分析に授業ボランティアが支援するという形を取っていたが、今後は、複数の学習者のグループで活動を行うなど、学習者間でも活発な意見交換ができるような配慮が必要であろう。

①学習者の認知ストラテジー・メタ認知ストラテジーの向上
　＊言語に対する我々の理解を深められた。（学習者5.2A）
　＊自分の会話の分析をして、自分の悪い点が探せた。（学習者5.2B）
　＊ビデオ撮影の良かった点は、自分が発表する時、自分の態度とか、緊張しているかないかとか、言い方がいいかどうかを見えます。また、自分の撮影を見ると、よくなるための良い方の発展することができるを感じます。（学習者5.2C）
　＊普段気づかないこと（自分の話し方、会話の流れなど）を分析したので、これからはその点にもっと注意したい。（学習者5.2D）
　＊日本語の色々な話し方の分析をして面白かった。（学習者5.2E）
　＊会話分析の仕方についてたくさん学んだ。今、自分が何に注目したらいいのか、ある行動やパターンにはどのような意味があるのか分かるようになった。（学習者5.2F）
　＊非言語表現はもっと分かるようになりました。今、話している時、非言語表現をよく注意します。（学習者5.2G）
　＊そのクラスを取る時、「会話分析」という研究はよく分からなかったけど、自

分の会話分析をしてから「会話分析」は分かってきました。その授業は楽しくて、会話分析の活動のおかげで私の事をたくさん習ったんです。(学習者 5.2H)
＊自分の生活で時々皆は自分の会話分析をした方がいいと思います。それで、自分の事はたくさん分かれます。(学習者 5.2H)

② クラス内での意見交換の機会

＊ほかの学生の分析発表を聞くのがよかった。(学習者 5.2I)
＊日本語ボランティアの意見が聞けた。(学習者 5.2J)
＊発表する時、自分の短所とか、長所を述べることができます。自分だけじゃなくて、先生の意見も同級生の意見ももらったので、いいことだと思います。(学習者 5.2C)
＊このクラスは、小さくて、いろいろなボランティアがあったから、ディスカッションをして楽しかったと思いました。自分はレクチャーより小さいグループで分析や勉強をするのが好きですから、とてもよかったです。(学習者 5.2K)
＊クラスは小さかったので、みんなはディスカッションができます。それはとてもいいと思います。(学習者 5.2G)
＊クラスが小さくて、みんなが静かで、時々ディスカッションは時々少なかった。しかし、話に出たことは役に立った。(学習者 5.2D)
＊もし、もっと多い人がいたら、もっとよくなると思います。(学習者 5.2L)
＊人数が多かったので、あまり説明、ディスカッションとかできなかったのが残念だった。(学習者 5.2M)
＊グループで一緒に会話分析すると、色々な意見がもらえる。(学習者 5.2N)

● 実際使用、アカデミック・スキル向上

　学習者のコメントから、本実践は、日本語の語彙や文型を習うクラスではなく、日本語を媒介として用いながら、会話データ分析をするという内容重視のクラスであったことがうかがえる。会話データ分析を行うのは、学習者全員にとって初めての経験であったようだが、各学習者が自身の興味に応じて分析するデータやテーマを自由に選択できたのが良かったとする学習者が多かった。こうした日本語の実際使用を通して、アカデミック・スキルの向上(例：発表、レポート作成)について述べている学習者も多かった。

＊今まで全然勉強していなかった課題についていろいろなことを学びました。日本語の授業というより、普通の科目の授業のようだった。(学習者 5.2M)
＊このクラスで役に立った点は、毎週、学生達が自分の分析したいテーマを選んで

発表したので、自分の表現を述べることができると思います。授業の中にボランティアがいますから、日本語を練習することもできると思います。（学習者5.2C）
＊初めてそのような授業を取ったからとても面白かったと思います。ビデオのコメントやトランスクリプトなどことは特別にいい勉強になりました。それから発表もよかった。なぜなら人間のコミュニケーションについて発表を作るのはとても刺激な勉強だったと思います。（学習者アン）
＊このプロジェクトは、自分の好きな会話を分析できたから楽しかったと思いました。いろいろな会話のバラエティがありますから、ほかの会話を分析しておもしろいと思います。（学習者5.2K）
＊自分で興味をもつテーマを選ばれるのはとてもよかったんです。（学習者5.2O）
＊ディスカッションがたくさんできて楽しかった。（学習者5.2G）
＊発表スキルを改善するのにとても役に立った。発表の練習がたくさんできた。（学習者5.2G）
＊このクラスは楽しかった。特に、発表することを通して、フォーマルな日本語を実際に使用する機会があったからだ。（学習者5.2P）
＊日本語のクラスで敬語を習ったのに、このクラスの方がもっと習ったと思います。発表の時、本当に敬語を使ったからだと思います。（学習者5.2L）
＊レポートを初めて長く書けた。（学習者5.2Gと学習者アン）
＊時間かかったが、終った後、「すごい。こんなに書いた」と思って、満足な気持ちだった。（学習者5.2D）

●**授業ボランティアからの支援の有効性とネットワークの構築**

　授業ボランティアが支援してくれて助かった、仲良くなってネットワークが広がったといった「社会的ストラテジー」の使用に関して触れていた学習者が多くいた。さらに、会話データ分析の課題として、自ら日本語のテレビ番組を視聴して選択・収集し、何度も聞き返しながら、文字化して分析するという過程を経ることで、日本のテレビ番組の構成の理解や聴解能力が向上したという学習者もいた。これは、「メディアネットワークに参加するストラテジー」（ネウストプニー1999b）の育成ともなり、学習者が日常生活でメディアにアクセスする能力を得る機会になっていたことがうかがえる。

①**社会的ストラテジーの使用**
　　＊ボランティアの学生とたくさん話して手伝ってもらえた。（学習者5.2Q）
　　＊いろいろの違うテーマを習いました。先生とボランティアのサポートで、自分

のテーマについて、いろいろのことを考えさせられたので、役に立ったと思います。(学習者 5.2R)
* 時々面白い点が出てきて、ボランティアの方のご意見も私にとってはすごく新しい点だと考えている場合が多いです。(学習者 5.2B)
* ボランティアはみんな親切で、色々ないい意見をあげました。たくさん日本の事を教えてもらったから、いつも楽しかったです。(学習者 5.2G)
* ボランティアが手伝ってくれて本当によかったと思います。ボランティアはいろいろなアイデアや意見をくれたので、とても役に立ちました。(学習者 5.2K)
* ボランティアの手伝いはとても楽しかったです。(学習者 5.2L)
* Eさんと私と一緒に分析レポートをして、一緒によく勉強して楽しかったです。私達は面白いアイデアがあって、私の自分の表現かEさんの表現でその分析アイデアを説明しました。だから、私の日本語の能力にくらべて、それのレポートの日本語のレベルは絶対高すぎたと思います。(学習者 5.2H)
* イヤー助かりました！友達もできて、よかったと思います。(学習者 5.2S)
* クラスのボランティアと仲良くなりました。(学習者 5.2M)
* 教室の外で2回しかボランティアと会わなかった。もう少し授業中にボランティアと時間が欲しかった。ボランティアと会って、友達になってよかった。(学習者 5.2D)

②メディアネットワーク・ストラテジーの育成
* 日本のテレビの会話に慣れた。(学習者 5.2S)

●学習者の主体性

　学習者の主体性を重んじる授業だったことを評価している学習者もいた。この学習者 5.2Q は、筆者担当の教科書型文型積み上げ式の別の日本語クラスも履修していたが、授業中はあまり集中力が続かない様子であった。しかし、本実践のような学習者が主体的に自身の課題に取り組める活動型のクラスでは、「とても挑戦的なコース」として、学習動機を上げていることがうかがえる。

* とても挑戦的なコースでよかったです。ほとんど全部は自分でしなければならないでとても勉強になりました。大変で、僕のレブルはこの授業の期待がよく似合わなかったけど、この授業のスタイルがとても役に立ったと思いました。(学習者 5.2Q)

以上のような学習者のコメントから、以下のような本実践の利点・特徴が

挙げられる。まず、会話を客観的に分析する視点の育成である。教室で会話を客観的に分析する視点を得て、教室の外で様々な会話を観察し、自分のものとしていく力の育成ができるのである。そして、日本語で、ディスカッション、発表、レポート作成をするといった、アカデミックな日本語の「実際使用」の機会も与えられる。さらに、日本に留学している学習者の場合は、様々な会話の場面に自ら参加したり、傍聴したり、または、テレビ番組などの会話に接する機会が多いであろう。こうした膨大な会話の量に接する際、会話を分析する視点があれば、自らの力でその時々の会話を分析し、より多くのことが吸収できるといえる。そのほかに、授業ボランティアに協力してもらいながら、会話データを収集・分析・発表するというプロセスを体験することによって、より多角的な視点が得られるであろう。また、自らが表現したいことを日本語で表すための支援が授業ボランティアから得られるという点も学習者にとって貴重な経験となるだろう。

3.2 授業ボランティアによる感想と参加の特徴・利点

授業ボランティアから得られた授業に対するコメントから、大きく「学習者の視点の獲得」「授業ボランティア自身の学び」「授業ボランティアの支援、負担、戸惑い」という3点が挙げられる。

●**学習者の視点の獲得**

本実践に参加する利点として、学習者の会話データ分析の新たな視点に触れることができるという点に言及している授業ボランティアが多かった。また、学習者が選択してきた会話データによって、学習者の好みやタイプが分かったので、その後、接しやすくなったとしている者もいた。

 ＊自分が日本人であるからこそ見えなかった日本を知ることができ、また、自分にはない視点から日本を観察し分析する過程を見ることができたことは、私にとって非常に新鮮で有意義な経験となりました。（授業ボランティア 5.2A）
 ＊留学生の視点から、普段自分達では気づかないような日本人の会話の特徴について考えることができた点が面白かったです。（授業ボランティア 5.2B）
 ＊留学生と日本語や日本の文化について、いろいろな話ができた。（授業ボランティア 5.2C）

＊自分で選んできた会話は、学生の興味・疑問が明らかに表れた資料だったので、途中から参加させていただいたボランティアにとって、学生のタイプなどが把握できて参加し易かった。(授業ボランティア 5.2D)

このように、学習者の目を通して日本語の会話の構造を知り、共に学ぶことができたようである。例えば、学習者の分析した会話例(5-2)でみたように、授業ボランティアにとって、「言語ホスト・ゲスト」の現象を学習者とともに分析することで、母語話者と非母語話者の参加する会話の特徴を意識化し、今後の自らのインターアクションのヒントにすることができるであろう。それによって、母語場面だけでなく、接触場面において非母語話者といかに協力しつつ調整しながら会話に参加していくべきかという「歩み寄りの姿勢」について考えるきっかけとなり得たともいえる。

●授業ボランティア自身の学び

学習者、授業ボランティア、教師が協力して行った会話の分析活動を通して、授業ボランティア自身も、自身や他者の会話の特徴が分かるようになったことがうかがえる。また、今回の実践の会話データ分析①では、学習者と授業ボランティアによる初対面の会話を撮影して分析したが、友人同士の会話と比較分析することにも興味をもった授業ボランティアもいた。

＊単に日本語の上達を目指すのではなく、研究させたことがよかった。(授業ボランティア 5.2E)

＊自分の会話の様子を観察できた点。(授業ボランティア 5.2C)

＊あえて文字化し、それを深く分析することから見えてくる、日本語の側面を発見できたこと。(授業ボランティア 5.2F)

＊日本語学習者と日本語話者の会話で、特に初対面でどのような特徴があるのか実際に見ることができて面白かったです。留学生の視点からだとあいづちや言葉遣いなど、両者の違いに敏感で、いろいろな点に気づいていたように思います。日本人の視点からでは、フォリナー・トークを特に留学生との会話に慣れた人がよくしていると感じました。(授業ボランティア 5.2B)

＊不慣れであまりコメントすることができなかった。個別ワークの時間が多い中で、全体ディスカッションの時間は、自分以外がどのような会話分析をしているのかを知る貴重な時間であると思う。(授業ボランティア 5.2D)

＊わずか4組だけとはいえ、初対面の人同士の会話の特徴を考えるよいきっかけに

なった。友人同士の会話も比較できたら面白いと思う。（授業ボランティア 5.2G）
＊仲良くなってからの会話（留学生とボランティアの）を分析するのも面白そうだと思います。（授業ボランティア 5.2C）

●授業ボランティアの支援、負担、戸惑い

　授業内外で学習者と授業ボランティアのペアで作業を行うことが多くなり、授業ボランティアの負担と責任が重くなっていた場合もあった。また、学習者が分析発表をするために、授業ボランティアも横に立ってビデオ器材を操作したり、補足したりして支援してもらっていた。しかし、どこまで支援していいのか歯止めが利かず、発表で学習者よりも多く話してしまい、教師に制止されて反省している者もいた。また、授業時間内だけでは学習者と親しくなれず、各学習者に合わせた適切なアドバイスができなかったとしている者もいた。さらに、授業を履修している学習者をあくまでも「手助け」することがボランティアの役目であると認識しつつも、「手助け」だけでは学習者の課題が仕上がらず、戸惑いを見せていた授業ボランティアもいた。

＊正直毎週出るのはつらかったですが、少人数のクラスで1人に1人のサポートがつけること、ただサポートするだけでなく、自分の勉強にもなることがあったので、続けられた気がします。（授業ボランティア 5.2H）
＊何をどのくらいすればよいか分からないままではあったが、自然な日本語表現への訂正から始まって、分析の際にいろいろ考えるきっかけになることが出来たとしたら喜びである。（授業ボランティア 5.2G）
＊でしゃばりすぎ（出たがりと思われるかもしれませんが実は本当にシャイなんです）な自分。あくまでサポートの姿勢が大切ですよね…。（授業ボランティア 5.2F）
＊日本語ボランティアをやってきた中で、やはり親しくなればなるほど、学生が何を表現したいか、それをどのように日本語で表現すればよいのかを適切にアドバイスできたように思います。今回は、学生と話す時間が少なかったように思えます。クラス以外でも、ボランティアが学生を誘うなどして話す機会・時間を積極的に増やせたらよかったのかなと今更ながら思っています。（授業ボランティア 5.2I）
＊レポートの作成という目標に対して、ボランティアと学生が2人で同じように力を合わせて！！ということではなく、レポートはあくまで学生の課題で、その手助けをするのがボランティアだと理解していたが、その手助けだけではレポートが出来上がらなそうだったし、かといって、どんどん私が書き方、言い方を教え

てというのは、本来の意味がないような気がして、そのあたりで悩んでしまったと思う。(授業ボランティア 5.2J)

特に、授業ボランティア 5.2J は、どの程度、学習者への支援を行ってよいのか、戸惑っていたようである。学習者が書いてきたレポートを添削していくうちに、学習者がだんだん授業ボランティア 5.2J に頼り過ぎるようになり、自分自身で分析した結果を日本語で表現して書こうとせず、授業ボランティア 5.2J に書いてもらおうとする時期があったようである。しかし、最後は、授業ボランティア 5.2J と連絡を取らずに、学習者が自力でレポート作成を行い、無事発表を行っていたという。学習者が授業ボランティアに頼り切り、自らの力で分析したりそれを日本語で表現したりしなくなっていないか、あるいは、最初はそうだとしても、最後は自力で課題をこなせるような力がついてきているのかなど、学習者と授業ボランティアの関わり方について、教師も十分注意を払っておくべきであろう。

このような点から、授業ボランティアの負担への考慮とともに、学習者と親しくなれるような機会を設けていく必要性が浮かび上がる。また、授業ボランティアは授業を履修していないため、どうしても学習者と対等な関係での協働というよりは、支援という形でしか参加できない。今後は、授業参加者全員が対等な立場で協働し合えるような活動も検討していくべきである。

4. 教師の役割

教師の役割について、学習者と授業ボランティアがどのように捉えていたか、授業感想アンケートのコメントから分析する。その上で、本実践での教師の役割と資質、教師による「研究と実践の連携」の必要性について述べる。

●教師の役割についての学習者の感想

学習者は、授業ボランティアだけでなく、教師からの助言や支援を必要としているといえる。教師、授業ボランティアなど、様々な立場・視点からの助言や支援が重要であろう。

 *先生はいい点を強調して、弱点はどのように変わればいいかを教えて、サポートはとても良かった。ほかの授業で忙しかった時、先生は優しく許しました。(学習者 5.2D)

＊先生もグループディスカッションの間に手伝ってくれてよかったと思います。いろいろなサポートがあったから、分析がうまくできたと思います。(学習者 5.2K)

●**教師の役割についての授業ボランティアの感想**

　授業ボランティアの中には、日本語教師を目指している大学院生(授業ボランティア 5.2C、5.2D、5.2G)もおり、教師の視点で本実践での教師の役割を分析しているコメントがあった。主に、学習者の主体性に任せた活動を全体的に進めつつも、各学習者と授業ボランティアの作業が進めやすいように個別に助言してまわるなど、ファシリテーターの役割が大きかったことがうかがえる。また、各発表後に、聞き手全員の頭の整理と理解のために教師が発表内容の要約を短く述べてから質疑応答に入っていたのは、授業ボランティアにとっても役に立っていたようである。

　一方、授業の改善点として、会話データ分析の基礎を理解するために文献などを学習者に読ませてはどうかということが挙げられていた。本実践は、中級後半〜上級前半の学習者を対象としており、学習者間でレベルの差がかなりあった。そのため、日本語の文献を参照させるよりも、会話データやディスカッション、教師の作成した教材などで分かりやすく噛み砕いて、会話データ分析とは何かを提示したつもりであった。教材については今後の検討がさらに必要であろう。その他、学習者と授業ボランティアが親しくなるように、授業内で雑談したり、授業外で会合を設けたりしなかったことが不足点として指摘されていた。授業の目的は、学習者の会話を分析する視点の育成ではあるものの、授業内での課題を円滑に進めるためにも、授業参加者間で友好な関係が作れるような配慮がもう少し必要であったと考えられる。

　①**ファシリテーターの役目**
　　＊学生に対する先生の対応はとても参考になりました。留学生の皆さんはもう立派な大人なので、各自に任せて活動させることが時にとても重要なんだと改めて感じました。(授業ボランティア 5.2C)
　　＊学生の活動が主体の授業だったが、先生の役割が非常に大きかったと思う。先生のコーディネートが有効で、学生とボランティア双方にとって有意義な時間をもつことができたと思う。コーディネートなしに学生とボランティアでペアを組むのは、難しかったと思う。(「○○についてボランティアの方と一緒に

やってもらったらどうですか？」など具体的な指示をしてもらえるのが良かった。)先生の明るいお人柄の表れた楽しい授業でした。(授業ボランティア5.2D)
* 学生の履修目的にあった発表を自由にすることができていたと思う。(授業ボランティア5.2D)
* 全体を進めつつ、1人1人にも目を配っており、私にとってよいお手本になった。人数がちょうどよかったということもあろうが、各学生のレベルを瞬時に判断し対応するというのがどういうことか、示してくれた。なるべく媒介言語(英語)を使わないようにしつつ、稀に説明の大変な概念を英語で説明する「さじ加減」が参考になった。(授業ボランティア5.2G)
* 各発表後にもう一度全体のまとめと確認を行ってくださったのでとても分かりやすかったです。(授業ボランティア5.2B)

②授業の改善点

* 会話分析が何かという点があまり理解されず、分析対象に対する個人の印象を述べている学生がいた点はどうなのだろうと感じた。それが日本語の説明の理解能力の問題なのかは分からない。学術的な文献からの引用などを用いて会話分析に対して、理解を深めてから(授業外でのリーディングなど)、発表やレポートに入るようにしてはどうだろうか。(授業ボランティア5.2J)
* 途中からのボランティア参加だったからでしょうか、留学生の自己紹介がなかった点。あればもっと親しみを感じたでしょうか。お茶パーティなど、教室外での交流があればもっと楽しかったかもしれません。(しかし、お互いに忙しい身ですから、実現は難しかったでしょうが…)(授業ボランティア5.2K)

以上のような、学習者と授業ボランティアによる授業感想アンケートの結果も参考に、会話データ分析活動を行う教育実践における教師の役割として、主に次の5点を挙げる。

1点目としては、学習者が学びたいものを主体的に学べるための授業活動デザインと環境を作る役割である。そのためには、学習者による「研究と実践の連携」のプロセスの一環として、特に、「会話データ分析―会話学習項目の意識化」の部分について学習者が「認知ストラテジー」「メタ認知ストラテジー」を用いて自律的に取り組めるような授業活動を綿密にデザインすることが必要である。そして、学習者自身の興味・関心を十分活かした会話データの選択と分析の支援ができるように心がけるべきである。なお、学習者が会話データを分析して得られた結果は、動態的な会話の現象の一部を切

り取ったものに過ぎないという認識を学習者にもたせることも重要である。データからの安易な一般化よりも、分析で得られた視点をほかの様々な会話の分析に活かせるようになることに重点を置くべきである。

　2点目は、学習者が他者との協働で学べるように、あるいは、支援が受けられるように、学習者同士や授業ボランティアとのインターアクションが自然に起きやすくなる環境を整えることも重要な役割である。そのためには、学習者と授業ボランティアのネットワークが構築できるように、教室内の雰囲気をよくする、自己開示の雑談ができる時間を設けるなど、教師からも働きかけをすることが必要である。それとともに、学習者が自律的に「社会的ストラテジー」を用いて、授業ボランティアの協力のもと教室内外で会話データ分析活動の課題に取り組めるように支援するべきである。もちろん教師自身も他者の協力を得たり、協働したりして研究などの課題解決をした経験（ACT）があり、そのための知識（FACT）を備えているべきであろう。

　3点目としては、授業の進行を円滑に行い、課題を分かりやすく説明したり、課題の進み具合をチェックしたりするようなファシリテーターの役割もある。そのためには、教師自身も授業活動で今何が起こっているのかを迅速に分析し、どの学習者と授業ボランティアにどのような支援が必要か的確に判断して、行動できるようなインターアクション能力が必要である。

　4点目は、教師が会話データ分析の専門的な知識や分析の方法例を提供し、学習者や授業ボランティアの分析の視点を広げるような助言をする役割も重要である。学習者が分析に行き詰まっていたら、分析のアイデアを与えたり、あいまいな分析の軌道修正をしたりすることで、学習者の思考を活性化させる役割を担う。そのためには、教師自身による「会話データ分析―会話指導学習項目化―会話教育実践」といった「研究と実践の連携」の循環が必要である。具体的には、「会話データ分析」の方法についての知識（FACT）や経験（ACT）のほか、分析項目としての「会話指導学習項目」の知識を蓄えていくべきである。それと同時に、学習者の会話データ分析活動で適切なフィードバックが与えられるといった「会話教育実践」での知識（FACT）と経験（ACT）も必要である。そして、教師自身が様々な会話に対して常に興味をもち、「会話教育実践」で学習者の会話データ分析を支援する中で、学

習者の視点から新たなことを学ぼうとする姿勢をもつことも重要である。

　5点目は、日本語での発表の仕方、レポートの書き方などのアカデミックな知識も明示的に示し、適宜フィードバックを与え、段階的に課題をこなしていけるように導く役割も重要である。学習者の中には、今までに、会話データ分析はもちろん、日本語で発表したりレポートを作成したりしたことがない者もいる。そのような学習者達に対して、何の手がかりもないまま、いきなり会話を分析して分析結果を発表するような課題を出しても、戸惑ってしまうであろう。そのようなことがないように、教師は、綿密に授業活動デザインをするべきである。つまり、内容重視の日本語の実際使用のアクティビティを実現させるためには、教師による明確な足がかりの設定が必要なのである。さらに、学習者同様、教師自身も会話データ分析や実践研究などの「研究」を行う中で、論文を書き、発表するといったアカデミック・スキルを磨き続けている経験(ACT)があり、また、それに必要なスキルに関する知識(FACT)をもつことも当然必要であろう。

5. 教師にとっての利点

　教師にとって、日本語会話の分析活動クラスを行う利点は、今後の日本語の会話の授業活動デザインを考える上で非常に参考になる点である。まず、学習者が自己の会話を分析して振り返る「会話データ分析①」では、学習者が会話中に何を考え、何を問題点と捉え、どのように対処したか、どのような能力を付けて会話に臨んでいきたいかなどの内省が明らかになる。そのため、それらを教師としてどのように配慮して授業活動に取り入れていけばよいか考える参考になる。例えば、学習者の分析した会話例(5-1)では、母語によるあいづちの影響や、あいづちのタイミングなどの問題点があった。また、学習者の分析した会話例(5-2)では、言語ホスト・ゲストの現象の利用の仕方とその打開策などがみられた。こうした学習者自身による会話の分析の視点は、教師にとって、次の授業活動を考える際、指導学習項目として取り上げる項目のヒントとなる。実際、筆者も、このような学習者の捉える問題点や特徴を踏まえて、あいづちの練習や質問表現を用いて会話をリードする会話練習などを行っている(cf. 第4章第3節)。

一方、学習者が自身の興味に応じてデータ収集してきて分析する「会話データ分析②」では、学習者が日本語の会話の中で注目する表現や用法、現象などを知ることができる。そのため、教師も日本語の授業をデザインする際の参考になる。会話データ分析の活動を行う導入として、「会話分析項目の例」(cf.【巻末資料 5.2-2】) として学習者に提示しておく。しかし、実際に学習者が授業ボランティアと協力して、会話データを独自に選んできて分析している視点は、教師にとっても非常に斬新なものがあり、新たな会話をみる視点を与えてくれる。
　例えば、学習者の分析した会話例 (5-3) では、学習者アンが『Shall We ダンス？』の日本版とハリウッド版における言語・非言語行動に表れる文化の違いを分析していた。この観点に刺激されて、筆者は、その後、「映像で学ぶ日本語」というまた別の日本語クラスの授業活動デザインをし、教育実践を行っていたこともある。このクラスでは、『Shall We ダンス？』の日米2つの映画を比較して、ディスカッションし、そこにどのようなステレオタイプな文化的イメージが描かれているか、また、それらと自身の捉える文化との相違点を考察するという授業をデザインして、実践した。そして、それをもとに実践研究に取り組んだ (cf. 井上・中井 2007)。
　このように、学習者自身の会話データ分析の結果を知るということは、教師にとっての「設計・具体化・支援」のための実践研究 (細川 2005) にも繋がりやすいといえる。細川 (2005: 11) は、「実践研究」について、「教師自身が自分の実践を内省的に振り返りつつ、その意味を確認し、他者とのインターアクションを積極的に受け入れ、より高次の自己表現をめざそうとする活動である」としている (cf. 第 1 章第 2 節 1.2)。本実践では、「他者とのインターアクションを積極的に受け入れ」(細川 2005: 11) という部分が、学習者や授業ボランティアとのディスカッションや口頭発表、レポートなどから得られた会話データ分析の視点を次なる教育実践に取り入れていくというものに当たる。そうした学習者の視点は、本書で主張する会話教育のための「研究と実践の連携」に対して研究と実践、それぞれに有益な示唆を与えるものとなる。つまり、教師と学習者が協働で会話データ分析活動を行うことによって、教師は自身の会話データ分析の視点だけでなく、学習者の視点も

学んで取り入れることができる。そのため、学習者自身も次なる授業活動デザインの助言を与える存在となる。こうして、教師はより多くの広い視点から会話教育を捉え、改善、実施していくことが可能になるのである。

6. 会話教育実践例のまとめと今後の課題

　以上、日本語会話の分析活動の授業について分析・考察した。こうした会話教育実践を行っていくためには、その授業活動自体に学習者が価値を感じ、学習者が主体的に他者と協力し合って学びたいものを学び取って行ける授業をデザインする必要がある。つまり、学習者が他の授業参加者達と協力しながら、会話の特徴について学びたいと思う会話学習項目と分析データを自分自身で選択して主体的に学習していくことが、この授業活動の利点であろう。実際、筆者が行った会話データ分析活動の授業では、学習者が日常生活や映像メディア、教科書などで触れてきた日本語の会話で前から不思議に思っていたことなどについて、他者と協力しながら会話データを詳細に見て観察し、その謎を解き明かしていくことになる。あるいは、授業に参加する中で、自分達が無意識に参加していた会話について、書き言葉とは違う、会話の特徴について改めて気づくこともあるだろう。このことによって、新たな自身の会話でのインターアクションを考えるきっかけにできると考えられる。一方、学習者の支援のために参加していた授業ボランティアにとっても、学習者と協力して会話データ分析活動を行うことで、学習者の視点から会話を捉え直すことができ、「歩み寄りの姿勢」の必要性を意識化する機会となっていた。同様に、教師にとっても、本実践を通して学習者の視点を学ぶことによって、会話教育のための「研究と実践の連携」に学習者の視点を取り入れることが可能となる。こうした学習者と授業ボランティア、学習者と教師の「双方の学び」が起こることも、本実践では重要な点である。

　その他、会話の分析活動の授業の利点は、学習者、授業ボランティアという授業参加者が、会話の参加者として分析される対象者となり、かつ、その会話を分析して意見交換をする主体ともなる点である。それに加えて、授業活動の中で、映画やドラマなどの映像メディアを媒体として映し出されている登場人物などの主体も、分析対象者となり、時間と距離を超えた会話の特

徴をより多角的に捉えていく上で参考になる。そして、今現在の学習者の会話を撮影して DVD 化してデータを分析し、保存できるため、しばらく経ってから学習者が自身の会話能力の向上を確認することも可能である。実際に、本実践を履修していた学習者 5.2H が 1 年後に自身の会話を DVD で再度見ることによって、当時は理解できずに参加が不自然になっていた会話が理解できるようになり、その喜びを教師にわざわざ伝えてきたというケースもある。学習者が過去、現在、未来の自身の会話能力を繋げて分析していくためにも、会話を撮影して保存しておくことは意義があるだろう。

今後の課題としては、学習者や授業ボランティアによる授業感想アンケートと、教師による内省から、日本語会話の分析活動クラスのさらなる改善が挙げられる。まず、日本語レベル設定は、中級前半〜中上級と比較的広い範囲のレベルの学習者を対象としていた。そのため、学習者間のレベル差が大きく、教師の指示やほかの学習者の発表が聞き取れない、ディスカッションに参加できない、課題レポートが十分に仕上げられないなどの問題が出てくる。さらに、こうした会話データ分析活動の授業に初めて参加するという学習者が多いため、授業で何を求められているのか、課題としてどのような作業をしなければならないのかなどを把握して参加するのが難しい学習者もいた。課題の導入や説明方法にも工夫をしていくべきだと思われる。

そのほかに、この授業では、分析課題やデータ収集、文字化資料作成、分析発表、分析レポート作成など、課題が多いが、週 1 コマで 1 単位しか与えない授業であった。学習者の中には、授業自体には満足しているが、課題負担量の多さと取得単位数の少なさに不満をもっていたものもいた。

さらに、学習者間、授業ボランティア間で対等な立場での協働が起こるような授業活動デザインも十分検討していく必要がある。例えば、学習者と日本語母語話者が履修できる共通科目として、本実践を開講するというのも 1 つの方法である。そして、各課題が円滑に達成されていくためには、教室自体を居心地の良い「社会」として形作っていかねばならない。そのためには、第 4 章で検討したような、雑談やフィールド・トリップといった言語的アクティビティと実質的アクティビティを授業活動内外に随時取り入れ、授業参加者間での交流が促進するような働きかけをしていく必要がある。

その他、今回の実践では、前半の活動で教師が設定・提示した会話データは、雑談や初対面の会話など、主に、言語的アクティビティの会話であった。これは、教師である筆者がそれまで主に言語的アクティビティの会話しか分析してこなかったためである。本実践を担当した全5学期のうち、最後の5学期目あたりから、筆者自身が言語的アクティビティの会話と実質的アクティビティの会話の特徴の相違点に関心をもち、会話データ収集・分析、論文発表といった「研究」を開始した。そのため、5学期目の実践において、ある学習者が「サークルの飲み会での会話」に興味をもってデータ収集・分析を行う際に、筆者も興味をもって自身の「研究」からの助言を与えることができた。その際、教師の最新の「研究」が「実践」に還元され、また、教師の「研究と実践の連携」が学習者の「研究と実践の連携」と協働することで、教師と学習者の「双方の学び」が同時進行で起こっていることが分かった。今後も、こうした教師と学習者の「双方の学び」を意識的に促進していくべきだと考える。そして、言語的アクティビティの会話だけでなく、実質的アクティビティの会話も会話データ分析活動の授業で分析対象として積極的に取り上げていくべきである。それとともに、教師による「研究と実践の連携」でも様々な会話データを対象として行っていくべきだと考える。

　さらに、学習者による会話データ分析内容のより詳細な分析や、実際使用のアクティビティとアカデミック・スキル習得の関係の分析も今後の課題である。また、本実践では、学習者が会話データ分析によって会話を客観的にみる視点の育成とその分析結果を他者に伝えるためのアカデミック・スキルの育成と実際使用に焦点を当てていた。しかし、会話データ分析をした結果を学習者がどのように自己の会話でのインターアクションの中に取り入れていけるのかというところまでは、授業の中では取り扱っていなかった。そこで、こうした本実践を実践研究の対象とし、そこから得られた利点や改善点をもとに、次に、会話データ分析と会話練習・実際使用を織り交ぜた新たな会話教育実践を行った。このような学習者による「研究と実践の連携」が起こることを目指した会話教育実践について、次節で検討する。

第3節　会話データ分析活動と会話練習と
　　　　ビデオ作品作成プロジェクトの教育実践例の分析

　本節では、学習者による会話の分析活動と、それに基づいた会話練習と、それらの集大成としてのビデオ作品作成プロジェクトの教育実践例を分析する。これは、学習者による「研究と実践の連携」における「会話データ分析―会話学習項目の意識化―会話実践」のすべての部分に当たる。本実践から、学習者がいかに自身で学び取った会話の特徴を自己のビデオ作品に独自に取り入れ、それを振り返っているかというプロセスを明らかにする。そして、教師が会話データ分析した成果を授業活動デザインに活かし、それを学習者も会話データ分析し、ビデオ作品作成に繋げるような、教師と学習者による「研究と実践の連携」を図った授業活動の有効性についても述べる。

　以下、まず、1. 本実践の授業概要について述べ、2. 会話データ分析活動と 3. 会話練習、4. ビデオ作品作成プロジェクトの例を分析し、5. 学習者による授業の感想データを分析する。その上で、6. 教師と学習者による「研究と実践の連携」と、7. 授業改善のための教師による実践研究の循環の必要性について主張し、最後に、8. 本節の会話教育実践例のまとめと今後の課題を述べる。

学習者による「研究と実践の連携」

1. 授業の概要・学習者の背景

　地方某公立大学にて、2007年9月〜12月（週1回100分、15回）の1学期間に筆者が担当した日本語選択科目「JPL 411 Speaking」の会話授業の教育実践について分析する[11]。学習者は、日本語の中上級のアジアなどの学部短期留学生7名である。さらに、この第1回目の実践の後の学期にも行っ

た同クラスの実践(2008 年秋学期、2009 年春学期、2009 年秋学期)についても、学習者による「コース感想アンケート」、および、「授業改善のための教師による実践研究の循環」について分析する[12]。

授業目標は、日本語の会話でのインターアクション能力を向上させることである。そのための下位の目標としては、以下のものを設定した。

1) 自分自身や日本語母語話者、日本語学習者の日本語の様々な種類・場面の会話を客観的に分析して、日本語の会話を観察する視点を身につける(会話データ分析活動)
2) 日本語の様々な種類・場面の会話において、談話レベルでの特徴や、メタメッセージの伝達・解読のあり方を理解し、会話のリソースとしての談話技能を用いて自己表現できるようになる(会話練習)
3) ビデオ作品作成を通じて、芸術性のあるより完成度の高い作品を作ることで、なりたい自分を日本語で表現できるようになる。それとともに、自身の会話を磨くために何が必要であるか客観的に捉え、自律的に練習して向上させることができるようになる(ビデオ作品作成)。

つまり、本実践では学習者による「研究と実践の連携」のプロセスの中の「会話データ分析―会話学習項目の意識化―会話実践」というすべての部分を扱った。よって、学習者が「会話データ分析」で意識化した「会話指導学習項目」の知識(FACT)を「会話練習」において運用できるようにし(ACT)、最後に、それらの集大成として、「ビデオ作品作成」が行える(ACT)ことをねらった。これらの目標のもと、学習者の会話での自己表現を含むインターアクション能力の向上を図った。

評価は、1)会話データ分析タスク(30％)、2)会話練習活動(30％)、3)ビデオ作品作成(40％)であった。1 学期間のスケジュールを【表 5-4】に示す。本実践の開始の頃は、言語的アクティビティを中心に様々な会話場面や機能を取り上げ、その後、徐々に、言語的アクティビティと実質的アクティビティの会話の両方に拡大して扱うように授業活動デザインした。

【表 5-5】は、本実践の授業活動デザインについて、「学習指導法の 4 類型」(森 2002)と、学習者による「研究と実践の連携」である「会話データ分析―会話学習項目の意識化―学習計画―会話実践―振り返り・改善」のどの

【表5-4】「JPL 411 Speaking」クラスのスケジュール

実施日 100分間	授業活動
1. 9/5	クラスのオリエンテーション 日本語の会話を見る（初対面の会話）　　　（言語的アクティビティ） 学習者の会話を撮影する（ディスカッション、ディベート）
2. 9/12	会話の分析①　初対面の会話、撮影した学習者の会話 　　　　　　　　　　　　　　　　　　　　（言語的アクティビティ） 会話の練習①　聞き返し・あいづち・コメント、文と文の繋げ方など 　　　　　　　　ディスカッション、ディベートの仕方
3. 9/19	会話の分析②　トークショー『ごきげんよう』　（言語的アクティビティ） 会話の練習②　司会の仕方、質問・コメント・話題転換の仕方など
4. 9/26	会話の分析③　トークショー『ごきげんよう』　（言語的アクティビティ） 会話の練習③　ストーリーテリングの仕方
5. 10/3	会話の分析④　女性3人の雑談番組『グータンヌーボ』 　　　　　　　　　　　　　　　　　　　　（言語的アクティビティ） 会話の練習④　雑談（トピック・ディスカッション）
6. 10/10	会話の分析⑤　恋愛バラエティー番組『あいのり』 会話の練習⑤　デートの会話　　（言語的・実質的アクティビティ）
7. 10/17	会話の分析⑥　旅行番組『はにかみ』　（言語的・実質的アクティビティ） 会話の練習⑥　旅行の時の会話
8. 10/24	会話の分析⑦　バラエティー番組『ダウンタウンDX』 　　　　　　　　　　　　　　　（言語的・実質的アクティビティ）
9. 10/31	ビデオ作品作成の準備①　番組の企画書作成 　　　　　　　　　　　　　　　（言語的・実質的アクティビティ）
10. 11/7	ビデオ作品作成の準備②　番組の台本作成
11. 11/14	ビデオ作品作成の準備③　番組の台本作成、読み合わせ、演出 　　　　　　　　　　　　　　　（言語的・実質的アクティビティ）
12. 11/28	ビデオ作品作成の準備④　番組の台本読み合わせ、演出、練習
13. 12/5	ビデオ作品作成の準備⑤　番組の台本読み合わせ、演出、練習
14. 12/12	ビデオ作品の上映会　　　　　（言語的・実質的アクティビティ）
15. 12/19	振り返り、ビデオ感想シート返却、ビデオ作品の自己分析シート記入 コース感想記入・個別インタビュー　（言語的・実質的アクティビティ）

段階に当てはまるか示したものである。「学習指導法の4類型」では、学習者が徐々に自身の力で学び、運用能力を伸ばしていくことを目指し、「指導中心」から「支援中心」の活動へ、「認知的成果を重視」から「行動的成果を重視」の活動へと段階的に進めるようにした。

【表 5-5】「JPL 411 Speaking」クラスの学習指導法の4類型

1) 会話データ分析活動 　　（認知的成果重視、指導中心・支援中心）	会話データ分析―会話学習項目の意識化
2) 会話練習 　　（行動的成果重視、指導中心・支援中心）	会話学習項目の意識化―会話実践―振り返り・改善
3) ビデオ作品作成 　　（行動的成果重視、支援中心）	学習計画―会話実践―振り返り・改善

　まず、1)「会話データ分析活動」は、学習者が会話の特徴を意識化し理解するという「認知的成果重視」である。そして、教師がある程度、会話指導学習項目を準備し提示していたという点で「指導中心」ではあるが、学習者が主体的に自身の視点で発見していけるように教師が「支援中心」にしている部分も大きかった。次に、2)「会話練習」は、会話の特徴を活かして会話ができるようになるという「行動的成果重視」である。そして、会話練習の導入部分では、教師が注意事項を説明したりモデルを見せたりするという点で「指導中心」であるが、学習者同士で会話を練習していく際は、教師は「支援中心」であった。最後に、3)「ビデオ作品作成」は、ビデオ作品を学習者が主体的に作っていくという「行動的成果重視」であり、教師はそれを「支援中心」で支える立場であった。

　さらに、会話ビデオの会話データ分析活動で会話の特徴やテレビ番組の構成を意識化し、それらを会話練習とビデオ作品作成で実際に用いる活動が行えるようにした。これらの活動によって、映像を見る主体から、映像に登場し作る主体へと段階的に移れるようにした。また、ビデオ作品作成では、観客に見せるという大きな目標のもと、作品としての完成度を高める必要が出てくる。そのため、自律的に自身の会話を見つめ直し、繰り返し練習したり、よりよい表現はないかと思案したりできるといえる[13]。もちろん学習者

が留学している今この場所でしかできないことや、今の時点の自身の会話を映像に収め、思い出にすることも強い動機づけになる。

本実践の活動の流れを【図5-2】に示した。以下、各活動について述べる。

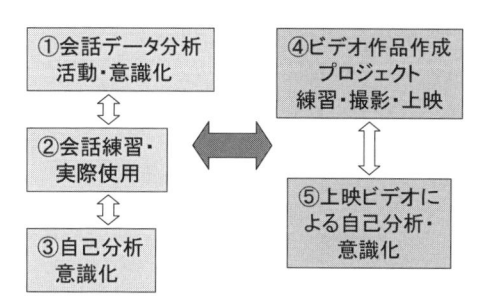

```
①会話データ分析        ④ビデオ作品作成
活動・意識化           プロジェクト
    ⇅                練習・撮影・上映
②会話練習・     ⇔         ⇅
実際使用              ⑤上映ビデオに
    ⇅                よる自己分析・
③自己分析              意識化
意識化
```

【図5-2】 会話データ分析活動と会話練習とビデオ作品作成プロジェクトの流れ

2. 会話データ分析活動の分析

　会話データ分析活動では、撮影した会話データ（初対面の会話、学習者自身の会話）、テレビ番組（トークショー、雑談、デートの会話、旅行番組、バラエティー番組など）を用いて分析を行った（認知的成果重視、指導中心・支援中心）。これらの会話データは、学習者が日常の会話の中で自己表現をしながら友好な関係を作っていくような様々な言語的アクティビティと実質的アクティビティの会話の種類・場面を反映しているものから選んだ。例えば、トークショーやバラエティー番組では、ゲストが聞き手を惹きつけるような興味深いストーリーテリングをどのように行っているか、また、聞き手はそれを聞きながらどのように興味や共感を示して会話に参加しているかが分析しやすいものを選んだ。また、そこでの司会者がどのように出演者間の関係を円滑に取りまとめ、ターンを誰にどのように割り振り、会話の中の話題を進行させつつ、聞き手として会話を盛り上げているのかが分析しやすいものを選んだ。なお、テレビ番組の選定にあたっては、学習者にとって内容理解がしやすく、自身のことに惹きつけて興味がもてるようなものにした。

　これらの会話データで、【表5-6】のような、教師が予め分析しておいた

会話データ分析の項目(談話技能、会話の構造・展開)を手がかりに、学習者がさらに発展させて会話データ分析を行い、日本語の会話の特徴を意識化した。その後、意識化した談話技能や会話の構造・展開を会話で練習した。

【表5-6】 会話データ分析項目と会話練習項目

＊談話技能の分析と練習	・聞き手の役割(聞き返し、あいづち、コメント、質問表現) ・話し手の役割 　(文と文の繋げ方、フィラー、メタ言語表現、説明) ・質問の仕方、話題の換え方、スピーチレベルシフト
＊会話の構造・展開の分析と練習	・ストーリーテリングの仕方、雑談の仕方 ・ディスカッション、ディベートの仕方 ・デートの時と旅行の時の会話(現場性の有る発話) ・番組の進行、司会者のテクニック

　なお、教師がねらいとした会話データ分析活動と会話練習の項目はすべて、学習者が言語的アクティビティと実質的アクティビティの会話に日本語で参加する際に、自己表現をしながら友好な関係を作っていくのに重要だと考えた談話技能である。例えば、聞き手が用いる「聞き返し」は、「あなたの言葉をよく聞きたい」のほか、「自分の語彙力・日本語力はこのくらいであり、もう少し調整して話してほしい」というようなメタメッセージを伝え、自身が会話により参加しやすくなるストラテジーとなる。「あいづち」を積極的に用いることによって、「あなたの話に興味がある、理解している、もっと聞きたい」というメタメッセージを伝える。「質問表現」をすることによって、「あなたに興味がある、もっと詳しく聞きたい、あなたにたくさん話してもらいたい、あなたと共有知識を増やしたい、あなたの話は私のためになる」などのメタメッセージを伝えることになる。さらに、話し手が、接続表現などでの文と文の繋げ方や、「あの」「えっと」などのフィラーなどを的確に用いながら相手に分かりやすく興味をもってもらえるように話すことで、学習者の自己表現がより増すと考える。

　なお、このような会話指導項目は、教師が「研究と実践の連携」のプロセスを何度も繰り返してきた結果、このコース用に選択してきたものである。つまり、本書における第3章「会話データ分析」での言語的・実質的アク

ティビティの会話の分析結果や、第4章第2節「会話教育の指導学習項目」の提案、第3節、第4節における会話教育実践をもとにしている。そのほか、筆者が以前に実施したビジター・セッション(中井2003e)、演劇プロジェクト(中井2004b)、ストーリーテリング(中井2005c)などの会話教育実践も部分的に取り入れている(cf. 第4章第1節2)。

以下、2.1と2.2で、「司会者の特徴(言語的アクティビティ)」と「デートと旅行の時の会話の特徴(言語的・実質的アクティビティ)」を学習者が会話データから分析した例と、そこでの学習者の学びについて述べる。

2.1　会話データ分析活動の例：司会者の特徴(言語的アクティビティ)

　この活動では、まず、トークショー『ごきげんよう』のオープニングのシーン(言語的アクティビティ)を視聴する。その後、そのシーンの文字化資料を配布し、司会者の話し方の特徴をグループで分析し、分析ワークシート[14](cf.【巻末資料5.3-1】)に記入していく。文字化資料には、学習者が分析しやすいように、司会者の発話の部分を色分けし、その横に教師が分析した談話技能(例：あいさつ、ゲスト紹介・指名、話題転換、ジョーク、ほめ、コメント、共同発話、同意)を参考までに記入しておいた。各グループでの分析後、クラス内のディスカッションでは、以下のような司会者の話し方の特徴が挙げられた。教師は、学習者が指摘した特徴の項目について、会話データ分析からの専門的な用語を与えて、1つずつ板書していった。

【司会者の話し方の特徴の分析結果】(言語的アクティビティ)
- あいさつ、ゲストの簡潔な紹介、共同発話、同意、繰り返し、聞き返し
- 誉め(ゲストへ／観客へ)
- 大げさなあいづち「へー」「わー」、うなずき、テンションが高い
- 話題中は小さなあいづちやうなずき
- 話題と話題の間は大きなあいづち(コメント、繰り返し、まとめ表現)
- 話題やシーンの転換の時の「さあ」
- ジェスチャーによる面白い話題の焦点化
- 母音の引き延ばし
- 話す人の目を見ている／ゲストの服装を誉めて、視線をゲストに集中させる
- 進行をコントロールしている

このように、学習者は、文字化資料に教師が記入しておいた談話技能以外にも、様々な司会者の話し方の特徴を見つけ出していた。

2.2 会話データ分析活動の例：デートと旅行の時の会話の特徴（言語的・実質的アクティビティ）

この活動では、まず、デートの会話として、恋愛バラエティー番組『あいのり』の夜のデートに誘って出かけるシーン（言語的・実質的アクティビティ）と、皆で山に登ってご来光を見るシーン（実質的アクティビティ）を視聴した。その後、その文字化資料を配布し、男性と女性の態度や話し方の特徴、文末婉曲表現、コメントの仕方などをグループで分析し、分析ワークシート(cf.【巻末資料5.3-2】)に記入していった。今回の文字化資料には、教師の分析した談話技能などは記入しておかず、学習者が独自に会話の特徴を見つけ出せるようにした。その後、以下のような、デートのシーンの会話の特徴と、ご来光のシーンで目の前のご来光について出演者が用いていた現場性の有るコメント発話の特徴が挙げられていた。教師は、学習者の挙げた分析項目を板書しながら、整理していった。

【デートのシーンの会話の特徴の分析結果】（言語的アクティビティ）
・男性が緊張してあまり話さず、「うん、うん」と言って、笑ってばかりだったので、女性は少しむっとして退屈しているようだった
・いつも男性から話題を開始していた
・発話が短く、会話が短かった
・男っぽい話し方（行こうぜ／言えねえよ／照れんな）
・文末の婉曲表現（〜みたいな／〜かなあ／〜って／〜とか言って）

【ご来光を見ているシーンの現場性の有るコメント発話の特徴の分析結果】
（実質的アクティビティ）
・カジュアルスピーチ
・感動、共感の表現
・形容詞（嬉しい／すごいね(同意要求)／きれい）
・〜ない（言葉が出ない）
・名詞（初日の出なんだね(確認)／初日の出(名詞止め)）
・副詞（初めて）

・感動詞(いやあー／あー／うわあー／わあー／おー／えー)
・非言語(表情／ジェスチャー)
・発話が短く、1文に1つの情報だけ
・順番に少しずつ皆で話す
・繰り返している(自分の言葉／他者の言葉)
・イントネーション／ピッチ(声の高さ)
・語尾・母音を延ばす

　このような分析から、デート中の会話では、だまっていると楽しくないこと、1人だけが努力して話そうとしてもうまくいかず、双方の努力がないと楽しいデートができないということがクラスで確認された。さらに、現場性の有る発話によるコメント発話は、カジュアルスピーチのほか、感動詞や非言語的要素、音声的要素、短い発話のやり取りで共感を表すなど、様々な談話技能が凝らされていることも確認された。こうした分析は、教師が1人で準備として予め分析していたものを上回り、多様性に富み、学習者の新しい視点から捉えられたものである。1つの教室の中で、教師と多数の学習者の多角的な視点が交差することによって、1人では捉え切れない視点を教師と学習者が双方に学び合うことができるのである。
　次に、旅行の時の会話として、旅行番組『はにかみ』の女性3人による台湾旅行で飲茶を食べているシーンと、お寺に観光に行くシーンを視聴した(実質的アクティビティ)。そのシーンでは、目の前の食べ物やお寺にコメントする現場性の有る発話が多様に用いられていた。クラスでは、会話データのビデオを止めながら、どのようなコメント発話が用いられていたか分析し、以下のように、板書してまとめていった。

【飲茶を食べているシーンの現場性の有るコメント発話の分析結果】
(実質的アクティビティ)

・名詞＋形容詞(シュウマイ、おいしそう)
・形容詞(グッドー／やわらかい／あっさりしている)
・ジョーク(肉の色と地黒の肌の色が同じ)

【お寺観光のシーンの現場性の有るコメント発話の分析結果】
（実質的アクティビティ）
・建物の色の言及／日本の寺との比較／寺の雰囲気／魅力的な点の言及

　このように、食事中や観光中の現場性の有る発話によるコメントには、それぞれに使われる語彙や表現に違いがあることが確認された。そのほかに、出演者が食べたものについてコメントを求められ、うまく表現できず、ほかの出演者になじられるシーンがあった。また、目の前のお寺について詳しく描写して感想を述べているシーンもあった。こうしたシーンを分析することで、学習者達は、実質的アクティビティにおいて見たことについて現場性の有る発話でいかにコメントしているかを探れるようにした。そして、見たこと、感じたことを現場性の有る発話で言語化して共有することによって、会話参加者同士が共感を示し合い、その場に共にいることを楽しんでいるというメタメッセージを送り、友好な関係を作っていけることが意識化された。

3. 会話練習の分析：現場性の有るコメント発話の例

　会話練習では、その直前に行った会話データ分析活動で意識化した談話技能などを学習者が実際に用いる活動を行った（行動的成果重視、指導中心・支援中心）。例えば、ストーリーを話す、雑談する、目の前で見たものについてコメントするなどの練習である。これによって、言語的・実質的アクティビティ両面のより幅広い場面で談話技能や会話の構造・展開を意識して会話練習ができるようにした。以下、「デートと旅行の時の会話」の会話練習を例に取り上げる。これは、目の前の見たものについて現場性の有る発話で言及していき、共感を示しながら、会話相手と共有空間を構築していくような発話の練習である。

　この活動では、まず、上記、2.2の例のような会話データ分析活動を行い、現場性の有る発話でコメントをしていく特徴とその重要性を意識化した。その後、それらを実際に用いてみる会話練習を行った。その際、写真や動画をスクリーンで映し出しながら、シミュレーションとして「デートと旅行の時の会話」を練習するという方法を取った。例えば、学習者2人がデートしているという設定で、クリオネや鬼や金閣寺などがそれぞれ映っている

映像を見る前（事前コメント）と、見ている時（事中コメント）と、見た後（事後コメント）に、それについて2人で楽しく発話していく練習をした。発話した後に、以下のように、学習者達自身が用いた表現をワークシートに記入していった。この際、新たな表現を辞書で調べたり、クラスで確認して共有したりして、追加もしていった。

【クリオネの動画映像についての発話練習】
- 事前コメント：水族館に行くのか／なんか懐かしいね／子供の頃よく行った
- 事中コメント：何、これ？見たことないね／不思議～／なんか天使みたいね／すげ／体が透明だね／心臓が見えるよ
- 事後コメント：きれいだったね／家で飼いたい／もう一度見たい／また来ようね

【鬼の大きな銅像の動画映像についての発話練習】
- 事前コメント：鬼ってお化けみたいなやつなのかな／白い服着てるやつ？
- 事中コメント：わあ、こわい／人を食べちゃいそう／角があるね／強そう／牙もあるし／すごい筋肉／あー金棒／中国の妖怪みたい／鬼のパンツって寅の皮でできてるらしいよ／怒って真っ赤になったのかな
- 事後コメント：予想してたのと違って、怖くなかったよね／伝説だけだよ／台湾の鬼のイメージと違ったね／ちょっとおじさんっぽかったね

このように、2.2で述べた会話データ分析例では、テレビ番組の中の出演者が見たものについてコメントをする主体で、学習者達はそれをソト側から客観的に分析する立場であった。しかし、クリオネや鬼についての会話練習例では、学習者達が映像を通して目の前で見たものについて積極的にコメントする主体となっている。このような活動によって、映像で分析して意識化したもので、学習者が自身のインターアクションで必要だと思われるものを取り入れて用いることを可能にするといえる。よって、このような会話練習は、会話データ分析活動で見たビデオの会話の単なる真似をさせることを目的としていない。会話データ分析活動は、あくまでも会話の中でどのように日本語でコメントしているか、コメントによる効果はどのようなもので、どのようなメタメッセージを伝えようとしているのかなどに気づく視点の育成のための活動として位置づけられる。

4. ビデオ作品作成プロジェクトの分析

　学習者達が会話データ分析活動を行って会話練習した談話技能や番組の構成を活かして、それらの集大成として、今度は、観客を楽しませるためのより完成度の高い自己表現を工夫するためのビデオ作品作成を行った（行動的成果重視、支援中心）。まず、学習者達で作成するビデオ作品の内容と構成、撮影場所などを決め、ビデオ番組の企画書を作成した。次に、自分達が作成するビデオ作品の参考となるテレビ番組を分析した（例：番組の構成、出演者のコメントの仕方、司会者の表現）。これは、聞き取り練習や会話データ分析活動の自律的な学習につながる。そして、観客を意識した学習者達自身のオリジナルのビデオ作品作成を行った。教師は学習者達が作成した台本に助言したり、発話練習を手伝ったりしたが、基本的には学習者の自律性に任せるようにした（支援中心）。その後、完成したビデオ作品の上映会を行い、観客を前に学習者代表が司会進行をした。そして、観客と学習者達に「ビデオ上映会感想シート」に記入してもらった。なお、上映会の観客としては、学習者の友人（日本人、留学生）や、ほかの教師などにも参加してもらった。

　最後に、自身のビデオ作品を分析して、「自己会話分析シート」(cf.【巻末資料5.3-3】) に記入させた。それによって、自己の会話を客観的に振り返り、自身の日本語での自己表現を磨くためのメタ認知力を促し、今後の自律学習に繋げるようにした。自身のビデオ作品の分析項目は、1) 発音・イントネーション、2) スピード・流暢さ、3) 声の大きさ、4) 視線、5) 表情・ジェスチャー・道具などの使い方、6) あいづち、うなずき、質問表現などの聞き手の反応の仕方、7) コメントの仕方、8) スピーチスタイル、9) 語彙、文法の使い方、終助詞「よ」「ね」、「〜んです」「〜んですけど」など、10) 話す内容・構成であった。その他、ビデオ作品の全体的な印象・評価と、今後、自身で会話を分析・練習していきたい点についても書かせた。これらの自己分析項目は、本実践の前半で行った、会話データ分析と会話練習で主に取り上げた言語的・非言語的な談話技能である。これらの項目は、第4章第2節で提案した「会話教育の指導学習項目」の中から、学習者が自身のビデオ作品を自己分析しやすく、自己のインターアクション能力を意識化し

【表 5-7】 ビデオ作品作成プロジェクトで学習者が作成した作品

作品名	学習者数	ジャンル	主なアクティビティ
1. あなたが選ぶ白馬の王子	1名+α	インタビュー番組	言語的アクティビティ
2. 旅のり AIU	4名+α	旅行解説番組	実質的・言語的アクティビティ
3. BISTRO AIU	3名+α	料理対決番組	実質的・言語的アクティビティ

て自己改善を促しやすいものを選んだ。なお、この項目には、1)–3) と 9) の項目（言語能力）、4)–8) の項目（社会言語能力）、10) と全体的な印象・評価の項目（社会文化能力）といったインターアクション能力と、今後の自律学習を意識化する項目からなる。

【表5-7】に、学習者が作成した3つのビデオ作品をまとめた[15]。

以下、4.1、4.2、4.3 において、これら3つのビデオ作品について、前半の会話データ分析活動と会話練習で取り上げた言語的・実質的アクティビティの会話をどのように反映しつつ、学習者が独自にビデオ作品を作成しているか分析する。

4.1　インタビュー番組の例

学習者 X（中国人女性、中上級学習者）が『あなたが選ぶ白馬の王子』というタイトルのインタビュー番組を作成した。この番組は、言語的アクティビティ中心の会話からなる。学習者 X が司会者となり、ほかのグループやクラス外の学習者 A、B、C（有志参加）を王子としてゲスト出演させている。視聴者は、この3人の王子達の恋愛観インタビューを見ることによって、どの王子を結婚相手として選びたいか考えるという設定になっている。学習者のビデオ作品の会話例 (5-4) では、学習者 X が司会者として高いテンションで観客への挨拶と番組紹介を行っている。その後、司会者の X が発話番号 2X で王子 A（中国人男性、上級学習者、有志ビデオ出演）の紹介を行い、3X で王子 A に挨拶をしている。そして、5X から王子 A を誉めながら、質問表現やあいづち、コメントなどを用いて、恋愛観についてインタビューを進めている。このように、学習者 X は、前半の会話データ分析活

動で視聴した、言語的アクティビティのトークショー『ごきげんよう』のオープニングの構成(観客への挨拶と番組紹介、ゲスト紹介、ゲストへの誉め)や、司会者の話し方(高いテンション、質問表現、あいづち、コメントなど)を参考にして、独自のインタビュー番組を作成していることがうかがえる。

学習者のビデオ作品の会話例(5-4):オープニングと王子Aへのインタビューシーン

観客への挨拶と番組紹介

1X： さー、恋の季節をお迎えのシンデレラの皆様、お待たせいたしました。「あなたが選ぶ白馬の王子」のコーナーのXです。いよいよ今日の白馬の王子が登場します。玉の輿に乗りたいなら、この番組は絶好のチャンスです！　　　　　　　　　　　**高いテンション**

王子Aの紹介

2X： では、まず、はじめに、中国からの王子をご紹介いたします。化粧のことに詳しく知っていて、女性の気持ちがよく分かって、家事も料理もできる、Aさんでーす。　　　　　　　**高いテンション**

挨拶

3X： こんにちは。
4A： こんにちは。

王子Aへの誉めと質問

5X： えっとー、AIUで、化粧のことについて一番詳しく知っている人はAさんとよく言われているんだけどー。　　　　　　　　　　　　　　**誉め**

6A： あっ、本当ですか？ありがとうございます。

7X： {笑い} よかったねー。女性にとって化粧が大切だから、Aさんときっといろいろな話ができると思いますよー。　　　　**コメント**

8A： あ、そうですか。実は、化粧についてあまり詳しく知らないんですけどもー、スキンケアなら、少しくらい知ってい//ると思いますけど。

9X： 　　　　　　　　　　　　　　　えー、本当？それだけで、魅力だよ！

第5章　学習者の会話を分析する視点の育成と実際使用の実践研究　311

　　　　　　　　　　　　　　　　　　　　　　　あいづち、コメント

10A： まあ、そのほかに、女性の心を見通す力がもっているとよく言わ
　　　 れてますよ。
11X： えー、すごーい、すごーい。でも、えっとー、料理も家事もでき
　　　 そうだけど、　　　　　　　　　　　　　　**言いさし質問表現**
12A： それは事実ですよ。
13X： えー、何なんだよ、今の世界。私は、料理も家事も全部だめで
　　　 す。{笑い}　　　　　　　　　　　　　　　　　　**コメント**
14A： そうですか。
15X： {笑い} どうしよー。
16A： 分かんないですけど。
17X： はい。えーと、じゃあ、もし結婚したら、奥さんの家事を手伝
　　　 い、手伝うんですか。　　　　　　　　　　　　**質問表現**
18A： もちろんですよ。僕は妻に絶対家事をさせないんですよ。全部自
　　　 分でやるから。
19X： えー、うらやましいなー。Aさんの奥さんに。私も結婚したく
　　　 なりましたー。{笑い}　　　　　　　　　　　　**コメント**
20A： そうですか。ありがとうございます。
21X： はい、じゃあ、Aさん、今、テレビの前の皆様にプロポーズし
　　　 ましょうか。
22A： はい。これからの人生を一緒に歩んでいこう。
23X： さてー、皆様、Aさんのこと、どう思いますか。

　学習者のビデオ作品の会話例(5-5)は、司会者Xが2番目の王子B(韓国人男性、中上級学習者)にインタビューしている最後の部分である。ここで興味深いのは、発話番号32Xで、司会者Xが「私、もう一度、結婚したくなりました」と述べた後に、発話番号33で、「重婚になりますよ」というテロップを映像の中に飛び込ませている部分である。これは、上記の例(5-4)の19Xで、司会者Xがすでに王子Aと「私も結婚したくなりましたー」と述べていたためである。33の「重婚になりますよ」というテロップが第三者的な役割で司会者Xの発話に突っ込みのコメントを入れている

ことになる。このような映像におけるテロップの用い方は、授業では特に取り上げなかった。しかし、最近のテレビ番組のテロップ使用などを参考に、学習者Xが独自にユーモアを交えながら用いたものであると考えられる。

学習者のビデオ作品の会話例(5-5)：王子Bへのインタビューシーン

30X： えー、{笑い} やさしいなー、B。
31B： えー、子供の時から、あー、「優しくってしなさい」っ育、育てられたから。
32X： へー、そう？いいなー。強いし、やさしいし。// 私、もう一度、結婚したくなりました。{笑い}
33テロップ：　　　　　　　　　　　　　　重婚になりますよ。
　　　　　　　　　　　　　　　　　突っ込みのテロップの使用
34X： じゃ、Bさん、テレビの前の皆様に、え、プロポーズしましょうか。
35B： はい。{笑い} えー、あたしと結婚してください。ちゃんと守るから。
36X： {笑い}

上映会で、このインタビュー番組を見た際に、観客とほかの学習者が「ビデオ上映会感想シート」に記入したものには、以下のようなものがあった。特に、テロップについて誉めているものが多く見られた。

　＊内容がすごくおもしろくて、司会者の発言とコメントもとてもよかった。
　＊字幕もあったから、ビデオはとても分かりやすかった。
　＊Xさんの表現力とか発音、ぜんぶすばらしかったと思う。

上映会の後に教師から与えたフィードバックでは、番組の構成や司会者の話し方がよくできたが、今後は、発音・アクセントやあいづちのタイミングなどに気を付けた方がいいということを指摘した。

このインタビュー番組を作成した学習者Xは、以下の「自己会話分析シート」の記述のように、ビデオ作品の中の自己の会話を客観的に分析していた。台本があり、観客がいるという設定の会話では、自然に話しつつ観客をいかに楽しませられるかが難しかったということがうかがえる。

　＊視線：インタビューの部分は、インタビューを受けていた人か、テレビの前の聞

き手と、どちらを見ればいいか、ほんとうに迷っていました。
* 表情・ジェスチャー：表情が明るいですけど、笑いすぎる気がしました。そして、緊張のせいで、ジェスチャーがちょっと繰り返しました。
* あいづち・うなずき・質問表現：やはりテレビ番組と自由会話が違いますね。あいづちと質問表現は前に書いておきましたが、全部覚えられなくて、撮影した時に不自然な気がしました。準備の時間がもっと長ければ、かっこいいあいづちを用意したいです。
* コメントの仕方：準備不足かどうか分からないんですけど、コメントの仕方が単調で変化にとぼしい気がしました。
* これから気をつけて練習・観察・分析していきたい点：気をつける点はいろいろあります。ことばやコメント、発音は私にとって一番大切かもしれません。日本人はふつう、どう話すか、慣用表現はなんですか、も観察して分析したいです。

4.2　旅行解説番組の例

　4人の学習者達（S、K、N、Y（有志参加）、台湾人女性、中上級学習者）が『旅のりAIU』というタイトルの旅行解説番組を作成した。この番組では、学習者が実際に日本各地を旅行し、そこでの様子を解説するという、言語的・実質的アクティビティ中心の会話からなり、現場性の有る発話が多用されていた。授業で分析した旅行番組と、シミュレーションで会話練習したデートの会話（言語的・実質的アクティビティ）を参考にしたという。

　学習者のビデオ作品の会話例(5-6)では、まず、ビデオ上映会に来ている観客に対し、発話番号1Sで、学習者Sがパワーポイントのスライドで松島の写真を見せながら、紹介している（言語的アクティビティ）。これは、前半の会話練習の旅行シミュレーションで練習した「事前コメント」に当たる。この後、上映会で松島旅行中の会話ビデオが流された。その中では、学習者K、S、N、Yが土産店に陳列されている蒲鉾や牛タンを試食しながら、現場性の有る発話でコメントしている。これは、事中コメントに当たる。そして、この会話例(5-6)の中で、特に、会話データ分析活動と会話練習を意識して取り入れようとしていたのが、17N「おいしいだけじゃだめって先生がそう言いました」と、23Nと24Y「おいしいだけじゃだめだよ」という発話である。これは、前半の授業で分析した旅行番組『はにかみ』で、芸歴

10年の女芸人が飲茶を一口食べて、「おいしい」しか言えず、もっといいコメントが言えないのかとほかの芸人達からなじられていたシーンからの連想であると思われる。教師からも、コメントはもっといろいろな表現でした方がより共感が増して楽しい会話になるとクラスで確認していた。そのため、学習者達もビデオ撮影しながら、自分達が試食をする時のコメントの仕方を意識していたといえる。そして、40Sで旅行した後の事後コメントとして、学習者Sが松島で食べた物についてコメントしている。このように、学習者達が授業で取り上げた旅行の会話の特徴（事前・事中・事後コメント、現場性の有る発話）などを考慮に入れて、旅行という実質的アクティビティの会話の様子を撮影し、番組を作成している様子がうかがえる。

学習者のビデオ作品の会話例(5-6)：松島の旅行中の解説
スライドでの松島旅行の解説（事前コメント）

1 S： 世界有数の漁所として知られる南三陸の魚介やカキ、そして、戦後試行錯誤を重ねて結果生まれた牛タン焼きなどが有名です。ずんだのお菓子や萩の月などおいしいスイーツもいくつかがありますよ。

2 K： じゃ、一緒に食べてみようか。

松島旅行中の会話ビデオの上映（事中コメント）
（省略）

10 K： ほかのお土産は、こっちにあります。
11 S： いろいろありますが、蒲鉾っていう食べ物です。
12 K： 魚で作った、なんか。
13 K： 食べてみて。
14 K、S： ｛笑い｝
15 K： おいしいかな。　　　　　　　　　　　　**現場性有のコメント**
16 S： ｛蒲鉾を食べて笑う｝おいしい。　　　　**現場性有のコメント**
17 N： おいしいだけじゃだめって先生がそう言いました。
18 S、K、Y： ｛笑い｝
19 S： (xxxx)。
20 K： ｛店の外に出る｝牛タンの看板見た？仙台にすごく有名な、たぶ

第5章　学習者の会話を分析する視点の育成と実際使用の実践研究　315

　　　　　ん一番有名なお土産ですよ。
21K：　じゃ、あそこは、牛タンの、焼牛タンの売ってる。行ってみて。
22K：　{焼牛タンの試食をもらう}
23N：　おいしいだけじゃだめだよ。
24Y：　おいしいだけじゃだめだよ。
25K：　うーん。
26S：　変な顔してるね。　　　　　　　　**現場性有のコメント**
27S、N、Y：　{笑い}
28K：　ちょっとね、舌臭い。　　　　　　**現場性有のコメント**
29S、N、Y：　{笑い}
30K：　でも、おいしい、おいしい。　　　**現場性有のコメント**
（省略）

スライドでの松島旅行の解説（事後コメント）
40S：　これが私達が注文した牛タン定食でした。牛肉より柔らかくて、
　　　　ジューシーでした。カキも新鮮で甘かったです。

　上映会でほかの学習者が「ビデオ上映会感想シート」に記入したものには、以下のようなものがあった。旅行の解説をする際、映像があると観客も楽しめるようである。しかし、一方的に旅行の会話ビデオや解説を聞かせるのではなく、もっとその場にいる観客を意識して語りかけ、観客との共有空間を作るように演出する工夫が必要であるとの指摘もあった。また、観客の興味や集中力が続くような構成と長さも工夫が必要であったようである。

　＊写真や動画、パワーポイントがあってよかった。
　＊もっと観客とインターアクションがあったらよかった。
　＊少し長すぎる。

　上映会の後の教師からのフィードバックでは、現地に赴き、そこの魅力について解説している点と、上映会に生出演して旅行ビデオの解説をしていた点が臨場感があって見ている者を楽しませることができたということを指摘した。しかし、観客を安心して会話内容に集中させて楽しませるためには、もう少し工夫と練習が必要であったと指摘した。例えば、作品の時間配分や漢語の読み方、単語や文のアクセントやイントネーション、目線の使い方に

よる出演者同士や観客とのインターアクションなどである。

この旅行解説番組を作成した学習者達の「自己会話分析シート」の記述を以下、抜粋する。これによると、学習者達のコメント発話に対する学習意欲がうかがえる。一方、台本利用の長所と短所、コメントに用いる表現の不足など、教師からも授業中にもう少し支援すべきであった点も浮かび上がる。

あいづち、うなずき、質問表現
　　＊前もって、台本作ったのは正しく言葉遣いができたが、コメントや聞き手の反応も前もって決められたから、ちょっと不自然な感じがする。（学習者 5.3K）

コメントの仕方
　　＊知っているコメントの言葉が少ないから、いつも、きれい、かわいいだけを使っていた。それがよくなかったと思う。（学習者 5.3S）
　　＊自然に自分が言いたいコメントはなかなかできなかった。（学習者 5.3K）
　　＊もっとおもしろいコメントをしたほうがよい。（学習者 5.3N）

これから気を付けて練習・観察・分析していきたい点
　　＊フォーマルとカジュアル両方の話し方も練習したい。前もって、台本作らないで、ビデオを撮ったら、もう一回見て自分が話した言葉を聞き取って、書いて、分析して、自分の弱い所が分かるかもしれない。そのような練習も役に立つかなあと思う。（学習者 5.3K）

4.3　料理対決番組の例

4人の学習者達が『BISTRO AIU』というタイトルの料理対決番組を作成した。この番組は、韓国のアイドル東北酒起2人（B、T（有志参加）、韓国人男性、中上級学習者）が食材の買い出しに行き、得意な韓国料理を調理し、ファンの女性（N、台湾人女性、中上級学習者）に試食してもらい、どちらがおいしかったか判定してもらうという設定で、言語的・実質的アクティビティ中心の会話からなる。『BISTRO SMAP』という日本のアイドルによる料理対決番組を参考にしたという。番組中は、番組司会者（Z、インドネシア人女性、中上級学習者）が司会・進行している（言語的アクティビティ）。

この番組についてほかの学習者が記入した「ビデオ上映会感想シート」によると、無言で調理している時間が長く、少し退屈なシーンが続いたという感想もあった。実質的アクティビティである料理中も現場性の有る発話をし

て、楽しく演出する必要性が喚起された。教師からのフィードバックでは、番組の構成を誉めたほか、料理中のシーンで司会者が質問やコメントをするなど、積極的にインターアクションを行った方がよかったと指摘した。

　この料理対決番組を作成した学習者達の「自己会話分析シート」の記述を以下、抜粋する。自身のビデオ分析を通して、声や視線、表情、あいづち、コメントなどの優れていた点や改善点が客観的に挙げられている。このグループでは、番組の台本はあまり作成しておらず、会話が不自然になることは少なかったようである。しかし、発話形成の点で何を話していいのか戸惑うという困難点があったようである。

　声の大きさ
　　＊時々聞き取りにくいだった。（学習者 5.3Z）
　視線
　　＊カメラやゲストなどにずっと視線を離れなかった。（学習者 5.3Z）
　　＊カメラを見たら、はずかしかったです。（学習者 5.3B）
　表情・ジェスチャー・資料の使い方
　　＊もっとニコニコすれば、いいと思う。（学習者 5.3Z）
　　＊よかったところもあったけど、姿勢とかがこわばったところが多かったです。（学習者 5.3B）
　あいづち、うなずき、質問表現などの聞き手の反応の仕方
　　＊あいづちとうなずきが足りないと思う。（学習者 5.3Z）
　　＊ファンの時、もっと心から「おいしい」や「かっこいい」、「大好き」と言うような表情がよい。（学習者 5.3N）
　　＊不自然です。こたえが短すぎるんです。（学習者 5.3B）
　コメントの仕方
　　＊もっとコメントをすれば、面白くなれると思う。（学習者 5.3Z）
　　＊すぐ答えることや考えた通りにちゃんと話すことが難しかったです。（学習者 5.3B）
　語彙、文法の使い方、終助詞「よ」「ね」、「〜んです」「〜んですけど」など
　　＊終助詞が足りないと思う。（学習者 5.3Z）
　　＊「んですけど」を使わなかったと思うんだけど、「よ」「ね」「んです」は使った。（学習者 5.3N）

5. 学習者による授業の感想

　本実践における各活動に対して、学習者がどのように感じていたかについて、学習者による「コース感想アンケート」の記述[16]をもとに述べる。以下、「会話データ分析活動・会話練習」「ビデオ作品作成プロジェクト」ごとにまとめる。次に、「会話データ分析活動・会話練習とビデオ作品作成プロジェクトの関係」を学習者がどう捉えていたかについてもコメントをまとめる。さらに、「ビデオ作品作成プロジェクトの協働による達成感・連帯感」については、詳しくみるため、本実践に参加していた学習者（2007年秋学期）だけでなく、その後の学期の実践に参加していた学習者（2008年秋学期、2009年春学期、2009年秋学期）からのコメントも参考にする。

●会話データ分析活動・会話練習

　「会話データ分析活動・会話練習」のよかった点としては、会話について意識的に時間をかけて分析することで、会話の際の気持ちの表し方、意見の言い方などが分かったという点を挙げる学習者が多かった。その結果、ほかのクラスでの日本語でのディスカッションや友人との会話がしやすくなり、深い話もできるようになったという。さらに、司会者の練習において、ほかの参加者の反応に配慮しながら、質問をしたりまとめたりしてターンを受け渡しするべきだということを知ったと述べている学習者5.3Nのコメントも興味深い。学習者5.3Nは、この練習によって、自己の会話スタイルを意識化し、調整するメタ認知力が向上したと感じているようである。

　一方、授業の改善点としては、会話練習の際、グループワークよりもクラスの前で話して教師からのフィードバックがもっともらいたかったとしている学習者もいた。また、授業で会話データ分析したテレビ番組の情報を教えて欲しかったという者もいた。これは、興味をもったテレビ番組を授業外でも視聴して自律学習ができるようにしたかったからのようである。さらに、将来の職場場面などに生かせるように、敬語など、もう少しフォーマルな場面の会話についても分析・練習を行いたかったという意見も多々あった。

①よかった点・役に立った点

　＊日本人としゃべっている時、ゆっくり分析することができないが、ビデオを見て、文末表現などで色々な気持ちを表す表現などを習った。教科書にはない。

(学習者 5.3S)
＊練習をたくさんしたから、話す時、前よりちょっとスムーズになった。ほかのクラスと日常生活でも練習した。表現が使えるようになったし、前より会話の言い方を考える時間が少なくなった。自分の意見が話せるようになった。友達ともっと深い話ができるようになった。(学習者 5.3N)
＊皆、話すチャンスが多くて、会話の練習にとって、よかったと思う。テーマもいつもおもしろくて、皆の興味にも合わせて、よかったと思う。(学習者 5.3K)
＊とても役に立つと思います。この前はストーリーテリングが特に苦手だったんですが、この会話分析の授業をとったら、よくなった気がしました。特に、文と文のつながりとか意識して使って、スムーズになった。(学習者 5.3X)
＊興味のあるテーマについてもっとスムーズに話せるようになった。ほかの授業で、いろいろなテーマについて日本人とディスカッションする活動の機会があるが、しゃべりたい内容をどう伝えるかが分かったので、自分の国の事情などについて話せるようになった。(学習者 5.3X)
＊ほかのクラスと日常生活でも会話練習をたくさんしたから、表現が使えるようになったし、前より会話の言い方を考える時間が少なくなった。価値観、恋愛観について自分の意見が話せるようになった。友達ともっと深い話ができるようになった。(学習者 5.3N)
＊日本人のコミュニケーション習慣やいろんな表現の使い方を勉強して役に立った。特に、司会者の仕方やデート中の会話は、今まで練習したことなかった。司会者の練習の時、グループのみんなに質問すべきだと分かってきた。自分がたくさん話す人、コントロールの人だと思ってなかった。コメントも相手の反応から自分が何かしてあげる雰囲気を作るべきだと分かった。(学習者 5.3N)

②**改善点**
＊いろいろなことが知るようになったけど、練習機会がちょっと少ないと思う。2人だけでしゃべっているときは、あまり先生の教えたいことを使っていない。自分の使っていることだけ使う。みんなの前で2人でしゃべる時は、意識して、ターゲットの項目を使えるし、先生のフィードバックがもらえるから、その方がいい。(学習者 5.3S)
＊見た番組のチャンネルとか放送時間とかも教えて欲しい。(学習者 5.3K)
＊違う場合の話し方をもっと勉強したい。例えば、会議中、職場、ディベートなどのフォーマルな場面や仕事の場面で使う丁寧な敬語など。(学習者 5.3N)

●ビデオ作品作成プロジェクト

「ビデオ作品作成プロジェクト」に関しては、興味をもって取り組めたので面白かったと述べる学習者が多かった。また、ビデオ作品の中で実際の会話を収録する実際使用のアクティビティが体験できたとする者もいた。さらに、ビデオ作品は、後で自身の会話を分析することができるのでメタ認知力の向上に役に立つとしている者もいた。一方、ビデオ作品作成には、時間がかかるため、もう少し時間の余裕が欲しかったとする学習者もいた。さらに、ビデオ作品を作成したことがない学習者がほとんどであったため、アイデアが浮かばない際は、日本のテレビ番組の名前や構成などのアイデアを教師から得られたのがよかったとしている学習者が多かった。

①よかった点・役に立った点
 * 今回の番組作成を通して、人の前でどうやって自己演出して、どうやって番組を順調になることを学んだ。皆の番組は本当におもしろかったと思うから、チャンスがあれば、もう一度もっといい作品を作成したい。（学習者5.3W）
 * すごく面白かった！ 一般的な試験と違ったから、皆が準備していた時も、すごく興味をもっていて、力を入れて作った。（学習者5.3S）
 * 本当におもしろかったと思う。実際に体験して、勉強になる。（学習者5.3K）
 * 自分の日本語の長所と欠点ははっきり反映されて、おもしろくて、いい勉強になります。（学習者5.3X）

②改善点
 * ビデオプロジェクトの撮影時間が短すぎると思います。（学習者5.3Z）

③教師からの支援
 * 番組のタイトル名など、先生のアイデアが多くて、おもしろかった。私は、あまりテレビ見てないから、アイデアない。ビデオの製作に本当に役立ったと思う。（学習者5.3S）
 * 台本何回も直してくれて、ありがたかった。いつもおもしろいビデオやテーマを作ってくれて、よかったと思う。（学習者5.3K）
 * 難しい時やどうすればいいか分からない時、番組の流れとか、撮影の仕方など、助言してくださったから、たくさん役に立ちました。（学習者5.3B）
 * 先生のサポートは本当に感謝いたします。先生からメールをいくつももらって、脚本もアイデアもいくつも考えてくれて、とても役に立ちました。（学習者5.3X）

●会話データ分析活動・会話練習とビデオ作品作成プロジェクトの関係

　学習者のコメントから、会話データ分析活動と会話練習(コース前半)を各自のビデオ作品作成(コース後半)に活かそうとしている学習者達の様子がうかがえる。ただし、会話練習で行った際は、台本なしで会話を行っていたのに対し、ビデオ作品の会話で台本をもとに会話したグループでは、棒読みのような不自然な会話を反省していた。

　　＊役に立ったと思う。もしビデオプロジェクトの前、会話の分析と練習がなかったら、いい作品を作れない。会話の分析と練習の後、ビデオプロジェクトを通して、もう一度練習できる。(学習者5.3W)
　　＊自分が知っている表現が少ないから、本当に自分が話す時、何を話せばいいか、あまり分からない。だから、日本人の話し方をまねするは、自分が話す時、本当に役に立つと思う。(学習者5.3S)
　　＊ビデオプロジェクトで総合司会をしたので、前半の授業でやった司会者の活動はとても役立った(学習者5.3N)
　　＊自分のあいづちやうなずきにもっと注意した。コメントしやすかった。(学習者5.3K)
　　＊これは日本語力と前半習ったことの実践で、とても役に立つと思います。脚本を書いた時は、意識的にいろいろな前に習ったテクニックを使いました。ビデオを撮った時に、あいづちやジェスチャー、表情なども役に立ちました。(学習者5.3X)
　　＊あいづちやカジュアルスピーチをビデオの中で意識的に使ったので、ちょっと不自然になった。よく使ってみると、だんだん自然になってきた。(学習者5.3B)

●ビデオ作品作成プロジェクトの協働による連帯感・達成感

　本実践では、ビデオ作品作成を学習者同士による協働で行うことも目指した。そこで、上述してきた第1回目の実践(2007年秋学期)だけでなく、その後の学期にも行った同クラスの実践(2008年秋学期、2009年春学期、2009年秋学期)についても分析する。特に、学習者による「コース感想アンケート」をもとに、学習者がどのように感じていたかについて述べる。

　学習者のコメントによると、面白い作品を作るために、様々なアイデアを出し、学習者同士が協力し合っていたようである。そのため、連帯感ややりがいを感じながら作品を作り、上映会ではその成果を披露できた達成感から

感動し、いい思い出が作れたと感じている学習者が多かった。また、教室内の活動とは違って、ビデオ撮影では、教室外に出て、様々な言語的・実質的アクティビティを行うシーンに参加するため、学習者同士、普段の授業活動とは違う一面をお互いに知ることできたようである。その他、シナリオ作成やビデオ撮影の際、教室内外で日本語母語話者の友人にも手伝ってもらい、ネットワークが広がっていた様子もうかがえる。さらに、作成した作品は、DVDとして各学習者に配布しているため、上映会に参加できなかった友人や国の家族や友人にも見せるのを楽しみにしている学習者もいた。

だが、グループでのビデオ作品作成は、毎回、順調に進んでいたわけではないことも分かる。2009年春学期の学習者のコメントによると、グループのリーダーシップをめぐって（学習者5.3Hと学習者5.3I）、グループの協力体制が取れず、もめることもあったようである。結果的には、協力し合って、満足いく作品が作れたようであるが、こうしたグループ間のトラブルに対し、教師としてもどのように介入していくべきかを検討する必要がある。

さらに、第4回目の実践の学習者5.3Rは、前学期の第3回目の実践のビデオ上映会で『花より女子』[17]を鑑賞し、その作成プロセスについてもビデオ作成者から聞いて興味をもってこのクラスを履修したという。そして、第4回目の実践では、第3回目の実践のビデオ作品『花より女子』を参考に、その年に日本で放送されていた漫画ドラマ『乙男』のパロディーを独自に作成した。そして、『乙男』についての知識があまりないまま参加していた学習者5.3Oも、ビデオ作品作成後に、オリジナルのドラマ『乙男』を視聴することで、自分達の作品と繋げて親近感をもつことができたという。

① 2007年秋学期の学習者によるコメント（第1回目の実践）

＊皆一緒に努力したり、ideaを考えたりしてとても楽しかった。特に自分の番組を撮影した時はおもしろかった。最後の生放送の日もとても感動的でよかった。どうして感動したかと言うと、みんな仲良く助け合って一緒に何かを作って、いいことができたし、お客さんもとても笑ってくれてよかったから。（学習者5.3N）

＊「このビデオは、私だけのプロジェクトじゃなく、皆と一緒のプロジェクト」と思ったから、もっと頑張れるようになった。とてもおもしろい番組を作りた

かったから、クラスメートと相談したり idea を考えたりしてよかった。皆一緒努力してこのビデオを製作してうれしかった。楽しかったから、私ももう一度やりたい！（学習者 5.3N）
* 実は、私にとって大変でした。表現力が足りないし、編集の仕方もまったく知らなかったので、大変でしたが、面白くてやりがいも感じました。（学習者 5.3B）
* その間、友達との日本語の交流が多くなって、本当によかったと思いました。（学習者 5.3X）

② **2008 年秋学期の学習者によるコメント（第 2 回目の実践）**
* 留学生にとってやはりいい思い出が作れることだと思う。そのため、できるだけ面白いテーマでビデオを撮った方がいいと考えました。（学習者 5.3D）
* 皆、協力して順調で作れました。とても感動でした。（学習者 5.3E）
* とても楽しかった。一番好きのは、ビデオを取る前のディスカッションだ。みんな意見を出て、面白かったアイデアを使って、全員で脚本を協力して書いた。取る時時間がかかったが、最後の作品を見てから、皆がんばっていて感動しました。（学習者 5.3F）
* 私はほかの友達や家族などに見せるつもりだ！自分の DVD を作るのが珍しい経験だと思う。途中で、自分で台詞を書いたり、クラスの友達と討論して、様々なことを習った。（学習者 5.3G）

③ **2009 年春学期の学習者によるコメント（第 3 回目の実践）**
* 日本人みたいな会話になるように、台詞を考える時に、日本人のルームメートに教えてもらった。（学習者 5.3H）
* 楽しかった!!しかし、グループの宿題は好きではない。今回は学習者 5.3I がリーダーだったので好きじゃなかった。自分がリーダーになりたかった。でも、シナリオはたくさん書いた。（学習者 5.3H）
* リーダーはいつもはしないタイプだったが、今回は、なぜか自分がリーダーになった。自分は 26 歳で大学に入る前に弁護士事務所の秘書をしていたので、スケジュール管理をしたがる責任感の強いタイプ。今回リーダーをしてよかった点は、みんなのプログレスを見て助言できたこと。しかし、授業外のグループワークでシナリオを作るために、PC 室に集まって相談している時、喧嘩したことも 1 度あった。自分のシーンを考えてもらう時、流れがばらばらなので、流れをよくしてほしかったけど、H さんなどがネットを見たりして遊んでいたので、私は怒ってしまった。自分は心配性の方なので、どうなるか不安になった。結局、撮影している時などに、カメラのアングルなどみんなが意見を

言ってくれて、グループプロジェクトらしくなった。(学習者 5.3I)

④ 2009 年秋学期の学習者によるコメント(第 4 回目の実践)

＊思い出を作ってよかったと思う。(学習者 5.3J)

＊すばらしいと思う。皆、一生懸命やって、いいと思う。集団行動がすばらしい。みんな一生懸命やった。時間がかかった。その結果、よかった。(学習者 5.3P)

＊撮影の時、皆と練習したり、日本語を勉強したり、セリフをどう言うか練習したりしました。このように、クラスの皆と時間を過ごす機会があって、日本語会話の練習になったので、とても楽しかったです。(学習者 5.3L)

＊撮影は本当に大変だと思います。でも、撮影中のとき、楽しかったですよ。いっぱい思い出がありました。授業中はみなまじめだが、撮影の時は本当の性格が出る。みな一生懸命に作ったので、いい思い出。(学習者 5.3M)

＊前の学期の『花より女子』を見て、楽しそうと思って、自分も作りたくなったので、この授業を取りましたが、ビデオを作ることやはり大変だったと思いますけれど、結果は結構楽しかったです。(学習者 5.3R)

＊『乙男』のパロディを作って、面白かった。撮影前に、みんな『乙男』の漫画とドラマを見た。ドラマを作った後、寮で『乙男』のドラマを見ていろいろ思い出した。このシーンは自分の撮影シーンと似ているなあとか。(学習者 5.3O)

以上のような学習者のコメントから、以下の 5 点のような「会話データ分析活動・会話練習」と「ビデオ作品作成プロジェクト」を融合した本実践の特徴が挙げられる。まず、1 点目は、本実践の「会話データ分析活動」では、学習者自身の会話を撮影したデータやテレビ番組の録画データなどを対象に、その場の会話当事者としてではなく、分析者の視点で時間をかけてじっくり分析することが可能となるということが学習者のコメントから明らかになった。普段、学習者が参加する会話では、その場の会話当事者としてインターアクションをすることが目的とされており、学習者が会話についてじっくり分析することに集中できない。また、分析の視点ももっていなければ、会話で何が起こっているのかを無意識に感じて調整するしかない。だが、本実践で行った会話データ分析の方法と分析の視点の育成によって、学習者は、授業活動外で参加する会話や、視聴するテレビ番組の会話などを自律的に分析していきやすくなるのではないかと考えられる[18]。

2 点目は、テレビ番組などの会話データを分析することで、日本語の会話

の特徴を意識化して学ぶとともに、日本のテレビ番組に親しむ機会ともなっていたことである。これは、「メディアネットワークに参加するストラテジー」(ネウストプニー1999b)の育成ともなり、学習者が自律的に会話を視聴・分析するといった自律学習に繋ぐことができる可能性を示唆している。

3点目は、コース前半の「会話データ分析活動・会話練習」において、学習者が会話の特徴について意識化して練習したことを、コース後半の「ビデオ作品作成プロジェクト」において、実際使用しながら作品として仕上げている様子がみられた点である。そして、そうした授業内の活動間の連携だけでなく、授業外の学習者の様々な活動との連携もみられた。例えば、授業内で学んだことを、ほかの授業での日本語でのディスカッションや、日本語母語話者の友人との会話に積極的に活かしている様子がみられた。つまり、授業活動によって、会話を分析するための知識を増やし、会話の中で調整するためのメタ認知を活性化させて、自己表現の幅を広げ、教室外でのネットワークも広げることを可能としているといえる。

4点目は、特に、コース後半に行った「ビデオ作品作成プロジェクト」において、学習者間の協働とそれによる連帯感と達成感の様子がみられた点である。学習者同士が対等な関係でアイデアを出し合って話し合いながら、新しい作品を創り出していくプロセスを経験する。その中で、各学習者は、会話能力育成とクラスでの思い出作りという意義を見出しているといえる。こうした学習者同士の協働によって、教室自体がインターアクションをする「社会」であり、「本番=実践の場」(舘岡2007)となっていると考えられる。

5点目は、学習者同士の協働は、教師や授業外の友人に支えられている点である。また、上映会やDVD作品を媒体として、前学期や次学期の学習者と影響を与え合い、さらには、学習者の国の家族や友人にも繋がっていくという点も興味深い。このように、本実践での活動を中心に、学習者の様々なネットワークの網目が時間と空間を越えて広がり、繋がっていく可能性があるのである。

6. 教師と学習者による「研究と実践の連携」

本実践における教師と学習者による「研究と実践の連携」のあり方と「双

方の学び」について考察する。この実践では、教師が長年かけて会話データ分析の研究を行い、会話指導項目を検討し、会話教育実践を行ってきた成果を授業に活かすという教師による「研究と実践の連携」の成果の1部である。それと同時に、学習者も、教師の準備してきた教材や会話指導項目や授業活動を単に受け身的に受容するのではない。自らの力で会話を分析し、そこから学び取ったものをビデオ作品という形で独自に表現し、それを自己改善していくという学習者による「研究と実践の連携」を行っている。

　このように、教師の研究と実践の成果のもと授業活動デザインされた会話教育実践で、学習者達が会話データ分析活動を行う。それによって、会話の談話技能や構造・展開を、学習者自身が帰納的に発見し、メタ認知力を育成していくことを可能にする。そして、その発見したものの中から、学習者自身が表現したい自分を表現するために必要なものを選び取っていけるようになると考えられる。そして、学習者自身で発見した日本語の会話の特徴や視点を手がかりとして、ほかの様々な会話を分析したり、自身の会話への参加の仕方を動態的に調整していったりすることも可能にするのである。

　こうした学習者に発見・選択させていくための会話教育実践を行うためには、教師が様々な会話を分析して、その特徴を十分おさえ、多様な学習者に合わせた会話学習項目の選択肢を多く設けておく必要がある。それによって、学習者が行う会話データ分析への助言や、会話練習でのフィードバックがより豊かなものとなるであろう。さらに、教師自身も、「メディアネットワークに参加するストラテジー」を用いて、テレビ番組、映画、漫画、アニメなど、より多くのメディアに触れ、その知識と経験を豊かにしておく必要がある。実際に、筆者も普段から趣味でメディアに接する機会は多いが、本実践で学習者が「会話データ分析」をするための会話データを収集するために、学習者が興味をもちそうなテレビ番組を大量に録画し、その中から分析しやすそうなものを選んだ。また、「ビデオ作品作成プロジェクト」では、日本のテレビ番組をあまり知らない学習者で自身のビデオ作品のタイトルや構成に悩んでいる場合は、日本のテレビ番組の情報を伝え、アイデアも提案したりした。一方、学習者がお気に入りの日本の漫画ドラマを参考にして、自身のビデオ作品を作成する場合は、筆者の知らないものであれば、学習者

とともにその漫画ドラマのストーリーや言葉遣い、登場人物のキャラクターを研究し、学習者のビデオ作品作成の際の助言ができるようにした[19]。

さらに、そうした教師による「研究と実践の連携」のもと授業活動デザインされた会話教育実践を行う中で、教師自身も学習者からの新たな視点を得ることができる。そうした、学習者の視点を次なる教育実践のデザインに取り入れて改善することが可能となるのである。よって、教師による「研究と実践の連携」と、学習者による「研究と実践の連携」は、表裏一体の関係で切っても切れないものであり、相互に刺激し合い、「双方の学び」となると考えられる。こうした教師と学習者の「双方の学び」の中でも、特に、本実践を通しての「教師の学び」と改善のための「実践研究の循環」について、次に述べる。

7. 授業改善のための教師による実践研究の循環

筆者は、上記の 2007 年秋学期の第 1 回目の実践の後、2008 年秋学期、2009 年春学期、2009 年秋学期とその後も、この実践と同じ「JPL 411 Speaking」コースを行っていた。まず、2007 年秋学期に初めて行った実践を実践研究として記述・分析するために、学習者に授業の感想についてアンケートとインタビューを行い、筆者が行った実践について振り返り、改善点をまとめた。そして、学会発表や論文投稿などを通して、本実践に対して、ほかの教師からも様々な意見や助言、疑問点をもらうことができた。

学習者から得られた本実践に対する改善点としては、教室外でも自主学習ができるように宿題を出して欲しかったという点であった。このような学習者の要望を参考に、次の 2008 年秋学期の第 2 回目の実践では、毎週「会話の宿題レポート」(cf.【巻末資料 5.3-4】) として、授業で分析・練習した会話学習項目や話題を用いて、日本語母語話者と話してくるというものを課すことにした。この宿題では、なるべく毎回、異なった新しい母語話者の友人を見つけてくることが奨励され、そのため、学習者のネットワークが広がった、日本語母語話者と日本語で会話することに自信がついた、前よりも様々なことが話せる仲になった、英語でしか話さなかった友人とも日本語で話せるようになった、ということが確認された。教室で行えることには制限があ

る。学習者が教室での活動以外の時間を使って、実際使用のアクティビティとして様々な会話に参加し、ネットワークを広げてくる機会を「会話の宿題レポート」という形で提供することは、授業活動と日常のインターアクション場面を連携させる1つの方法であると考え、授業活動デザインに取り入れることにしたのである。さらに、毎回の「会話の宿題レポート」では、学習者が自身の会話のよかった点や反省点をまとめてくると同時に、会話相手にも同様の点を記入してもらうという課題も課し、それに対して教師もフィードバックを与えるようにした。これによって、メタ認知力を育成させ、学習者のインターアクション能力を自律的に伸ばすための「研究と実践の連携」を強化させることもできると考えた。

　そして、この第2回目の実践である2008年秋学期の学習者に、コース終了後に授業についてのアンケートとインタビューを行ったところ、もっと敬語の練習がしたかったという感想が聞かれた。こうした学習者のニーズを参考に、次の第3回目の2009年春学期には、敬語を扱ったロールプレイやインタビュー練習と発表も取り入れて改善を試みた。学習者が様々な会話の場面に参加する際、敬語の使用が必要なことも多いと考えたためである。

　第1、2回目の実践では、アジアの学習者が多く、会話データ分析活動や宿題などをきっちりしてくるのを好むタイプであった。しかし、第3回目の2009年春学期の実践では、会話データ分析活動でじっくり研究をするのをあまり好まないタイプの学習者が全7名中1名ほどいた。それによって、筆者も会話データ分析活動の時間配分を少なめにし、なるべく会話練習の時間を多く取ったりするように調整する必要を感じた。また、この学習者は、自身の中で必然性を感じないと授業活動に意欲的に参加してこないタイプのようで、司会者の会話練習をする際も、「この練習は少し不自然だと思います」と後で教師に言ってきた。そこで、筆者は、改めて司会者をする会話練習の必然性と動機づけについて考えさせられた。会話のテーマや目的、役割関係が定まらない自由会話の中で司会者になるというのは、よほどの力関係がない限り不自然である。そのグループで何か1つのことを決めるという目標のために司会者の役割を1人が担うなどの工夫が必要であることを実感した。あるいは、最後のビデオ上映会の際の司会者が観客にビデオの感想

についてインタビューしながら上映会を取りまとめていくという役割ともう少し関連づけて事前準備をすべきであったという考えに至った。

さらに、この第3回目の実践終了後に、各学習者に授業に対するアンケートとインタビューを行ったところ、授業ボランティアとして母語話者の学部生に入って会話相手をしてもらったのがよかったという学習者が多かった[20]。また、ビデオ作品作成では、達成感がありよい思い出になったと全員の学習者が述べていた。しかし、シナリオがない即興性を求められる会話もビデオに撮った方が会話能力ももっと向上したのではないかと指摘する学習者もいた。また、自身の台詞を別の学習者が書いている場合は、自身の本当に言いたいことや表したいキャラクターではないことがあり、困惑を見せている学習者もいた。シナリオを予め作成する利点は、繰り返し練習することによって、作品として完成度を上げられるという点である（cf. 中井2004b）。しかし、会話での即興力は向上しない。今後は、ビデオ上映会でビデオ作品に対する感想やテーマについて観客とディスカッションしていくような即興力の育成と達成感の両方を本実践で追求する必要性を実感した[21]。こうした学習者からの示唆によって、教師として、シナリオ作成とその利用の位置づけについて考え直す視点が与えられる機会となった。

その他、この第3回目の実践のビデオ作品の撮影中には、シナリオを棒読みするだけの学習者がおり、会話相手の学習者があいづちなどの聞き手の反応を用いてうまく会話に参加できない様子がみられた。そこで、聞き手の反応が得られるように話すにはどのような間の取り方や非言語行動の工夫が必要か共に考え、教師自らが演技をして見せるなど、教師と学習者の協働で会話の演出をした。これによって、教師自身も聞き手を会話に参加させるための話し手の談話技能について考え直す機会となった。教師である筆者は、これまで主に、あいづちなどによる聞き手の参加の仕方に重点を置いて「研究と実践の連携」を行っていたのだが、この教育実践で学習者と演出を検討する中で、それだけでは足りないことに気づき、話し手による聞き手の引き込み方という、新たな「研究と実践の連携」の必要性を強く感じるに至った。

また、この第3回目の学期の実践では、ビデオ作品として、喧嘩の会話のシーンが描かれていた。そこで、喧嘩のシーンで表したい自身の気持ちや

キャラクターをより効果的に表すにはどのような言語・非言語で表現すればよいのか、教師と学習者でシナリオや演出について検討した。筆者は、これまで人と友好な関係をもち、ネットワークを広げていくための会話教育について考えていた。しかし、この時、「喧嘩をする」ための会話とはどのようなものかについて考えさせられる機会となった。このビデオ作品では、登場人物同士が不満や思いをぶつけ合い、最後にはお互いの勇気と我慢強さを理解して和解するというストーリーになっている。人と友好な関係を作り、社会参加していくためには、時には衝突し合うことも必要である。学習者とのビデオ作品作成によって、筆者も自己表現の多様性について再認識できた。

このように毎学期、様々な学習タイプの様々なニーズをもった学習者と教師が出会い、双方のインターアクションから教育実践を調整しながら、その場その場で最善の実践を行う必要があると筆者は実感している。過去3回の実践研究を通して、次の2009年秋学期以降の実践では、以下のような授業の改善を行う必要性の示唆が得られた。

1) 教室内と教師外を結ぶネットワークを意識した授業活動デザイン（会話の宿題レポート、敬語インタビュー、授業ボランティア）
2) 各会話練習の必然性と動機づけ（司会者の練習など）
3) 学習者がどのような自分を表現したいか、また、それが各授業活動によって実現しているのかの検討
4) 会話の話し手と聞き手のインターアクションの重要性の強調
5) 本実践が目指す会話での友好な関係の作り方とインターアクション能力の再検討

以上のように、教師が授業活動中の学習者の様子を観察し、授業アンケートやインタビューを通して学習者からの授業改善案を得ることによって、実践研究として数回分の「授業計画―会話教育実践―振り返り・改善」の循環を記述・分析し、検討することが可能となった。それによって、本実践で何を目指すのか、各授業活動はどのように位置づけられ、行われるべきなのか考え直す機会となった。そして、学習者が教師とその未来の学習者のために、学習者の視点から授業の改善点を示唆することで、授業活動デザインに参加しているという点も、実践研究で非常に重要な点である。こうした教師

と学習者の授業参加の経験と、各々の多角的な視点の積み重ねによって、教師はよりよい教育実践について試行錯誤し、成長していけると考えられる。

　もちろん教師による「研究と実践の連携」によっても、授業が改善される。第4回目の学期である2009年秋学期には、本書の第3章「会話データ分析」の分析結果を会話教育実践に取り入れた。この活動では、キャンパス探検をしている母語場面の実際の映像を視聴し、その文字化教材 (cf.【巻末資料5.3-5】) を提示して、現場性の有る発話と無い発話を用いて話題を展開させていくことの意識化を図った。その直後に、映像を見ながら、それに対して現場性の有る発話でコメントしていく会話練習 (cf. 本章第3節3) を発展させ、現場性の有る発話から無い発話で話題展開させて会話維持をする練習も取り入れた。これによって、実質的アクティビティでの話題展開の方法などについて学習者の意識化をより促せた。

　さらに、この第4回目の学期の実践には、学部生2名のほか、日本語教育を専攻する大学院生3名が授業ボランティアとして新しく加わり、各授業活動を支援しながら、会話教育実践の現場を体験した。その次の2010年冬学期には、このうちの1名の大学院生Ⅰが筆者の担当する「会話・談話分析と話し言葉教育」という大学院のコースを履修した。そして、前学期の会話教育実践でその大学院生Ⅰが参加したストーリーテリングの撮影データをもとに会話データ分析を行った。この際、ストーリーテラーである話し手がいかに聞き手を引き込んでストーリーを展開させているかという点に注目した。この分析テーマは、第3回目の学期の実践でシナリオを棒読みして聞き手をうまく引き込めない学習者の問題点とも繋がり、筆者にとってもこの点について再度、意識化する機会となった。これをもとに、この大学院生Ⅰと筆者が共同研究としてある研究会でポスター発表を行った[22]。このプロセスによって、大学院生Ⅰは、自己と学習者のストーリーテリングを綿密に振り返ることができ、学習者だけでなく、自身のストーリーテリングでの反省点など、「歩み寄りの姿勢」が必要であることに気づけたと述べている。さらに、筆者にとっても、自身の会話教育実践中の学習者と授業ボランティアのストーリーテリングの特徴の相違点が明らかになった。また、話し手による聞き手の引き込み方と、聞き手の参加の仕方といった、話し手と聞き手双

方のインターアクションを詳細に検討できた。これらの点から今後の授業活動の改善点も明らかとなった。このように、大学院生などの他者が教育実践に参加して、それを担当教師と共に振り返る研究を行うことによって、大学院生にとっても、担当教師にとっても、「双方の学び」となり、今後の会話教育実践をよりよいものにするために、有益であるといえる。

8. 会話教育実践例のまとめと今後の課題

　以上、学習者の日本語の会話での自己表現力といったインターアクション能力の育成のために行った「会話データ分析活動」、「会話練習」、「ビデオ作品作成」を融合させた会話教育実践と、そこでの学習者の学びについて検討した。そして、教師と学習者による「研究と実践の連携」と「双方の学び」の必要性、および、授業改善のための教師による実践研究の循環について述べた。

　こうした授業活動での映像の利点・役割は、主に、教室の外の場面（言語的・実質的アクティビティ）や話者をクラス内にもちこみ客観的に分析したり発話練習したりできるという点である。さらに、学習者達自身がビデオ映像の中に入り、言語的・実質的アクティビティを実際に体験しながら、独自の作品を創造し、今度は人に見られる立場へ移行できる、そして、撮影した自身の会話を客観的に分析できるという利点もあるであろう。

　今回の実践では、教師が会話データ分析した成果を授業活動デザインに活かし、そして、学習者も会話データ分析し、ビデオ作品作成に繋げるという、教師と学習者による「研究と実践の連携」を図った。そして、1) 会話データ分析活動、2) 会話練習、3) ビデオ作品作成という順番で、「認知的成果重視」から「行動的成果重視」、「指導中心」から「支援中心」に段階的に移り、学習者が１つ１つの活動を関連づけながら、効果的に協働して課題達成をしていけるように授業活動デザインをした。しかし、短い期間に様々な活動を取り入れたため、もっと練習時間や撮影時間が欲しかったと感じている学習者もいたようである。また、学習者の興味や必要性に応じて、言語的アクティビティの会話と実質的アクティビティの会話の配分や場面の選択などもより検討していく必要がある。今後は、こうした反省点を活かし、各

活動の時間配分、練習方法、分析・練習する会話の場面などをさらに検討していくことが課題である。

第4節　本章の会話教育のまとめと自律性育成のための学習者による「研究と実践の連携」の提案

　本章では、「学習者の会話を分析する視点の育成と実際使用の実践研究」として、「学習ストラテジー」と「メタ認知」の先行研究を概観し（第1節）、2つの会話教育実践「会話データ分析活動」（第2節）と「会話データ分析活動と会話練習とビデオ作品作成プロジェクト」（第3節）を分析・考察した。これにより、学習者による「会話データ分析―会話学習項目の意識化―会話実践」といった「研究と実践の連携」を行う能力育成の必要性を主張した。

　まず、1つ目の会話教育実践である、第2節「会話データ分析活動の教育実践例の分析」は、学習者による「会話データ分析―会話学習項目の意識化」という段階に焦点を当てた実践の分析である。本実践では、学習者自身と母語話者の会話データや、ドラマ、バラエティー番組などの会話データの中で、どのようなことが起こっているのかについて討論し、その分析結果をレポートにまとめ、発表するという活動からなる。こうした教育実践では、第4章第2節で提案した「会話教育の指導学習項目」の項目自体を学習者が主体的に分析・学習していく過程を実現している。そして、メタ認知力といった、学習者の会話を客観的に分析する視点の育成が可能であり、それによって、教室の外で様々な会話を観察し、自分のものとしていく力の育成もできるという点を指摘した。そして、日本語で、ディスカッション、発表、レポート作成をするといった、アカデミックな日本語の「実際使用」の機会も与えられるという点も指摘した。さらに、教師や授業ボランティアと協力して会話データ分析活動の課題を解決していくために、「社会的ストラテジー」を実際の活動の中で駆使する機会ともなっていた。こうした活動を通して、授業ボランティアと関わっていくことでネットワーク構築が図れる。それ以外にも、映像メディアの会話を分析する活動で「メディアネットワークに参加するストラテジー」育成にも繋がるという点も指摘した。

さらに、本実践に参加していた授業ボランティアにとっても、学習者の会話データ分析の新たな視点に触れ、接触場面での今後の自らのインターアクションのヒントになり、「歩み寄りの姿勢」について考える機会となっていたという点も挙げた。また、本実践で教師にとっても、学習者による会話データ分析をみることによって、学習者の視点から新たな会話指導学習項目を意識化して学習者から学ぶ機会となり、今後の日本語の会話の授業活動デザインの参考になるという点も明らかになった。つまり、学習者と授業ボランティア、学習者と教師の間に、「双方の学び」が起こっていたのである。
　次に、2つ目の会話教育実践である、第3節「会話データ分析活動と会話練習とビデオ作品作成プロジェクトの教育実践例の分析」は、学習者による「会話データ分析―会話学習項目の意識化―会話実践」のすべての段階を教育実践で取り上げた実践の分析である。本実践では、学習者が会話データ分析活動と、それに基づいた会話練習を行った後、それらの集大成としてのビデオ作品作成プロジェクトを行い、学習者による「研究と実践の連携」を図った。分析の結果、学習者は、メタ認知力といった会話を分析する視点を用いて自身で学びとった会話の特徴を、自己のビデオ作品に独自に取り入れることで、「会話実践」の中で実際使用し、またそれを振り返って自己改善に繋げようとしている様子が明らかになった。
　このように、学習者が「研究と実践の連携」を行うことで、自律的に自己の会話能力を向上させていくことが可能となる。一方、こうした学習者による「研究と実践の連携」を教師が支援することによって、教師自身も学習者の視点から会話というものをみる視点が養われ、教師の学びと成長に繋がる。さらに、日本語教師を目指す大学院生などの授業ボランティアと教師が共同で会話教育実践を振り返り、研究することで、「双方の学び」の機会となり、よりよい教育実践を検討していくことが可能となる。
　以上のように、教師の「研究と実践の連携」によって、授業活動デザインされた教育実践で学習者の「研究と実践の連携」が支援されることによって、教師と学習者の「双方の学び」が助長されるのである。そういった教育実践に授業ボランティアも参加することで、「双方の学び」がより豊かなものとなると考えられる。こうした「双方の学び」を起こし続けるためにも、

教師の「研究と実践の連携」の継続的な循環と、それらと学習者の「研究と実践の連携」の循環とをいかに有機的に繋げることができるかという点から授業活動デザインを行っていく必要があるだろう。

　今後の課題としては、授業活動後も学習者が会話について自律的に学んでいけるようにするために、教師が学習者にどのような助言をしていくべきかを検討する必要性が挙げられる。そして、本研究の第4章第2節で提案した会話指導学習項目が、授業終了後の学習者の自律的な「研究と実践の連携」にいかに役立つものとできるかを検討していく必要もあるだろう。さらに、会話を分析する視点を育成する会話教育実践に参加した学習者がコース終了後に、そうした視点を活かして、いかに自律的な「研究と実践の連携」を継続させているかについても追跡調査していくことも今後の課題である。

注

1　宮崎（2003: 19）は、文法項目などに関する「記憶」「認知」などの直接ストラテジーよりも、社会言語能力や社会文化能力などの習得環境に直接働きかける「メタ認知」「情意」「社会的」といった間接ストラテジーが重要だと主張している。

2　ネウストプニー（1999b: 6–7）では、「社会的ストラテジー」には、知らない人の会話に参加するような「行動ネットワークに加入するストラテジー」、友人などの「グループネットワークに加入するストラテジー」、協力志向・思いやりなどによる「ネットワークへの適応能力を高めるストラテジー」、テレビや映画などによる「メディアネットワークに参加するストラテジー」と、これらのネットワーク加入を「維持するストラテジー」などのネットワーク加入に関するストラテジーがあるとしている。

3　この日本語センターでは、学習者を8レベルに分けて日本語授業を行っている。本実践は、中級後半、中上級、上級前半であるレベル4、5、6を対象とした。

4　本実践は、筆者がミネソタ大学大学院に留学中の1学期間（1999年9〜12月）に履修していた、ポリー・ザトラウスキー氏担当の日本語の会話データ分析クラスを参考にしたものである。このコースは、学部・大学院の英語母語話者と日本語母語話者が参加するコースで、会話データ分析の基礎的な分析方法と先行研究を学びながら、コース履修者が各自収集してきた日本語の会話を分析し、ディス

カッションと発表をし、レポートにまとめるという内容であった。ただし、このコースでの使用言語はすべて英語であった。このコースと本書で分析する実践との違いは、すべて日本語を媒介語として行う実際使用のアクティビティであり、それによって学習者の日本語のアカデミック・スキルの向上も目指したという点である。ただし、学習者は中級レベルであったため、会話データ分析のための専門的な文献講読などは行わず、必要な学習者には英語の文献を与えた。また、学習者自身が参加する日本語の会話と、学習者が収集してきた会話の2種類を全員が分析するという点も異なる。

5 以下、学習者、授業ボランティアによる会話データ分析の発表データ、レポート、授業感想アンケートなどの記述は、すべて本人らの同意を得た上で掲載している。

6 学習者数は、2004年秋学期5名、2005年春学期4名、2005年秋学期7名、2006年春学期10名、2006年秋学期3名の合計29名である。

7 クラスで視聴・分析する会話データは、主に、Kato[Nakai] (1999)、Nakai (2002)、中井 (2002) などの接触場面と母語場面における初対面の会話などである。

8 話題としては、名前、出身、趣味、専攻などの自己紹介や、このクラスに出ることにした理由、就職活動、大学生活などがグループで自由に話されていた。

9 アンは、2つの映画に共通するユーモアの描写として、「変態なおじさん」のシーンと、男性同士がトイレでダンスの練習をしているシーンを取り上げている。

10 学習者の分析した会話例 (5-3) では、映画『Shall We ダンス？』全編136分における1部のシーンの台詞を抜き出して掲載している。『Shall We ダンス？』1996年公開、周防正行監督・脚本。

11 以下、学習者、授業ボランティアによる会話データ分析例、ビデオ作品の会話データ、ビデオ上映感想シートへのコメント、授業感想アンケートなどの記述は、すべて本人らの同意を得た上で掲載している。

12 学習者数は、2008年秋学期7名、2009年春学期7名、2009年秋学期9名の合計23名である。

13 この点は、中井 (2004b) で実践した演劇プロジェクトと共通する (cf. 第4章第1節2.2「演劇プロジェクト」)。

14 この授業では、トークショーにおける司会者の話し方の特徴のほか、番組ゲストのストーリーテリングの仕方の特徴も合わせて分析した。

15 ビデオ作品作成グループ2と3をかけもちしている学習者もいた (学習者N)。また、各ビデオ作品には、本実践を履修していない学習者や母語話者、日本語教師などが有志出演していた。

16 なお、学習者が記入したアンケートをもとに、その後、学習者1人ずつと10〜20分程度インタビューも行い、アンケート回答の詳細を補った。なお、アンケートの記述は、学習者の記述をそのまま引用するが、アンケートの記述をもとに教師が詳しくインタビューを行った際の学習者からの回答は、筆者がその場で筆記した記述を引用する。
17 日本、台湾、韓国でドラマ化された漫画『花より男子』のパロディー作品を学習者が独自に作成したビデオ作品。
18 実際に、学習者5.3Nは、本実践終了後の次学期に、同大学において別の教師が担当する「自律学習」コースを履修し、お気に入りの日本のドラマをすべて文字化し、そこで用いられている文末表現、特に、終助詞の表現や用法を自律的に分析していたという。これは、本実践の「会話データ分析活動」で文末表現を分析して意識化し、「会話練習」し、「ビデオ作品作成プロジェクト」でも意識的に使用を試みたためだと考えられる。それによって、学習者5.3Nが興味をもち、さらに自身で「研究と実践の連携」を行いたいと思ったようである。
19 『のだめカンタービレ』『花より男子』『乙男』などの漫画のドラマ化作品であった。
20 第2回目の実践で、授業活動中に学習者同士でばかり話すのではなく、授業ボランティアにも入ってもらって会話したかったというコメントをアンケートから得ていた。しかし、筆者は、新しい勤務先の大学で授業ボランティアのシステムもなく、ネットワークもまだなかったため、授業ボランティアを募集することができなかった。だが、この第3回目の学期より、筆者は、日本人学部生対象の「日本語学概論」の講義を担当するようになり、日本語母語話者の学生とのネットワークをもつようになった。そのため、この講義の履修者に、筆者が担当する会話教育実践のクラスに授業ボランティアとして参加してもらう機会ができたのである。このことから、授業ボランティアの募集にも、教師のネットワーク構築が重要であるということを改めて感じた。
21 「計画性」と「即興性」の関係については、第4章第1節3.1「実際使用の種類」参照。
22 発表内容の詳細は、相場・中井(2010)参照。

第6章
教師の会話を分析する視点の育成の実践研究

　会話教育における、教師としての筆者の「研究と実践の連携」の例（第3章、第4章）と、学習者による「研究と実践の連携」の教育実践例（第5章）を示した。こうした「研究と実践の連携」を行うことによって、会話の特徴を考慮に入れつつ、学習者の自律的な「研究と実践の連携」を促す会話教育実践が行える教師の養成についても検討していく必要がある。

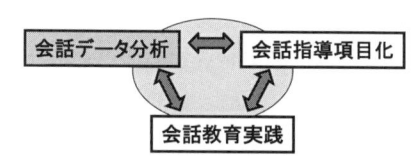

教師による「研究と実践の連携」

　そこで、本章では、主に、教師の会話を分析する視点を育成することを目指した日本語教員養成について検討する。まず、第1節「日本語教員養成」の先行研究を概観し、次に、第2節「会話教育のための日本語教員養成コースの教育実践例の分析」を行う。そして、最後に、第3節「本章の日本語教員養成の教育実践例のまとめと今後の課題」を述べる。

第1節　日本語教員養成

　日本語教員の養成に関する調査研究協力者会議(2000: 8–9)が打ち出す「日本語教員として望まれる資質・能力」には、主に、「①日本語教員自身が日本語を正確に理解し的確に運用できる能力」、「②言語に関する知識・能力」、「③授業や教材を分析する能力」、「④学習者に応じた適切な教育が行える能力」がある。こうした教師の能力は、日本語の会話教育にも必要である。

　本節では、日本語教員養成の先行研究について、主に、教師による「研

と実践の連携」の意義(中井 2005a, b、2008a)と、教員養成の教育実践(三宮 1995、堀口 2004、三宅 2004)について概観する。

1. 教師による「研究と実践の連携」の意義

　中井(2005b)では、日本語教育能力検定試験における会話データ聞き取り問題の分析をもとに、今後の会話教育のための教員養成について2点、提言した。1点目は、学習者が参加する会話やスピーチなどを瞬時に冷静に分析し、適切にフィードバックが与えられる分析者・教育者の視点をもつ教師の資質・能力の育成の必要性である。2点目は、「研究と実践の連携」が積極的に行える教師の育成の必要性である。具体的には、教師が実際の会話の特徴を探る会話データ分析を行うことで、そこから浮かび上がってきた会話の特徴や学習者の問題点を会話指導学習項目として取り上げて、独自の教育実践が行えるようになるための教員養成が必要だということである。

　さらに、中井(2005b)では、こうした教師の資質・能力を育成するためには、会話についての基礎的な会話指導項目を理解し、その指導方法を常に分析・開発していくための訓練が必要であると主張した。そして、中井(2005b)は、会話教育を行うための教員養成コースでの授業案として、接触場面の会話データの分析と、それについてのディスカッションを挙げている。分析内容としては、例えば、会話の中で実際に何が行われているのか、会話が成功したのはどのような要因で、うまく行かなかったのはどのような要因か、教師としてどのような手当てができるのかなどを挙げている。

　本書でも、このように、実際の会話データを研究し、そこで何が起こっているか記述・分析し、授業活動に取り入れていくという教師による「研究と実践の連携」が必要であると考える。そして、こうした会話教育における教師の「研究と実践の連携」を循環させることによって、一教師の中でも、また、教師間でも指導学習項目の知見が積み上がっていき、学習者へのフィードバックの観点もより広げることを可能にするといえる。

　さらに、学習者が自律的にインターアクション能力を向上させていけるように支援できる教師になるためには、教師自身も、自己のインターアクション能力が必要である。そして、教師自身のインターアクションの能力を向上

させるためには、教師自身もメタ認知力を身に付けるプロセスを経験することが重要である。こうした教師自身のインターアクション能力に関する知識と経験に裏打ちされることで、学習者のインターアクション能力育成を目指した授業活動デザインがより説得力のある形で実現可能となるであろう。

2. 教員養成の教育実践

　教師自身のメタ認知力を育成し、自己や他者の会話を分析していく能力を育成する教員養成コースの教育実践の先行研究を概観する。

　三宮 (1995: 60) は、コミュニケーション能力を高めるためには、「自らのコミュニケーション活動を対象化し、モニターし、コントロールする」というメタ認知力が必要であるとしている。そこで、三宮 (1995) は、学部生対象の教職課程の一環であるコミュニケーションコースにおいて、メタ認知力育成のための討論の演習を行っている。三宮 (1995) によると、このコースでは、受講者自身が参加する討論の談話を撮影・録音・文字化して、自身の発言スタイルや態度、視線、姿勢などをモニターするというメタ認知活動を主体的に行うことによって、討論でのコミュニケーションの仕方についての知識と経験を身につけさせたという。

　堀口 (2004) は、学部生を対象に、自分自身や周りで用いられている日本語に意識を向けるために行った日本語教員養成コースについて報告している。堀口 (2004) によると、「周りで使っている日本語に意識を向ける」ための活動では、学生が日常生活で「気になることば」をメモして、クラスで話し合いをするという。また、「自分の使っている日本語に意識を向ける」ための活動では、学生が自身の話しているところを録音して自己分析するという。その結果、あいづちやフィラー、敬語など、ことばの機能や場面によることばの使い分けを意識化している様子がみられたという。

　三宅 (2004) では、学部3～4年生合同の日本語学ゼミにおける実践例を報告している。このゼミでは、携帯メールのグループ分析、発表、コメント交換、レポート作成を通して、「自分たちの使っている日本語を客観的に眺める目を養うこと」、「それを研究に繋げること」、「社会に出ても役に立つようなものの見方や分析の仕方を学ぶこと」(三宅 2004: 247) を目指していると

いう。三宅(2004: 248)は、こうした活動によって、学生達が自身の周りの言語行動に興味をもち、自身の生活や人間関係を考えるヒントとし、物事を分析的にみる視点をもち、さらに、グループ活動による協働学習からクラスメートと親しい人間関係が結べるようになるという利点を指摘している。

　以上、「日本語教員養成の先行研究」についてまとめた。会話教育において教師に必要とされる「①運用能力」、「②知識」、「③分析能力」、「④教育能力」（日本語教員の養成に関する調査研究協力者会議2000）は、「研究と実践の連携」を通して磨かれていくと考える。そして、この4つの「日本語教員の資質・能力」の中でも、特に、会話に関する「②知識」、「③分析能力」を向上させることが重要である（堀口2004、三宅2004、中井2005b）。それによって、教師のメタ認知力（三宮1995）が身につき、教師自身が意識的に調整しながら会話に参加できるようになり、教師自身の会話の「①運用能力」、つまり、インターアクション能力も向上すると考えられる。これら「①運用能力」、「②知識」、「③分析能力」は、教師の「④教育能力」の土台になるといえる。こうした教師に必要とされる資質・能力①〜④について、個人と教師としてのインターアクション能力という面から、【図6-1】に図示した。

個人／教師としてのインターアクション能力

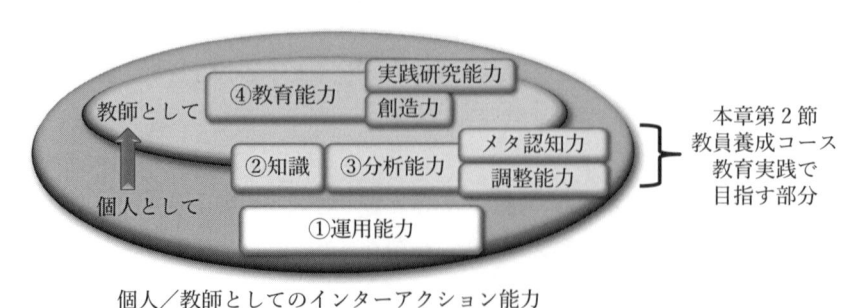

【図6-1】　日本語の会話教育における教師の資質・能力

　まず、個人としてのインターアクション能力の中には、日本語の会話での「①運用能力」も含まれる。この個人としての「①運用能力」を向上させるためには、会話に関する「②知識」や「③分析能力」が必要である。この

「②知識」や「③分析能力」を自律的に高めていくためには、「メタ認知力」が必要である。あるいは、逆に、「メタ認知力」を高めるためには、会話に関する「②知識」を増やしたり、会話データ分析を行って「③分析能力」を高めたりすることも必要である。つまり、「メタ認知力」を高めることによって、自己と他者の会話に関する知識が増え、自己の会話を客観的にモニターして調整していく「調整能力」も高まり、個人の「①運用能力」が向上しやすくなるのである（cf. 第5章第1節）。

　こうした個人としてのインターアクション能力が培われることが、教師としてのインターアクション能力を根底から支える基盤となるのである。つまり、個人としてのインターアクション能力が不足している場合、会話教育を行う際の「④教育能力」を支えるものが弱くなるということである。そして、この教師としての「④教育能力」は、会話教育に関する「②知識」や会話教育実践を分析する「③分析能力」とそのための「メタ認知力」を必要とする。こうした会話教育に関する「②知識」と「③分析能力」は、「④教育能力」の中に含まれる「実践研究能力」や「創造力」とも関連する。「実践研究能力」は、「実践」自体で何が起こっているのかを研究対象として記述・分析し、改善していくという「実践研究」（細川2005）を行う能力である。一方、「創造力」は、学習者が参加する会話の特徴を活かした会話教育実践の授業活動デザインができる能力のことである（cf. 第1章第2節1「教師による「研究と実践の連携」の必要性」）。

　日本語教員養成では、一般的に、教育実習で自身が学習者に日本語を教えているところをビデオ撮影して、自己分析することが多い。こういった自身の教授行動を客観的に分析し、メタ認知力を向上させて、教師としての「④教育能力」を向上させることは、教師になる上で重要なプロセスである。しかし、それだけでなく、教師は、教師である以前に、まず、一個人として話し手や聞き手となって会話に参加するというインターアクションを行うことが基本となる。よって、まず教師が自身の日常生活でのインターアクションに意識的になり、調整していく能力が必要となる。そのためには、教師が一個人として自身や他者の会話を分析する視点をもち、メタ認知力を高めることが重要である。そこで、第5章第2節の学習者を対象とした会話教育実

践で行ったように、自己や他者の会話をビデオ撮影して、そこでのインターアクションを客観的に分析するのが1つの有効な方法である (cf. 三宮 1995)。こうした会話を分析する視点をもつことで、教師の立場から学習者の会話を分析して学習者にフィードバックを与える視点をもつことも可能となるであろう(中井 2005b)。そして、学習者の参加する会話の特徴を掴んだ会話教育実践を検討できるようにもなるであろう。さらに、こうしたメタ認知力によって、教師として客観的に自身の会話教育実践を振り返り、分析・評価・改善していく実践研究も行いやすくなるであろう。

そこで、次節では、自己や他者の会話を客観的に分析する視点を育成することを目指した会話教育のための教員養成の実践例を分析・考察する。この実践は、特に、会話に関する「②知識」と「③分析能力」の向上に焦点を置き、教師一個人としてのメタ認知力の育成を図ったものである。

第2節　会話教育のための日本語教員養成コースの教育実践例の分析

日本語教員の養成に関する調査研究協力者会議(2000)の4つの「日本語教員の資質・能力」を参考に、学習者のインターアクション能力育成のための会話教育が行える教師の能力育成として、次の3点を提案する。

1) 会話の特徴をよく把握して、学習者の会話でのインターアクション能力を向上させるための授業活動デザインをし、実践・改善できる教師の育成(「②知識」、「④教育能力」)
2) 学習者の会話の特徴を的確に分析し、フィードバックが与えられる教師の育成(「③分析能力」、「④教育能力」)
3) 教師自身も日々の自己のインターアクションを客観的に振り返り、日本語教育現場でも学習者や同僚の教師とのインターアクションが円滑に行えるように意識的に調整していけるような教師の育成(「①運用能力」、「③分析能力」)

上記の能力の育成には、会話を客観的に分析する視点の育成が重要な要素の1つとなる。こうしたメタ認知力を向上させることによって、まず一個人として、自己の会話を調整して友好な関係を作っていくことが可能となる

からである。こうした教師の知識と経験を土台に、教師として、自身の会話での調整の仕方を学習者への会話教育に活かすことができると考えられる。

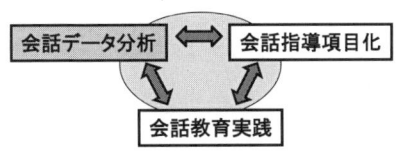

```
      会話データ分析 ⇔ 会話指導項目化
              ↕   ↕
            会話教育実践
```

教師による「研究と実践の連携」

　本節では、このような会話を分析する視点の育成を目指した日本語教員養成コースの教育実践例と受講者の学びについて分析する。つまり、教師による「研究と実践の連携」である「会話データ分析―会話指導項目化―会話教育実践」の中でも、特に、「会話データ分析」を行い、「会話指導項目化」へと繋げるための視点を育成する部分にあたる。そして、この分析を通して、今後の会話教育のための日本語教員養成で必要な点について考察する。

　以下、まず、1. 本実践の講義概要について述べ、2. 講義の活動内容と受講者の会話データ分析例を示し、3. 受講者による講義の感想を分析した上で、4. 会話教育のための教員養成の提案を行う。

1. 講義の概要・受講者の背景

　都内某私立大学における「オープンカレッジ日本語教師養成講座」のうち、筆者が担当した「文章・談話論」の講義3年分(2005年～2007年)について分析する[1]。この養成講座は、社会人対象であり、週2回3時間ずつ、夜間に行われる[2]。筆者が担当した「文章・談話論」の講義は、全2年間中の1学期目に、月1回程度の頻度で4回(180分×4回＝12時間)行われた。受講者は、年によって変動し、20人～40人程度であった[3]。講義の目的は、会話教育に活かすために、会話についての基礎的な会話指導項目を理解し、客観的に会話を分析する視点を養うことであった。

2. 講義の活動内容と受講者の会話データ分析例

　分析対象とする「文章・談話論」では、「a. 会話教育のための研究と実践の連携」(中井2005a, b、2008a)、「b. 教員養成でのメタ認知力の育成」(三宮

1995)、「c. 他者と自己の会話の分析による意識化」(堀口 2004)、「d. 言語行動分析による社会生活のヒント獲得」(三宅 2004)、「e. グループ活動での人間関係の深まりの体験」(三宅 2004)という観点を取り入れている。

4日間の講義のスケジュールを【表6-1】に示す。講義は主に、①「会話データ分析と会話指導項目の先行研究の紹介」、②「会話データ分析と発表」からなる。

こうした「会話データ分析」を中心にした授業活動は、主に、1) 理論の説明・討論、2) 会話データ分析練習、3) 会話データ分析発表という3段階からなる。まず、1) 理論の説明・討論では、会話データ分析の理論などに

【表6-1】「文章・談話論」の講義のスケジュール例

実施回 180分間	講義内容・課題
1回目	1. 自己紹介(研究・教育活動の概要) 「会話データ分析―会話指導項目化―会話教育実践」の循環の必要性の指摘(「研究と実践の連携」の重要性) 2. 講義のオリエンテーション 3. 会話データ分析の紹介と検討 (Kato[Nakai] 1999、中井 2002、2004b、2005a など) 4. 会話データ分析の視点を活かした会話教育実践の実践研究の紹介 (cf. 中井 2003e、中井 2004b、中井 2005c) 5. 会話データ分析の視点を活かした会話指導項目の紹介 (cf. 中井・大場・土井 2004、中井 2005c など)
2回目	1. 会話データ分析の先行研究の紹介と検討 ・コミュニケーションの民族誌 ・電話の始め方・終わり方、会話の諸相 ・非言語コミュニケーション(cf. 橋内 1999　10章〜13章) 2. 会話データ分析の練習 初対面会話、ロールプレイ、ストーリーテリング、課外活動など 3. 会話データ収集(受講者同士の会話のビデオ撮影)
3回目	1. 会話データ分析の先行研究の紹介と検討 ・会話のまとまり(cf. 南 1972、1993) ・聞き手の役割(cf. 堀口 1997) 2. 会話データ分析の発表準備(グループごとに会話データの分析)
4回目	1. 会話データ分析グループ発表の仕方の確認 2. 会話データ分析グループ発表と質疑応答

ついての講義とディスカッションを行うFACTの活動であり、かつ、それを受講生の実生活と繋ぎながら振り返るACTの活動でもあるため、「認知―指導型」と「行動―支援」の活動となる。次に、2) 会話データ分析練習と3) 会話データ分析発表では、会話を実際に分析してみるACTの活動を行いながら、会話に関する知識を受講者自身で学んでいくというFACTの活動であるため、「認知／行動―支援型」となる。

①会話データ分析と会話指導項目の先行研究の紹介

　まず、母語話者と非母語話者の会話の分析例 (cf. Kato[Nakai] 1999、中井 2002、2004a、2005a) を紹介し、客観的に会話の特徴をみていく視点の導入を行う。そして、こうした視点を活かした会話教育実践の実践研究の例として、筆者が過去に行った、「初対面ビジター・セッション」(中井 2003e)、「演劇プロジェクト」(中井 2004b)、「ストーリーテリング」(中井 2005c) を紹介する。次に、そうした会話教育実践をもとにまとめられた、談話レベルでの会話指導学習項目の例 (cf. 中井・大場・土井 2004、中井 2005c) の紹介を行う。こうした会話教育実践と会話指導学習項目の例を先行研究から紹介することにより、これから受講者自身が日本語教師として、主体的に会話データ分析を行い、そこで得られた知見を会話教育実践に活かしていくという「a. 研究と実践の連携」の重要性を全体像として捉えられるようにする。

　次に、発話状況、発話行為、ターンテイキング、隣接ペア、修復発話、遮り発話、共同発話、会話の構造・まとまり、非言語行動、聞き手の役割などの会話の分析観点 (cf. 橋内 1999、南 1972、1993、堀口 1997) について、詳しい例を示しながら導入する。この際、受講者自身の言語生活に引き付けて、こうした会話の特徴がどのような時にみられるかについて、グループやクラス全体で検討し、意識化を図る (「d. 社会生活のヒント獲得」)。さらに、講義で学んだ会話データ分析の視点で電車の中や会社などの周りの会話を観察してみるように促す (「c. 会話の分析による意識化」)。

②会話データの分析と発表

　まず、母語場面や接触場面の会話データを視聴し、その感想について 3、4人のグループとクラス全体で自由にディスカッションし、「c. 会話を分析する視点を意識化」することを図る。例えば、会話で起こった沈黙の理由の

分析 (cf. 中井 2002、2005a) や、いくつかの初対面会話の開始部の比較分析や、非母語話者によるロールプレイ (例：挨拶、励まし、なぐさめ) から表れる文化的特徴の検討などを行う。

　次に、受講者達自身が参加する会話の分析活動を行う (「b. メタ認知力育成」「c. 意識化」)。まず、撮影・分析したい会話の種類ごとに (例：初対面・知人の雑談[4]、討論、ロールプレイ[5] など)、2～5人の会話データ分析グループを作り、別室にて会話をビデオ撮影する。そして、CD に焼き付けた各グループの会話データを宿題として各自視聴し、気づいたことについてビデオのカウンター番号とともにワークシートに記入してくる。次の講義で、パソコンで会話データを視聴しながら、気づいたことについて、講義で紹介した先行研究と「会話分析項目の例」(cf.【巻末資料 5.2-2】と同様) を参考にしつつ、グループでディスカッションする。その際、グループでフォローアップ・インタビュー (FUI) を行い合い、会話中におけるお互いの意識のずれや配慮していた点などを意識化することを図る。そして、講義活動内外で、会話の分析点を絞り、会話データ分析のグループ発表の内容をまとめた配布資料と会話文字化資料をグループで作成してくる (「e. 人間関係の深まりの体験」)。グループ発表当日は、会話データ、文字化資料、パワーポイントなどで、分析した部分の会話を見せながら、分析結果についてグループで発表と質疑応答を行う。さらに、各グループの発表に対する感想を「感想シート」(cf.【巻末資料 3.1-1】と同様) にもお互いに記入して、交換する。

　【表 6-2】に、受講者達が分析した会話データ分析の項目の例をまとめた。ここから、受講者達が講義で紹介した分析項目を土台としながらも、それ以外の多くの新たな項目 (cf. 表中の下線部) に着眼して分析していたことがうかがえる。

　以下、受講者達の会話データ分析のうち、自分達の会話で起きていることを客観的に捉えて分析している3つの例を取り上げる。

　1つ目の例は、自分達の「初対面の四者会話」におけるターンテイキングの成功と失敗例の分析である。このグループの会話データ分析の発表によると、受講者の分析した会話例 (6-1) のように、17A で会話参加者 A が自身の日本語教師を目指すことにしたきっかけを語る。そして、18A でほかの参

【表6-2】 受講者による会話データ分析項目の例

会話の種類	グループ分析項目（下線部：講義担当者が講義で紹介した以外の項目）
雑談 （初対面、知人） 討論 話し合い	会話の開始部、話題、話題転換、ストーリーテリング <u>受け取り方の違い</u>、<u>自己開示</u> ターンテイキング、主導権、聞き役、調整役、司会者の役割 質問表現、まわし返答、あいづち、評価的発話、笑いの意味・機能 思いやり発話、婉曲表現、メタ言語表現、フィラー 発話のスピード、沈黙、間、沈黙回避、遮り、<u>遮らないようにする話し方（畳み掛ける、コンパクトに話す、淀みなく沈黙を作らない）</u> 非言語行動（身振り、視線、うなずき、おじぎ、相手との位置関係、姿勢）、言葉の強調、重複発話、繰り返し、<u>感嘆詞</u>、呼びかけ、指示表現、文末表現、終助詞
ロールプレイ （説得、苦情、依頼、断り、交渉）	質問と応答、<u>交渉のもつれ</u>、話の切り出し、<u>提案の表現</u>、沈黙、<u>話題回避</u>、省略、<u>語尾「けど」</u>、語尾の調子、<u>直接的な表現</u>、<u>あいまい表現</u>、同時発話、畳み掛け、切り返し、遮り、<u>怖い話し方</u>、フィラー 非言語行動（笑い、視線、ジェスチャー、表情、姿勢） 発話スピード、発話の長さ、ピッチ、声量

加者に視線を向けながら「皆さんはなぜですか」と質問表現でターンを投げかける。すると、19Bで参加者Bがターンを取り、B自身のきっかけについて述べているので、ここは、ターンテイキングが円滑に起こり、成功した例であるとしている。その成功の要因としては、話題が日本語教師を目指すきっかけという参加者全員に共通の話題であったことと、視線と質問表現によって次の話者が明確に指定されていたことであると指摘していた。

しかし一方、27Dで参加者Dが日本史を専攻していることについて述べたが、話が途切れてしまったので、参加者Cは30Cで「日本史、私、大学の時専攻してました」と述べることによって、参加者Dにもっと日本史の話を続けてもらおうと期待したという。だが、ほかの参加者A、B、Dは、参加者Cが自身の日本史専攻の話を展開させるのだと期待したため、33行目で沈黙が起こってしまい、ターンテイキングに失敗してしまったと分析している。その失敗の要因としては、30Cの発話が質問表現ではなかったため、次話者が明確ではなかったからであるとしている。

そして、このグループの発表の結論として、質問表現を用いたターンテイキングは成功しやすい、また、言語だけでなく、視線やジェスチャーなどの

非言語的な要素によってもターンテイキングが起こるとし、このようなことについても会話教育実践で取り上げるべきだとしている。そして、特に、初級の学習者に対する会話教育実践では、ターンを渡すための明確な質問表現などの発話を用いてターンテイキングを円滑に行っていくような細かい配慮について取り上げていくべきだと提案している。さらに、会話の練習を行う際は、二人以上の会話では次に誰がターンを取るのかを決めるのが難しいため、はじめは二人の会話から始めるのがよいと結んでいる。

受講者の分析した会話例(6-1)：ターンテイキングの成功と失敗の例

17A： 私は働いているんですけど、えっと大学のときは九州の方の大学に行っていて、そこで国際学生とよく一緒にいたので、日本語教師をちょっと学んでみようかなと思いました。

18A： 皆さんはなぜですか。{3人を見た後、Bを見る}

　　　　　　　　　　　　　　　　　　⇒**ターンテイキング成功例**

19B： 私は国際開発学部なので、学校にもたくさん留学生の方が多く来てるんですよ。　　　　　　　　　**Bがターンを取る**

20B： それで、やはり日本語のクラスとかもあって、「分かんないから教えてー」とかそういう感じで{笑い}聞かれることが多くって、なんか、教えたら意外におもしろいんでやってみようかなと思ってきたんですけれど。

21B： {沈黙、視線をCへ}

22C： 私はあのー、近くの方がね、ボランティアで外国の方に教えていらして、とっても楽しそうなんですよね。　　**Cがターンを取る**

23C： で、退職をしましたので、仕事を。

24C： で、それを機に始めよう//と思いまして。

25 全員：　　　　　　　　　　　{笑い}

26C： はい。

27D： 僕は大学院で日本史を勉強しているんですけど、

　　　　　　　　　　　　　　　　　　　　　Dがターンを取る

28ABC： はあー。

29D： ちょっと、あの、韓国人の方にね、色々教える機会があって、そ

れをした時に、やっぱり、その、日本史だけじゃなくて、日本の文化とか日本語を含めた形で教えられるという、世界広げたいなと思ってちょっと受講することにしました。

30C： はあー、日本史、私、大学の時専攻してました。

⇒**ターンテイキング失敗例**

31 全員： ｛笑い｝

32C： はい。

33 全員： ｛沈黙｝　　　　　　　　　　　**誰もターンを取らない**

34 全員： ｛笑い｝

　2つ目の例は、受講者達が演じた「苦情を言う」設定のロールプレイのグループ分析である。このグループ分析では、マンションの上の階の住人に騒音で苦情を言う場合、当事者同士で話す場合と、大家が間に入る場合では、どのように話し方が変化するかという比較をしていた。分析結果としては、直接その上の階の住人に苦情を言う場合には、「けど」や消え入るような語尾の調子で終わり、発話スピードも遅く、沈黙があり、手が忙しく動いていたという。一方、大家が後からその会話に参加した時には、苦情を申し立てる者は、大家を取り込むために大家に向かって間髪入れずに直接的な表現で申し立てている様子がみられたという。このように、大家という第三者が仲介に入ることによって、大家を介して苦情を間接的に訴えられるので、お互いの心理的負担が軽減したと自己分析している。そして、他国からの学習者がこのロールプレイをすれば、また全く異なったものになるのではないかと推測していた。そして、発表後の質疑応答の時間に、普通の日常生活での会話では、参加した会話についてその時どう感じていたかをお互いに話し合う機会がないため、今回の発表のように、ロールプレイ後にFUIをお互いに行いながら分析するのは、貴重な経験になったという点が指摘されていた。

　3つ目の分析例として、「電車内に忘れ物をした乗客と駅員の会話」における不自然さのグループ分析を挙げる。このグループでは、自分達のロールプレイの会話データを見て、「あまりにも単調で掴みどころがないものだった」としている。その理由として、発話が短く、忘れ物を心から捜してあげようとする気持ちや働きかけが欠如していた、一方方向の質問と応答という

単調な発話のパターン化がみられた、アドリブで演じたものの発話内容の概ねのイメージをお互いが既にもっていたため発話スピードが速くなっていた、というものであった。そして、このような分析結果は、母語話者の中にある固定されたイメージから生まれたもので、母語話者同士なら少々言葉が足りなくても、状況から意味を類推して補い合えることから生じたのではないかとしている。だが、非母語話者が同じような設定のロールプレイを行った場合は、共通にもっている会話のイメージが少ない分、よりお互いのメッセージを受け止め合うために、より詳しい質問をし合って、言葉自体を多く用いて情報を確認していく必要があるのではないかと考察している。こうした発表者達の少し不自然なロールプレイの分析発表後の質疑応答の時間に、日本語学習者のロールプレイでは、状況設定をより詳しく行っておくべきであるという点で議論が活発に交わされた。例えば、忘れ物をした時間や状況の設定をロールカードに詳しく書いておくべきであるということが指摘された。あるいは、忘れ物の問い合わせをするロールプレイを行う前に、学習者の鞄を椅子に置いて電車を降りてしまうシーンから始め、忘れ物の状況と困惑感をリアルに体験させておくなどといった案も出された。このように不自然なロールプレイを実施し、それを分析・発表することで、日本語の授業活動でのロールプレイの行い方について活発に議論することができたという点で、意義があったといえる。

　以上のように、受講者達自らが参加する会話の分析活動を行うことによって、自身の問題として会話で起こっていることを捉え、内省し、どのように改善できるか、どのように会話教育実践に活かせるかを考察していることがうかがえる。そして、受講者達が自身のインターアクションの仕方を考えるきっかけになったとも思われる。また、日本語の会話教育実践で学習者がよく行うロールプレイを教員養成コースの受講者達自身が行うことによって、ロールプレイをする者の気持ちを理解したり、ロールプレイの会話の自然さや不自然さを体験したりすることができる。それによって、会話の授業活動を考えるヒントにもなったと考えられる。

3. 受講者による講義の感想の分析

　以上、会話を分析する視点を育成するための日本語教員養成コースの概要と受講者の分析例から、受講者が学んだ分析の視点をみた。次に、受講者がこの講義でどのようなことを学んだと感じているかについて、毎回の講義後に提出する「講義感想シート」と、2007年度の講義終了から6ヶ月後に実施した講義アンケートと個別インタビュー[6]の結果をもとにまとめる。

●会話データ分析の視点の獲得

　講義に参加することによって、今まで意識しなかった会話の特徴に気づくようになったと、ほぼ全員の受講者が述べていた（「②知識」「③分析能力」）。中でも、以下のように、撮影した会話データの分析を講義で行ったことをきっかけとして、日常生活でも他者の会話と自己の会話の分析を以前よりも意識的に行うようになったと述べている受講者がいた。また、自身の会話のビデオ撮影と分析に関しては、戸惑いを感じた受講者もいたようであるが、自身を客観的に見られる利点を挙げている者もいた。さらに、こうした会話を分析する視点が豊かになった結果、会話に参加する際の調整能力も増したとしている受講者もいた（「①運用能力」）。

　①会話の文字化
　　＊会話文を文字化してみることで、普段自分達が、話している言葉を客観的に知ることが出来た。その結果として、短い会話の中にも、あいづちや、同意、質問など、非常に多くの要素があり、驚いた。（受講者6A）
　②撮影した会話データの分析
　　＊ビデオで非母語話者と現実に向かい合って会話のギャップや齟齬が生ずる場面などを見られたことは大変、有意義でしたし、普段見られない自分の会話を目のあたりにできたことは今後も大いに役立つと思います。（受講者6B）
　　＊「談話」の観点の重要性は「談話の仕方」のようなテキストの「学習」では分らないと思います。その意味でも実際、隣の方などのグループでの話し合い、ビデオでの学習は、それ自体で非常に参考になりました。（受講者6B）
　　＊AV機器を使用して、具体的な会話の様子などを客観的にみることができ、おもしろかったです。（受講者6C）
　③ビデオ撮影について
　　＊ビデオカメラによる授業は、最初、慣れないためにビックリしました。しか

し、映像と音声を繰り返し確認することにより、普段、自分では気が付かない
ことに触れることが出来、大変ためになりました。（受講者 6D）
*今では、日本語ボランティア教室でも学習者の発表をビデオに撮って、後で聞
かせたりしています。（受講者 6D）

④他者の会話の分析について
*電車の中の小・中・高校生の会話も今までは興味を示さなかったが、最近楽し
んで聞いています。（受講者 6E）
*このクラス以来、会社の会議でのやりとりを別の視点から観察することができ
るようになりました。（受講者 6F）
*会社の新人への教育などの際、相手の反応をより深く観察するようになりまし
た。（受講者 6G）

⑤自己の会話の分析と調整・改善
*ビデオで見て、「自分はこういうふうにしゃべっているんだ」と思いました。
舌足らずで、語尾がぼやけるしゃべり方を時々しているのに気がついて、今気
をつけています。（受講者 6G）
*「今こんなこと言っちゃったけど、まずかったんじゃない。本当は語尾をこう
いうふうに言った方が良かったんじゃない。この次はちゃんと言おう。」など
振り返るようになった。（受講者 6E）
*冷静に相手の様子が見られるようになり、家族や会社の人達とコミュニケー
ションが取りやすくなった。（受講者 6E）
*最近は会議などで、「この人の言いたいポイントは何だろう？また、この人の
疑問を一発で解決してあげられる解答はどんなものだろう？」と考えることが
多くなりました。（受講者 6H）
*会社で話している時、「あの人こういう言い方しているからちょっと機嫌が悪
いな」とか、「ちょっとこの話題振るのやめようか」とか、そういうふうに感
じるようになりました。（受講者 6I）
*私自身、非母語であるハングルを学習し始めたばかりなので、言語は違えど、
学習者の気持ちになって講義を聞いていた。自信のない単語や会話をする時
に、身ぶり手ぶりをずいぶん多用しているなと自分の行動に苦笑した。（受講
者 6J）

●グループ活動
　グループ活動を多く取り入れた講義については、受講者同士がお互いを知
り合うきっかけになっていたことが指摘されていた。そして、グループ発表

に向けた協働作業のために講義内外で共にインターアクションをしながら関わっていくことによって、仲間意識といった人間関係の深まりのプロセスを実体験できたとしている者が多かった。この講義のグループ活動をきっかけとして、そのグループの仲間同士で、講義終了後もほかの講義のための勉強会を自主的に行っているというグループもあった。

　また、グループ活動において、受講者同士で活発に意見交換をすることによって、様々な視点に触れ、より深く考える機会となっていたようである。それによって、講義担当者が講義で予め設定していた分析項目に収まり切らないこともグループ活動の中で見出され、受講者達自身が独創的な分析発表をしている場合もあった。こうしたグループ活動による様々な学びのプロセスを体験することで、学習者としての学習のプロセスを実感できるといえる。特に、日本国内の母語話者に対する教育では、まだグループ活動や協働活動といった学習者主体の授業活動が活発に行われていないため、本実践で初めてグループ活動を講義で体験できて新鮮だったという声が多かった。その一方で、発表準備などのグループ作業は、グループによっては時間的、相性的にうまくいかなかったという問題を指摘する声もあった。

①**グループ活動の利点**
* 1回目の講義の時に、机の周りの人達と自己紹介をしてディスカッションする機会があったので、その後話すきっかけにとてもなりました。(受講者6D)
* 養成講座が始まったばかりだったので、この講義の談話研究レポートをする事によって、クラスメートと仲良くなれたのもよかったです。(受講者6K)
* ビデオ授業のグループの人達とは、今でも、自主的に勉強会を行っています。(受講者6D)
* グループでみんな言いたいことを言いながら分析したので、「あーそういうふうに受け取ってくれたんだ」などと分かって、仲間意識がより深まった。(受講者6E)
* 一方的に聴講するだけでなく、グループ学習をする事で様々なタイプの人達の考え方を知ることができたし、自分自身もあれこれ考える機会ができ、新鮮な授業でした。(受講者6L)
* ビデオ授業やグループ授業は、参加型授業なので受け身的にならず、自分がそこに参加して何か行動を起こしたと感じられるので、満足感が違う。(受講者

6D）
* １つの発話について、グループの人達がそれぞれ違った受け取り方をしているのが分かった。（受講者6C）
* 自分の興味のあることだったので、グループ発表でちゃんとしたものを作りたいと時間を惜しまず取り組んだ。グループで話し合っていると、先生が示された分析の枠組みに留まらない意見が出てくることもあり、自分達のオリジナリティーを広げていけた。（受講者6M）
* グループワークで研究することによって、自分達で分からないことがどんどん出てきた。学ぶという過程、学習者の気持ちが改めて分かった。（受講者6M）

②グループ活動の困難点
* この授業を受けた頃が、コース初期でまだ生徒同士お互いを知らなかったこと、来なくなってしまう人が多かったことが一部の人には発表を難しくしてしまった。（受講者6N）
* 限られた時間内だったので、班の構成人数や人員による差が大きく出てしまい、研究がやりやすい班とやりにくい班があったようだった。グループ学習の際に、もう少し班を工夫して組めたらよかった。（受講者6O）
* グループ活動をしているうちに、結局自分達の発表は先生の言っていたことに当てはまっているのか、最終的には訳が分からなくなってしまった。自分達の意見だと説明する言葉が乏しいので、発表内容がみんなにちゃんと伝わっているのか不安になった。（受講者6P）

●会話データ分析の会話教育実践への応用

　会話データ分析による会話の特徴の意識化によって、会話教育実践での指導の可能性について触れている受講者もいた（「④教育能力」）。また、お互いのグループ発表を聞くことによって、会話教育実践への示唆が得られたとしている者もいた。さらに、会話教育実践だけでなく、教育相談員としての助言内容にも役立っている場合も見られた。一方、もっと会話教育実践への活用を具体的に扱って欲しかったという要望もみられた。

①会話教育実践への応用の可能性
* 談話の分析をすることでコミュニケーションの問題点を明確にして相互理解を深める手法を学習することは、日本語指導で大切で役立つおもしろい研究だと思います。（受講者6Q）
* 日本語を母語とするもの同士でさえ、誤解を招いてしまったり、伝えたいこと

が伝わらないなど、コミュニケーションが難しいのであるから、様々な部分で異なるノンネイティブと話を交わすのは、さらに困難であると改めて感じた。その上で日本語教師は、文法などの言葉そのもののみではなく、コミュニケーションにおいて大切なこと（あいづちや身ぶりなど）も伝えていかなくてはいけないと強く感じた。(受講者6R)

＊人間関係で話し方や距離のとり方、目線や態度のよそよそしさが違うことを考えるのは、とても面白かったです。また、国の文化背景によってもその違いははっきりしていると思います。やはり日本人はあいづちやうなずき方が大切、また目線や距離の取り方がつき合う中で重要になってくるので、そういったことも教えた方がよいと思いました。(受講者6S)

＊ほかのグループの会話の発表を聞いて、初対面の会話や、大家さんを通した苦情の会話など、場面場面での会話を、難易度と順番を考えて、取り入れていきたいと思いました。(受講者6I)

＊今まで自分がやらされてきた英語のロールプレイに対しては否定的でしたが、大家さんを通して苦情を言うロールプレイの発表が凄く強烈だったので、ああいうふうに身近に起こりうることでできれば、ロールプレイも意味があると思えました。(受講者6G)

＊コミュニケーション能力の低下が問題視されている現在、その能力向上が課題となっている。講義で得られたことをもとに、教育相談などに応用できるのではと考えている。実際に、相談に来る母親に、子供に対する自身の表情のことや質問の仕方などについての助言を与え、いい結果が出ている。(受講者6E)

②会話教育実践への応用のための活動の必要性

＊様々な場面での会話の分析を学習したが、実際の日本語学習者を相手に会話の授業を行う場面、つまり教師と学生の会話の場合の気をつけるべき点だとか、こうしたほうが効果があるという具体的なことを知りたいと思った。(受講者6C)

＊初級クラスでの活用の仕方などをもっと詳しく知りたかった。(受講者6A)

●講義の時期・期間

　今回の講義は、2年間の日本語教員養成プログラムの1学期目に行われたので、日本語教育の知識と経験不足のため、会話データ分析と会話教育実践の意義を消化するには、時期的に早すぎたようだと述べている受講者もいた。また、4日間だけの講義では短すぎる、講義担当者からのフィードバックが十分得られる時間が欲しかったという意見もあった。

＊全体の講義のスケジュールから言って、ほとんど最初のカリキュラムだったので日本語教師に必要な条件や要素が俯瞰できない状況での講義でした。具体的にいうと、語用論などの講義を受けてから、会話における特性など、「ああそうだった」と振り返り捉え返した状況がありました。（受講者6B）

＊「談話論」はどちらかと言うと実践論に近いと思うので、ほかの理論や手法の概論的な講義を受けてから、どんな意味合いがあったのか捉え返し、意味合いがより分かった。（受講者6B）

＊講義時間数をもっと多く取った方がいい。内容を理解し、つかめたぞ！おもしろい！と思ったところで終わってしまうからです。人間のコミュニケーション自体をみるのだから。（受講者6K）

＊グループ発表の後、違うグループでもう一度意見交換し合うことをしたかった。（受講者6M）

＊グループ発表の後、レポートを提出するなどして、先生の意見がもっともらいたかった。（受講者6M）

4. 会話教育のための教員養成の提案

　以上、講義の活動内容、受講者の会話データ分析内容、受講者のコースに対する感想を分析した。これらの分析結果から、今後の会話教育のための日本語教員養成に必要である点について、以下、3点提案する。

①会話データ分析による視点と自己の会話調整能力の育成

　講義では、日本語の会話教育のための会話データ分析の視点を取り上げ、生活の中の会話を観察することを促し、「②知識」「③分析能力」の育成を図った。その結果、受講者達は会話の特徴、重要点について意識化するようになり、また、それが社会人の受講者にとっては、家族や会社などの自分の生活環境の様々な文脈で役立つようであった。学習者にインターアクション教育を行うためには、まず教師が自身の日常生活でのインターアクションに意識的になり、調整していく「①運用能力」が必要であろう。

　さらに、こうした会話データ分析活動は、日本語母語話者への日本語や異文化コミュニケーション教育にも必要だといえる。例えば、自身のインターアクションの仕方をモニターし、調整して、話しづらい人と話すタイミングを掴む、家庭や学校、職場での人間関係をよくする、非母語話者との会話の調整を図るなどのメタ認知力は、様々なインターアクション場面で必要とな

る能力であろう。こうしたメタ認知力を生かした調整能力は、母語場面、接触場面を問わず、様々な場面で様々な人々とインターアクションを行っていく際の「歩み寄りの姿勢」を形成していくために必要である。そして、このようなメタ認知力育成によって、教師として客観的に自身の教育実践を振り返り、分析・評価・改善していく実践研究も行いやすくなるといえる。

　ただし、自己のインターアクションを客観的に分析することは、時に苦痛を伴う場合もある。特に、自身の会話をビデオ撮影され、それを自身で分析したり、他者に見られたりすることに抵抗を示す受講者もいる。会話をビデオ撮影する前に、受講者1人1人に十分配慮しておく必要があるだろう。

②インターアクションの実体験

　グループ活動を主とした講義に参加することによって、受講者同士がインターアクションをしながら、自分達の学びのプロセスと、インターアクションを通した仲間意識といった人間関係の深まりのプロセスの経験ができる。そして、それを受講者自身で客観的に観察することで、円滑に行った場合、そうでない場合も含め、インターアクションのあり方を学ぶことが可能となる。今後の日本語教員養成では、より積極的に参加型、活動型で受講者が協力し合って課題を達成していくような講義が望まれる。

③会話データ分析の会話教育実践への活用

　本実践の教員養成コースのように、会話を分析する視点を育成することによって、学習者へのフィードバックの視点が広がると考えられる。そして、実際の会話教育実践においては、会話を分析する視点を生かして、会話の練習活動の前、途中、後という3段階のいずれの段階においても効果的なフィードバックが与えられるように、教員養成コースでも訓練していく必要があるだろう (cf. 第4章第3節7)。

　このように、会話の特徴をよく掴んで会話教育実践が行える教師を養成するためには、会話データ分析の活動だけでは足りない。会話データ分析で得られた成果をもとに、会話指導学習項目化を行い、会話教育実践を行うという、教師による「研究と実践の連携」が行えるようになることが重要である。さらに、この「研究と実践の連携」の循環の中で自身が行った実践を振り返り、改善する実践研究も主体的に行える教師の養成が必要である。その

ためには、教員養成コースにおいても、「教育理念の形成―授業活動デザイン―実施―記述・分析・振り返り―改善」といった実践研究のサイクルを実際に行ってみるという活動も「④教育能力」を育成する上で重要であろう。

そして、養成コース終了後も、こうした「研究と実践の連携」に基づいて行った会話教育実践を対象とした実践研究を続けて自己研鑽していけるようにすべきである。さらに、その実践研究の成果について、教師個人や同僚の教師と協働で、ほかの教師に発信していけるインターアクション能力の育成も必要であろう。それによって、各教師の実践研究の知見を共有して積み上げていくことも可能となるのである。

第3節　本章の日本語教員養成の教育実践例のまとめと今後の課題

以上、本章のまとめと今後の課題を述べる。まず、第1節では、「日本語教員として望まれる資質・能力」について、会話教育のための日本語教員養成という観点から検討した。次に、第2節では、学習者のインターアクション能力育成のための会話教育が行える日本語教員養成で必要とされる能力育成として、「①運用能力」「②知識」、「③分析能力」「④教育能力」の点からを提案した。さらに、このような能力の養成には、会話を客観的に分析する視点の育成が重要な要素の1つであることを指摘した。そして、会話教育のための会話を分析する視点の育成を目指した教員養成について、「文章・談話論」の講義の実践と受講者の学びの結果を分析した。これらの分析結果から、今後の会話教育のための教員養成で必要な点として、「①会話データ分析による視点と自己の会話調整能力の育成」、「②インターアクションの実体験」、「③会話データ分析の会話教育への活用」という3点を提案した。

第2節で述べた教員養成コースの今後の課題は、会話を分析する視点の育成による「①運用能力」「②知識」、「③分析能力」の育成だけでなく、教師として自律的に「④教育能力」を向上させていけるようにすることにも重点をおいたコース設計をしていくことである。具体的には、教師が会話データ分析で得られた会話指導学習項目を会話教育実践に取り入れていけるよう

な「④教育能力」を育成するために、教員養成コースのデザインと実施、および、その分析・考察を行っていく必要がある。

そして、常に学び続ける教師であるためには、会話教育実践の中で教師が学習者とインターアクションを行う際も、学習者の多様な視点から学ぶ姿勢が必要である。それによって、教師の「研究と実践の連携」と学習者の「研究と実践の連携」が有機的に繋がり、「双方の学び」となるのである。こうした点も教員養成コースで積極的に取り上げていくべきであろう。

なお、今回の実践では、雑談、話し合い、苦情、説明、依頼といった言語的アクティビティの会話を主に講義で扱った。今後は、キャンパス探検中の会話のような実質的アクティビティの会話やそこで交わされる現場性の有る発話の特徴などを積極的に取り上げて分析し、会話教育実践をデザインしていけるようになるための教員養成コースの内容も検討していくべきである。そのためにも、本書における実質的アクティビティの会話データ分析（第3章第2節）と会話教育実践の分析（第4章第4節、第5章第3節）が今後の会話教育のための教員養成に貢献することを願う。

さらに、教員養成コースの受講者だけでなく、現職の教師に対しても、個人として、あるいは、教師としてのインターアクション能力を向上させながら、会話教育のための「研究と実践の連携」が自律的に行い続けられるようになるための教師研修も行っていく必要があるだろう。さらに、本実践で行ったグループ分析活動のように、各々の「研究と実践の連携」を教師同士で共有したり、共同研究を行ったりして、教師同士でインターアクションの実体験をし続けられるような環境も整備する必要があるだろう。

最後に、本章の日本語教員養成コースにおける教育実践と、第5章第2節の日本語学習者に対する会話教育実践の共通点と相違点について述べる。両実践は、「会話を分析する視点の育成」という点では、共通する。よって、会話データ分析とは何かという導入のために分析する会話データも、両実践でほぼ同じものを用いることができる。また、自身の参加する会話データの分析という活動、グループディスカッション、発表も同様に行える。

だが、相違点としては、以下の3点が挙げられる。1点目としては、学習者の日本語レベルが中級程度である場合は会話データ分析に関する専門的な

文献などを取り上げにくい点である。一方、教員養成コースでは日本語教師として必要な専門的な文献をある程度紹介し、ディスカッションできるため、より深い会話データ分析が可能となる。

　2点目は、時間数の違いによる会話データ分析活動の違いである。学習者に対する会話教育実践では、90分13コマ程度の時間数があり、学習者自身の会話データの分析のほか、学習者が独自に選択してきた会話データの分析も時間をかけて行えた。一方、教員養成コースでは、90分8コマという時間制限の中、受講者自身の会話データ分析しか行えなかった。

　3点目は、授業参加者間の協働の起こり方の違いである。学習者の会話教育実践では、授業を履修していない授業ボランティアが授業を履修している学習者の「支援」という形で授業に入り、データ収集、ディスカッション、レポート作成、発表といった作業を手助けしていた。よって、学習者と授業ボランティア間には、対等な関係が成立しにくく、会話データ分析を協働で行うということは難しかった。一方、教員養成コースでは、受講者が全員、講義を履修しており、対等な立場で会話データ分析の課題をグループで行っていたため、協働が起きやすかったといえる。そのため、受講者間に連帯感が生まれ、その後のネットワークが広がり、人間関係の維持が図られた。

　以上のような共通点、相違点から、会話を分析する視点を育成するための教育実践として、学習者に対する会話教育実践と教員養成コースの教育実践のそれぞれの特色を考慮に入れつつ、各実践で有効であった点などを参考にして、双方の実践に合った形で取り入れていくことが今後の課題である。

　なお、本章で分析した教員養成コースにおいて、受講者と共に会話データ分析を行い、会話についての研究を共有することで、講義担当者である筆者自身も様々な背景をもつ受講者の視点やアイデアを学ぶ機会となった。そして、そうした様々な受講者の視点は、筆者にとっての会話教育のための「研究と実践の連携」のそれぞれの段階に有益な示唆を与えるものとなった。こうした本実践での受講者と講義担当者の「双方の学び」は、第5章第2節「会話データ分析活動の教育実践例の分析」で述べた、会話データ分析活動を通した日本語学習者と教師の「双方の学び」と共通するものがある。つまり、受講者が講義から学ぶのと同時に、講義担当者も、教員養成コースを担

当することで、自身の視点だけでは気づかない受講者の様々な視点に触れ、それを自身の「研究と実践の連携」に取り入れることによって、より広い視点から会話教育を捉え、改善、実施していくことが可能となるのである。

そして、本章のように、こうした教員養成コースの教育実践自体を研究する実践研究によって、筆者が受講者とのインターアクションから学んだことを意識化し、他者である受講者との「インターアクションを積極的に受け入れ」（細川 2005: 11）、次なる教育実践をよりよいものにしていくことが可能となるのである。今後、教員養成や教師研修において、受講者による会話教育のための「研究と実践の連携」の能力育成だけでなく、それを支援する講義担当者と受講者とのインターアクションから起こる「双方の学び」という点についても注目していくべきであると考える。

注
1　以下、受講者による会話データ分析例、講義感想シートや講義アンケートの記述、個別インタビューなどは、すべて本人らの同意を得た上で掲載している。
2　受講生は、若干名の学部生のほか、会社員、主婦、定年退職者などである。中には、地域日本語ボランティア、海外の日本語教師も参加しているが、ほとんどが、日本語教師歴がゼロという状態である。この養成講座では、理論から実習までを 420 時間かけて学ぶ。講義は、テーマごとに教員が入れ替り、どの講義も 4 回程度で完結する。講義者間の引き継ぎは特にない。
3　受講者数は、2005 年 40 名程度、2006 年 20 名程度、2007 年 30 名程度の合計 90 名程度である。なお、欠席や退学などの理由により、講義日によって、受講者の人数が多少変動していた。
4　雑談の話題は自由であり、受講者が予め決めておいたものや、即興で話したものがあった。
5　市販の超上級学習者用のロールカードを受講者が選んで、話題、状況設定を指定して行った。
6　個別インタビューは、受講者 D、G、K、L、M に対して一人 1 時間程度ずつ、受講者 D、E、I 3 人同時に 1 時間程度、計 6 時間程度行った。

第7章
今後の会話教育への提案

　本章では、まず、これまで述べてきた「各章のまとめ」として、本書の全体構成と各章間の関連について述べる（第1節）。次に、「認知心理学的な授業活動デザインからみた本書の会話教育実践」について述べる（第2節）。そして、「自律的に育成する会話能力と会話教育のための「研究と実践の連携」の意義」（第3節）と、「会話教育における教師と学習者による「双方の学び」」について述べる（第4節）。さらに、「母語話者の歩み寄りのインターアクション能力育成」（第5節）と「会話教育のための教員養成」（第6節）の提言を行う。最後に、本書の総括として、「会話教育モデルの提案」を行い、今後の課題を述べる（第7節）。

第1節　各章で述べてきたこと

　本節では、本書における重要概念間の関連について述べ、各章のまとめを行う。本書の全体構成を【図7-1】に図式化した。本書自体が筆者の教師としての「研究と実践の連携」の循環のプロセスの実現例となっている。本書の土壌となる「研究」の部分（教育理念、先行研究、指導学習項目化）が積み重なって、「教育実践」という木が出来上がるイメージである。あるいは、よりよい「教育実践」を行うために、土壌である「研究」を充実させるということにもなる。これが本書で捉える「研究と実践の連携」である。そして、図中の上部の雲の部分は、こうした「研究と実践の連携」から抽出された「会話教育のモデル」である。
　まず、第1章では、本書が目指す会話教育の理念の土台となる会話、インターアクション能力、会話能力、メタメッセージの定義を行った。その上で、学習者が日本語を用いて様々な社会場面に参加し、その中で円滑なイン

ターアクションが行える会話能力の育成が目指すべき理念だと主張した。具体的には、以下のような会話への参加の能力の育成である。

  ＊会話のリソースを用いつつ、会話参加者同士が共に協力し合いながら会話に積極的に参加し、楽しい会話空間を共有することで、友好的な関係を作っていく会話能力の育成。
  ＊言語・非言語行動を動態的に調整しながら、会話の中のメタメッセージを伝達・解読し、相手への親しみを示していく会話能力の育成。

さらに、このような会話教育のためには、教師と学習者による「会話データ分析—会話指導学習項目化—実践」といった「研究と実践の連携」が必要であることを主張した。特に、教師の「研究と実践の連携」では、研究が実践の基盤となり、理念を形成することについて述べた。そして、教師が自身の行った会話教育実践を研究対象として記述・分析・振り返り・改善するという「実践研究」の必要性についても述べた。さらに、学習者の会話相手である日本語母語話者からの「歩み寄りの姿勢」の必要性についても触れた。

次に、本書における第2章から第6章までは、筆者自身の「会話教育の研究と実践の連携」の実際例である。第2章では、本書で取り上げた筆者自身の「研究と実践の連携」のために参考にした「コース・デザイン」、そして、「会話分析と談話分析」「接触場面研究」「授業活動デザイン」についての先行研究を取り上げ、本書の各分析と教育実践の位置づけについて述べた。第3章では、母語場面と接触場面における言語的アクティビティと実質的アクティビティの会話の分析を行った。ここで得られた分析結果、および、先行研究と会話教育実践の成果をもとに、第4章第2節において、言語的アクティビティと実質的アクティビティの会話を扱った指導学習項目を提案した。こうした「研究」と各教育実践の参考になる先行研究（第4章第1節「会話教育実践」、第5章第1節「学習ストラテジーとメタ認知」、第6章第1節「日本語教員養成」）を踏まえ、第4、5、6章において筆者が行った教育実践の分析を行った（第4章第3節「言語的アクティビティの会話を扱った教育実践例」、第4章第4節「実質的アクティビティの会話を扱った教育実践例」第5章第2節「会話データ分析活動の教育実践例」、第5章第3節「会話データ分析活動と会話練習とビデオ作品作成プロジェクトの教育

第7章　今後の会話教育への提案　367

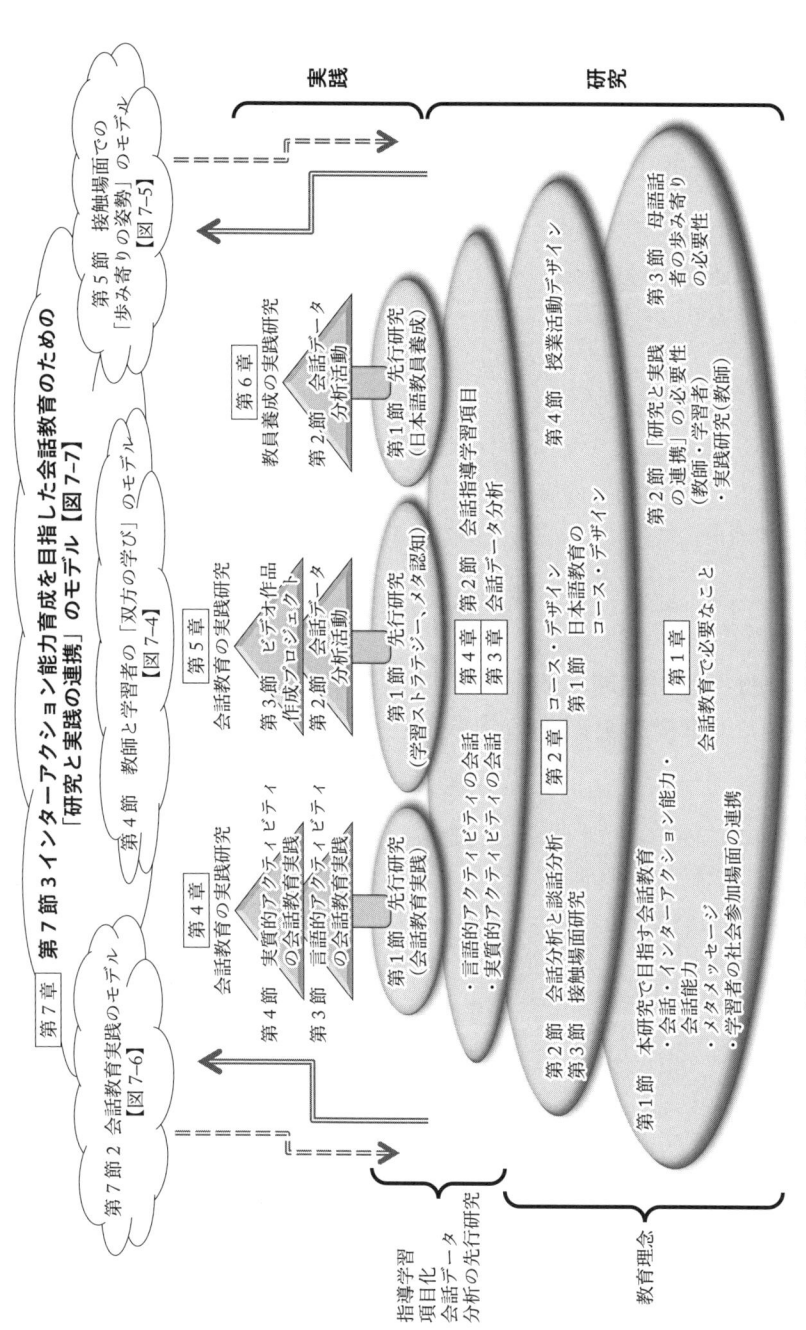

【図7-1】本書の全体構成（筆者の教師としての「研究と実践の連携」）

実践例」、第6章第2節「会話教育のための日本語教員養成コースの教育実践例」)。これによって、教師と学習者による「研究と実践の連携」の重要性と、その実現例としての教育実践の有効性を検討した。

　こうした「研究と実践の連携」の循環のプロセスから導き出された、会話教育のためのモデルを本章で提案することとする。具体的には、「教師と学習者の「研究と実践の連携」による「双方の学び」のモデル」、「接触場面での「歩み寄りの姿勢」のモデル」、「インターアクション能力育成のための会話教育実践のモデル」と、それらの集大成としての「インターアクション能力育成を目指した会話教育のための「研究と実践の連携」のモデル」である。そして、このような「研究と実践の連携」によって形成された会話教育のためのモデルは、その他の教師が行う、今後の会話教育のための「研究と実践の連携」に還元され、また新たな循環に繋がっていくことが期待される。

第2節　認知心理学的な授業活動デザインからみた本書の会話教育実践

　第4、5、6章では、学習者に対する会話教育の実践研究と、教員養成コースの実践研究を行った。本節では、これらの実践が認知心理学的な授業活動デザインで(cf. 第2章第4節)どのような方法を取っているのかについて述べる。

　本書の教育実践の立場としては、「学習指導法の4類型」(森 2002)と「FACT-ACTの二分法」(Jorden 1987 など)という認知心理学的な授業活動デザインのどの教育形態も、学習者のレベルや個性、授業の目標などによって、相互補完的に柔軟に授業に取り入れていくべきであるというものである。【表7-1】は、本書で分析した各実践の授業活動が上記の認知心理学的な授業活動デザインの各教育形態のどれに当たるかをまとめたものである。なお、下線部は、各実践で中心となった授業活動である。

　第4章第3節「言語的アクティビティの会話を扱った教育実践例」では、教師が専門家として研究した会話に関する知見をもとに、指導項目を設定し、授業活動デザインを行っている。ここでは、会話におけるメタメッセー

【表7-1】本書における教育実践の認知心理学的な授業活動デザイン

本研究の教育実践		学習指導法の4類型	FACT/ACT
第4章第3節「言語的アクティビティの会話を扱った教育実践例」	1. 導入 2. 実際使用の会話 3. フィードバック	認知―指導型 行動―支援型 認知―指導型/支援型	FACT ACT FACT/ACT
第4章第4節「実質的アクティビティの会話を扱った教育実践例」	1. 計画・発表 2. キャンパス探検 3. フィードバック	認知/行動―支援型 行動―支援型 認知―指導型/支援型	FACT/ACT ACT FACT/ACT
第5章第2節「会話データ分析活動の教育実践例」	1. 会話データ分析練習 2. 会話データ分析活動 3. 討論・レポート作成・発表	認知/行動―支援型/指導型 認知/行動―支援型 認知/行動―支援型	FACT/ACT FACT/ACT ACT
第5章第3節「会話データ分析活動と会話練習とビデオ作品作成プロジェクトの教育実践例」	1. 会話データ分析活動 2. 会話練習 3. ビデオ作品作成	認知/行動―支援型/指導型 行動―支援型 認知/行動―支援型	FACT/ACT ACT FACT/ACT
第6章第2節「教員養成の教育実践例」	1. 理論の説明・討論 2. 会話データ分析練習 3. 会話データ分析発表	認知/行動―指導型/支援型 認知/行動―支援型 認知/行動―支援型	FACT FACT/ACT FACT/ACT

ジを適切に伝達・解読するための会話のリソースとしての談話技能を初級学習者に提示・説明し、意識化させるという、宣言的知識を与えるFACTの導入段階は、「認知―指導型」である。そして、その宣言的知識を実際使用していけるようなACTの教室環境を作り、学習者の会話の手続き的な知識を向上させていく練習段階は、「行動―支援型」の教育形態を取る。また、実際使用の後のフィードバックは、教師や学習者が実際使用の会話を振り返るという点で、「認知―指導型」でもあり、「認知―支援型」でもある。

　第4章第4節「実質的アクティビティの会話を扱った教育実践例」では、学習者と授業ボランティアが主体的にキャンパス探検でまわる場所を計画し、実行し、発表にまとめる過程で、言語能力、社会言語能力、社会文化能力を向上させていくという点で、FACTとACTの活動を行うため、「認知／行動―支援型」の教育形態を取るといえる。また、キャンパス探検という

実際使用のアクティビティでの学びをより高めるためには、そこで必要とされる言語能力、社会言語能力、社会文化能力について、活動の事前と事後にも導入・練習やフィードバックを教師の会話の研究に基づいて行われるべきであるという点では、「認知―指導型／支援型」も必要である。

　第5章第2節「会話データ分析活動の教育実践例」では、全体的には、学習者が自身や他者の会話で分析したい部分を自律的に選択し、授業ボランティアや教師の支援を受けながら、主体的に会話データを分析し、討論し、レポートを執筆して、発表するという実際使用のアクティビティを行う点で、FACTとACTの両活動であり、「認知／行動―支援型」である。だが、こういった一連の活動を行うための会話を分析する視点を意識化するために、はじめに「認知／行動―支援型」で会話データ分析の練習を行ったり、「認知―指導型」で会話データ分析に関する専門的知識を導入したりする。そして、学習者が会話データ分析を行った結果について、討論したりレポートにまとめたり発表したりする授業活動は、「認知／行動―支援型」になる。

　第5章第3節「会話データ分析活動と会話練習とビデオ作品作成プロジェクトの教育実践例」では、前半の活動として「認知／行動―支援型／指導型」のFACTとACTすべての教育形態によって会話データ分析活動と、それに基づいた「行動―支援型」によるACTの会話練習を行う。そして、これらの活動の集大成として、後半の活動として、学習者がシナリオからビデオ撮影、上映会までのビデオ作品作成プロジェクトを「認知／行動―支援型」で行う。

　第6章第2節「教員養成の教育実践例」では、前半に会話データ分析の理論についての講義とディスカッションを行う「認知―指導型」と「行動―支援」の活動を行う。それを踏まえて、会話データ分析のグループ発表を行うという「認知／行動―支援型」の活動をする。

　このように、本書で分析した教育実践は、各活動の目的や内容によって、認知面、行動面に配慮しながら、「FACT-ACTの二分法」や、「指導中心―支援中心」と「認知的成果を重視―行動的成果を重視」という認知心理学的な授業活動デザインの教育形態を段階的に使い分けるようにしているといえる。こうした授業活動の組み合わせによって、教師と学習者による「研究と

実践の連携」がより可能になると考える。つまり、教師による「研究と実践の連携」の成果を授業活動に取り入れ、学習者による「研究と実践の連携」を無理なく実現可能にするために、学習者の認知面、行動面に配慮した授業活動デザインをすることが重要だと考える。

第3節　自律的に育成する会話能力と会話教育のための「研究と実践の連携」の意義

　細川(2005)の「計画・具体化・改善」という実践研究の循環と、本書の会話教育のための「研究と実践の連携」の立場から、教師と学習者が会話教育に参加する際、以下のようなプロセスを提案した(cf. 第1章第2節3)。

教師の場合	会話データ分析―会話指導項目化―授業活動デザイン(計画)―会話教育実践―振り返り・改善
学習者の場合	会話データ分析―会話学習項目の意識化―学習計画―会話実践―振り返り・改善

　まず、教師の「研究と実践の連携」という観点からみると、【図7-2】のようになる。つまり、教師が「会話データ分析A」をした結果を「会話指導項目A」として取り入れた「会話教育実践A」をデザインして実施する。その実践の中で学習者とともに会話データ分析や会話練習を行いながら、新たな発見をし、授業を振り返り、改善させていき、また新たな「会話データ分析B」―「会話指導項目化B」―「会話教育実践B」を行っていくという循環のプロセスが続くことになる。こうした「研究と実践の連携」の循環による積み上げにより、教師自身の会話教育に関する研究と実践の両方の能力が向上し、教師としての度量が広がり、成長し続けていくことが可能となる。

　一方、学習者の「研究と実践の連携」という観点からみると、【図7-3】のようになる。つまり、学習者が会話データ分析をし、それを通して自身の学習項目を意識化し、どのようにそれらを用いていくか検討し、実際に使ってみて、それを振り返り、自己改善していくという循環のプロセスが続くことになる。学習者が授業活動でこうした「研究と実践の連携」の方法を実際

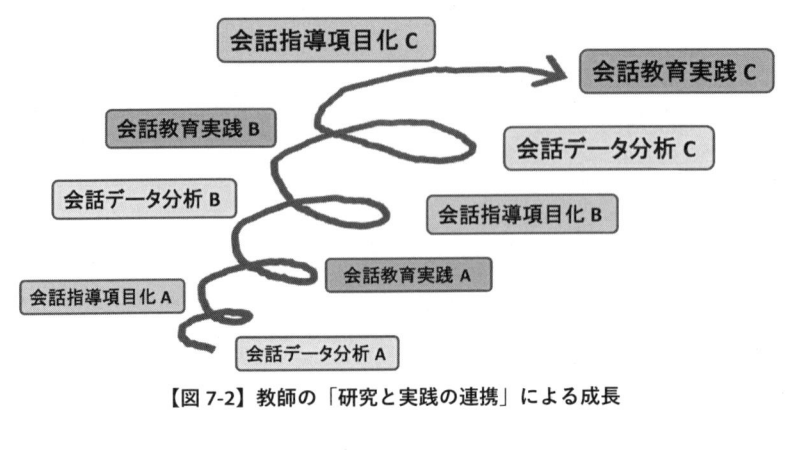

【図7-2】教師の「研究と実践の連携」による成長

【図7-3】学習者の「研究と実践の連携」による成長

に体験することにより、その後、学習者自身で自律的に「研究と実践の連携」を継続していけることが望ましい。

　なお、こうした教師と学習者が「研究と実践の連携」を行っていく際、研究成果の安易な一般化を教育実践や会話実践に活かすのではなく、動態的な視点で瞬間瞬間の会話を調整していくための会話のリソースとして研究し、それぞれの実践に取り入れていくように心がけるべきである。

1. 学習者の場合

　インターアクション能力育成について考える上で、会話やその中の規範が動態的であるという点を考慮に入れるべきである（cf. 加藤 2007）。よって、

会話に参加していくためには、こうした動態的な規範から構成される会話というものを分析し、そこで何が起こっているのか、自分はどのように参加すればいいのかを読み取り、調整していけるようなメタ認知力や調整能力などといったインターアクション能力が必要である。そうした能力を育成するためにも、学習者による「研究と実践の連携」が必要であるといえる。

さらに、学習者が他者や自身が参加する会話を分析することによって、会話を客観的に分析する視点を育成することができる。このような視点を育成することで、学習者が様々な会話における言語・社会言語・社会文化的な特徴を自身の興味や必要性に応じて自律的に選択し、発見し、学んでいく可能性を広げることになる。そして、自身が発見したものは、学習者にとって自分自身の会話を振り返る材料となる。こうした自身の会話を振り返り自己モニターするといったメタ認知力が身に付けば、学習者は、自分自身を客観的に観察して、会話でのインターアクションを動態的に調整したりすることができる。また、意識的に社会的ストラテジーを用いて、日本語で様々な社会的場面・領域に参加していきやすくなるともいえる。

そして、学習者が「研究と実践の連携」を自律的、かつ継続的に行っていけるように、様々な日常生活の場面・領域に参加するためのネットワークを構築していくことも重要である。様々な場面に参加し、そこで出会う人達と共に実質行動を行いながら会話をし、学習者自身がそこから「研究と実践の連携」を行っていくことで、学習者の会話能力もより自律的に向上するであろう。こうした学習者の参加する会話の場面がいくつも連携し合うことで、学習者の会話能力が連鎖的に向上するのである。このような学習者の「研究と実践の連携」によって、学習者は自律的に自己の会話能力を向上させ、自己表現をしつつ、社会参加していくことを可能にすると考えられる。

2. 教師の場合

会話教育のために、教師が「研究と実践の連携」をさせて自己研鑽していくことによって、学習者のインターアクション能力育成のためのよりよい会話教育が実現するとともに、教師自身のインターアクション能力も向上するであろう。教師にとって、「研究」とは、教育理念を形成する広い土壌とな

る。よって、より豊かな土壌からより豊かな会話教育実践が生まれるといえる。そして、会話教育実践を行うことで、そこからよりよい実践のための研究の種を見つけ、さらなる実践のための研究を行うことで、研究の土壌もさらに豊かになる。こうした「研究と実践の連携」の絶え間ない循環のもと、研究と実践の両方が豊かになっていく (cf. 第1章第2節1.1「教師の分析力と創造力」)。

　まず、教師が会話データ分析を行い、それをもとに会話指導項目化をしていくという「研究」を行うことで、会話データ分析の視点が広がり、メタ認知力が向上する。こうした会話を分析する視点と会話指導項目をもとに、会話の特徴を活かした授業活動デザインをし、学習者の会話でのインターアクション能力育成のための会話教育実践が行えるようになる。その際、国内、海外を問わず、教育現場の状況や学習者のニーズなどに合わせて様々な授業活動デザインが柔軟に行えることが重要である。また、学習者は様々な背景やニーズをもっているので、教師が様々な会話データを分析して、その特徴を広く、詳細に抑えておき、会話指導項目を広く蓄えておく必要がある。そして、学習者に合わせて、その中から学習者にいくつか選択肢を見せ、学習者が必要だと思うものを吸収させるようにするべきであろう。そして、授業活動の際も、教師に会話を分析する視点が広くあれば、学習者の会話を観察して、その会話を多角的な視点から瞬時に分析し、そこで気づいた改善点などについてフィードバックが与えやすくなると考えられる。

　こうした「研究と実践の連携」によって、オリジナリティーのある会話教育実践を行い、一教師としての自己表現が実現できるであろう。そうした自身の会話教育実践について実践研究を行う際も、会話データ分析で育成されたメタ認知力を用いて、自身の教育実践を振り返り、分析・評価・改善していきやすくなると考えられる。さらに、そのように各教師が専門的にデザインした教育実践をほかの教師に発信し、共有することによって、教師としての共同体が協働で成長していけるだろう。

　さらに、学習者にインターアクション教育を行うためには、まず教師自身のインターアクション能力も絶えず向上させ続けなくてはならない。そのためには、教師が会話データ分析という「研究」を行い、自身の日常生活での

インターアクションを客観的に振り返り、調整していくメタ認知力が必要である。それによって、日本語教育現場でも学習者や同僚の教師とのインターアクションが円滑に行えるように意識的に調整していけるようになる。そして、こうしたメタ認知力を活かした調整能力は、母語場面、接触場面を問わず、様々な場面で様々な人々とインターアクションを行っていく際の「歩み寄りの姿勢」を形成する上で重要である。このようなインターアクション能力を教師がもつことによって、教師が自身で得た知識と経験をもとに、学習者のインターアクション能力を育成することが可能になるのである。

第4節　会話教育における教師と学習者による「双方の学び」

　教師が「研究と実践の連携」のもと授業活動デザインした教室の中で、学習者は、様々な会話による体験をし、様々なことを学ぶ。そして、そこでは、学習者による「研究と実践の連携」も可能となる。つまり、教師と学習者による「研究と実践の連携」は、相互に刺激し合うものなのである。

　こうした教師と学習者による「研究と実践の連携」によって、学習者が教師から学ぶだけでなく、教師も学習者から学ぶことが多いといえる。例えば、会話データを学習者とともに分析してディスカッションしている際、教師の予め分析して準備していたものと異なった視点を、学習者が提示することがある。こうした学習者の新しい視点は、教師の学びとなり、次の会話教育に取り入れられていく可能性がある[1]。

　【図7-4】は、【図7-2】の教師の成長と、【図7-3】の学習者の成長が、会話教育の教育実践で交わった時に、どのように教師と学習者の「双方の学び」が起こるかを図示したものである。例えば、教師が「会話データ分析A」と「会話指導項目化A」の研究をもとに実践した「会話教育実践A」の授業活動がある。その授業活動の中で、学習者が「会話データ分析」「学習項目の意識化」「会話実践」という「研究と実践の連携」を行うことで、成長していく。そして、教師も学習者から新たな視点を得ることができる。それによって、教師は、次の「会話データ分析B」「会話指導項目化B」「会話教育実践B」を行う際に、自身の研究と実践の視点や問題意識を拡大させ、

よりよいものにしていくことが可能となる。それは、また新たな「会話教育実践C」へも同様に循環し続ける。

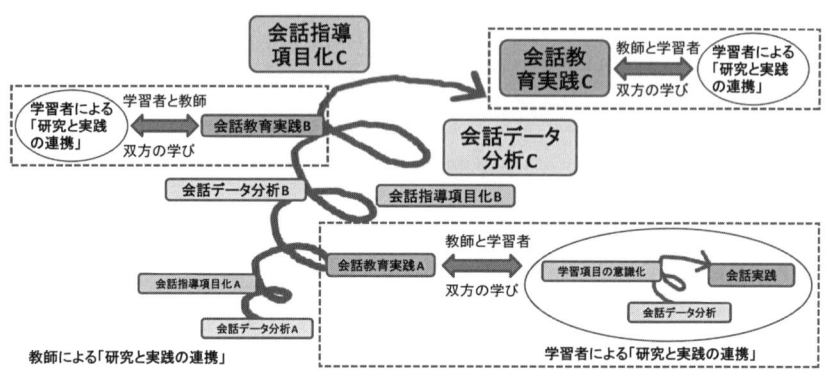

【図7-4】 教師と学習者の「研究と実践の連携」による「双方の学び」のモデル

　その例として、第5章第2節で分析した会話データ分析活動クラスの分析では、教師の新たな視点の学びについて述べた。この実践では、学習者が自身の参加する会話データを分析した結果から、学習者が会話中に何を考え、何を問題点と捉えていたかなどの内省が明らかになるため、教師にとって今後の会話教育の参考になる。さらに、学習者が興味のある会話データを収集してきて分析する活動からは、学習者が会話の中で注目する特徴などを知ることができるため、教師にも参考になる。例えば、この会話教育実践の中で、学習者が分析した日米2つの映画の相違点の視点から、教師である筆者が刺激を受け、別の新たな教育実践をデザインし、実施した。これは、まさに学習者と教師が会話教育実践という1つの場で出会い、その相互の「研究と実践の連携」から双方に学ぶ機会となっていたといえるのである。

　もう1つの教師の学びの例は、第5章第3節で分析したビデオ作品作成プロジェクトを行った教育実践である。これは、教師が長年かけて行ってきた「研究と実践の連携」を活かして授業活動デザインをした教育実践である。その教育実践の中で、学習者が主体的に、「会話データ分析活動→会話練習→ビデオ作品作成」を段階的に行い、学習者による「研究と実践の連携」が実現していた。さらに、教師である筆者は、この教育実践を数学期間

行うことによって、様々な学習者に出会い、それぞれの学習者が会話データ分析や会話練習、ビデオ作品作成に取り組む姿から、多くのことを学んだ。例えば、聞き手の反応がうまく得られない話し方をする学習者の様子をみた。そして、筆者は、聞き手の参加の仕方だけでなく、話し手による参加のさせ方という点にも注目すべきだということを体感し、新たな「研究と実践の連携」が必要な研究テーマを得た。さらに、学習者による授業感想アンケートとインタビューや、「会話の宿題レポート」から、学習者が教育実践をどう捉え、また日常生活の中での会話への参加の努力や困難点ついて知ることができた。その結果、毎学期ごとに教育実践の改善を試みた。

　このように、学習者による「研究と実践の連携」の成果と学習者の視点から教師が学び、それを記述・分析するということは、教師自身が学習者という「他者とのインターアクションを積極的に受け入れ」る（細川 2005: 11）ことによって、自身の実践を改善・拡大していく「実践研究」となっているのである。よりよい実践を行っていくためには、教師による「研究と実践の連携」だけでなく、その中に、学習者の「研究と実践の連携」の成果を積極的に取り入れて積み上げていく教師の姿勢が必要である。なぜなら、学習者1人ずつの「研究と実践の連携」の成果から教師が学んだことを、指導学習項目として蓄積していくことによって、教師が次なる教育実践で出会う学習者達に還元していけるからである。つまり、教師は、過去・現在・未来という時間と、1つの教室からまた別の教室という空間を越えて、様々な学習者による成果を繋ぐパイプ役として、学習者の学習を支援していく存在となるのである。あるいは、教師が自身の蓄積した成果をほかの教師に伝えることにより、その成果を受け継いだ教師の教育実践を通して、また新たな学習者にも伝えていくことが可能となるであろう。

第5節　母語話者の歩み寄りのインターアクション能力育成の提言

　大平（2001: 102）によると、会話におけるコミュニケーション活動を動態的に捉え、相互行為を協働的に構築されるものとした場合、「相互行為の成

立・不成立はあくまで参加者相互の共同責任に基づくものであるとみなされる」としている。つまり、母語話者と非母語話者による会話は、母語話者同士の会話と同じように、会話成立の責任は、母語話者、非母語話者にかかわらず、参加者全員が負うといえる。しかし、ゴウ・鄭(1999: 57-58)では、日本における日本語母語話者には、「その立場がもつ権力ゆえ」、母語話者らが会話を理解できるようにするための責任は日本語力が足りない非母語話者にあるとする「傲慢さ」があるとしている。

　こうした点からも、会話を理解して共に形成していくためには、母語話者と非母語話者からの双方の「歩み寄りの姿勢」(c.f. 第1章第3節)が重要となる。非母語話者からの歩み寄りとしては、インターアクション能力の育成であろう。一方、母語話者からの歩み寄りに関して三角・仲矢(2002)は、相手の言語能力に合わせて話すフォリナー・トークを母語話者が用いるといった「母語話者側からの継続的な努力」が必要だとしている。これにより、母語話者が「非母語話者が慣れない日本語を操っている時と同様の苦労を引き受ける」ことになるため、「双方にとっての平等な負担」となるとしている(三角・仲矢 2002: 112)。

　筆者も、こうした母語話者と非母語話者の「歩み寄りの姿勢」を育成すべく、本書で述べた会話教育実践を行っている。第3章第2節5で分析したように、会話教育実践に参加する授業ボランティアの母語話者には、それぞれ言語能力、社会言語能力、社会文化能力が各アクティビティの種類によって必要とされることが明らかになった。また、第3章第2節5.3「母語話者の歩み寄りの姿勢の訓練」で紹介したように、筆者が母語話者を対象に行った接触場面での会話の分析活動や会話教育実践への授業ボランティア参加の奨励によって、母語話者の「歩み寄りの姿勢」に対する意識が高まったことが確認された。さらに、第4、5章の会話教育実践に授業ボランティアとして参加した母語話者は、学習者の学習を支援するだけでなく、学習者とのインターアクションを通して、接触場面でのインターアクションの調整の仕方を学んだり、自身の母語である日本語を見つめ直したりする機会が与えられていたことが分かった。第6章で述べた会話を分析する視点を育成するための教員養成コースの教育実践では、受講者達は、接触場面でのインターア

クションのあり方を考えるだけでなく、自身のインターアクションを振り返り、意識的に調整しようと思うきっかけとなっていた。

　今後も、学習者だけでなく、広く一般の母語話者への接触場面での「歩み寄りの姿勢」に対する意識向上を考慮した授業活動や、異文化交流の活動を検討していくべきであろう。【図 7-5】は、日本語の母語話者と非母語話者による接触場面での「歩み寄りの姿勢」のモデルをまとめたものである。まず、日本語学習者は、自身の母語を用いた母語場面での会話にとらわれることなく、日本語の会話に参加する際に、「歩み寄りの姿勢」をもつべきである。また、日本語以外の言語を用いて、自身が母語話者として、あるいは、非母語話者として参加する会話での「歩み寄りの姿勢」を日本語の会話にも活かせるようにするのが良い。一方、日本語母語話者も、日本語を用いた母語場面での会話にとらわれることなく、接触場面での日本語の会話に参加する際に、「歩み寄りの姿勢」をもつべきである。また、日本語以外の外国語で自身が非母語話者として参加する会話において、相手の母語話者が行ってくれていた「歩み寄りの姿勢」から学ぶことも重要である。例えば、日本語母語話者が英語での会話に非母語話者として参加する際、英語母語話者がどのような歩み寄りをしてくれて助かったか、あるいは、どのような歩み寄り

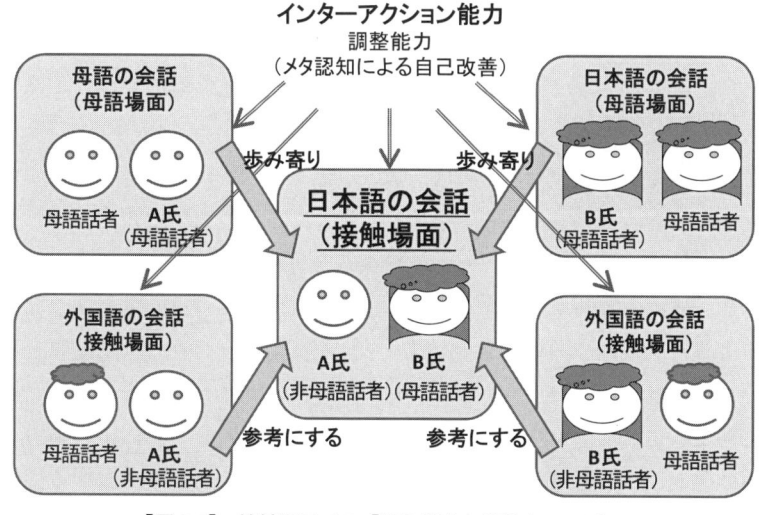

【図 7-5】　接触場面での「歩み寄りの姿勢」のモデル

をして欲しかったかという非母語話者の視点をもつのが重要である。これによって、自身が母語話者として日本語の接触場面に参加した際にも、母語話者の歩み寄りにはどのようなことが必要とされるのかに意識的になれるであろう。こうした「歩み寄りの姿勢」は、接触場面で必要とされるインターアクション能力に含まれる。その中でも特に、自身のインターアクションをメタ認知を用いて調整する調整能力が必要であろう。

第6節　会話教育のための教員養成への提言

　会話教育のための日本語教員養成について、第6章で検討した。そして、日本語学習者のインターアクション能力育成のための会話教育が行える日本語教員養成で必要とされる能力育成として、次の3点を提案した。
1) 会話の特徴をよく把握して、学習者の会話でのインターアクション能力を向上させるための授業活動をデザインし、実践・改善できる教師の育成(「②知識」、「④教育能力」)
2) 学習者の会話の特徴を的確に分析し、フィードバックが与えられる教師の育成(「③分析能力」、「④教育能力」)
3) 教師自身も日々の自己のインターアクションを客観的に振り返り、日本語教育現場でも学習者や同僚の教師とのインターアクションが円滑に行えるように意識的に調整していけるような教師の育成(「①運用能力」、「③分析能力」)

　さらに、このような能力の養成には、会話を客観的に分析する視点の育成が重要な要素の1つであることを指摘した。こうした分析の視点があれば、教師が会話データ分析を活かした教育実践を行い、それを実践研究として振り返り、ほかの教師に発信するという「研究と実践の連携」も可能となる。このような「教師の分析力と創造力」「教師の実践研究能力」の根底を支えているものは、「教師自身のインターアクション能力」であるという点も重要である(cf.第1章第2節1)。教師が自身のインターアクション能力を意識的に向上させる努力を行っていれば、自ずと教師の会話を分析する視点も研ぎ澄まされ、実践研究にも意味が出てくるであろう。また、教師としての

職場での人間関係をよくしたりチームティーチングを円滑に行ったりするといったインターアクション能力も重要である。教師自身が日々インターアクションの大切さと喜びを実感し続けることにより、学習者のインターアクション能力育成を意識した授業活動作りが可能になるであろう。

　教員養成課程では、今後、会話教育を中心としたインターアクション教育を行うための教師育成に、より力を入れていくべきであると考える。具体的には、第6章の教員養成コースの教育実践でも行っていたように、学習者が日常生活で日本語に触れる場面の会話の撮映データなどによって取り上げてみるのがよい。そして、その会話で実際に何が行われているのか、教師としてどのような支援ができるのかについて考えてみるなど、会話を客観的に分析する視点の育成が必要である。その際、その会話が円滑に進んでいる、もしくは、進んでいない要因は何か、どのような会話のリソースが用いられていたか、または、用いるべきだったのかを分析してみる。また、その際、学習者による要因だけでなく、会話相手の教師や日本語母語話者などによる要因も合わせて検討してみるのがよい。

　さらに、そのような会話場面において、どのような言語がどのような音声的要素や非言語的要素とともに用いられていたかというように、言語的、音声的、非言語的要素を総合的に分析していく視点も養われるべきであろう。これは、言語行動、社会言語行動、社会文化行動といったインターアクションの分析にも繋がる。こうした会話データ分析のための分析の視点を得る手がかりとして、本書で提案したような会話指導学習項目のリストが参考になるであろう。

　そのような会話データ分析活動の訓練を行う中で、本書で提案したような会話指導学習項目の全体像を把握し、計画性をもって一貫した指導が行える能力を育成することが可能になる。教師が会話教育の全体的な指導項目を把握していれば、学習者を取り巻く言語使用場面を即座に分析しやすくなり、また、フィードバックする観点がより広く豊かなものになる。それと同時に、教師として気づいた点を学習者にどのように伝え、フィードバックしていくかという能力・観点の育成も必要である。

　このような会話データ分析活動、および、学習者へのフィードバックの与

え方の訓練を経験することで、自律的に「研究と実践の連携」を行い、常に自己研鑽していける教師が多く育っていくことが期待される。そして、1人1人の教師の研究と実践の積み重ねによって、会話教育全体の成長も期待される。そのためには、教員養成だけではなく、現職者の日本語教師を対象とした教師研修にも、こうした「研究と実践の連携」の必要性の強調と具体的な訓練を行っていくことも必要となるであろう。それによって、現職の教師になった後も自律的に学び成長し続けられる教師が育成されるとともに、教師の共同体自体も影響し合って成長し続けられるであろう。そういった点でも、本書で述べた教師による「研究と実践の連携」の実現例が教員養成や教師研修の1つの参考となることを願う。

　さらに、本書では、主に、国内の日本語教員養成の教育実践例とそのあり方について議論したが、それらは、海外で会話教育に携わる教師を対象とした教員養成、教師研修にも拡大して当てはめることができる。海外の日本語教育の現場では、現地の日本語非母語話者教師(base-native)が学習者の母語で日本語の知識についての講義を行い(FACT)、日本語母語話者教師(target-native)が日本語を運用練習する会話の授業を担当する(ACT)という、講義と会話授業の分担が行われていることがある(cf. Jorden 1987)。つまり、FACTの部分が「研究」、ACTの部分が「実践」となり、それぞれ別々の教師が担当するため、「研究」と「実践」が分業化されてしまい、「連携」がうまくなされないことも起こりうる。それを防ぐためにも、まずは、日本語非母語話者教師と日本語母語話者教師の両者が「研究と実践の連携」を1人の教師の中で意識し、循環させていく努力を行っていくべきである。こうした「研究」と「実践」の視点をどちらの教師ももつことによって、たとえFACTの講義と、ACTの実践が別々の教師に分担されたとしても、各教師がそれぞれの「研究」と「実践」の内容とその重要性が理解できるであろう。それによって、自身が分担する「研究」か「実践」の一方を、別の一方と常に関連づけて考えていくことができ、1つの教育機関の中での「研究と実践の連携」が行いやすくなると考える。さらに、教育機関の中でも、「研究」と「実践」が教師間でうまく連携されるように、引継ぎや教師研修を定期的に行うなどの体制を整えていくことも必要であろう。

また、会話能力などに自信のない日本語非母語話者教師の場合、言語的アクティビティを中心とした会話授業を担当するのは、負担と感じる場合もありうる。しかし、実質行動を中心とした実質的アクティビティを取り入れたフィールド・トリップなどであれば、言語行動、社会言語行動の負担が軽減するであろう。あるいは、日本に留学した経験や、日本語の会話能力とその自信をもった日本語非母語話者教師が現在増えつつある。こうした教師によって、海外での会話教育がより積極的に行われていくべきである。その際、言語的アクティビティの練習と実際使用だけでなく、日本へのフィールド・トリップ引率者として、実質的アクティビティにも積極的に参加し、学習者を支援しながら、日本の受け入れ先の人々ともインターアクションを積極的に行っていける日本語非母語話者教師が育成されることが期待される。
　本書では、主に、国内における会話データの分析と、会話教育実践のデータ分析、および、教員養成コースの教育実践データのみを分析対象とした。しかし、本書で主張した「インターアクション能力育成」という教育理念や「研究と実践の連携」の重要性、会話教育実践の方法などは、海外での会話教育と教員養成、教師研修にも応用できると考えられる。今後は、国内外の日本語非母語話者教師を対象とした教員養成や教師研修の実践をデータとした分析も行っていく必要があるだろう。

第7節　本章のまとめと会話教育モデルの提案・今後の課題

　本書の最後に、本章のまとめとともに、「インターアクション能力育成のための会話教育実践のモデル」の提案と今後の課題について述べる。さらに、本書の成果の集大成として、「インターアクション能力育成を目指した会話教育のための「研究と実践の連携」のモデル」を提案する。

1.　本章のまとめ

　本章では、まず、本研究の主軸である「会話データ分析―指導学習項目―会話教育実践」という「研究と実践の連携」に関連づけて、各章間の関連とまとめを述べた。

次に、「認知心理学的な授業活動デザインからみた本書の会話教育実践」について、「認知―指導型／行動―指導型／認知―支援型／行動―支援型」、「FACT／ACT」という授業活動デザインの方法論から分類した。そして、どの立場も、学習者のレベルや個性、授業の目標などによって、相互補完的に柔軟に授業に取り入れていくべきであることを主張した。

そして、「自律的に育成する会話能力と会話教育のための「研究と実践の連携」の意義」として、教師には、「会話データ分析―授業活動デザイン（計画）―会話指導項目化―会話教育実践―振り返り・改善」、学習者には、「会話データ分析―会話学習項目の意識化―学習計画―会話実践―振り返り・改善」が必要である点を主張した。こうした「研究と実践の連携」によって、教師も学習者も自律的に会話教育能力と会話能力を向上させられると考える。

さらに、「会話教育における教師と学習者による「双方の学び」」について述べた。教師と学習者が「研究と実践の連携」を行うことによって、学習者は、教師から会話の特徴や学習方法を学ぶ。一方、教師も学習者の視点から学び、次の「研究と実践の連携」のヒントが得られる。こうした教師と学習者による「双方の学び」によって、教師だけでなく、学習者自身も主体的に授業活動作りに参加して、共に刺激し合っていくものだという点を主張した。

続いて、「母語話者の歩み寄りのインターアクション能力育成」について提言を行った。具体的には、母語話者も非母語話者も、自身の母語を用いた母語場面での会話にとらわれることなく、自身が日本語以外の外国語の会話で母語話者や非母語話者として体験した「歩み寄りの姿勢」を活かしつつ、日本語の会話にも参加していくべきだという点を主張した。そして、こうした接触場面での歩み寄りのためのインターアクション能力育成として、母語話者に対しては、本書で分析したような、会話教育実践に授業ボランティアとして参加したり、会話データを分析する日本語教員養成コースに参加したりして、学習者との会話のあり方、調整方法について考える機会を与えるのがよいという点についても述べた。

最後に、「会話教育のための教員養成」について提言を行った。会話教育を行う教師には、会話の特徴を活かした会話教育が行え、学習者に的確なフィードバックができ、教師自身のインターアクション能力も自律的に向上

させていける能力が必要である点を指摘した。こうした能力を育成するためには、会話を客観的に分析する視点の育成が重要な要素の1つであり、これにより、教師による「研究と実践の連携」も可能となる点を述べた。

　以上述べたように、今後の会話教育のためには、自律的に会話教育のための「研究と実践の連携」の循環ができる教師と学習者を育て、両者の教室での出会いから「双方の学び」に繋がるような機会が増えることが望まれる。そして、母語話者と非母語話者の「歩み寄りの姿勢」は、授業ボランティアと学習者だけでなく、学習者を取り巻く様々な場面で出会う人々との間でも実現されるべきである。さらに、この「歩み寄りの姿勢」は、教師と学習者の間にも実現されるべきである。教師が自身の研究から醸成された教育理念や教育実践をもつことが重要な点は、本書で強調した。しかし、それを常に唯一絶対のものであると信じて譲らないのはよくない。教室という場で多様な学習者と出会うことによって、学習者の背景やニーズと、教師自身の教育理念や実現したい教育実践との調整を常に行うという「歩み寄りの姿勢」をもつべきである。もちろん学習者にも教師の研究から生まれた教育実践の価値を十分納得してもらう「歩み寄りの姿勢」も必要であろう。こうした教師と学習者による授業活動での「歩み寄りの姿勢」からも、「双方の学び」が起こると信じる。

2.　会話教育実践モデルの提案・今後の課題

　【図7-6】は、授業活動デザインをする教師の視点からみた「インターアクション能力育成のための会話教育実践のモデル」である。これは、教師の「研究と実践の連携」としての「会話データ分析―会話指導項目化―会話教育実践」の中の「会話教育実践」の部分に当たる。「研究と実践の連携」の中でも、この「会話教育実践」こそが学習者と教師が出会って共に学び合う最も重要な部分であるため、ここで詳しく取り上げる。

　学習者が様々な社会的な会話場面・領域に日本語で参加していくのを支援するためには、「①日常生活のインターアクション場面」「②教室内のインターアクション場面（会話教育実践）」「③教室外のインターアクション場面（会話教育実践）」の3つの場面と、それらを有機的に連携させる「④会話

```
┌─────────────────────────────────────────┐
│ ①日常生活のインターアクション場面       │
│  話者(母語／非母語、非母語／非母語、母語／母語) │
│  教師のネットワーク拡大／学習者のネットワーク拡大 │
└─────────────────────────────────────────┘
         ↕連携        ↕連携
┌──────────────────────┐    ┌──────────────────────┐
│   会話教育実践        │    │   会話教育実践        │
│ ②教室内のインターアクション場面 │ │ ③教室外のインターアクション場面 │
│ 例)会話授業：ビジターセッション │ │ 例)キャンパス探検：フィールド・トリップ │
│ ●会話の練習・実際使用(言語的アクティビティ) │ │ ●会話の練習・実際使用(実質的アクティビティ) │
│ *言語能力：語彙・発音・文法 │←連携→│ *言語能力：語彙・発音・文法 │
│ *社会言語能力：      │    │   外的刺激の多い中での聞き取り・発話 │
│  ・会話への参加方法(話し手／聞き手) │ │ *社会言語能力：      │
│  ・談話技能(言語的要素／非言語的要素) │ │  ・会話への参加方法(話し手／聞き手) │
│  ・メタ言語表現、図像的ジェスチャー │ │  ・談話技能(言語的要素／非言語的要素) │
│  ・現場性の無い発話：話題展開 │ │  ・指示的ジェスチャー、指示表現 │
│  ・現場性の有る発話：写真・映像による │ │  ・現場性の有る発話：話題展開 │
│   シミュレーション練習 │ │  ・現場性の無い発話：話題維持 │
│ *社会文化能力：社会文化的知識の導入 │ │ *社会文化能力：日本語を用いて課題達成 │
│                      │    │                      │
│ ●教師の管理：        │    │ ●教師の管理：        │
│  話題選択、タスク設定、支援、日本語選択、 │ │  タスク設定、会話相手の募集 │
│  会話相手の募集      │    │ ●学習者と授業ボランティアの管理： │
│                      │    │  話題選択、タスク達成、支援、日本語選択 │
└──────────────────────┘    └──────────────────────┘
              ↓                        ↓
         ┌─────────────────────────────┐
         │   ④会話授業活動デザイン    │
         └─────────────────────────────┘

●会話教育実践の方法の留意点
  A. 研究と実践の連携、B. 授業活動の形態の使い分け
  C. 授業ボランティアとのインターアクション、D. 参加者間の協働
  E. 映像の利用の可能性、F ネットワーク拡大のための支援
```

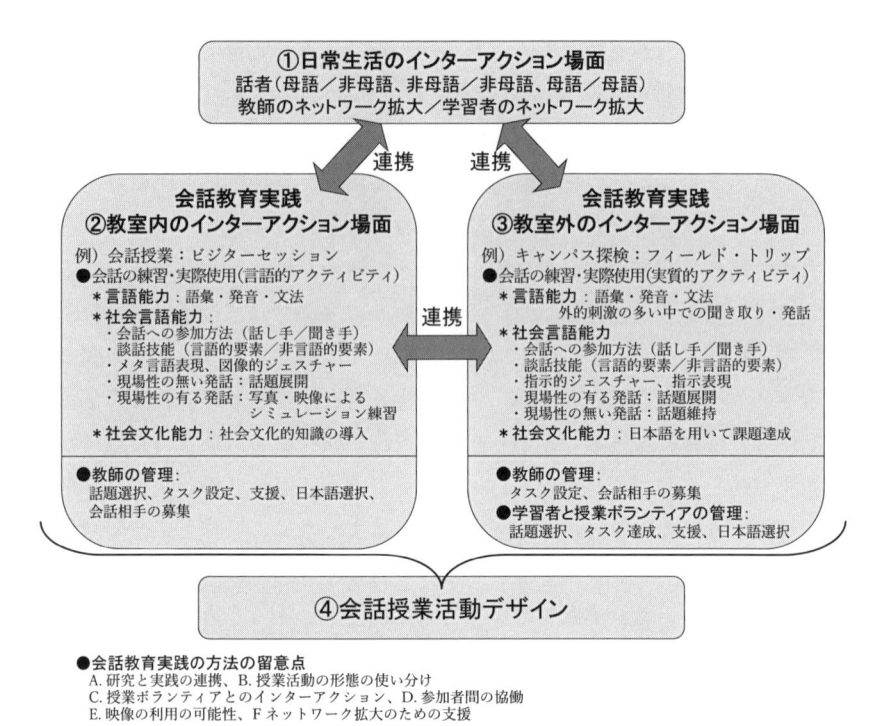

【図 7-6】 インターアクション能力育成のための会話教育実践のモデル

授業活動デザイン」を考慮することが必要である。

①日常生活のインターアクション場面

「①日常生活のインターアクション場面」とは、会話教育実践の授業活動以外で学習者が参加するすべてのインターアクション場面のことである。まず、学習者が「①日常生活のインターアクション場面」でどのような会話に参加し、どのようなネットワークに入る可能性があるのかといった社会的参加場面・領域を把握しなければならない。社会的な参加場面としては、学習者は、母語話者と学習者による接触場面、学習者同士による接触場面に参加するほか、母語話者同士の母語場面を傍聴する機会もあるだろう。こうした社会的な参加場面・領域を教師が分析するには、コース・デザインの中の「ニーズ分析」などのほか、「目標言語調査・分析」としての会話データ分析を行うことが重要である。

こうした「①日常生活のインターアクション場面」の分析をもとに、会話教育実践を行う必要がある。そして、会話教育実践を行う際は、「②教室内のインターアクション場面」と「③教室外のインターアクション場面」の両方を授業活動デザインとして組み込み、双方に連携させるのが理想である。それは、学習者が日々参加する「①日常生活のインターアクション場面」には、言語的アクティビティと実質的アクティビティの両方があり、それら両方を必要に応じて会話教育実践で取り上げるべきだからである。

②教室内のインターアクション場面（会話教育実践）

「②教室内のインターアクション場面」とは、会話教育実践の一環として教室の中で行われる授業活動のことである。この場面は、主に、言語的アクティビティを取り上げるのに適しているであろう。授業活動例としては、学習者同士で会話練習を主に行う活動のほか、日本語の実際使用の場としてのビジター・セッションなどが挙げられる。

ここでは、言語能力を育成するには、語彙・発音・文法などを用いながら会話をする機会を与える。従来の教科書を用いた授業がその土台となるであろう。さらに、言語的アクティビティを扱った会話教育実践では、特に、社会言語能力を育成するための授業活動に重点を置くことが重要である。その例として、話し手／聞き手としてお互いに協力しながら会話に参加していく方法や、メッセージやメタメッセージを伝達・解釈しながら会話に参加していくための会話のリソースとしての言語的／非言語的な談話技能を会話指導学習項目として取り上げていくことが挙げられる。談話技能としては、あいづち、質問表現、評価的発話のほか、意味の伝達を分かりやすくするためのメタ言語表現や図像的ジェスチャーを効果的に用いる練習が必要である。また、頭の中にある情報について話す「現場性の無い発話」によって、話題を展開させていく練習や、話題作りのために、目の前のものについて話す「現場性の有る発話」の練習も写真や映像を用いて行っていくことができるであろう。さらに、社会文化能力については、適宜、日本や他国の社会文化的な知識の導入と理解を図り、これらの話題について言語的アクティビティで会話ができるような能力を育成するべきである。

こうした教室内での活動は、教師の管理のもと、話題選択やタスク設定が

行われることが基本となる。会話相手の授業ボランティアを募集したり、会話の使用言語を日本語に設定したりするのも、教師の管理が主となる。

③教室外のインターアクション場面（会話教育実践）

「③教室外のインターアクション場面」とは、会話教育実践の一環として教室の外で行われる授業活動のことである。この場面は、主に、実質的アクティビティを取り上げるのに適しているであろう。授業活動例としては、キャンパス探検などのフィールド・トリップで日本語を実際使用する活動が挙げられる。その他、教室内の授業活動のために教室外で学習者が宿題として課題などに取り組む活動も含まれる。

ここでは、主に、日本語を用いながら実質行動を行う際、学習者同士や授業ボランティアと協力し合いながら課題達成をするような社会文化能力の育成に重点が置かれる。また、言語能力の育成としては、特に、騒音や外的刺激の多い中での聞き取りや発話の機会を与えることになる。さらに、社会言語能力の育成としては、実質行動を行う実質的アクティビティに伴った会話の参加方法（話し手／聞き手）と、そのための会話のリソースとしての言語的／非言語的な談話技能を実際使用する機会となる。その例として、歩きながら何か話題性のあるものを見つけた際、指示的ジェスチャーと指示表現で会話相手の視線を自身の視線と同じものに向けさせ、現場性の有る発話で話題を展開させるような社会言語行動を行うことが挙げられる。あるいは、現場性の有る発話で取り上げた話題をさらに現場性の無い発話で発展させたり、話題が途切れた際に、現場性の無い発話で話題を維持させたりするような社会言語行動を行う機会も与えられるであろう。

こうしたフィールド・トリップなどの教室外での活動は、教師の管理のもと、タスク設定や会話相手の設定が行われる。しかし、話題選択やタスク達成とその支援は、学習者同士や、学習者と授業ボランティアの管理のもと行われる。もちろん日本語を媒介言語として選択するかどうかも学習者や授業ボランティアの管理のもと行われるため、より自律的な日本語の実際使用としての会話となる。特に、フィールド・トリップなどの教室外での実質的アクティビティでは、長い時間にわたって学習者が自律的に会話や実質行動を管理することになる。例えば、話題性のあるものを周りから見つける、話題

を現場性の有る発話と無い発話で展開させる、話題を換える、意味交渉する、相手を気遣う、課題解決をする、人間関係を作るなどである。

　このような実質行動と結びついた言語行動・社会言語行動・社会文化行動は、従来の会話教育実践では体系的には会話指導学習項目として取り上げられていないため、今後はさらなる強化が必要である。しかし、教育機関によっては、フィールド・トリップなどの教室外での授業活動を行うのに、許可が下りにくい場合もある。教室外でしか体験できない実質的アクティビティの重要性について、教師が教育機関に伝えていく努力と実践の成功の実績を積み上げていくことが今後の課題であろう。

④会話授業活動デザイン（3つの場面の有機的な連携）

　このような会話教育実践における「②教室内のインターアクション場面」と「③教室外のインターアクション場面」の連携を有機的にデザインすることによって、学習者の言語的アクティビティと実質的アクティビティにおける言語能力、社会言語能力、社会文化能力がバランスよく育成できると考える。特に、会話教育実践を行う際、「②教室内のインターアクション場面」では、外的刺激が一定しているため、じっくり落ち着いて座学に集中したり、思考したり、反復練習したり、言語的アクティビティの会話に集中したりする授業活動ができる利点を活かすべきである。例えば、自己や他者の会話の特徴についてじっくり分析して意識化する、内省する、話し合うといった会話データ分析活動や、会話のリソースとしての談話技能を用いながら繰り返し会話練習をするなどといった授業活動が適しているだろう。

　一方、「③教室外のインターアクション場面」では、外的刺激が様々に与えられる上、教師の管理に縛られにくい状況が設定できる利点を活かして、それに応じた課題解決や話題展開などのインターアクションの実際使用を積極的に行えるであろう。さらに、これら教室内外の場面の各利点を活かし、教室内で学習したことを教室外の活動で実際使用できるようにしたり、教室外で行った活動を教室内で自己モニターしながら振り返ったりするなどの教室内外の授業活動の連携を工夫していくことも重要であろう。

　そして、こうした教室内外の授業活動を通して、学習者同士、学習者と授業ボランティアとの交流が促進され、さらには、授業活動で育成された言語

能力、社会言語能力、社会文化能力を用いて「①日常生活のインターアクション場面」でも学習者が様々な社会的な場面・領域に参加しやすくなり、ネットワークを拡大させていけるようにすることが理想である。

このように、「②教室内のインターアクション場面」と「③教室外のインターアクション場面」の授業活動と「①日常生活のインターアクション場面」を連携させ、授業活動をより実際使用の場にするためには、教師のネットワーク力も重要な役目を果たす。教師のネットワーク力としては、授業ボランティアなどの会話相手を探してきたり、フィールド・トリップなどの適当な場所を見つけてきたりするような授業活動以外の「①日常生活のインターアクション場面」への働きかけの能力が挙げられる。教師のネットワーク力を培うためには、教師が常に「①日常生活のインターアクション場面」でのネットワークを意識的に拡大していくことが必要であろう。

以上、【図7-6】のような会話教育実践を行う際には、「A. 研究と実践の連携」「B. 授業活動の形態の使い分け」「C. 授業ボランティアとのインターアクション」「D. 参加者間の協働」「E. 映像の利用の可能性」「F. ネットワーク拡大のための支援」を主に考慮に入れるべきである。

A. 研究と実践の連携

「研究と実践の連携」としては、前述の【図7-2】と【図7-3】で示したように、教師と学習者による「研究と実践の連携」が重要である。教師による「研究と実践の連携」を行うことによって、会話の特徴を活かした授業活動デザインが可能となる。また、会話を分析する視点が培われることによって、学習者の会話に対するフィードバックの視点が広がる。一方、学習者が「研究と実践の連携」を行うことにより、自己や他者の会話を分析する視点が育成され、メタ認知力が向上する。それによって、学習者は自己管理のもと、より自律的に会話能力を育成させていくことが可能となる。

さらに、前述の【図7-4】で示したように、授業活動において、教師と学習者による「双方の学び」が起こることも重要である。現状では、まだまだ「研究と実践の連携」、教師と学習者の「双方の学び」という観点は、容易には実現していないであろう。その理由としては、研究と実践の分業化の問題や、授業のマニュアル化によって教師の独自性が活かせない問題、研究成果

を実践に活かすための指導学習項目化・教材化が容易でない点などが挙げられる。また、教師と学習者のビリーフによって、「双方の学び」という観点がもてないなどの問題もある。今後、教師と学習者の意識の変革、教育機関での「研究と実践の連携」への支援体制の整備などが課題であろう。

B. 授業活動の形態の使い分け

教育実践の方法で考慮に入れる点として、「授業活動の使い分け」がある。授業活動の目的や内容、場所、時間配分、学習者の背景などによって、「認知―指導型」「行動―指導型」「認知―支援型」「行動―支援型」、「FACT」「ACT」などの授業活動の形態を検討していくべきである。これらの授業活動の形態は、どれかに偏るのではなく、各形態の利点と目的を理解した上で、相互補完的に柔軟に授業に取り入れていくべきであろう。

さらに、第4章第1節3.1で述べたように、言語的アクティビティの会話と実質的アクティビティの会話のそれぞれを授業活動で取り上げる際は、「実際使用―練習」と「計画性―即興性」という2つの軸からバランスよく検討して、授業活動デザインを行うのがよい。

C. 授業ボランティアとのインターアクション

「授業ボランティアとのインターアクション」も積極的に考慮に入れる必要がある。教室内外の授業活動に、授業ボランティアが参加することによって、学習者に日本語を実際使用する機会を与えることになる。そして、それは、学習者にとっても、授業ボランティアにとっても、お互いに協力し合いながら会話に参加してインターアクションをし、課題達成を共に味わい、共感を示し合う機会となり、交流を深める相手となりうる。

また、大人数のクラスでは、学習者の発話時間が限られていたり、教師からの支援やフィードバックが十分与えられなかったりする可能性がある。しかし、授業ボランティアが参加することで、それらの問題もかなり解決されるであろう。また、教師以外の言語使用にも触れられる機会ともなる。そして、授業活動自体もより有意義で楽しいものとなりやすく、学習者の動機も上がるであろう。さらに、授業ボランティアを介して、ほかの知人を紹介してもらい、何かの活動に参加するきっかけとなる可能性もある。このように、授業ボランティアと交流することで、学習者の日常生活のインターアク

ション場面でのネットワークを広げる機会となる点でも意義がある。

　しかし、授業ボランティアの授業活動への参加には、困難点もある。海外などでは教師のネットワークの幅が限られていて適当な授業ボランティアが見つからない、あるいは、教育機関で外部者を授業に参加させるのを制限されているなど、教師と学習者の希望通りに授業ボランティアに参加してもらうことができない場合もあるだろう。さらに、教師がせっかく授業ボランティアを授業に招いても、学習者とはその場限りの交流となり、長い付き合いができる関係を構築するまでには繋がらない場合もある。その理由として、授業活動の課題設定の問題、授業時間帯の問題、日常生活の忙しさの問題、生活場所の問題などの物理的な問題が挙げられる。その他、学習者と授業ボランティアの交流に対する動機や興味の問題、性格や相性の問題などの心理的な問題もあるだろう。または、異文化接触への慣れの問題、相手に対する包容力や理解力などの知識や経験の量から来る問題なども考えられる。まずは、学習者と授業ボランティアの双方が交流を通して人間関係を作りたいという動機をもつこと、そして、そのための物理的な設定を整えること、そして、接触場面でのインターアクションの仕方と「歩み寄りの姿勢」を双方が学び、知識と経験を身に付けていくことが重要であろう。

　さらに、授業ボランティアの授業への参加動機が学習者の日本語支援ではなく、自身の英語などの外国語学習にある場合にも注意が必要である。事前に教師から十分に授業の目的と授業ボランティアの役割について伝えておくべきである。あるいは、授業ボランティアの中には、接触場面での会話の経験が少なかったり、あまり社交的な性格ではなかったりなどして、日本語でどのように学習者と接してよいのか分からないという場合もある。そのようなことを考慮して、学習者が会話で困難に感じている点や、接触場面で母語話者は何に配慮して会話をするべきかという母語話者からの歩み寄りができるように、事前説明をするなどしておくことも必要であろう。

D.　参加者間の協働

　授業活動の「参加者間の協働」も会話教育実践に取り入れることには意義がある。学習者間や学習者と授業ボランティアで協働を行うことで、連帯感や達成感を味わうことができる。例えば、フィールド・トリップの中での協

働とは、道を聞いたり写真を撮ったりするといった実質行動の課題解決を協力して行うことである。また、ビデオ作品作成の過程などで、アイデアを出し合い、協力し合ってビデオ作品を創り上げていくことも協働となる。

　こうした課題解決のための協働だけでなく、お互いに協力して、楽しい会話空間を形成していくことも協働の行為である。つまり、瞬間瞬間に参加者間で協力し合って交わされる発話と発話の動的な積み重なりと、それにより伝わる友好的な気持ちを表すメタメッセージの１つ１つの動的な積み重なりが、参加者同士の協働の行為となるのである。このような協働による会話空間の形成は、言語的アクティビティの会話だけでなく、フィールド・トリップなどの実質的アクティビティの中で交わされる会話においても重要である。こうした協働が学習者間や学習者と授業ボランティアで行われることによって、お互いに連帯感や親しみが増し、交流が深まると考えられる。

E.　映像の利用の可能性

　「映像の利用の可能性」も、会話教育実践の方法として大いに考慮に入れるべきである。映像を利用することで、教室外の場面を教室内で擬似的に体験することが可能となる。例えば、撮影された会話例を教室内で示すことによって、教室外の他者と場面を教室内にもち込んでインターアクションを観察することができる。よって、授業ボランティアが授業活動に参加できない場合などには、代わりに映像教材が役に立つであろう。あるいは、映像の会話はじっくり何度も視聴できるため、会話データ分析活動で有効利用ができる。また、自身の会話を撮影して自己分析することにも活用できる。

　さらに、ビデオ作品作成プロジェクトのように、学習者達が映像に出演して作品として完成させることにも広げられる。会話を撮影しておけば、学習者が自身の会話能力の向上を後で比較して確認することも可能となる。

　そのほか、教室外の景色などを教室内で映像として学習者に見せて、それについて現場性の有る発話で言及して話題展開していくようなシミュレーションの授業活動もできる。そして、映像で視聴した社会文化行動について現場性の無い発話で言及するディスカッションにも発展できる。こうした映像利用によって、教室外で授業活動ができない場合の制約が軽減できる。

　さらに、授業活動で学習者がテレビ番組、映画、漫画、アニメなどの会話

を分析することをきっかけに、日本のメディアに親しみ、「メディアネットワークに参加するストラテジー」(ネウストプニー1999b)を身に付ける可能性もある。それによって、学習者が授業活動以外でも、多様なメディアにアクセスするようになり、自律的に会話を視聴・分析しやすくなるであろう。

　一方、教師にとっても、学習者とのインターアクションに重点を置いている時や多人数で話している時などは、会話を瞬時に分析してフィードバックするのが難しい場合がある。そのような時は、その会話を撮影しておき、後で詳細に分析して学習者にフィードバックするという方法も有効である。また、会話教育のための教員養成でも、会話データ分析による会話を分析する視点の育成の際に、映像の利用が有効であろう。

　このような会話教育実践における映像利用の可能性を広げるためにも、教師自身も、「メディアネットワークに参加するストラテジー」を用いて、様々なメディアに触れ、その知識と経験を豊かにしておく必要がある。

F. ネットワーク拡大のための支援

　会話教育実践の方法として「ネットワーク拡大のための支援」も考慮に入れるべきである。学習者のネットワークが広がると、様々な社会場面・領域に参加できる機会が増し、授業活動だけでは伸ばせないインターアクション能力をより向上させることができる。そこで、学習者の日本語でのネットワークが教室内の領域だけでなく、家庭、職場、公的機関、サービス・娯楽などの「①日常生活のインターアクション場面」での様々な領域に広がるようにするために、教師からの支援も必要である。そのためには、イマーション・プログラムのような、授業ボランティア、カンバセーション・パートナー、小学校訪問、家庭訪問、ホームステイ、企業見学などといった学習者同士や、学習者と母語話者の交流の場などの設定が有効であろう。

　そして、こうしたネットワークの領域の設定だけでなく、そのネットワークの中で行われているインターアクションの質も詳細に分析していくべきである。例えば、その領域内で、どのような言語的アクティビティや実質的アクティビティが行われているのかを把握する必要がある。その上で、それぞれの領域とそこでの各アクティビティに応じた会話への参加の仕方を中心としたインターアクションのあり方について、言語行動・社会言語行動・社会

文化行動という観点から分析し、会話指導学習項目化し、体系的に授業活動で取り上げていくべきであろう。なお、その際、各社会的な参加場面・領域での学習者の立場や役割、人間関係、周りの状況を考慮に入れるべきである。また、そうした社会的な面だけでなく、学習者1人1人の背景や性格、ニーズなどの個人的な面も検討する必要があるだろう。

　このように学習者のネットワークの拡大を図りつつ、そこでの会話がいかに構成されているのかといったミクロレベルでの会話という社会的活動を分析するべきである。それとともに、共同体でのインターアクションといったマクロレベルの社会的活動の分析とも繋げていくことが重要であろう。

　さらに、海外において会話教育実践を行う際も、ネットワーク拡大のための支援が必要である。授業ボランティアのほか、日本人観光客や大学訪問者などとの接触場面を設けたり、フィールド・トリップ、ホームビジットなどの言語的・実質的アクティビティが行える企画を立てたりすることも可能であろう。あるいは、インターネットによるテレビ会議システム、ビデオレターなどの利用のほか、作成したビデオ作品のDVD化やネット配信も実際使用のアクティビティとしての機会を与えるであろう。こうした海外での接触場面の環境を豊かにする授業活動デザインが行えるためにも、教師のネットワーク力が必要である。そして、教師も学習者も「メディアネットワークに参加するストラテジー」を育成することで、時間と場所を越えて日本語で会話する必然性と意義を自ら作り出していくことも重要である。

　なお、海外でどうしてもネットワーク拡大が図れない場合は、授業内の学習者間の連帯感や達成感を作ることも重要である。例えば、演劇プロジェクトや映像データの利用、フィールド・トリップの会話のシミュレーションなど、実際使用のアクティビティに近い授業活動を工夫して取り入れていき、学習者間の協働を促して日本語で会話をすることの喜びと意義が見出せるようにすることが重要であろう。

3. インターアクション能力育成を目指した会話教育のための「研究と実践の連携」のモデルの提案

　最後に、本書の集大成として、「インターアクション能力育成を目指した

会話教育のための「研究と実践の連携」のモデル」を【図7-7】にまとめた。このモデルでは、まず、図中の上方に、教師と学習者のインターアクション能力育成(言語能力、社会言語能力、社会文化能力)を大きな目標として掲げている。その中でも特に、会話に積極的に参加して友好なメタメッセージを伝達・解読しつつ、会話相手と協力し合って会話空間を共有していくような会話能力の育成が重要であると考える。そして、そうした会話能力を支えるものとして、会話で起こっていることを的確に判断して動態的に調整しながら会話に参加していくような、メタ認知力、調整能力が必要である。
　こうした教師と学習者のインターアクション能力育成という目標達成には、教師と学習者の「研究と実践の連携」として「会話データ分析―会話指導学習項目化―実践」が重要である(図中：中央部の上向き矢印と左右の円)。
　まず、図中の左側の円は、教師による「会話データ分析―指導項目化―会話教育実践」という「研究と実践の連携」の循環である。教師が「会話データ分析」を行うことによって、教師自身が会話を分析する視点を育成させ、自己のインターアクション能力を向上させることが可能となる。そして、「会話データ分析」で得られた知見をもとに、「指導項目化」をすることで、教師が授業活動デザインを行う際により多様な会話の特徴を取り入れることが可能となる。さらに、こうした「会話データ分析」と「指導項目化」の成果を「会話教育実践」で活かし、その実践自体について、実践研究として振り返って分析することで、授業改善のヒントが得られ、新たな教育実践を生み出していくことができる。そして、このような「会話教育実践」とその実践研究によって、新たな「会話データ分析」「指導項目化」「会話教育実践」が生み出されていくという循環が起こる。よって、このような教師の「研究と実践の連携」は、絶え間なく循環し、同時進行しているため、どこで始まりどこで終わるか、また、何回循環するかは定まっていない。
　一方、図中の右側の円は、学習者による「会話データ分析―学習項目の発見―会話実践」という「研究と実践の連携」の循環である。学習者が「会話データ分析」を行うことによって、学習者自身が会話を分析する視点を育成させ、自律的に会話について学習しやすくなり、主体的に自己のインターア

第7章　今後の会話教育への提案　397

インターアクション能力の育成

[言語能力・社会言語能力・社会文化能力
　会話のメタメッセージの伝達／解読／会話相手との協力 →
　メタ認知力／調整能力]

学習者

学習計画
- 学習項目の発見
- 会話データ分析 ⇔ 会話を分析する視点の育成／自律的な学習ができる
- 会話実践（教室内／教室外）連携
- 自己のインターアクション能力の向上
- メタ認知（振り返り・改善）

教師

授業計画
- 指導項目化
- 多様な授業活動デザイン／学習者へのフィードバックの視点を増やす
- 会話データ分析 ⇔ 会話を分析する視点の育成／自己のインターアクション能力の向上
- 会話教育実践（教室内／教室外）連携
- 実践研究（振り返り・改善）

双方の学び／研究と実践の連携

言語的アクティビティ／実質的アクティビティ

日常生活のインターアクション場面
母語話者の歩み寄りの姿勢
会話場面　会話場面　会話場面
様々な会話場面の連携

学習者のネットワーク拡大

教師のネットワーク拡大

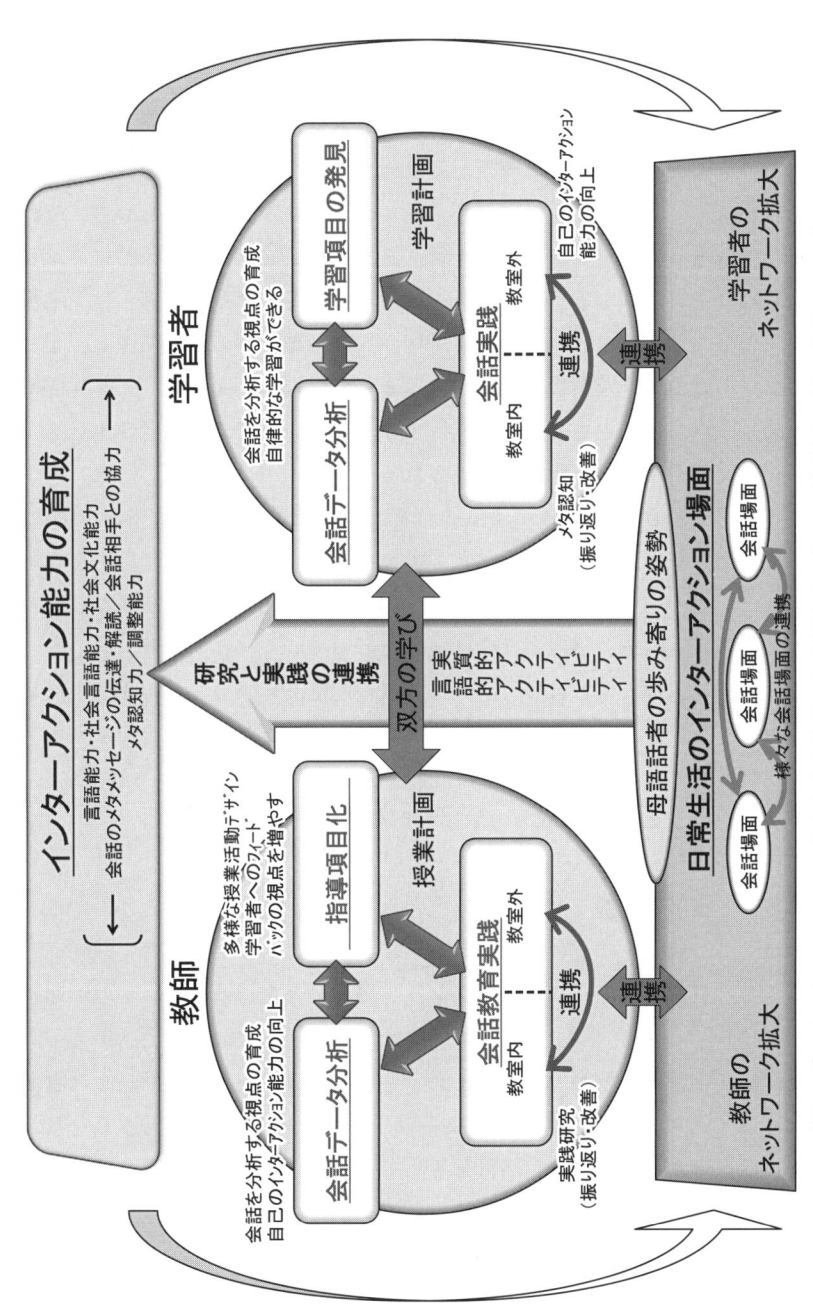

【図7-7】インターアクション能力育成を目指した会話教育のための「研究と実践の連携」のモデル

クション能力を向上させることが可能となる。そして、「会話データ分析」で得られた知見をもとに、教室内外で遭遇する会話に参加する中で自身に適した「学習項目の発見」がしやすくなる。さらに、こうした「会話データ分析」と「学習項目の発見」の成果を「会話実践」で活かすことで、動態的な会話のインターアクションの中でメタ認知を用いながら、調整しつつ、それをまた振り返って改善し、自己のインターアクション能力を自律的に伸ばしていくことが可能となる。こうした学習者の「研究と実践の連携」は、学習者の「日常生活のインターアクション場面」と授業活動の中で循環し、どこが始まりでどのような順番になるかは定まっていない。よって、こうした循環が絶え間なく繰り返され、同時進行することによって、学習者のインターアクション能力がより多角的に育成されると考える。

　このような教師と学習者によるそれぞれの「研究と実践の連携」の中では、教室内と教室外での授業活動として、言語的アクティビティと実質的アクティビティの両特徴を考慮に入れて、両方を有機的に連携させながら、教師は会話教育実践を、学習者は会話実践を行っていくべきである。

　このような教師と学習者の「研究と実践の連携」によって、自律的に授業活動デザインできる教師と、自律的にインターアクション能力を伸ばせる学習者が育成されるのである。そして、教師と学習者がそれぞれ「研究と実践の連携」を行うことで、「双方の学び」が高まることが期待される(図中：左右の円を繋ぐ矢印)。こうした教師と学習者による「双方の学び」は、双方の「研究と実践の連携」に影響を与え合うことで、協働で起こるといえる。

　その上で、教師と学習者の「研究と実践の連携」が、会話教育実践の場面以外での「日常生活のインターアクション場面」とも連携しているのが理想である(図中：下方)。つまり、まず、研究(「会話データ分析―会話指導学習項目化」)が学習者と教師の「日常生活のインターアクション場面」を対象としたものであるという点が重要である。そして、教室内と教室外での実践(「会話教育実践／会話実践」)が日常生活での教師と学習者それぞれの「ネットワーク拡大」に繋がっているものであるという点も重要である。このように、「研究と実践の連携」と「日常生活のインターアクション」がそれぞれ連携しているべきなのである。

さらに、インターアクションを行いながら会話相手と交流を深める体験は、「日常生活のインターアクション場面」で実現されると同時に、「会話教育実践」における教室内と教室外での授業活動場面でも実現されるべきである。そのためには、授業ボランティアなどに授業活動に参加してもらい、協働による実際使用のアクティビティを行うことで連帯感や達成感を共に味わい、「日常生活のインターアクション場面」での「ネットワーク拡大」をさせるきっかけとする方法がある。そして、母語話者などの授業ボランティアが会話教育実践の場面に参加することによって、授業ボランティア自身が接触場面での日本語での会話の調整方法を体得し、「歩み寄りの姿勢」をもつことに繋げる機会になることが望ましいであろう。

　最後に、「日常生活のインターアクション場面」の中で学習者が参加する様々な「会話場面」同士も連携し合い、学習者のインターアクション能力が相乗的に向上していくことが望ましい(図中：下方)。特に、学習者が「ネットワーク拡大」をさせて様々な「会話場面」に参加していく環境を設定し、支援するためにも、教師自身も「ネットワーク拡大」を図ることが重要である。つまり、教室内外の会話教育実践を連携させるために、ボランティアを募集したり、教室外でフィールド・トリップを実施したりする際に、教師のネットワークが広くて優れたものであるほうがよい。学習者により多様で豊かな会話場面に参加することを支援しやすくなるからである。

　そして、教育実践の場に参加する授業ボランティアだけでなく、「日常生活のインターアクション場面」で学習者が遭遇する母語話者も、接触場面での「歩み寄りの姿勢」がもてるようになることが理想である。そのためには、より多くの母語話者に接触場面での会話に興味をもってもらい、日本語の「会話教育実践」の場に授業ボランティアとして参加する、あるいは、接触場面を扱った講義やセミナーに参加して意識化を図るなどの必要がある。

　このように、【図7-7】に示したモデルは、インターアクション能力育成のために、以下の7つの「連携」や「双方の関わり」から構成されている。

1) 教師と学習者による「研究と実践の連携」
2) 教室内外の授業活動の連携
3) 教師と学習者の「双方の学び」

4) 教師と学習者の「研究と実践の連携」と「日常生活のインターアクション場面」の連携
　5) 「教室内外の授業活動」と「日常生活のインターアクション場面」で出会う会話相手との交流
　6) 「日常生活のインターアクション場面」における様々な「会話場面」の連携（教師と学習者のネットワーク拡大）
　7) 学習者と母語話者の双方の「歩み寄りの姿勢」

こうした1)～7)の「連携」や「双方の関わり」が実現すれば、インターアクション能力の育成がより促進されるといえる。そして、さらに、インターアクション能力が向上すれば、1)～7)の「連携」や「双方の関わり」もより促進されるであろう（図中：両脇下向き矢印）。このように、【図7-7】のモデルは、「インターアクション能力の育成」と「研究と実践の連携」を中心によい循環を続けていくことを理想としている。

　以上、本書では、「インターアクション能力育成を目指した会話教育のための研究と実践の連携」について、筆者が教師として実際に行った「会話データ分析—会話指導学習項目化—会話教育実践」の連携とその循環のプロセスを例として述べた。人と人が知り合い、交流していくには、会話をすることが基本である。音声や非言語を用いてメッセージやメタメッセージを伝え合い、お互いの関係を確認し合いつつ、共に会話という空間の社会を作っていきたいというのが人間の本能なのではないかと考える。母語でも第二言語においても、自分が望むような形で会話に参加し、他者から認められ、楽しく安心できる場を多くもちたいと願うのは、人間の基本的な欲求であり、大切な権利である。これらを実現可能とし、非母語話者と母語話者が日本語の会話で交流することを支援していくために、今後も会話教育のための「研究と実践の連携」を行っていきたいと思う。
　本書では、主に、国内の大学機関における会話データ分析と会話教育実践、教員養成の教育実践データの分析をもとに、会話教育への提言を行った。ここから得られた結果がそのまま別の機関・領域での会話教育に当てはまるとは限らない。各領域によって、語彙などの言語行動や、話題の進め方

などの社会言語行動が異なってくるであろう。ましてや、どのような実質行動を行うかといった社会文化行動に至っては、授業を受ける、会議に参加する、引き継ぎをする、病室を掃除する、患者に食事をさせるなど、それぞれ、非常に個別性が強く、その多様性をすべて把握し切れるものではない。しかし、本書では、特に、人と人が交流していくための会話という、もっとも人間の会話の基本となる部分に焦点を当てて分析した。こうした共に会話という空間の社会を形成していく特徴は、家族や職場での会話にも共通してみられるものであろう。現在、日本語教育の必要性が高まっている看護・介護の場面でも、明るく働きやすい場作りの前提として、本書で述べたような会話によるメタメッセージを伝達・解読しながら、お互いに協力し合って動態的に調整していくようなインターアクション能力が必要とされるであろう。各領域によって、社会文化行動はそれぞれ異なるが、それらの社会文化行動を行う中で、会話によってどのようにお互いに楽しい空間を作り、交流して社会参加していくかという、人間のインターアクションの基本となる部分は共通するはずである。そのような点からも、本書で分析したような会話の特徴やそれを活かした会話教育への提案が国内外のより多くの領域での会話教育の現場や教員養成、教師研修に活かされていくことを願う。

　なお、本書で述べた筆者による会話教育のための研究と実践は、ほんの一例に過ぎない。今後は、さらなる「研究と実践の連携」を進めて自己研鑽を図るとともに、こうした連携に積極的に取り組める教師が増えることを願う。そのためにも、今後も自身の研究と実践をほかの教師に積極的に発信し、共有しつつ、教員養成や教師研修にも励んでいきたいと思う。

　さらに、今後の課題として、学習者の社会参加の面からの「研究と実践の連携」の充実が挙げられる。第1章第1節5で指摘したように、本書では、ミクロレベルでの社会的活動としての「会話」に焦点を当てて、そこで必要とされるインターアクション能力の育成について議論した。つまり、個人と個人が1対1で「会話」を共に構成していくというミクロな社会的活動がすべての社会的活動の核となると考えるため、まずは、この核となる「会話」から分析したのである。しかし、実際、学習者は、日常生活の家庭や職業などの領域や共同体などといったマクロレベルの様々な社会的活動に参加

し、そこで人間関係を構築しながら、各々が目指す自己実現への道を歩むものである。ミクロレベルでの「会話」におけるインターアクション能力を育成することは、マクロレベルの様々な社会的活動で成功していく1つの入り口に過ぎないともいえる。人間関係を構築したり、自己実現をしたりするためには、「会話」の能力だけでは、もちろん十分ではないだろう。

　今後は、こうしたミクロレベルとマクロレベルの社会的活動の両方から、学習者を取り巻く「社会」がいかに構成されているのかを多面的にみていく必要がある。共同体への参加といったマクロレベルの「社会」をみることによって、学習者がどのような環境で生活をし、どのような自己実現を目指しているのかといったことが把握できる。そして、その共同体の中で、学習者が実際にどのような会話に参加し、どのようなインターアクションを行っているのかといったミクロレベルの「社会」の実態も詳細にみていく必要もあるだろう。このように、学習者や教師達が共同体の中で人間関係構築や自己実現をしていくための社会参加のあり方と、そこで必要とされる能力、そして、そのためにどのような教育実践や支援が必要とされるのかについて、引き続き「研究と実践の連携」を行う中で明らかにしていきたい。

注
1　舘岡(2008: 53)は、「ピア・リーディング」の授業活動を通して、学習者の学び(学習活動)のサイクルと教師の学び(実践研究)のサイクルは「それぞれスパイラルに進化し、なおかつ共振する」と述べている。舘岡(2008: 53)によると、学習者も教師も目標に向けて行う活動とその振り返りから主体的に学び、自身を進化させつつ、互いに影響し合うとしている。

参考文献

相場いぶき・中井陽子(2010)「会話授業におけるストーリーテリングの分析―聞き手を引き込むために話し手が用いる言語的・非言語的・音声的要素―」『日本語教育方法研究会会誌』Vol.17 No.1 pp.70-71 日本語教育方法研究会

青木直子・大石美智恵・金敬善・小林浩明・竹腰道子・西野由夏・ニ・ニョーマン・ユダニンシー・林立梅(1998)「第二言語話者と第一言語話者とのやりとりにおける理解達成のプロセス」『就労を目的として滞在する外国人の日本語習得過程と習得にかかわる要因の多角的研究』平成6–8年度科学研究費補助金(基盤研究(A))研究成果報告書 研究代表者土岐哲 pp.80-123

阿部祐子(2009a)「授業における実践の変容―異文化を超えた親密化の促進をめざして―」『多言語多文化―実践と研究』Vol.2 pp.70-85 東京外国語大学多言語・多文化教育研究センター

阿部祐子(2009b)「共通課題の達成による留学生と日本人学生の親密化の深まり―多文化クラスにおける地域参加の事例から―」WEB版『日本語教育実践研究フォーラム報告』2009年度日本語教育実践研究フォーラム http://wwwsoc.nii.ac.jp/nkg/kenkyu/Forumhoukoku/2009forum/poster2009/P-20abe.pdf

池田玲子(2007)「第1章協働とは」池田玲子・舘岡洋子『ピア・ラーニング入門―創造的な学びのデザインのために』pp.1-19 ひつじ書房

井上春菜・中井陽子(2007)「日本語教育における映像の可能性―「映像で学ぶ日本語2、3」クラスの授業実践の分析―」第一回国際表現言語学会大会 配布資料 早稲田大学

猪狩美保(1999)「初級日本語学習者の「聞き返し」のストラテジー―初級日本語教科書との関連から―」『横浜国立大学留学生センター紀要』第6号 pp.15-25 横浜国立大学留学生センター

井之川睦美・小林由紀・土井眞美(2002)「研究生活において留学生が必要とする日本語能力と日本語使用の実態について―調査票の作成とその予備調査―」『群馬大学留学生センター論集』第2号 pp.65-84 群馬大学留学生センター

宇佐美まゆみ・嶺田明美(1995)「対話相手に応じた話題導入の仕方とその展開パターン―初対面二者間の会話分析より―」『名古屋学院大学日本語学・日本語教育論集』第2号 pp.130-145 名古屋学院大学留学生別科

薄井宏美(2007)『接触場面の参加者の役割から見る社会文化能力の習得―インターアク

ション場面のケーススタディから―」『千葉大学日本文化論叢』 pp.31-48　千葉大学文学部日本文化学会

欧州教材プロジェクト(2002)「多元性のある日本語教育教材研究及び作成―欧州広領域での使用を目指して―」『無差』第9号　pp.95-131　京都外国語大学日本学科研究会

大場美和子(2008)「接触場面における問題の対応能力の育成をめざして―日本人学部生に対する映像を利用した授業実践の分析―」WEB版『日本語教育実践研究フォーラム報告』2008年度日本語教育実践研究フォーラム　http://wwwsoc.nii.ac.jp/nkg/kenkyu/Forumhoukoku/2008ooba.pdf

大場美和子・中井陽子(2007)「接触場面における一日の会話の分析―IRFの枠組みからみた会話への参加のしかた―」南雅彦(編)『言語学と日本語教育V』pp.123-139　くろしお出版

大場美和子・中井陽子・土井眞美(2005)「会話への積極的参加の指導に向けて―第三者言語接触場面における上級学習者の談話技能と会話のスタイルの分析から―」『日本語教育方法研究会10周年記念論文集』pp.17-24　日本語教育方法研究会

大平未央子(2001)「ネイティブスピーカー再考」野呂香代子・山下仁(編著)『「正しさ」への問い　批判的社会言語学の試み』pp.85-110　三元社

岡崎敏雄(1987)「談話の指導―初～中級を中心に―」『日本語教育』62号　pp.165-178　日本語教育学会

岡崎敏雄(1994)「コミュニティーにおける言語的共生化の一環としての日本語の国際化―日本人と外国人の日本語―」『日本語学』第13巻第13号12月号　pp.60-73　明治書院

岡崎眸(2007)「第12章共生日本語教育とはどんな日本語教育か」岡崎眸(監修)、野々口ちとせ・岩田夏穂・張瑜珊・半原芳子(編)『共生日本語教育学―多言語多文化共生社会のために―』pp.273-308　雄松堂出版

小川早百合・村岡英裕・備前徹・足立祐子・佐々木倫子(2003)「「社会文化能力」の捉え方」『「日本語総合シラバスの構築と教材開発指針の作成」論文集　第3巻日本語教育の社会文化能力』pp.384-386　独立行政法人国立国語研究所

尾崎明人(1993)「接触場面の訂正ストラテジー―「聞き返し」の発話交換をめぐって―」『日本語教育』81号　pp.19-30　日本語教育学会

尾﨑明人(2010)「第1章作る前に」尾﨑明人・椿由紀子・中井陽子『日本語教育叢書「つくる」会話教材を作る』関正昭・土岐哲・平高史也(編)　pp.1-36　スリーエーネットワーク

加藤好崇(2007)『日本語教育における接触場面の規範研究―管理プロセスと規範の動態性

に関する考察―」博士学位論文　早稲田大学大学院日本語教育研究科
加藤好崇（2008）『日本語を媒体とした接触場面における規範の研究』平成 17–19 年度科学研究費補助金（基盤研究（C））研究成果報告書
蒲谷宏（2003）「「待遇コミュニケーション教育」の構想」『講座日本語教育』第 39 分冊　pp.1–28　早稲田大学日本語研究教育センター
蒲谷宏・坂本恵（1991）「待遇表現教育の構想」『早稲田大学日本語研究教育センター紀要』3　pp.23–44　早稲田大学日本語研究教育センター
川上郁雄（1999）「「日本事情」教育における文化の問題」「21 世紀の『日本事情』」編集委員会（編）『21 世紀の「日本事情」―日本語教育から文化リテラシーへ―』創刊号　pp.16–26　くろしお出版
串田秀也（2006）『相互行為秩序と会話分析―「話し手」と「共一成員性」をめぐる参加の組織化―』世界思想社
ゴウ、リサ＋鄭暎惠（1999）『私という旅―ジェンダーとレイシズムを越えて―』青土社
国立国語研究所（2003）「「日本語総合シラバスの構築と教材開発指針の作成」について」『「日本語総合シラバスの構築と教材開発指針の作成」　論文集　第 1 巻日本語総合シラバスの構築に向けて』pp.1–17　独立行政法人国立国語研究所
小林ミナ（1998）『日本語教師・分野別マスターシリーズ　よくわかる教授法』アルク
西條美紀（1999）『談話におけるメタ言語の役割』風間書房
坂本正・小塚操・架谷眞知子・児崎秋江・稲葉みどり・原田知恵子（1989）「「日本語のフォリナー・トーク」に対する日本語学習者の反応」『日本語教育』69 号　pp.121–146　日本語教育学会
佐久間まゆみ（2003）「はじめに」佐久間まゆみ（編）『朝倉日本語講座 7 文章・談話』pp.iii–iv　朝倉書店
佐々木由美（1998）「初対面の状況における日本人の「情報要求」の発話―同文化内および異文化間コミュニケーションの場面―」『異文化間教育』12 号　pp.110–127　異文化間教育学会
札野寛子・辻村まち子（2006）「大学生に期待される日本語コミュニケーション能力に関する調査について」独立行政法人国立国語研究所（編）『日本語教育の新たな文脈―学習環境、接触場面、コミュニケーションの多様性―』アルク　pp.221–257
ザトラウスキー、ポリー（1989）「あいづちとそのリズム」『月刊日本語』3 月号　pp.32–35　アルク
ザトラウスキー、ポリー（1993）『日本語の談話の構造分析―勧誘のストラテジーの考察―』くろしお出版

ザトラウスキー、ポリー(2002a)「日米におけるアニメーションのストーリーの語り方と非言語行動の相違」水谷修・李徳奉(編)『総合的日本語教育を求めて』pp.187-201　国書刊行会

ザトラウスキー、ポリー(2002b)「アニメーションのストーリーを語る際の話段と中心発話について」『表現研究』第76号　pp.33-39　表現学会

ザトラウスキー、ポリー(2003)「日本語の会話での話題・エピソード・発話連鎖について」パネルセッション「認知・相互作用・人間関係からみた日本語の会話における話題・エピソード・発話連鎖」『2003年度日本語教育学会秋季大会予稿集』pp.227-229　日本語教育学会

三宮真智子(1995)「メタ認知を促すコミュニケーション演習の試み「討論編」―教育実習事前指導としての教育工学演習から―」『鳴門教育大学学校教育研究センター紀要』No.9　pp.53-61　鳴門教育大学学校教育研究センター

重光由加(2003)「談話分析」小池生夫(編)『応用言語学事典』p.221　研究社

庄司惠雄・野口裕之・金澤眞智子・青山眞子・伊東祐郎・迫田久美子・春原憲一郎・廣利正代・和田晃子(2004)「大規模口頭能力試験における分析的評価の試み」『日本語教育』122号　pp.42-51　日本語教育学会

辛銀眞(2007)「日本語のフォリナー・トークに関する一考察―非母語話者日本語教師の意識調査を通して―」『早稲田大学日本語教育学』第1号　pp.25-37　早稲田大学日本語教育研究科

辛銀眞(2008)「日本国内現職非母語話者日本語教師のコミュニケーションストラテジー―多文化共生のためのフォリナー・トーク―」ICJLE 2008事務局(編)『日本語教育学世界大会2008　第7回日本語教育国際研究大会　予稿集1』pp.190-193　大韓日語日文学会

杉戸清樹(1983)「〈待遇表現〉気配りの言語行動」水谷修(編)『講座日本語の表現3　話しことばの表現』pp.129-152　筑摩書房

杉戸清樹(1987)「2.2 発話のうけつぎ」国立国語研究所(編)『国立国語研究所報告92　談話行動の諸相―座談資料の分析』pp.68-106　三省堂

杉戸清樹・沢木基栄(1979)「言語行動の記述―買い物行動における話しことばの諸側面―」南不二男(編)『講座言語第3巻　言語と行動』pp.273-319　大修館書店

椙本総子(2005)「はじめに―話しことばのシラバス開発の流れと課題―」『話しことば教育における学習項目(日本語教育ブックレット7)平成16年度国立国語研究所日本語教育短期研修・報告書』pp.1-8　独立行政法人国立国語研究所

鈴木香子(1995)『内容区分調査による対話の「話段」認定の試み』「国文目白」第34号

pp.76–84　日本女子大学国語国文学会編

田窪行則・金水敏（1997）「13. 応答詞・感動詞の談話的機能」音声文法研究会（編）『文法と音声』pp.257–279　くろしお出版

舘岡洋子（2007）「第3章ピア・ラーニングとは」池田玲子・舘岡洋子『ピア・ラーニング入門―創造的な学びのデザインのために』pp.35–69　ひつじ書房

舘岡洋子（2008）「協働による学びのデザイン―協働的学習における「実践から立ち上がる理論」―」細川英雄・ことばと文化の教育を考える会（編著）『ことばの教育を実践する・探究する―活動型日本語教育の広がり―』pp.41–56　凡人社

田中望（1988）『日本語教育の方法―コース・デザインの実際―』大修館書店

谷口すみ子（2001）「第1章日本語能力とは何か」青木直子・尾﨑明人・土岐哲（編）『日本語教育学を学ぶ人のために』pp.18–33　世界思想社

筒井佐代（2010）「質問から始まる連鎖組織の類型化―会話教育の指導項目を考える―」『社会言語科学会第25回大会発表論文集』pp.168–171　社会言語科学会

椿由紀子（2010）「第2章作って使う第3節会話活動を行う」尾﨑明人・椿由紀子・中井陽子『日本語教育叢書「つくる」会話教材を作る』関正昭・土岐哲・平高史也（編）pp.101–134　スリーエーネットワーク

土岐哲（1994）「聞き手の国際化」『日本語学』第13巻第13号12月号　pp.74–80　明治書院

戸田貴子（2004）『コミュニケーションのための日本語発音レッスン』スリーエーネットワーク

富阪容子（1997）『なめらか日本語会話』アルク

中井陽子（2002）「初対面母語話者／非母語話者による日本語会話の話題開始部で用いられる疑問表現と会話の理解・印象の関係―フォローアップ・インタビューをもとに―」『群馬大学留学生センター論集』第2号　pp.23–38　群馬大学留学生センター

中井陽子（2003a）「言語・非言語行動によるターンの受け継ぎの表示」『早稲田大学日本語教育研究』第3号　pp.23–39　早稲田大学大学院日本語教育研究科

中井陽子（2003b）「初対面日本語会話の話題開始部／終了部において用いられる言語的要素」『早稲田大学日本語研究教育センター紀要』16　pp.71–95　早稲田大学日本語研究教育センター

中井陽子（2003c）「話題開始部で用いられる質問表現―日本語母語話者同士および母語話者／非母語話者による会話をもとに』『早稲田大学日本語教育研究』第2号　pp.37–54　早稲田大学大学院日本語教育研究科

中井陽子（2003d）「話題開始部・中間部・終了部で用いられる評価表現」パネルセッショ

ン「認知・相互作用・人間関係からみた日本語の会話における話題・エピソード・発話連鎖」『2003年度日本語教育学会秋季大会予稿集』pp.233-235　日本語教育学会

中井陽子(2003e)「談話能力の向上を目指した会話教育―ビジターセッションを取り入れた授業の実践報告―」『講座日本語教育』第39分冊　pp.79-100　早稲田大学日本語研究教育センター

中井陽子(2004a)「話題開始部／終了部で用いられる言語的要素―母語話者及び非母語話者の情報提供者の場合―」『講座日本語教育』第40分冊　pp.3-26　早稲田大学日本語研究教育センター

中井陽子(2004b)「談話能力の向上を目指した総合的授業―会話分析活動と演劇プロジェクトを取り入れた授業を例に―」『小出記念日本語教育研究会論文集』第12号　pp.79-95　小出記念日本語教育研究会

中井陽子(2005a)「1　会話教育のための指導学習項目」『話しことば教育における学習項目(日本語教育ブックレット7)平成16年度国立国語研究所日本語教育短期研修・報告書』pp.9-33　独立行政法人国立国語研究所

中井陽子(2005b)「コミュニケーション・会話教育の視点から」『平成16年度文化庁日本語教育研究委嘱　音声を媒体としたテスト問題によって測定される日本語教員の能力に関する基礎的調査研究』pp.35-52　財団法人日本国際教育支援協会

中井陽子(2005c)「談話分析の視点を生かした会話授業―ストーリーテリングの技能指導の実践報告―」『日本語教育』126号　pp.94-103　日本語教育学会

中井陽子(2006a)「会話のフロアーにおける言語的／非言語的な参加態度の示し方―初対面の日本語の母語話者／非母語話者による4者間の会話の分析―」『講座日本語教育』第42分冊　pp.25-41　早稲田大学日本語教育研究センター

中井陽子(2006b)「日本語の会話における言語的／非言語的な参加態度の示し方―初対面の母語話者／非母語話者による4者間の会話の分析」『早稲田大学日本語教育研究センター紀要』19　pp.79-98　早稲田大学日本語教育研究センター

中井陽子(2008)「会話教育のための会話分析と実践の連携」『日本語学』第27巻第5号4月臨時増刊号　pp.238-248　明治書院

中井陽子(2010)「第2章作って使う　第4節会話授業のさまざまな可能性を考える」尾﨑明人・椿由紀子・中井陽子『日本語教育叢書「つくる」　会話教材を作る』関正昭・土岐哲・平高史也(編)　pp.135-188　スリーエーネットワーク

中井陽子・大場美和子(2006)「場面別の行動にみる事実の報告的発話と評価的発話の分析―接触場面における一日の会話データをもとに―」『社会言語科学会第17回大会発

表論文集』pp.142-145　社会言語科学会
中井陽子・大場美和子・土井眞美(2004)「談話レベルでの会話教育における指導項目の提案―談話・会話分析的アプローチの観点から見た談話技能の項目―」『日本語教育論集世界の日本語教育』第14号　pp.75-91　国際交流基金日本語事業部企画調整課
中井陽子・寅丸真澄(2010)「第8章講義の談話のメタ言語表現」佐久間まゆみ(編著)『講義の談話の表現と理解』pp.153-168　くろしお出版
中島義道(1997)『〈対話〉のない社会　思いやりと優しさが圧殺するもの』PHP研究所
中道真木男(1994)「第2部談話型一覧表」『日本語教育映像教材中級編関連教材　伝えあうことば　4機能一覧表』pp.183-226　国立国語研究所
日本語教員の養成に関する調査研究協力者会議(2000)『日本語教育のための教員養成について』文化庁
ネウストプニー、J. V. (1982)『外国人とのコミュニケーション』岩波書店
ネウストプニー、J. V. (1994)「日本研究の方法論―データ収集の段階―」『待兼山論叢　日本学篇』第28号　pp.1-24　大阪大学文学部
ネウストプニー、J. V. (1995a)『新しい日本語教育のために』大修館書店
ネウストプニー、J. V. (1995b)「日本語教育と言語管理」『阪大日本語研究』7　pp.67-82　大阪大学文学部日本学科(言語系)
ネウストプニー、J. V. (1997)「1. 日本語教育とネットワークの考え方―ネットワーク研究のためのガイド―」日本語教育学会ネットワーク調査研究委員会(編)『平成8年度文化庁日本語教育研究委嘱「国内の日本語教育ネットワーク作りに関する調査研究」―最終報告書―』pp.181-196　日本語教育学会
ネウストプニー、J. V. (1999a)「コミュニケーションとは何か」『日本語学』第18巻第7号　6月号　pp.4-16　明治書院
ネウストプニー、J. V. (1999b)「第1章言語学習と学習ストラテジー」宮崎里司・J. V. ネウストプニー(編)『日本語教育と日本語学習―学習ストラテジー論にむけて―』pp.3-21　くろしお出版
ネウストプニー、J. V. (2002)「インターアクションと日本語教育―今何が求められているか―」『日本語教育』112号　pp.1-14　日本語教育学会
橋内武(1999)『ディスコース　談話の織りなす世界』くろしお出版
林礼子(2002)「第5章コミュニケーションにおける相互行為」高原脩・林宅男・林礼子『プラグマティックスの展開』pp.123-164　勁草書房
伴紀子・宮崎里司・スルヤディムリア、アグス(1997)「インドネシア人日本語学習者のイ

ンターアクション行動　学習ストラテジーの観点より」『アカデミア文学・語学編』第 63 号　pp.33–43　南山大学

藤井洋子(2005)「談話分析」中島平三(編)『言語の事典』pp.175–191　朝倉書店

古川ちかし(1997)「2. ネットワークの社会的な意義」日本語教育学会ネットワーク調査研究委員会(編)『平成 8 年度文化庁日本語教育研究委嘱「国内の日本語教育ネットワーク作りに関する調査研究」―最終報告書―』pp.197–207　日本語教育学会

細川英雄(2002)『日本語教育は何をめざすか―言語文化活動の理論と実践―』明石書店

細川英雄(2003)「「個の文化」再論―日本語教育における言語文化教育の意味と課題」「21 世紀の『日本事情』」編集委員会(編)『21 世紀の「日本事情」―日本語教育から文化リテラシーへ―』第 5 号　pp.36–51　くろしお出版

細川英雄(2005)「実践研究とは何か―「私はどのような教室をめざすのか」という問い―」『日本語教育』126 号　pp.4–14　日本語教育学会

細川英雄(2006)「「社会文化能力」から「文化リテラシー」へ―日本語教育における「文化」とその教育概念をめぐって」『リテラシーズ―ことば・文化・社会の日本語教育へ―』pp.129–144　くろしお出版

堀口純子(1988)「コミュニケーションにおける聞き手の言語行動」『日本語教育』64 号　pp.13–26　日本語教育学会

堀口純子(1991)「あいづち研究の現段階と課題」『日本語学』第 10 巻第 10 号 10 月号　pp.31–41　明治書院

堀口純子(1997)『日本語教育と会話分析』くろしお出版

堀口純子(2004)「2. 日本語教師養成の視点からみた「日本語」の教育―日本語を意識すること、表現から場面を想像すること―」パネルセッション「大学での「日本語」教育の意味と可能性―日本語教育、国語教育、人間関係教育、アカデミック・スキルズ教育を結ぶ視点―」『2004 年度日本語教育学会秋季大会予稿集』pp.241–244　日本語教育学会

牧野成一(2001)「第 1 章理論編 OPI の理論と日本語教育」牧野成一ほか(著)『ACTFL-OPI 入門―日本語学習者の「話す力」を客観的に測る―』pp.8–49　アルク

松田陽子(1988)「対話の日本語教育学―あいづちに関連して―」『日本語学』第 7 巻第 13 号 12 月号　pp.59–66　明治書院

水谷信子(1984)「日本語教育と話しことばの実態―あいづちの分析―」金田一春彦博士古稀記念論文集編集委員会(編)『金田一春彦博士古稀記念論文集　第二巻　言語学編』pp.261–279　三省堂

水谷信子(1988)「話しことばの比較対照」国立国語研究所(監修)『日本語教師用参考書 II

話しことばのコミュニケーション』pp.85-108　凡人社
三角友子・仲矢信介(2002)「新考フォリナートーク―脱言語帝国主義の観点から―」『JALT日本語教育論集』第 6 号　pp.109-119　全国語学教育学会日本語教育研究部会
溝口博幸(1995)「インターアクション体験を通した日本語・日本事情教育―「日本人家庭訪問」の場合―」『日本語教育』87 号　pp.114-125　日本語教育学会
御手洗昭治(2004)『多文化共生時代のコミュニケーション力』ゆまに書房
南不二男(1972)「日常会話の構造―とくにその単位について」『月刊言語』第 1 巻第 2 号　pp.108-115　大修館書店
南不二男(1974)『現代日本語の構造』大修館書店
南不二男(1980)「フリの研究」『月刊言語』第 9 巻第 6 号　pp.48　大修館書店
南不二男(1993)「現代日本語論への新しい視点　談話分析」『国文学　解釈と教材の研究』第 38 巻 12 号 11 月号　pp.86-92　学燈社
南不二男(2003)「第 6 章文章・談話の全体的構造」佐久間まゆみ(編)『朝倉日本語講座 7 文章・談話』pp.120-150　朝倉書店
箕浦康子(1984)『子供の異文化体験―人格形成過程の心理人類学的研究―』思索社
三宅和子(2004)「4. 日本語教育の技術や考え方を活かした日本語学の専門教育―ことばへの気づきが探究心と知る喜びにつながる―」パネルセッション「大学での「日本語」教育の意味と可能性―日本語教育、国語教育、人間関係教育、アカデミック・スキルズ教育を結ぶ視点―」『2004 年度日本語教育学会秋季大会予稿集』pp.246-249　日本語教育学会
宮崎里司(2002)「接触場面の多様化と日本語教育：テレビ会議システムを利用したインターアクション能力開発プログラム」『講座日本語教育』第 38 分冊 pp.16-27　早稲田大学日本語研究教育センター
宮崎里司(2003)「学習ストラテジー研究再考：理論、方法論、応用の観点から」『早稲田大学日本語教育研究』第 2 号　pp.17-26　早稲田大学大学院日本語教育研究科
宮崎里司(2005)「日本語教科書の会話ディスコースと明示的(explicit)、暗示的(implicit)な調整行動：教科書談話から学べること・学べないこと」『早稲田大学日本語教育研究』第 7 号　pp.1-25　早稲田大学日本語教育研究科
宮崎里司(2009)「第二言語習得研究のパラダイムシフト―「共生言語」および「同化」に関する概念の再考察―」『日本言語文化研究会論集』第 5 号　pp.17-30　日本言語文化研究会
宮崎里司・西條美紀・中山由佳 (2000)「インターアクションと日本語イマーションプログラム：99 年度早稲田・オレゴン夏期日本語プログラム」『早稲田大学日本語研究教

育センター紀要』13　pp.113–128　早稲田大学日本語研究教育センター

宮副ウォン裕子・上田美紀・渡辺民江（2003）「カンバセーション・パートナー・プログラムの参加者は何を学びあったか―中部大学生と香港理工大学生の双方向的学習の調査と分析―」『留学生教育』第 8 号　pp.201–220　留学生教育学会

村岡貴子（2001）「大阪大学短期留学特別プログラム OUSSEP 上級日本語クラスにおけるビジターセッション―2000 年春学期の実践報告―」『大阪大学留学生センター研究論集多文化社会と留学生交流』第 5 号　pp.113–126　大阪大学留学生センター

村岡英裕（2003a）「アクティビティと学習者の参加―接触場面にもとづく日本語教育アプローチのために―」宮崎里司／ヘレン・マリオット（編）『接触場面と日本語教育　ネウストプニーのインパクト』pp.245–259　明治書院

村岡英裕（2003b）「社会文化能力はどのように習得されるか―社会文化規範の管理プロセスからシラバスの構築へ―」『「日本語総合シラバスの構築と教材開発指針の作成」論文集　第 3 巻日本語教育の社会文化能力』pp.458–495　独立行政法人国立国語研究所

メイナード、泉子・K（1992）『日英語対照研究シリーズ（2）会話分析』柴谷方良・西光義弘・影山太郎（編）　くろしお出版

森敏昭（2002）「10 章学習指導の心理学エッセンス」海保博之・柏崎秀子（編）『日本語教育のための心理学』pp.153–176　新曜社

森山卓郎（1996）「情動的感動詞考」『語文』第 65 輯　pp.51–62　大阪大学国語国文学会

矢部まゆみ（2005）「日本人ボランティアとの出会いと対話を基軸とした授業活動の可能性についての考察―早稲田オレゴン夏期日本語プログラムでの実践から―」『講座日本語教育』第 41 分冊　pp.119–143　早稲田大学日本語研究教育センター

矢部まゆみ（2007）「日本語学習者はどのように「第三の場所」を実現するか―「声」を発し響き合わせる「対話」の中で―」小川貴士（編）『日本語教育のフロンティア―学習者主体と協働―』pp.55–78　くろしお出版

横須賀柳子（2003）「ビジター・セッション活動の意義とデザイン」宮崎里司・ヘレン・マリオット（編）『接触場面と日本語教育　ネウストプニーのインパクト』pp.335–352　明治書院

吉田研作（1992）「異文化教育としての英会話」渡辺文夫（編）『現代のエスプリ―国際化と異文化教育　日本における実践と課題』299 号　pp.79–88　至文堂

ロング、ダニエル（1992）「日本語によるコミュニケーション―日本語におけるフォリナー・トークを中心に―」『日本語学』第 11 巻第 13 号 12 月号　pp.24–32　明治書院

渡辺文生 (2003)『日本語学習者と母語話者の語りの談話における指示表現使用についての研究』平成 13-14 年度科学研究費補助金（基盤研究(C)(2)）研究成果報告書

欧文文献

Bateson, Gregory. (1972) *Steps to an ecology of mind*. San Francisco, Scranton, London, Toronto: Chandler Publishing Company. (佐藤良明（訳）(2000)『精神の生態学』新思索社）

Birdwhistell, Ray L. (1970) *Kinesics and context*: Essays on body motion communication. Philadelphia: University of Pennsylvania Press.

Brown, Gillian and George Yule. (1983) *Discourse analysis*. Cambridge: Cambridge University Press.

Canale, Michael. (1983) *From communicative competence to communicative language pedagogy*. Language and Communication, ed. by Jack C. Richards and Richard W. Schmidt. London: Longman.

Christensen, Mattthew B. and Mari Noda. (2002) *A performance-based pedagogy for communicating in cultures: Training teachers for East Asian languages*. Ohio: National East Asian Languages Resource Center, The Ohio State University.

Council of Europe. (2002) *Common European framework of reference for languages: Learning, teaching, assessment. 3rd printing*. Cambridge: Cambridge University Press. (吉島茂・大橋理枝（訳・編）(2004)『外国語教育 II ―外国語の学習、教授、評価のためのヨーロッパ共通参照枠―』朝日出版社）

Erickson, Fredrick and Feffrey Schultz. (1982) Chapter 3: Research methods and procedures: An Overview. *The counselor as gatekeeper: Social interaction in interviews*. pp.49–67. New York: Academic Press.

Fan, Sau Kuen Clare. (1994) Contact situations and language management. *Multilingua*, 13.3: 237–252.

Ferguson, Charles A. (1975) Towards a characterization of English foreigner talk. *Anthropological linguistics*. 17.1: 1–14.

Goffman, Erving. (1964) The neglected situation. *American anthropologist*. 66.6: 133–136.

Goodwin, Charles. (1981) *Conversational organization: Interaction between speakers and hearers.* New York: Academic Press.

Grice, H. Paul. (1975) Logic and conversation. *Syntax and semantics 3: Speech acts,* ed. by Peter Cole and Jerry L. Morgan. pp.41–58. New York: Academic Press.

Gumperz, John J. (1982) *Discourse strategies.* Cambridge: Cambridge University Press.

Hymes, Dell H. (1962) The ethnography of speaking. *Anthropology and human behavior,* ed. by T. Gladwin and W. Sturtevant. pp.13–53. Washington. D.C.: Anthropological Society of Washington.

Hymes, Dell H. (1972a) On communicative competence. *Sociolinguistics,* ed. by J. B. Pride and Janet Holms. pp.269–293. Harmondsworth: Penguin Books.

Hymes, Dell H. (1972b) Models of interaction of language and social life. *Directions in sociolinguistics*: The ethnographic of communication, ed. by John J. Gumperz and Dell Hymes. pp.35–71. New York: Holt, Rinehart and Winston.

Jakobson, Roman. (1963) *Essais de linguistique générale.*（川本茂雄・田村すゞ子・村崎恭子・長嶋善郎・中野直子(訳)（1973)『一般言語学』みすず書房）

Jakobson, Roman. (1980) *Framework of Language.* Michigan Studies in the Humanities.（池上嘉彦・山中桂一(訳)（1984)『言語とメタ言語』勁草書房）

Jorden, Eleanor H. (1987) The target-native and the base-native: Making the team. *Journal of the association of teachers of Japanese.* 21.1: 7–14.

Kasper, Gabriele. (2006) Beyond repair: Conversation analysis as an approach to SLA. *AILA Review.* 19: 83–99.

Kato [Nakai], Yoko. (1999) *Topic shifting devices used in Japanese native/native and native/non-native conversations.* University of Minnesota: MA thesis.

Kramsch, Claire. (1993) *Context and culture in language teaching.* Oxford: Oxford University Press.

Lado, Robert. (1988) *Teaching English across cultures: An introduction for teachers of English to speakers of other languages.* New York: McGraw-Hill.

Levinson, Stephen C. (1983) *Pragmatics.* Cambridge: Cambridge University Press.（安井稔・奥田夏子(訳)（1990)『英語語用論(Pragmatics)』研究社出版）

Maslow, Abraham H. (1968) *Toward a psychology of being.* New York: D. Van Nostrand Company.

McNeill, David. (1992) *Hand and mind*: What gestures reveal about thought. Chicago: University of Chicago Press.

Nakai, Yoko Kato. (2002) Topic shifting devices used by supporting participants in native/native and native/non-native Japanese conversations. *Japanese Language and Literature.* 36.1: 1–25.

Oxford, Rebecca L. (1990) *Language learning strategies: What every teacher should know.* New York: Newbury House Publisher. (宍戸通庸・伴紀子 (訳) (1994)『言語学習ストラテジー　外国語教師が知っておかなければならないこと』凡人社)

Sacks, Harvey, Emanuel A. Schegloff and Gail Jefferson. (1974) A simplest systematics for the organization of turn-taking for conversation. *Language* 50.4: 696–735.

Sacks, Harvey, Emanuel A. Schegloff and Gail Jefferson. (1978) A simplest systematics for the organization of turn-taking for conversation. *Studies in the organization of conversational interaction*, ed. by Schenkein, Jim. pp.7–55. New York: Academic Press.

Schegloff, Emanuel A. (1996) Turn organization: One intersection of grammar and interaction. *Interaction and grammar,* ed. by Elinor Ochs, Emanuel A. Schegloff and Sandra Thompson. pp.52–133. Cambridge: Cambridge University Press.

Tannen, Deborah. (1984) *Conversational style: Analyzing talk among friends.* Norwood, New Jersey: Ablex Publishing Corporation.

Tannen, Deborah. (1986) *That's not what I meant!: How conversational style makes or breaks relationship.* New York: Ballantine Books.

Tannen, Deborah. (1989) *Talking voices: Repetition, Dialogue, and Imagery in Conversational Discourse.* Cambridge: Cambridge University Press.

巻末資料

本書で述べた「研究」と「実践」で実際に用いた資料を掲載する。

第3章の資料
【巻末資料3.1-1】会話感想シート(Comments on your conversation)
【巻末資料3.1-2】同意書(Consent form)

第4章の資料
【巻末資料4.3-1】聞き返しのしかた(Clarification Questions)
【巻末資料4.3-2】いい聞き手になるために(Becoming a good listener)
【巻末資料4.3-3】日本・東京のおもしろいところ・おもしろいもの
【巻末資料4.3-4】文と文のつなげ方(Connecting Sentences)
【巻末資料4.3-5】会話のタイプ(Conversation Types: Q&A types)
【巻末資料4.3-6】質問のしかた
【巻末資料4.3-7】司会者の役割(Role of moderator)
【巻末資料4.4-1】日本語ボランティアの友だちと行くキャンパス探検計画書
【巻末資料4.4-2】キャンパス探検で一番印象に残った所

第5章の資料
【巻末資料5.2-1】会話データ分析の練習シート
【巻末資料5.2-2】会話分析項目の例
【巻末資料5.2-3】会話データ分析①発表自己分析評価シート
【巻末資料5.2-4】会話データ分析②会話データ収集計画書
【巻末資料5.3-1】トークショー『ごきげんよう』分析ワークシート
【巻末資料5.3-2】恋愛番組『あいのり』分析ワークシート
【巻末資料5.3-3】ビデオプロジェクト自己会話分析シート
【巻末資料5.3-4】会話の宿題レポート
【巻末資料5.3-5】キャンパス探検中の会話

【巻末資料 3.1-1】

会話感想シート (Comments on your conversation)

お名前： サバス（仮名）

1) 会話の全体的な印象 Overall impression on the conversation

It was a very useful and interesting experience. We've discussed about several subjects concerning Japanese and Greek way of living, Q University etc. I've made a lot of practise in speaking Japanese.

2) 会話相手の印象 impression of your conversational partner

She was very interesting person and an excellent listener. She was very patient with my problems in Japanese speaking.

3) 会話でよかった点 Good points in conversation

- History of Q
- We were both not worried by the fact that we were recorded
- Greek and Japanese lifestyle.

4) 会話で難しかった点 Difficult points in conversation

- The weather was very hot
- Because of the summer holidays we couldnot enter some buildings we wanted
- Because of my poor vocabulary I couldnot unders some points about the establishment of Q Univers

5) 会話の理解度 (%) How much percent did you understand the conversation?

70%

6) 日本語の会話クラスで練習したいこと
What activities do you want to practice in Japanese conversation class more?

Big long conversations

【巻末資料 3.1–2】

同意書（Consent form）

この度、あなたが参加されました録音・録画会話データ、口頭発表データ、作成レポート資料を、今後の日本語教育の発展に役立てるために、研究分析の対象とさせていただきたいと思います。ご提供くださいましたデータは、学会発表、論文出版、教材などで、使わせていただく場合、あなたのお名前や所属機関などのプライバシーが分からない形にいたします。また、これらの資料は、調査者の中井陽子、調査者の同意のもとで選ばれた研究者のみが使用させていただくこととし、調査者が責任を持って保管いたします。また、これらの資料は、将来、学会発表などの際、会場で流すこともあります。ご不明な点がございましたら、中井（yokonakai@akane.waseda.jp）までよろしくお願い致します。

　　You are invited to be in a research study of Japanese classroom activities. I ask that you read this form and ask any questions you may have before agreeing to be in the study.

　　The purpose of this study is to analyze how Japanese learners and classroom volunteers are interacting and participating in Japanese class, and to apply the findings to Japanese pedagogy. The students' essays, audio/video recordings and transcripts from this project will be kept private. In any sort of transcript or report that I might publish, I will not include any information that will make it possible to identify a subject, i.e., I will not use the real names of the speakers who I recorded. The video recordings and transcripts will only be used by the investigators, or by other researchers chosen at the discretion of the investigator who will be the only ones to have access to the recordings and transcripts. The video recordings may be played for audiences in the conferences or for learners in Japanese classes in the future.

　　The investigator conducting this study is Yoko Nakai. You may ask any questions you may have now. If you have questions later, you may contact us at yokonakai@akane.waseda.jp.

同意文：
私は上述の事柄をすべて読み、不明な点は質問し、明らかにし、録音／録画会話データ、作成レポートを研究のために使用することに同意します。

Statement of consent:
I have read the above information. I have asked questions and received answers. I consent to participate in this study.

ご署名 Signature：_____

ご署名日時 Date：_____

E メールアドレス E-mail address：_____

【巻末資料 4.3-1】

聞き返しのしかた（Clarification Questions）

分からないことをはっきり伝える

　すみません、ちょっと意味が分かりません。
　〜・・・ちょっと分かりません。
　もう一度言っていただけますか／もらえませんか。
　もう少しゆっくり話していただけませんか／もらえませんか。
　〜ってどういう意味ですか。
　〜って何ですか。
　〜って英語で何ですか。
　〜の部分 parts が分かりませんでした。
　〜の部分を（もう一度）説明して｜いただけませんか。
　　　　　　　　　　　　　　　　｜もらえませんか。
　〜？（くりかえし repetition）
　〜・・・（くりかえし repetition）
　はい？
　えっ？
　ん？
　はあ？
　あのー・・・
　それは、〜ということですか。
　（言い換え rephrasing、例を示す showing an example, etc.）
　うーん・・・
　Pausing
　ええ、ええ、ええ・・・
　　・後で意味が分かるまで聞き続ける
　　　　continuing to listen till you understand the meaning
　　・必要な分かる情報だけ聞き取る
　　　　listening for important/understandable information only
　　・だいたいの情報だけ分かる
　　　　comprehending overall information only
　話題をかえる shifting the topic

分からないことを伝えない

【巻末資料 4.3-2】

いい聞き手になるために (Becoming a good listener)

あいづちの打ち方

ていねい formal	ふつう neutral	くだけた casual
はい。／はい、はい。 はい、はい、はい。	ねー。／ねーねー。 ねーねーねー。	うん。／うーん ふんふん。／ふんふんふん。 ふーん。
ええ。／ええ、ええ。 ええ、ええ、ええ。	あー。／あーあー。 あーあーあー。	そう。／そうそう。 そうそうそう。
そうですか。／そうですか♪ そうなんですか。	はあー。／はーはー。 はーはーはー。	そうか。／そうかあ。／そっか。 そうなのか／そうなの。 そう♪／そうか♪／そうなの♪
そうですねえ。／そうですね♪	うん、うん、うん。 うーん。	そう(だ)ねえ。／そう(だ)ね♪ そうだろうねえ。／そうだろうね♪
そうでしょうねえ。 そうでしょうね♪	へー。／えー♪ まあ！ あらー。	そうねえ。／そうね♪ そうだよねえ。／そうだよね♪ そうよねえ。／そうよね♪
そうですよね？ そうですよねえ。		そういうわけか。 その通り。
その通りですね。 本当ですか？	なるほど。 なるほどねえ。	ほんと♪／まじ♪ うそ。／うそだろう♪ うそでしょ♪

タイミング： ＿＿＿＿、 ＿＿＿＿、 ＿＿＿＿。
　　　　　　うん　　　ああ　　　あー、そうですか。
　　　　　　　　　　　　　　　　いいですねえ。

コメント

好ましい状況 preferable situation

　へー、それはよかったですねえ／あー、よかった。
　わー、いいですねえ／いいねえ／いいなあ。
　へー、すごいですねえ／すごい！／すごいなあ。
　へー、おもしろいですねえ／おもしろい。／おもしろいなあ。
　うわー、おもしろそうですねえ／おもしろそう／おもしろそうだなあ。
　へー、それは楽しいですねえ／楽しい。／へー、楽しいなあ。
　うわー、おいしそうですねえ／おいしそう（ねえ）／おいしそうだなあ。
　えー、うらやましい。

好ましくない状況 unpreferable situation

　あー、それは大変でしたねえ／大変！
　それは残念ですねえ／残念。
　うわー、それはひどいですねえ／ひどい！／ひどいなあ。
　えー、それはだめですよねえ／それはだめ（だ）よね。
　えー、それは困りますよねえ／それは困る（わ）よねえ／それは困るなあ。
　やだ／やだー。

【巻末資料 4.3-3】

日本・東京のおもしろいところ・おもしろいもの

名前：＿＿＿＿＿＿＿＿＿＿＿＿＿

★1　ボランティアの友だちに東京のおもしろいところ・ものについて聞きましょう。

れい）東京の中でおもしろいところは、どこですか。－新宿です。
　　　新宿ってどんなところですか。
　　　　　　　　　　－人がたくさんいて、にぎやかなところです。
　　　何がありますか。－デパートや店がたくさんありますよ。
　　　どの店がいいですか。－～がいいですよ。
　　　新宿へはどうやって行きますか。
　　　どのぐらいかかりますか。
　　　　　・・・
　　　ほかに東京の中でおもしろいところを教えてください。

あなたの名前：（　　　　　　　　　　　　　）

友だちの名前	場所 place	コメント
さん		
さん		
さん		

★2　友だちから聞いた東京のおもしろいところ・ものについて、スピーチをしましょう。

れい）東京のおもしろい場所について田中さんに聞きました。田中さんによると（according to）、おもしろい場所は、新宿だそうです（I heard）。新宿には、人がたくさんいて、デパートやお店がたくさんあるそうです。新宿は、高田馬場からJR山手線で2つ目だそうです。みなさんも、ぜひ（by all means）行ってみてください！

【巻末資料 4.3-4】

文と文のつなげ方（Connecting Sentences）

言いよどみ fillers, hesitation noises

ていねい	ふつう	くだけた
あの、／あのー、 あのですねえ、 その、／そのー、 そのですねえ、 えー、 そうですねえ、	あー、 うーん、 えっと、／えっとー、 まあ、 なんか、	あのね、／あのねえ、 あのさ、／あのさあ、 そのね、／そのねえ、／そのさあ、 えっとね、／えっとねえ、／えっとさあ、 うんと、／うんとー、 うーんと、／うーんとー、 うんとねえ、／うんとさあ、 うーんとさあ、 そう(だ)ねえ、

メタ言語 meta-language（思い出せない時 when you don't recall words）

ていねい	くだけた
何でしょう。 何と言うんでしょう。	何だろう。 何ていうの？
何でしたっけ。 何と言うんでしたっけ。 何と言うんですか？ 何ですか？	何だったっけ。 何て言うんだったっけ。 何？ ほら。
あれですよね？／あれですよねえ。 お分かりになりますよねえ。	あれ(だ)よねえ。 あれ。 分かるでしょう？
あー、言葉を忘れてしまいました。 うーん、分かりません。 あー、うまく言えませんねえ。 あー、もー、ここまで来てるんですけどねえ。 うーん、思い出せませんねえ。 あのー、ちょっと待ってください。	あー、言葉忘れちゃった。 うーん、分かんない。 あー、うまく言えないなあ。 あー、もー、ここまで来てる（んだけどなあ。） うーん、思い出せない（なあ）。 あー、ちょっと待って。
〜って何でしたっけ。 〜って何て言うんでしたっけ。	〜って何だったっけ。 〜って何て言うんだったっけ。

【巻末資料 4.3-5】

会話のタイプ (Conversation Types: Q&A types)

①相手(your partner)に質問してもらう。
Your partner asks questions about you.
（緊張して自信がない時 When you are nervous／相手がたくさん質問してくる時）

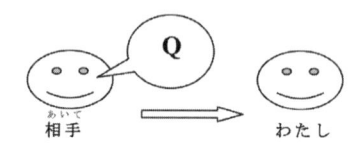

②お互いに(each other)質問し合う。（聞かれたら聞き返す。）
Ask each other questions.

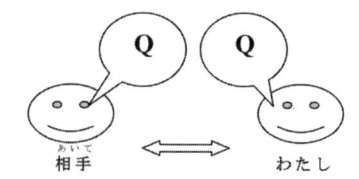

③相手について質問していく。You ask questions about your partner.
（インタビューの時／相手が静かなタイプの時）

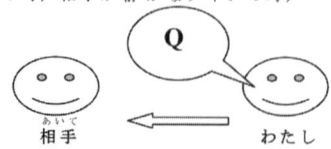

【巻末資料 4.3-6】

質問のしかた

1) いい人間関係(human relationship)・社会関係(social relationship)を作るための質問
   1. 相手に興味(interest)があるという態度(attitude)を見せる。
      例）出身はどこですか。
      例）英語が上手ですね。どこで勉強したんですか。
   2. 相手に興味を持ってもらう話題(topic)を出す質問
      例）駅前に新しいショッピングモールができるって知ってますか。
      例）昨日の野球の試合、見ましたか。
   3. 相手・相手のもの・話題についての事実(fact)／情報(information)を聞く質問
      例）趣味は何ですか。／お仕事は？
      例）スキーが好きなんですよね？
   4. 相手の意見(opinions)・感想(comments)についての質問
      例）アメリカの音楽についてどう思いますか。
      例）オリンピック、どの国が勝つと思いますか。

2) 質問のかたち
   1. 疑問詞（Wh-questions）
      例）いつ、どこ（どちら）、だれ（どなた）、何、
      　　どれ、どっち（どちら）、どの、どんな（どのような）、
      　　どうして、どのぐらい、どうやって（どのように）、etc.

   2. 〜か？／ね？　（Yes/No questions）
      例）学生さんですか？／明日、行きますね？

   3. 〜？ (Rising intonation)
      例）学生さんです？／明日、行くでしょう？

3) 確認(confirmation)したり、詳しく(in detail)聞く質問
      例）A:あんまり好きじゃないですねえ。
      　　B:えっ、何がですか。／だれが？／どうして？／田中さんが？
      　　／バナナが？

【巻末資料 4.3-7】

司会者の役割 (Role of moderator)

①司会者が全体に質問をする

「好きな食べ物は何ですか。」

司会者　Aさん　Bさん　Cさん

-----

②司会者が一人ずつに質問をする。

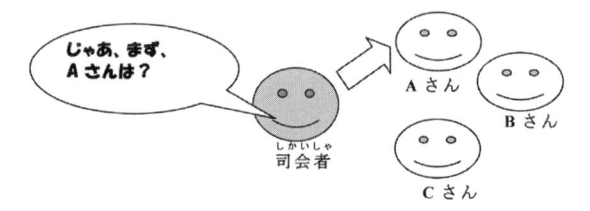

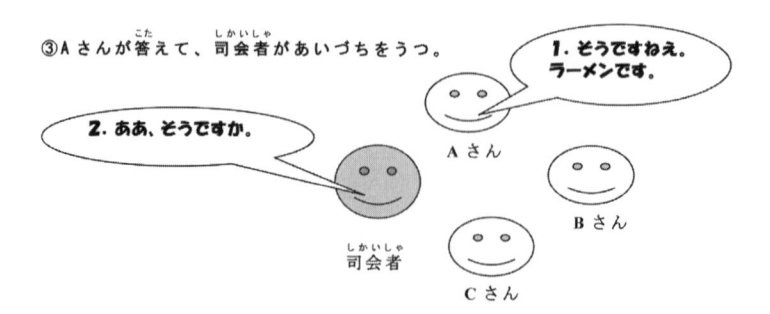

「じゃあ、まず、Aさんは？」

司会者　Aさん　Bさん　Cさん

-----

③Aさんが答えて、司会者があいづちをうつ。

1. そうですねえ。ラーメンです。

2. ああ、そうですか。

司会者　Aさん　Bさん　Cさん

④Bさんとcさんが答えて、司会者があいづちをうつ。

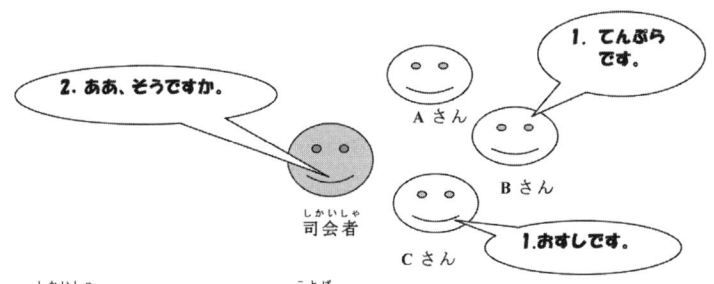

2. ああ、そうですか。

1. てんぷらです。

Aさん
Bさん
司会者
Cさん

1. おすしです。

⑤司会者がコメント、まとめの言葉(summary utterances)を言う。

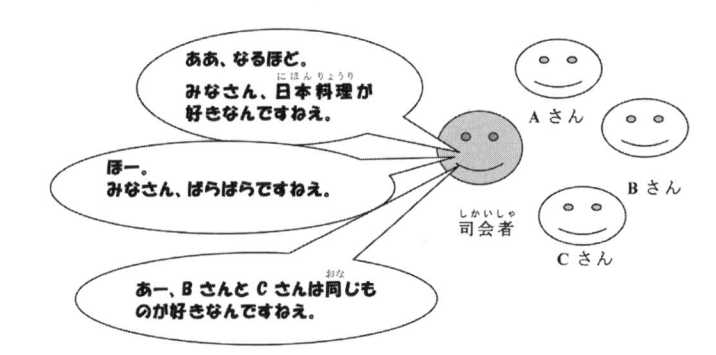

ああ、なるほど。
みなさん、日本料理が好きなんですねえ。

ほー。
みなさん、ばらばらですねえ。

あー、BさんとCさんは同じものが好きなんですねえ。

Aさん
Bさん
司会者
Cさん

⑥司会者があいづちなどでトランジションを作って、次の質問をする。

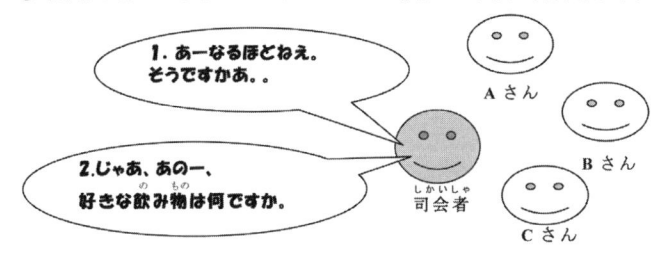

1. あーなるほどねえ。
そうですかあ．．

2. じゃあ、あのー、
好きな飲み物は何ですか。

Aさん
Bさん
司会者
Cさん

★ ①から⑥をくりかえす(repeat)

【巻末資料 4.4-1】

日本語ボランティアの友だちと行く

キャンパス探検　計画書

学生氏名：　サバス（仮名）
ボランティア氏名：　麻美（仮名）
日時：8月10日（金）14時50分－15時50分
ツアーのスケジュール

時間	見学場所	面白い点・見たいもの
① 14時50分	22号館201号室　出発	
②	I cafe	友達に会う（ギリシャ語） コーヒーを買う
③	はくぶつかん P 博物館	日本のものを見る 写真をたくさん撮る
④	コンビニ（F マート）	品物を見る
⑤		
⑥		
⑦		✓
⑧		
⑨		
⑩ 15時50時	22号館201号室　到着	教室でみんなに会う。

【巻末資料 4.4-2】

キャンパス探検で一番印象に残った所

学生氏名：　　サバス（仮名）
ボランティア氏名：　麻美（仮名）

★キャンパス探検で一番印象(impression)に残った所、面白かった所について説明しましょう。
　1．どこにあるか、どんな所か、何があるか
　2．ボランティアやグループの友達の感想や意見、エピソードなど
　3．あなたの感想や意見、エピソードなど

> まちは カフェ "エ" へ 行きました。そのあとで
> ① の どうぞう と えんけきの はくぶつかん
> へ 行きました。カフェ "エ" にまた いって コーヒーを
> 買いました。そうで、コンビニに 行った と
> ② 大学の としょかん へ 行きました。そのあ
> いだ 麻美 さんと いろいろ おもしろい こと を
> はなして いました。きれいな 写真 も とりました。
> たのしかった ですが あついから つかれて
> きょうしつ へ かえりました。

【巻末資料 5.2-1】

会話データ分析の練習シート

タスク	1. 次のものをマークしましょう。 　　a. あいづち 　　b. 質問 　　c. ～んです、 　　d. 接続詞 (connections) 　　e. コメント 2. 1でマークしたものはどんな時に使われているでしょうか。

★Aさん（native 女）とBさん（native 女）が初めて会った時の会話

話題2：Aの今までの歴史　(34-47)
　　　　(…)
　34A：　私、英語の先生だった、
　35A：　教員だったんですよー。{笑い}
　36Y：　あーそう//ですか。
　37A：　　　　　で、それをやめてー、
　38Y：　うん。
　39A：　この夏にやめてー、
　40A：　でー、まー、あのー、こっちに来てからー
　41Y：　//うん。
　42A：　２ヵ月ぐらいもう経つんですけどもー
　43Y：　うーん。
　44A：　で、昨日が始めての授業？
　45A：　//{笑い}
　46Y：　あー、そうなんです//かー。
　47A：　今日は２日目だったんですけども。

話題3：Aのアメリカでの経験　(48-57)
　48Y：　じゃ、アメリカ初めてなんですか？
　49A：　あっ、アメリカは２回めで、
　50A：　一度、カリフォルニアに、
　51Y：　うーん。
　52A：　て言っても、まー、たったの１か月だったんですけど//も、
　53Y：　　　　　　　　　　　　　　　　　　あーそうですか。
　54A：　今度は、ま、２年、
　55Y：　うーん。
　56A：　いるということなんですが。
　57Y：　あー。

話題4：Yの今までの歴史　(58-112)
　58A：　Yさんは、どんな感じなんですか？
　59Y：　いや、私ー、もう、いや、
　　　　　{笑い}えっ、４年ぐらいになるんですけどー。

【巻末資料 5.2-2】

会話分析項目 の 例

★以下の項目を、人間関係(human relationship)、状況(situation)、話題(topics)などを見て、分析してみましょう。

1. あいづち、うなずき
2. コメント
3. 繰り返し(repetition)
4. 言い換え(rephrase)
5. 聞き返し
6. ほめ言葉（compliment)
7. スピーチレベル（です／ます体 vs. くだけた言葉）
8. 敬語
9. 発話(utterances)の長さ、スピード
10. 質問と応答のパターン 　　A：質問―B：答え―A：質問―B：答え...
　　　　　　　　　　　　　　 A：質問―B：答え―A：答え＋質問...
11. 質問の種類
12. 話題のつながり方
13. 話題のかえ方
14. ジェスチャー、非言語行動（non-verbal behavior）
15. 沈黙（Pause, Silence）
16. 発話と発話をつなぐ言葉（接続表現、いいよどみ）
17. メタ言語
18. 説明のしかた
19. ストーリーテリング
20. あいさつのしかた
21. フォーリナー・トーク
22. 気づかい、思いやりの発話(consideration; kindness; politeness)
23. 笑い
24. ジョーク、ユーモア
25. 言葉の強調のしかた
26. ターンテイキング（取り方、渡し方、終わり方など）
27. あいまい表現、省略（omission）
28. 女性語／男性語、方言、若者言葉、世代差
29. 電話の始め方、終わり方

【巻末資料 5.2-3】

会話データ分析① 発表　自己分析評価シート

発表者・分析評価者　　学習者5.2 M

	満点	得点
1. 分析内容　二つの重点をわかりやすく発表したかったのです。内容について質問が出なかったので多分よく通じさせたと思います。	10	8
2. 構成、説明の仕方・順番・ポイントの提示の仕方　発表を二つの点に分けて、初めにこれを言い説明したのがみんなにとってわかりやすかった。トランスクリプトをハンドアウトと一緒に載せたのも見やすかった。でも誤解説明の参考文献を載せるのを忘れました。	10	9
3. 表現 ＊声の大きさ：たまに小さくなってまた大きくなる、まんなかのせいがたて ＊スピード：ゆっくり話して時々インターバルをしたのがよかと思います。 ＊視線：時々紙を見すぎと思う。 ＊強調：手を使って強調したかったんです。 ＊ポーズ：日時々手をプケットに入れたり、胸を組みをしました。それがよくない） ＊発音・イントネーションなど：発音はまだ少しドイツっぽいだと思います。 ＊ビデオの見せ方：ビデオを見せる前に説明して、二回見せるのがわかりやすい ＊レジメ：少し矢豆かすぎだったクモ… ＊PPT：／	10	8
4. 文法・語彙　先生が教えてくれた点を全体使おうと思ってこの発表を作りました。もちろん文法はまだまちがってこてると思います	5	3
5. 質問への応答　他者の発表へのコメント　質問は一つだけ出たけどそれにすぐ答えられました。	5	4
合計点 Total Point	40	32

コメント Comments

＊
☆ 発表の仕方に注意して、よく準備しましたね。
　みんなのとても いいお手本になりました。
　「誤解」の起こるメカニズム、会話例の説明を
　もう少し くわしくできると もっとよかった かもしれません。

【巻末資料 5.2-4】

会話データ分析②　会話データ収集計画書

学生氏名	学習者 5.2G
ボランティア氏名	×× さん
会話分析のテーマ： 例）あいづち、ジェスチャー、あいさつ、誘い／依頼ー断り、敬語、スピーチスタイル、言葉の長さ・省略 omission、告白 confession	先 せんぱいとこうはいに対する敬語
会話の種類： 例）雑談、働きかける会話、インタビュー、スピーチ、メール	働きかける会話
会話場面・場所： 例）大学、食堂、店、家	寮?、食堂, etc.
会話参加者（人間関係）： 例）家族、友人、同僚、教師と生徒、上司と部下、恋人	同じ寮の人
収集日	12/4/05
収集者名	
収集方法： 例）DVD ビデオカメラ 　　8mm ビデオカメラ 　　デジタルビデオカメラ 　　テレビ録画、映画ビデオダビング	デジタルビデオカメラ
同意書（Consent form）の使用	⦿使用する　　使用しない
フォローアップインタビューの実施	⦿実施する　　実施しない

【巻末資料 5.3-1】

トークショー『ごきげんよう』 分析ワークシート

名前：_学習者5.3J_

1. 司会者の特徴で気づいたことを書きましょう。

おおきい、スマイル　　　　　　　オーバーな動きをする。 新しいトピックをどんどんでますっ　トピック進行しています。 あいづちをよく使う　　だし　　　表情がオーバーです。 いつもにぎやかです。静かな時がない。ゲストをよくほめている。 　　　　　　　　　　　　か

2. 小林さんが車のストーリーテリングをしている時、司会者は、どんな反応をしていましたか。(例：あいづちの種類など)

あいづち：　ああ、あー　　　はい。　　話しているときは、ほかの人の身に(ら) 　　　　　そうですね　　へえ。　　なって、同じ感じをしていた。(実感を示す) 　　　　　ええ　　　　　ほー　　　　　nonverbal　　　　　　(多分) 　　　　　わかりました　ふん　　　頭の動き 　　　　　はい、はい　　うん　　　相手の目を見て、話す 　　　　　〜ですね　　　えー　　　(視線はいつもほかの人に示す) 　　　　　　　　　　　　　　　　　うなずき

3. 小林さんは、どのように、聞き手の反応がもらえるようにしていましたか。聞き手のあいづちなどの反応の前の文末・節末の表現を書きましょう。(例：〜んですね。)

〜か　　　　〜ですよね　　〜でね　　〜んですけど 〜んだ　　　〜って。　　　〜ねぇ　　〜じゃないですか。 〜ですよ、で　〜ね。　　　そうですか 　　　　　　　〜よ。　　　　　　　　〜て〜て 　　　　　　　　　　　　　　　　　　ポーズ

4. 小林さんは、ストーリーテリングの時、どんな接続表現を使っていましたか。(例：で、)

ほー　　　あのー　　えっ 〜ねって　　でー　　　あっ それでね　　〜．で 　　　　　　ですけど

【巻末資料 5.3-2】

恋愛番組『あいのり』 分析ワークシート

名前：学習者5.3 M

1．グラさんとくぅさんの夜のドライブデートの 特徴 characteristics で気づいたことを書きましょう。

- カメラアル
- 男から話題を作った。でも緊張しすぎ、あまりしゃべれない。
- 男は緊張していて、うんよく答えた。
- 女は質問をしてた。
- 話題がない会話だ。だから、ちょっとつまらない。

2．グラさんの男っぽい話し方の 特徴 と言葉の表現を書きましょう。

おう
行こうぜ
言えねえよ ＝ 言えない
照れんな ＝ 照れるんな

3．文末 sentence end の 婉曲表現 euphemistic expression/softening を書きましょう。
（例：～みたいな。）

みたいな　　とか言って
こうなんだ　　聞こうかな
わーい ＝ YA!!
思って ＝ 思いました

4．みんなは、ご来光 sunrise を見て、どんなコメントをして、自分の 感動 impressions/movement を伝えていましたか。また、お互いに 共感 sympathy を表現していましたか。

最初は話ししゃなくて、感嘆詞を話した。例えば、あー、うあぁー、あたぁー
言葉が出なくて短かい。
繰り返す。
⊗→話める
笑顔が嬉しい。

【巻末資料 5.3-3】

ビデオプロジェクト　自己会話分析シート

JPL411 Japanese Speaking & Listening　　　　　　　　　2007/12/19

名前：　学習者X

★自分の話し方をビデオで見て、以下の自己分析をしてみましょう。

コメント	自己得点
1. 発音・イントーネーションなど その前に練習しましたが、録画したら、話すことばを忘れたり、相手から脚本に出てない話を聞いて返事したりして、発音とイントーネーションが変になりました。	3/5
2. スピード・流暢さ 脚本を忘れたことが時々あったんですけど、ほとんど覚えていたから、スピードと流暢さは全体的に上手だと思います。	4/5
3. 声の大きさ これは自分の一番自慢できることです！	5/5
4. 視線 インタビューの部分は、インタビューを受けていた人か、テレビの前の聞き手と、どちらを見ればいいか、ほんとうに迷っていました。	4/5
5. 表情・ボディランゲージ・資料の使い方 表情が明るいですけど、笑すぎる気がしました。 そして、きんちょうのせいで、ボディランゲージがちょっと繰り返しました。	3.5/5
6. あいづち、うなずき、質問表現などの聞き手の反応の仕方 やはりテレビ番組と自由会話が違いますね。あいづちと質問表現は前に書いておきましたが、全部覚えられなくて、録画やした時に不自然な気がしました。準備の時間がもっと長ければ、かっこいいあいづちを勉強したいです。	3.5/5
7. コメントの仕方 準備不足かどうか分からないんですけど、コメントの仕方が単調で変化に乏しい気がしました。	3.5/5

8. スピーチスタイル（フォーマル、カジュアル、敬語） 　　実は、敬語をあまり使わなかったんです。 　　カジュアルではなく、ほんとうに緊張していました。	3.5 /5
9. 語彙、文法の使い方、終助詞「よ」「ね」、「～んです」「～んですけど」など 　　脚本で全部設定しておきましたから。 　　でも、いった時に間違った所も出てきました。	4 /5
10. 話す内容・構成 　　内容と構成は気に入るんです。	5 /5
全体的な印象印象・評価評価 　一見て"外国人が作ったものを見つかりますけど"、 　日本語会話のいい実践だと思います。	合計点： 39 /50

★これから日本語の会話で気をつけて練習していきたい点、観察観察・分析していきたい点について

　気をつける点はいろいろあります。ことばやコメント、発音は私にとって一番大切かもしれません。

　日本人はふつう、どう話すか、慣用表現はなんですか、も観察して分析したいです。

【巻末資料 5.3-4】

会話の宿題レポート

2009年 10月 19日

学生名： 学習者5.3P　　　会話相手の名前： BB （ルームメート）

I. どんな話題を話しましたか。だれが話題を提供しましたか

恋愛についての話題を話していた。
私のルームメートBBと話していた。
彼の体験は私に似ているので、本当の感情や気持ちを説明できるようになった。

II. 会話への参加 participation はどうでしたか（話題提供の仕方、あいづち、うなずき nodding、コメント、質問、沈黙 silence、聞き返し、接続表現、ジェスチャー、スマイル、笑い laughter、目線 eye contact など）。

留学生のコメント	会話相手の友だちからのコメント
1) 会話相手の友だちの印象：どのように話してくれましたか 話題がちょっと難しいため、私たちは自分の感情を言葉以外のコミュニケーション方法で表すことが多い。	1) 留学生の印象（どのように話してか） 初めはこの話題が難しそうに見えたんですけど、互いの意見に興味があった態度を見せたから、会話が楽になったんです。
2) 自分のよかった点・がんばった点 ・うなずきや身ぶり手ぶりなどの表現 ・いい聞き手の態度を見せるようにし、聞き返したり、コメントをしたりよくしました。 ・この話題がちょっとはずかしいので、よく笑い出した。	2) 留学生のよかった点・がんばった点 ・いい目線だからBBさんは聞いてもらった感じ ・メタ言語をよく使う。 ・あいづちやくり返しはうまい
3) 自分の難しかった点・弱いと感じた点 ・接続表現 ・BBさんの話や言葉を無視したくないので、話を変えることは難しく感じた。	3) 留学生の弱いと感じた点・アドバイス ・カジュアルな話し方 ・接続表現をあまり使わない ・理解困難な場合には、短い沈黙があった。

【巻末資料 5.3-5】

キャンパス探検中の会話

話題 15：アメンボ
　1000B:**わーアメンボがいっぱい。**
　1001A:**おう。**

　　　　展開（topic development）

　　　　見たものについて話す

話題 16：Aの虫捕りの思い出
　1002A:**あー、こういう所ね//よく、いろんな虫とか魚がいたの、捕りましたよ。**
　1003B:　　　　　　　　　　　　　　**はい。**
　1004B:**あ、そうですか。**
　1005A:**ええ。**

　　　　連想、関連
　　　　思い出、
　　　　ストーリーなど

　　　　思い出したことについて話す

小話題 11.3：ザリガニ
　1061U:**あっ、ザリガニじゃない？ほら。**
　1062M:**あーっ、ザリガニ//だー。**｛しゃがむ｝
　1063U:　　　　　　　　**ねえ、死んでるけど。**
　1064M:**死んでる。**｛笑い｝
　1065U:**いるんだ、こんな所に//ねえ。**
　1066M:　　　　　　　　**いるんですねえ。**

　　　　見たものについて話す

　　　　展開（topic development）

小話題 11.4：ザリガニの捕り方
　1067U:**よくねえ、あの干したイカ、するめのイカとかね。**
　1068M:**あー、餌に。**
　1069U:**そう。**
　1070U:**あれをね，タコ糸でこう結んでね、**
　1071M:**ええ。**
　1072U:**垂らすんですよ。**

　　　　連想、関連
　　　　思い出、
　　　　ストーリーなど

　　　　思い出したことについて話す

あとがき

　本書を執筆するに当たって、筆者が会話教育についてどのような問題意識をもち、どうしてこのような研究を行うに至ったかという動機について述べ、あとがきとしたい。

　10年以上前、筆者が修士課程に在籍していた頃、縁があって日常生活の会話を分析するという学問に出会った。この学問では、会話を詳細に分析することによって、普段我々が無意識に行っている会話の中の隠されたルールや秩序を探り出すというものであった。例えば、人が会話する時、どのような仕組みで話す順番を決めているのか、あるいは、会話は話し手が話しているだけでは成立せず、聞き手がいかに参加しているかで決まるといった現象を詳細に記述・分析するのである。こうした会話分析という学問によって筆者は、まず、自分自身が日常で頻繁に交わし、かつ、人と人を結びつける役割をもつ、会話というものを考えさせられた。そして、子供の頃から無意識に様々な会話のルールを習得してきているのだと改めて気づかされた。すると、自身の日常生活で直接参加する会話や、テレビ番組などで傍聴する会話の中にも、いかに様々な暗黙のルールや秩序、特徴が存在するのかに興味をもつようになった。そして、会話の内容を聞いて理解するだけでなく、会話分析も同時に行ってみることも増えた。すると、会話の種類や参加者の背景によって、異なった特徴があることが分かった。それを参考に、時には、自身に必要だと思われることは、自身の会話にも取り入れてみたり、自身の会話での話し方を意識的に調整してみたりすることもあった。

　徐々に会話分析の魅力にのめり込み、何とか会話分析の研究成果を日本語の非母語話者を対象とした会話教育に活かせないかと思った。そこで、修士論文では、非母語話者と母語話者が参加する初対面の会話の分析を行った（Kato[Nakai] 1999、中井 2002、Nakai 2002 など、詳しくは第2章第3節3

参照)。研究のためとはいえ、収集した会話の中では、参加者同士がせっかくの知り合う機会だから、お互いを知ろうと親しみを表わしながら楽しく話そうとする様子がみられた。しかし、会話の撮影データや文字化資料、インタビューデータを詳細に分析していくと、例えば、非母語話者があいづちや質問表現、評価的発話などを用いて、話題や会話相手への関心や理解がうまく示せず、思わぬ誤解を受けてしまう場合などがみられた。学習者が会話という長い流れの中で戸惑い、意図しないところで相手に誤解をされてしまっていたのである。このような問題を解消し、学習者が望むように日本語で会話に積極的に参加していけるようにするには、会話展開の中でインターアクションを行っていくという談話レベルでの会話教育を行う必要があると筆者は考えるようになった。

　しかし、現在の日本語教育においては、語彙や文法シラバスを中心とした市販の教科書を用いて四技能(聞く、話す、読む、書く)を総合的に育成する授業が主流である。こうした授業の中では、「話す」という会話の技能は、あくまで与えられた語彙や文型を正確に用いて文を作り正確な発音で産出できるかという言語能力(ネウストプニー 1995a)に焦点を置いたものが多い。あるいは、中級や上級になると、急に、教科書も話題シラバスを用いるようになり、授業では、話す内容に重点を置いて、自由にディスカッションをすることが増えるようである。こうした内容に重点を置いた授業では、その会話の中で実際にどのような暗黙のルールがあり、どのようにすれば、自身が望むように会話に参加できるかについては、取り上げられにくい。もちろん最近は、場面や機能シラバスを用いた会話教材が開発されて用いられつつあるが、特に、親しくなるために交わす雑談のような会話で用いられる機能の分析や言語的な特徴の分析は、まだ発展中であるといえる。

　筆者は、修士論文を書き上げた後、日本語教育の現場により長い時間従事するようになり、上記のような問題について、気づき始めた。特に、日本語教育で担当した授業は、どれも四技能総合型の市販の教科書を用いたものが多かった。そうした授業は、もちろん日本語教育の重要な部分を占めるものだと実感もしていた。しかし、筆者自身が手ごたえを掴んだ修士論文での会話分析の成果を自身の教育実践にうまく活かし切れない、学習者やほかの教

師に実践の形でうまく伝えられないという点で、教師として何か不足を感じていた。そして、他者が作ったシラバスや教材に頼ってその枠に閉じこもったままの教育実践を行っていてよいのかと思うようになった。さらに、自身が学習者の会話教育をより充実させるために修士論文で研究したことと、自身の実践には何ら関連がなくてもよいのかという疑問さえもち始めた。何とか筆者が自身の会話を見つめ直す機会を与えてくれた会話分析という学問の面白さを、自身の学習者やほかの教師と共有できないかと思っていた。

　そんな思いを抱えて3年ほど過ぎた頃、筆者は日本語教育の様々な現場で働く機会が増え、自身がデザインした会話授業をもてるようになってきた。会話分析という研究を通して、「会話」とは、人間が読み書きを始める前から、人と人の交流や情報伝達のために用いられてきた基本的かつ重要な媒体手段だと改めて考えるようになった。そこで、読解・作文などの習得を目的とした授業ではなく、特に、「会話」というものに焦点を当てた授業を行うことによって、学習者が会話の特徴を意識的に学び、会話をして友人を増やす喜びを感じて欲しいと思った。そして、実際に、会話の授業活動デザインをする際、筆者自身や先行研究がこれまで行ってきた会話分析の研究の成果をいかに取り入れてオリジナリティーのある会話教育実践が行えないか試行錯誤した。そして、研究成果を会話教育実践に繋げるには、何らかの加工のプロセスが必要であると実感した。そこで、研究成果からどのような要素を会話教育実践で取り上げていくべきか検討してみた。特に、筆者が初対面の会話の分析をした際、非母語話者が会話の中でどのようなところで困難を感じたり、誤解を招いたりしていたか、あるいは、どのように楽しい会話を展開させていたかなどといった部分を中心に書き出していった。それは、筆者が現在担当している学習者が初対面の人と日本語で会話する際に、うまく自身の親しみの気持ちを示して、楽しく会話して、その先の人間関係を作っていって欲しいという願いからであった。こうした研究成果から抽出した要素は、「談話レベルでの会話教育のための談話技能の指導項目案」(中井・大場・土井2004)となった(cf. 第4章第2節1)。

　このような研究と実践を連携させようと試みた会話教育実践をいくつか行う中(中井2003e、2004b、2005cなど)、筆者自身が教師としての「研究と

実践の連携」、つまり「会話データ分析―会話指導学習項目化―会話教育実践」を体験した。そして、それによって、筆者自身が研究から発見したことや、筆者が感じた会話というものの不思議さや面白さについて、会話教育実践を通して、学習者やほかの教師に伝えることが可能となった。

　こうした教師としての筆者の「研究と実践の連携」は、オリジナリティーのあるよりよい会話教育の実現のために、現在も進行中である。そして、実質行動を行うことが主な目的の「実質的アクティビティの会話」の分析（大場・中井 2007、中井・大場 2006）を行うことにより、今まで分析の中心としていた初対面の会話のような話すこと自体を目的とした「言語的アクティビティの会話」とは、会話への参加の仕方や話題展開の方法、実質行動のあり方などが大きく異なることに気づいた。そして、「社会文化能力」（ネウストプニー 1995a）の重要さに改めて気づいた。筆者は今まで、言語的アクティビティの会話を中心とした会話の分析を行い、それを生かした会話教育実践を行っていた。つまり、社会言語能力（ネウストプニー 1995a）の育成に重点を置いていたのだ。しかし、日常に起こる会話は、雑談のような言語的アクティビティの会話だけでなく、何かをしながら話すような実質的アクティビティの会話も重要であり、そこで必要なインターアクション能力も特有のものがあるのではないかと意識的に考えるようになった。この頃、筆者は、勤務先の大学で日本語イマーション・プログラムを担当したり、日本語クラスで様々なプロジェクトを学習者と行ったりしていた。その際、学習者とフィールド・トリップに出かけ、様々な体験をしながら長い時間話したり、共に行動したりするごとに、学習者との心的距離が近く感じたり、あるいは、学習者とプロジェクトを完成させるたびに、感動とともに達成感を味わうことが多くなっていた。このように、学習者とともに実質的アクティビティを行うことや、協働で何かを創り上げることで、日本語を通して、雑談などの言語的アクティビティの会話だけでは味わえない連帯感がもてることを実感し始めていた。そこで、本書では、言語的アクティビティと実質的アクティビティの会話の両方を取り上げて分析することとした（第 3、4 章）。これによって、学習者が参加する日常場面での会話の実態がより広く捉えられ、そこで必要となるインターアクション能力がより詳細に掴めるように

なった。

　こうした筆者の教師としての「研究と実践の連携」を続けているうち、ふとあることに気づいた。それは、筆者の会話教育実践のアイデアを与えてくれた会話データ提供者である学習者達とは、もう連絡を取ることもできず、せっかく筆者が得た会話データの分析結果と教育的フィードバックを本人達に伝えることができないということだ。しかも、データ収集から 10 年以上も経った今、そのフィードバックも既に意味のないものとなってしまっているであろう。このようなことを考えると、日々、刻々と変化していく学習者達の会話能力を向上させていくためには、教師の側だけの「研究と実践の連携」の中で、学習者が教師から与えられた学習項目を学んでいるだけでは十分ではないということに気づいた。学習者は、教師のいないところで、様々な会話に参加し続けているのであるし、また、会話の能力を伸ばすのは学習者自身にほかならないからである。そこで思い至ったことは、教師だけでなく、学習者自身も会話というものの特徴を意識化して、自身の会話を客観的に振り返る材料とし、自身の会話実践の中で自律的に会話能力を向上させていく必要があるということであった。つまり、学習者による「研究と実践の連携」として、「会話データ分析─会話学習項目化─会話実践」が重要であるということを考え始めたのである。こうした「研究と実践の連携」を自律的に行える学習者は、授業以外の様々な社会場面に参加して会話をする際にも、自ら学んで会話能力を向上させていくことができると考え始めた。そこで、学習者による「研究と実践の連携」を目指した会話教育実践も試みるようになり、本書においてその実践研究を行った。そして、そこで筆者が教師として学習者の研究と実践から学んだことについても述べた（第 5 章）。

　筆者は、上記のような、教師と学習者による「研究と実践の連携」を取り入れた会話教育を行ってきたのであるが、それらの授業活動には、授業ボランティアという形で日本語母語話者に多く参加してもらっている。学習者と授業ボランティアの会話をみていると、学習者の会話能力の差だけでなく、授業ボランティアの中にも何らかの会話能力の差があるということに気づいた。例えば、学習者の会話能力のレベルに応じて、語彙や文型、発話スピードなどを調整して積極的に話題を展開させて、学習者と楽しく会話をしてい

る授業ボランティアがいる。それに対して、学習者が日本語を理解しているかどうか、あるいは、学習者が話題に興味を示しているかどうかはあまり気にせず、自身の話したいことを一方的に話しているといった授業ボランティアがみられることもある。または、学習者とどのように話したらいいのか分からず、ただじっと座っているだけの授業ボランティアもいる。このような学習者と授業ボランティアの会話を観察していて、学習者だけでなく、日本語母語話者にも学習者と会話をする際の会話能力、つまり、「歩み寄りの姿勢」が必要であると思うようになった。そこで、本書では、こうした母語話者に必要とされる能力や授業活動での役割について、実際の会話データと会話教育実践データから探った（第3、4、5章）。

　さらに、筆者は、以上のような「会話教育のための研究と実践の連携」が主体的に行える教師が育つことを期待し、日本語教員養成コースにおいて、筆者が行った「研究と実践の連携」の重要さについて伝える試みも行った。本書では、そうした教員養成コースの教育実践について実践研究を行った（第6章）。

　このように、本書は、筆者自身が試行錯誤しながら挑戦し続けてきた、会話教育のための「研究と実践の連携」の体験の軌跡をもとにしている。その軌跡の中には、1つの実践の変遷とそこでの教師としての筆者の学びや成長もあれば、数年間の中で様々な教育機関やコースで行った様々な異なる実践の積み上げの軌跡とそこでの学びや成長もある。そして、こうした「研究」と「実践」の軌跡の中で出会った、様々な調査協力者、研究仲間、日本語学習者、教員養成コース受講者、授業ボランティアなどからも、筆者の教育観を構築する上で影響を与えられてきた。これは、筆者自身が成長する上で欠かせない過程であったと信じる。

　さらに、こうした「研究と実践の連携」は、もはや筆者の日常生活の一部となり、「日常生活」「研究」「実践」は、どれも不可分のものとなっている。10数年前に修士論文を執筆していた頃は、これらは有機的に繋がるものではなく、別々に存在するものであった。しかし、研究を行いつつ、それを様々な教育実践と連携させ、循環させることで、「研究と実践の連携」が自然な生活の営みの一部となってきた。また、筆者が日常生活の様々な場面

で体験する様々なインターアクションが、メタ認知を活性化することで、研究テーマの種となり、筆者が担当する様々な教育実践での話題となっている。こうした生活者、研究者、教育実践者としての自己が一体となり連携し合うことで、教師の生活、研究、教育がより豊かなものとなると実感している。そして、このような連携は、会話教育だけに限らず、日本語教育のどの分野にも当てはまると信じる。筆者も会話教育で培った、こうした様々なことを連携させていく姿勢を日本語教育のほかの分野にも活かしていきたいと考えている。

索引

A

ACT 53, 152, 192, 202, 213, 227, 247, 273, 291, 298, 347, 382

F

FACT 53, 152, 192, 202, 213, 227, 247, 249, 273, 291, 298, 347, 382
FACT-ACT の二分法 53–54, 59, 368

O

OPI 11, 33

S

SPEAKING 8, 33, 64

あ

挨拶 4–6, 163, 169, 183
あいづち 73, 116, 133, 173, 193, 203, 218, 274, 302, 329
あいづち的発話 68–69, 71, 85, 170
アカデミック・スキル 268, 282, 292
アクティビティ 50–52
歩み寄り 78, 122, 130, 190
歩み寄りの姿勢 3, 25, 131–132, 199, 214, 216, 242, 286, 331, 359, 375, 378–379, 385, 392, 399, 446

い

イマーション・プログラム 138, 141, 241, 444
意味交渉 97, 100, 110, 112, 120, 128, 242, 246
入り口 15, 24, 44, 402
インターアクション能力 1, 8–10, 12, 46–49, 291, 340, 342, 379–381, 396, 401

か

会話 5–6, 32–33, 68
会話維持 230, 232, 234, 237, 239, 246
会話指導学習項目 1–2, 18, 29, 39, 156–157, 160–163, 165, 169, 177, 179–180, 183, 186–190, 192, 194–197, 201, 251, 261, 291
会話データ 1
会話データ分析 1, 18, 28, 41–42
会話展開の型 74, 133, 143, 174, 261
会話能力 11–12, 130–131, 246, 396
会話の種類 5–6, 32
会話分析 39, 441
学習指導法の4類型 54, 59, 300, 368–369
課題解決 60, 120–121, 128, 185, 242, 244
管理 145–147, 258

き

聞き返し 72, 111, 118, 126, 203, 214, 218, 232, 302
聞き手 11, 33, 63, 69, 73, 76, 100, 116, 118–120, 133, 144, 158, 162–164, 170, 174, 176, 181, 183, 203, 205, 207–208, 252, 259, 302, 329, 331
聞き取り 118–119, 240
規範 49–50, 196–197, 266
キャンパス探検 149, 225, 227, 238, 246
キャンパス探検中の会話 78, 119, 122, 127
協調の原理 34

協働　55, 60, 121, 132, 152–153, 216, 242, 321, 325, 329, 362, 392, 395, 398, 444
共同体　15, 25, 50, 152, 196, 395, 401
共同発話　76, 133

け

研究　19–20, 23
研究と実践の連携　1, 16–17, 19, 21, 23–24, 28, 130–131, 135, 137, 147–148, 152, 193, 195, 247, 263, 296, 302, 325, 328–329, 331, 335, 337, 340, 342, 347, 371–375, 377, 382, 390, 396, 443, 445–446
言語共同体　57, 65
言語ゲスト　43, 45, 202
言語行動　48, 100, 120, 124, 148, 162–163, 181, 183, 187–188, 190, 192, 228–230, 235, 238
言語的アクティビティ　1, 50–52, 87, 122, 127, 132, 141, 145, 160, 162–163, 169, 179, 187, 278, 296, 298, 303–304, 309, 313, 316, 361, 383, 444
言語的要素　72, 143
言語能力　1, 8, 10–11, 46–49, 139, 387–388, 442
言語ホスト　43, 45, 123, 202
言語ホスト・ゲスト　43–45, 124, 130, 172, 208, 214, 277, 286
現場性　70–71, 174, 231, 304
現場性の有る発話　70, 72, 91–93, 96–99, 102–103, 105–106, 108, 111, 118, 120, 133, 183, 243, 252–253, 305–306, 313, 316
現場性の無い発話　70, 72, 88, 90, 92–93, 95–96, 100, 103, 105, 109, 111, 114–115, 133, 183, 202, 205, 207–208, 210, 252–253

こ

交渉会話　5–7
行動的成果　54, 192, 300

交流会話　5–7, 159, 187
コース・デザイン　37
コミュニケーション　3–4
コミュニケーション能力　7–8, 46, 48

さ

雑談　5–6

し

ジェスチャー　75, 88, 92, 95–96, 98, 100, 103, 108, 111, 120, 123–124, 126, 128, 175, 184, 193
支援中心　54, 59–60, 192, 300
自己実現　15, 35, 57, 402
自己モニター　20, 230, 265, 373, 389
実際使用　143, 197, 210, 213, 238, 250, 325, 387–389
実際使用のアクティビティ　138, 141, 145, 149, 152, 206, 216, 224, 234, 268, 292, 320, 328, 395
実質行動　8, 46–49, 125, 128–129, 139, 178, 180–181, 185, 229, 234–237
実質的アクティビティ　1, 51–52, 87, 122, 127, 132, 141, 146, 180, 183, 188, 226, 243, 253, 278, 296, 298, 304–306, 313, 316, 361, 383, 389, 444
実質的な発話　68–69, 85
実践　20, 23
実践共同体　43–44
実践研究　20–21, 211, 215, 248, 293, 327, 330, 343, 359, 363, 374, 377
質問表現　74, 143, 171, 205, 208–209, 302
指導学習項目　155, 158
指導中心　54, 59–60, 192, 300
社会　55, 57–58, 61, 121, 196, 216, 325
社会言語行動　3, 47–49, 100, 120, 124, 148, 165, 169, 181, 183, 187–190, 192, 215, 231–232, 234, 237–238
社会言語能力　1, 8, 10–11, 45–49, 139, 207–208, 210, 387–388, 444

社会参加　15
社会的(な)活動　15, 25, 41, 395, 401
社会的ストラテジー　264, 269, 283, 291
社会文化行動　47–49, 100, 120, 124, 148, 177, 179, 182–183, 188–190, 192, 235–236, 237–238, 401
社会文化能力　1, 8–11, 46–49, 139, 224, 387–388, 444
授業活動デザイン　38, 330
主導権　68–69, 86–88, 93, 99, 106, 123–124, 128, 134–135, 170, 202, 204
初対面の自由会話　78, 100, 122, 127
シラバス　37, 155

そ

双方の学び　257, 294, 296, 325, 327, 332, 334, 361–362, 375, 385, 398

た

対話　7, 33, 151
談話　32, 68
談話技能　44, 72, 115–117, 133, 143, 158, 201, 215, 224, 252, 298, 302–303, 308, 329, 387
談話分析　39
談話レベル　2, 32
調整　77, 266, 328, 330, 342, 445
調整行動　77–78, 123–126, 128–130, 179, 190
調整能力　50, 188, 196, 214, 266, 343, 353, 359, 375, 379–380, 396
動態性　49–50, 266

に

日常会話　4
認知的成果　54, 192, 300

ね

ネットワーク　15, 43–44, 139, 149, 151–152, 213–214, 245–246, 264, 269, 291, 322, 325–328, 330, 337, 362, 373, 386, 390, 392, 394, 398

は

配慮　77–78, 123–125, 128–130, 179, 185, 235, 237, 244
発話　68
発話機能　82, 88, 94, 99, 108, 134, 175, 184
発話行為　8
話し手　11, 33, 73, 133, 144, 158, 162–164, 170, 174, 176, 181, 183, 203–204, 252, 259, 302, 329, 331

ひ

非言語行動　143, 329
非言語的要素　34, 75
ビジター・セッション　138, 141–142, 387
評価的発話　75, 112, 133, 171, 183, 203, 252

ふ

フィードバック　17, 19, 22–23, 29, 183, 187, 191–192, 202, 205, 209, 217–219, 277, 291, 312, 315, 317–318, 326, 328, 340, 344, 357, 359, 381, 391, 394, 445
フィールド・トリップ　140–142, 224, 243, 246, 383, 388, 444
フォリナー・トーク　77, 129, 378
フォローアップ・インタビュー(FUI)　81–82, 88, 90, 103, 105, 108, 110, 112, 116, 118–119, 123, 127, 205, 228–232, 235, 241, 271, 278, 348, 351

ほ

本番＝実践の場　55, 61, 216, 244, 325

ま

マクロレベル　15, 25, 57–58, 395, 401

み

ミクロレベル　15, 25, 57–58, 60, 121, 395, 401

め

メタ言語（表現）　72, 95, 97–98, 100, 128, 133, 204
メタ認知　130, 189, 265, 325, 447
メタ認知ストラテジー　265, 272, 281, 290
メタ認知力　23, 188, 215, 266, 268, 272, 308, 318, 320, 328, 341–343, 358, 373–374, 396
メタメッセージ　2, 12–14, 41, 90, 93–96, 97, 102–103, 106, 108, 110, 121, 159, 169, 189, 200, 204–205, 207–208, 220, 298, 302, 306

り

リソース　8–9, 12, 16, 29, 41–42, 57–58, 72, 115, 159, 169, 182, 187–189, 193, 200, 202, 207, 252

れ

連帯感　61, 121, 216, 321, 325, 362, 392, 444

わ

話題　69–70, 88, 94, 100, 102–103, 105, 108–109, 112, 114, 120, 124–126, 143, 169–170, 173–174, 183–184, 209, 232, 234, 237, 252, 336
話題維持　100, 109, 115, 120–121, 124, 128
話題開始部　69
話題区分　69, 132
話題転換　44, 109–110, 120, 125, 208
話題放棄　110, 120, 123–125, 128
話段　132

[著者] **中井陽子**(なかい・ようこ)

略歴
京都市出身。2010年早稲田大学大学院日本語教育研究科より博士号取得。ミネソタ大学のティーチングアシスタント、関東学院大学、群馬大学、拓殖大学の非常勤講師、早稲田大学の客員講師(専任扱い)、国際教養大学の助教(Assistant Professor)などを経て、2011年より東京外国語大学留学生日本語教育センター講師に着任。

主要著作・論文
『会話教材を作る』(スリーエーネットワーク、2010年、共著)、「映画視聴と演劇上演を融合させた授業の分析―インターアクション能力育成を目指して―」『国際表現言語学会オンラインジャーナル』創刊号(2012年) http://web.uvic.ca/~hnserc/IAPL/journal/J2012/01nakai.pdf ほか。

ホームページ
http://www.tufs.ac.jp/ts/personal/ynakai/index.htm

シリーズ言語学と言語教育
【第25巻】
インターアクション能力を育てる日本語の会話教育

発行	2012年8月15日　初版1刷

定価	8400円+税
著者	©中井陽子
発行者	松本功
装丁者	吉岡透 (ae) /明田結希 (okaka design)
印刷所	三美印刷 株式会社
製本所	田中製本印刷 株式会社
発行所	株式会社 ひつじ書房 〒112-0011　東京都文京区千石2-1-2 大和ビル2F Tel 03-5319-4916　Fax 03-5319-4917 郵便振替　00120-8-142852 toiawase@hituzi.co.jp http://www.hituzi.co.jp

造本には充分注意しておりますが、落丁・乱丁などがございましたら、小社かお買上げ書店にておとりかえいたします。
ご意見、ご感想など、小社までお寄せ下されば幸いです。

ISBN978-4-89476-585-6　C3080
Printed in Japan

【刊行書籍のご案内】

シリーズ言語学と言語教育 27
接触場面における三者会話の研究

大場美和子 著　定価7,500円＋税

本書は、接触場面と内的場面の三者自由会話を対象に、話題開始の発話とそれに応答する発話に着目し、発話者、発話の方向、発話の種類、参加者の情報量という観点から分類を行い、二者会話とは異なる三者会話の実態を探ったものである。留学生が2人の日本人学生と日本語で話すのは困難なようではあるが、データからは参加者の役割調整の負担の軽減も観察され、多様な会話への参加の実態を教育現場で活用する可能性を示唆している。

シリーズ言語学と言語教育　28
現代日本語のとりたて助詞と習得

中西久実子 著　定価4,800円+税

とりたて助詞の特徴を語用論的に規定し、その使用実態と習得の実態を明らかにした研究書。とりたて助詞というのは、前提推意を外部否定型で否定して表出命題の顕在化を表すものであり、何が前提推意になっているかによって肯定的用法か否定的用法になる。本書の前半ではこの規定に基づいて「も」「だけ」などとりたて助詞の特徴を明らかにし、後半では、コーパスによる調査で日本語学習者の習得の実態を示している。

言語学翻訳叢書　11
文化と会話スタイル
多文化社会・オーストラリアに見る異文化間コミュニケーション

ヘレン・フィッツジェラルド 著
村田泰美 監訳　重光由加・大谷麻美・大塚容子 訳
定価2,800円＋税

オーストラリアは多文化主義を政策として採用しながらも英語を国の土台ととらえ、移民の英語教育を保証している。本書は移民たちが英語母語話者を交えて問題解決をはかるとき、母語の文化的価値観や談話構造、ターン・ティキング、主張の仕方といった会話のスタイルがどのように英語母語話者や他の文化出身者との意思疎通を阻んだり、誤解を与えたのかを実際の会話データから分析した。英語教育、日本語教育、多文化教育でのコミュニケーションの在り方を考えるための必読書。
原著：*How Different Are We? Spoken Discourse in Intercultural Communication*